Antiliteratura

Coleção Estudos
Dirigida por J. Guinsburg
(*in memoriam*)

Coordenação de texto Luiz Henrique Soares e Elen Durando
Preparação Marcio Honorio de Godoy
Capa Sergio Kon
Produção Ricardo W. Neves e Sergio Kon.

Adam Joseph Shellhorse

ANTILITERATURA
A POLÍTICA E OS LIMITES
DA REPRESENTAÇÃO NO BRASIL
E NA ARGENTINA MODERNOS

TRADUÇÃO
Maria Clara Cescato

© Editora Perspectiva

cip-Brasil. Catalogação-na-Fonte
Sindicato Nacional dos Editores de Livros, rj

s549a
    Shellhorse, Adam Joseph
    Antiliteratura : a política e os limites da representação no Brasil e na Argentina modernos / Adam Joseph Shellhorse ; tradução Maria Clara Cescato. - 1. ed. - São Paulo : Perspectiva, 2025.
    320 p. ; 23 cm. (Estudos ; 383)

    Tradução de: Anti-literature : the politics and limits of representation in modern Brazil and Argentina
    Inclui bibliografia e índice
    isbn 978-65-5505-234-3

    1. Literatura experimental - Brasil - História e crítica. 2. Literatura brasileira - Séc. xx - História e crítica. 3. Literatura experimental - Argentina - História e crítica. 4. Literatura argentina - Séc. xx - História e crítica. I. Cescato, Maria Clara. II. Título. III. Série.

25-96351   CDD: 809.04
                CDU: 82.09(81+82)

Meri Gleice Rodrigues de Souza - Bibliotecária - crb-7/6439
04/02/2025 10/02/2025

1ª edição
Direitos reservados em língua portuguesa à
editora perspectiva ltda.

Praça Dom José Gaspar, 134, cj. 111
01047-912 São Paulo sp Brasil
Tel.: (11) 3885-8388
www.editoraperspectiva.com.br
2025

Para Dru

Considero Against Literature (*Contra a Literatura*),
de John Beverley, em toda a riqueza de sua deliberada
ambiguidade, o texto inaugural que prepara e anuncia
a possibilidade de um novo paradigma para a reflexão
latino-americana no domínio das humanidades.

ALBERTO MOREIRAS, *The Exhaustion of Difference*

O limite da literatura é o seu apelo, seu chamado, o que
significa que o encerramento da literatura não pode ser
senão a exigência e a abertura a mais literatura.

BRETT LEVINSON, *The Ends of Literature*

Uma exposição histórica da literatura incapaz de
colocar problemas teóricos (neste caso, a questão da
literatura latino-americana como um problema teórico)
é aquela que inadvertidamente herdará e reproduzirá as
limitações já encapsuladas na própria literatura.

HORACIO LEGRÁS, *Literature and Subjection*

Enfrentar a alteridade é, antes de mais nada, um
exercício necessário de autocrítica, bem como uma
experiência vertiginosa de romper os limites.

HAROLDO DE CAMPOS, "The Ex-Centric's Viewpoint:
Tradition, Transcreation, Transculturation"

São acontecimentos na fronteira da linguagem.

GILLES DELEUZE, *Essays Critical and Clinical*

Sumário

Prefácio à Edição Brasileira. XI

INTRODUÇÃO:
Antiliteratura. 1

1. Figurações da Imanência:
Escrevendo o Subalterno e o Feminino
em Clarice Lispector. 19

2. O Limite da Letra:
Antiliteratura e Política em David Viñas. 49

3. Subversões do Sensível:
A Poética da Antropofagia
na Poesia Concreta Brasileira 81

4. A Matéria Intempestiva da Antiliteratura:
A Política da Representação nas *Galáxias*
de Haroldo de Campos (1963-1976) 111

5. As Antinomias da Antiliteratura:
A Política do Barroco em Haroldo de Campos
e Osman Lins.................................. 137

6. Escrevendo a Redenção e a Insurgência Subalternas:
"O Anjo Esquerdo da História",
de Haroldo de Campos......................... 187

POR FIM

O Segredo Intempestivo da Antiliteratura.......... 217

Notas 225

Referências Bibliográficas 261

Índice... 287

Agradecimentos 297

Prefácio à Edição Brasileira

É sempre empolgante quando um livro, originalmente escrito em inglês, é traduzido para o português. Trata-se, sem dúvida, de uma oportunidade para o autor refletir sobre a impressão que gostaria de causar em um futuro leitor, de quem, no mundo lusófono, e sobretudo no Brasil, se sente muito próximo, ainda que fisicamente, por golpe do destino, permaneça a certa distância.

A força crítica dos escritores abordados neste volume, tanto póstuma quanto contemporânea, gira em torno do que chamo de questão da antiliteratura. E, no entanto, ainda que hoje os escritos de Clarice Lispector, Oswald de Andrade, Augusto e Haroldo de Campos, Décio Pignatari, Osman Lins e David Viñas sejam celebrados como canônicos, sua ambição sempre foi subversiva, indo na contramão de uma determinada imagem do que significa escrever. O projeto deste livro é tanto sobre esses escritores formidáveis quanto sobre o restabelecimento de uma análise conceitual do poder, relevância e dinamismo de sua obra renegada através das lentes da antiliteratura.

Gostaria de agradecer primeiramente a Augusto de Campos, Lygia Azeredo, Julio Mendonça e Paulo Andrade por sua constante amizade e assistência no Brasil na procura de uma "casa" para o meu texto original. Na verdade, considero-me afortunado por ter tido muitas conversas com escritores tão destacados cujo trabalho sem dúvida admiro muito e que se interessaram pelo livro.

Da mesma forma, gostaria de agradecer, em especial, à diretora editorial, Gita Guinsburg, aos revisores, Luiz Henrique Soares e Elen Durando, ao preparador, Marcio Honorio de Godoy, e à equipe da produção, Ricardo W. Neves, Sergio Kon e Talita Gaspar, e todo o pessoal por seu excelente trabalho com o texto original. Sou muito grato à Maria Clara Cescato por sua cuidadosa tradução do livro.

Ao revisar a tradução, agradeço a uma série de interlocutores cujas contribuições foram inestimáveis: Matheus Fronza, Bárbara Simões Daibert, Paulo Andrade, Nelson Cerqueira, Maria Aracy Bonfim, Gustavo Reis da Silva Louro, Daniel Raso-Llarás, Daniel Bueno, Julio Mendonça, Carmen Chaves Tesser e Betty Salum. Agradecimentos especiais vão para Matheus por sua leitura meticulosa e brilhante do livro e por suas numerosas conversas comigo sobre possíveis soluções para terminologias e frases difíceis. Agradeço também a Paulo Andrade pela leitura atenta do livro e pelas excelentes sugestões. Bárbara Simões Daibert tem sido uma interlocutora constante, cujo *feedback* se revelou inapreciável. As observações cuidadosas de Maria Aracy Bonfim foram de enorme ajuda. Do mesmo modo, agradeço muito a Nelson Cerqueira por seus sábios comentários.

Na revisão, adicionei várias notas de rodapé e bibliografia expandida, quando apropriado.

A redação e a revisão da tradução deste livro foram generosamente apoiadas pelo gabinete do reitor da Temple University. Também sou grato pela licença sabática da Temple University que me ajudou a concluir o manuscrito. Além do mais, gostaria de agradecer a Julio Mendonça e toda a equipe da Casa das Rosas pela ajuda valiosa na minha pesquisa e por ter me convidado a dar várias palestras sobre o livro e capítulos do livro em 2017, 2018 e 2019. Também agradeço a Paulo Andrade, Maria Lúcia Outeiro Fernandes, Nelson Cerqueira, María Pugliese, Maria Aracy Bonfim e Elizabeth Hazin por terem me convidado a falar sobre o livro na Universidade Estadual de São Paulo-Araraquara e na Universidade Federal da Bahia em 2017, na Academia de Letras da Bahia e no Instituto Cultural Osman Lins em 2021 (virtualmente), e na Universidade Estadual do Maranhão em 2022 (virtualmente). Finalmente, sou muito grato à minha esposa Christina Chen Shellhorse por seu apoio e amor inabaláveis.

ANTILITERATURA

Introdução:
Antiliteratura

Difamada, divisiva e, ainda assim, irreprimível, toda discussão produtiva sobre o literário nos estudos latino-americanos gira em torno de uma crítica do que hoje se entende por "literatura". Este livro propõe um contra-quadro teórico para reavaliar a política da representação e das margens nos escritos experimentais latino-americanos, desde os anos 1920 até o presente, e aspira teorizar as dimensões subversivas dos procedimentos femininos, minoritários e multimidiais da escritura como uma tarefa *antiliterária* valiosa.

Antiliteratura articula um repensar dos conceitos fundamentais do que se entende por "literatura" nos tempos contemporâneos pós-hegemônicos. Promovendo uma compreensão dos legados, da potência, da materialidade e da relevância da literatura numa época em que críticos influentes se queixam do seu divórcio com questões de justiça social, minha conceitualização da antiliteratura postula o desfazer feminino, subalterno e multimídia do que se entende por "literatura". Através de uma análise teórica multicamada, que envolve o trabalho de autores como Clarice Lispector, Oswald de Andrade, os poetas concretos brasileiros, Osman Lins e David Viñas, o livro aborda a problemática da escritura experimental como um espaço de reflexão radical sob as condições contemporâneas. Sempre formulando-se *em* teoria, isto é, questionando, a cada passo, o que constitui a "literatura" e sua relação com outras disciplinas, a atenção que este estudo dedica ao Brasil fornece um importante caso de comparação e expansão para o campo. Em particular, exploro a importância do Brasil para a presente discussão em curso sobre a "natureza" da literatura latino-americana e a necessidade de um arcabouço interamericano e global. Minha tese é que a literatura latino--americana moderna não se caracteriza mais pelas velhas ideias da "literatura" como uma forma exaltada de expressão individual e da "alta" cultura, mas sim por novas ideias (de natureza politicamente progressista) sobre a importância de autores, grupos e mídia, por longo tempo marginalizadas e consideradas como exemplos da "baixa" cultura. Ao dar atenção especial à antiliteratura brasileira e argentina como crucial para o surgimento de uma nova espécie de pensamento sobre a literatura, este livro se empenha em mudar a discussão mais ampla acerca da projeção histórica e força crítica da literatura latino-americana.

A lógica que sustenta este volume gira em torno de uma problemática fundamental: o atual predomínio das abordagens tradicionais da literatura latino-americana e a ausência de uma reflexão interdisciplinar contínua sobre os escritos experimentais brasileiros e hispano-americanos. De forma análoga, os estudos do que se conhece como "vanguarda" com frequência baseiam--se nas antigas narrativas identitárias que procuram "fundar" o literário como um sujeito autônomo que finalmente é capaz de "provincializar" o europeu. Não há uma "nova narrativa" universal nos anos 1960, assim como não há uma universalização do vanguardismo literário latino-americano. Embora os escritores brasileiros e latino-americanos menores sempre souberam isso, suas contribuições radicais têm sido por muito tempo ignoradas. De fato, o Brasil funciona como um exterior, com muita frequência, internalizado nos estudos latino-americanos. Como reavaliação da projeção da literatura, que salienta a necessidade de um modo de pensar mais agudo, comparativo e interamericano, minha conceitualização da antiliteratura se baseia em leituras detalhadas teóricas, históricas e, sobretudo, materialistas de textos experimentais brasileiros e argentinos dos anos 1920 até o presente. Mais ainda, este volume abarca um corpo

INTRODUÇÃO: ANTILITERATURA

diversificado e único de textos, que inclui as artes visuais, a poética concreta, roteiros de filmes e obras literárias que desafiam o gênero, a representação e a centralidade da palavra (*word-center*).

Antiliteratura está organizado como uma abordagem ampla em diálogo com trabalhos teóricos bem fundamentados sobre os processos sociais, políticos, culturais e históricos da América Latina. Ela busca contribuir para uma compreensão mais profunda do literário e responde aos estudos recentes sobre o legado da vanguarda[1]. O livro, portanto, não é uma simples exposição "literária", mas uma crítica exaustiva da projeção histórica do que se entende por "literatura" latino-americana, uma vez que ele combina leituras minuciosas historicamente situadas de textos experimentais com uma análise teórica multicamada, que sondam os limites e as possibilidades do literário como um espaço de reflexão e de reação radicais às condições contemporâneas.

Estudos críticos focalizando a natureza da literatura latino-americana permanecem marginais. O trabalho de Ángel Rama, *Transculturación Narrativa en América Latina* (1982), foi um divisor de águas que se preocupava em definir a natureza da literatura latino-americana em termos de identidade, e, em grande medida, deu forma à insatisfação contemporânea com a institucionalização da literatura, sua projeção histórica e sua conexão com a cultura. Gostaria de retomar aqui os argumentos de Rama a fim de enquadrar meus argumentos sobre a antiliteratura. Como atividade inaugurada pelos patrícios crioulos no início do século XIX, a escritura literária latino-americana é concebida por Rama como uma busca descolonizadora por representação, independência e originalidade culturais. Embora, sem dúvida, a literatura latino-americana emerja como um manifestação elitista, para Rama ela evolui na metade do século XX como um solo cultural universal – em especial, com o êxito internacional do romance do "Boom" latino-americano – por meio da redescoberta e da tradução de suas raízes populares ou antes pela "transculturação" das diversas culturas subalternas do interior[2]. Pode-se equiparar o modelo evolucionista da literatura latino-americana de Rama à imagem do Estado-nação em desenvolvimento e avançando no tempo, do legado do atraso colonial para a modernidade. Em resumo, o projeto histórico da literatura latino-americana, para Rama, seria o de superar sua dependência formal e cultural com relação às ideias europeias, por meio da modernização de seus procedimentos de escritura e, em termos culturais, pelo expressar o mundo-da-vida original de seus povos autóctones. Como o Estado, a literatura latino-americana é vista como um aparato que incorpora e representa as diversas vozes da nação.

Voltarei à abordagem culturalista de Rama da literatura latino-americana no capítulo 1, em minha reavaliação de Clarice Lispector como escritora antiliterária e renegada. Mas, por ora, gostaria de considerar rapidamente quatro dos mais influentes estudos, na forma de livro, que desafiam o modelo evolutivo de Rama. Eles são *Against Literature* (1993), de John Beverley, que, adotando uma abordagem na linha dos estudos culturais, se vincula a "um modo de pensar a literatura que é extraliterário, ou [...] 'contra a literatura'" (p. 2). Além disso, *Testimonio* (2004), outro livro influente de Beverley, interpreta os escritos testemunhais subalternos, não como formas hierárquicas de expressão "literária", mas como formas reais de verdade e de ação e intervenção: "*Testimonio* aparece lá onde a adequação das formas e dos estilos literários existentes [...] para a representação do subalterno entrou em crise" (*Testimonio*, p. 49). Por outro lado, influenciado pela crítica antipaternalista de Beverley à literatura, bem como pela leitura desconstrutivista de Alberto Moreiras da própria noção de escritura literária latino-americana em *Tercer Espacio* (1999), o trabalho de Brett Levinson, *The Ends of Literature* (2001), examina o papel desempenhado pela literatura no pensamento latino-americanista contemporâneo e procura mostrar, no contexto do declínio neoliberal do Estado soberano durante a década de 1980, que a literatura na América Latina opera agora como um signo duplo, cujo estatuto privilegiado como solo universal da cultura latino-americana está condenado ao encerramento. Para Levinson, a literatura latino-americana opera como um signo duplo de encerramento porque, primeiro, sua "literariedade" (*literariness*) ou estatuto figurativo nos leva à fronteira do senso comum por meio da desfamiliarização. A escritura literária não é representacional; ela não fala pelo povo, como foi assumido por Rama, mas abala o senso comum através dos procedimentos de tradução e "analogia" a ela inerentes, isto é, a literatura é "portadora da relação ou semelhança entre (pelo menos) dois campos de conceitos, uma [relação] que nenhum dos dois conceitos pode

INTRODUÇÃO: ANTILITERATURA

representar ou revelar" (p. 27). Segundo, a literatura não apenas frustra o senso comum e as opiniões cristalizadas, mas se desdobra, de forma significativa, como instituição ligada ao mercado, à conformidade e ao idealismo de classe (*class-based idealism*), porque atribui a si mesma prestígio, autoridade e transcendência: "[e]la sempre alega transcender o comum, as linguagens/formas em circulação e em público, de fato, prestando-se às apropriações que sustentam o conservadorismo e as classes existentes, assim como outras hierarquias" (p. 28). Por fim, para Levinson, na medida em que a literatura latino-americana não representa, de forma essencialista, uma identidade cultural original, ela constitui uma figura apropriada para a tradução do entrecruzamento de mundos (o pré-hispânico, o europeu e a modernidade), sempre relativo e em mudança. De fato, a narrativa onipresente do "retorno às origens" na literatura latino-americana, para Levinson, encarna não a expressão das origens perdidas, como muitos pensavam, mas antes o traço inexorável da herança histórica híbrida e da "incapacidade de perder ou traduzir as origens" (p. 17). Por mais divergentes que sejam as críticas à teoria de Rama da literatura latino-americana, os teóricos da cultura acima mencionados destacam um fenômeno histórico mais amplo que levou ao impasse: o esgotamento e os limites do projeto histórico-representacionalista da literatura latino-americana como um projeto paternalista, limitado e centrado no Estado[3]. Inspirado por essa insatisfação e pelo correspondente apelo a interrogar a natureza problemática da literatura latino-americana de maneiras ainda não abordadas, meu objetivo neste livro é postular o problema dos modos antiliterários de escrever no Brasil e na Argentina modernos como parte de uma contratradição crucial, ainda não examinada. Além disso, argumento que uma avaliação da antiliteratura não apenas desafia concepções da literatura clássicas, monológicas e hierárquicas, há muito enraizadas, mas muda a discussão mais ampla sobre a "natureza" da literatura latino-americana e nos permite reconceitualizar o problema de escrever o subalterno, o feminino, a política literária e o debate literário nos estudos latino-americanos contemporâneos a partir de um contexto brasileiro especificamente comparativo e original. Como já indicado, a reflexão sobre os escritores brasileiros no âmbito dos estudos latino-americanos permanece rara. Na medida em que esse divórcio persiste, este volume se empenha não apenas em revitalizar e redirecionar a crítica da literatura, mas em elaborar conexões não examinadas entre a literatura brasileira e a hispano-americana[4].

Metodologicamente, este livro deseja ir além das concepções estáticas da literatura, por meio de leituras multiníveis de textos antiliterários brasileiros e argentinos. Meu objetivo, no entanto, não é apenas desenterrar tradições marginalizadas, mas defender a necessidade de uma abordagem multidisciplinar que envolva alguns dos mais influentes teóricos culturais e ideias que conduziram, em primeiro lugar, à crise da ideia de literatura latino-americana. Como mostrarei em meus argumentos, na medida em que a antiliteratura subverte concepções monológicas da escritura literária (isto é, a literatura entendida em termos de uma estreita divisão forma-conteúdo, em termos de um paradigma culturalista tradicional e em termos de uma separação rígida de gêneros), precisamos criar uma tipologia do texto e metodologia de leitura novas que compreendam a forma literária como um complexo de percepção verbal, vocal e visual que dialogue estruturalmente com outras mídias e grupos sociais marginalizados. Preocupado com os poderes de percepção da escritura antiliterária, e sua aliança com outros regimes de signos, uma importante vertente teórica que examino neste livro é o conceito de pós-hegemonia que Jon Beasley-Murray define, em termos amplos, como o questionamento das categorias de Estado-nação e de hegemonia como princípios organizadores de uma análise da cultura e da política (p. xvii). Enquanto explorarei mais amplamente as ideias de Beasley-Murray com relação ao poema em prosa antiliterário de Haroldo de Campos, *Galáxias*, no capítulo 4, é importante constatar que a reflexão pós-hegemônica sobre o literário latino-americano hoje coloca ênfase no afeto contra a representação, isto é, no duplo poder dos corpos de afetar e ser afetados[5]. Neste livro, postulo a ideia de antiliteratura como um "corpo" de escritura multidisciplinar, minoritário e multimídia, que produz afetos e novos modos de percepção. Essa ideia desafiará, com efeito, as atuais concepções fixas da literatura, e contribuirá na mais ampla discussão/impasse sobre a política literária.

Entretanto, deve ficar claro que o prefixo *pós-* designa não tanto uma dimensão cronológica ("depois" da hegemonia), mas

INTRODUÇÃO: ANTILITERATURA 7

antes um significante crítico e diferencial. Nesse sentido, uma leitura do potencial subversivo da antiliteratura pode ser considerada pós-hegemônica, mas somente na medida em que lermos o texto em busca de seus fios afetivos, femininos, multimidiais e subalternos. A literatura se comporta como antiliteratura, eu argumento, precisamente quando ela subverte não só as normas sociais e culturais, mas a si mesma: a literatura não é literatura, pelo menos não do modo como fomos treinados a interpretá-la, como um regime culturalista da representação. O meu argumento é que é somente ao explicar essa relação de não-identidade – a literatura não é literatura – que podemos começar a ler novamente, de forma nova. A análise que este livro faz dos diferentes gêneros e mídias que os escritores antiliterários brasileiros e argentinos mobilizam (*assemble*) – escritura feminina, poesia, filme, antipoesia não-verbal, ornamentação barroca e assim por diante – aprofunda nossa compreensão do que se entende por literatura "latino-americana", bem como do que significa ler.

Além disso, em nosso avanço na contracorrente das tradicionais práticas interpretativas identitárias, veremos que o potencial subversivo da antiliteratura não reside numa identificação transparente com uma ideologia política particular, ou identidade cultural/social, como acreditou por várias décadas a interpretação convencional no domínio dos estudos literários latino-americanos. Como já indicado, a conexão "originária", de longa data, entre literatura e cultura na América Latina foi marcada como questionável, devido ao fato de que ela pressupõe um regime representacional paternalista ou, nas palavras de Patrick Dove, "uma visão monolítica e idealizada da literatura"[6]. Tal imagem teleológica da literatura tem restringido os horizontes críticos do campo. *Antiliteratura* está preocupado em criar uma nova perspectiva para os estudos literários. Ele faz isso por meio de uma conceitualização da força crítica dos modos antiliterários de escrever, ao mesmo tempo que aborda debates urgentes no âmbito dos estudos latino-americanos e da produção literária e fílmica: subalternidade, escritura feminina, pós-hegemonia, concretismo, afeto, poética experimental, marranismo e a política da estética.

Consideremos agora a concepção do sensível de Jacques Rancière e sua relação com os regimes mistos de signos em jogo nos textos antiliterários. Com o termo *sensível*, Rancière se refere ao "sistema de fatos autoevidentes da percepção sensorial, que simultaneamente revela a existência de um comum [*l'existence d'un commun*] e as delimitações que definem as respectivas partes e posições dentro dele"[7]. O sensível denota "um habitat comum" (*la constitution d'un monde sensible commun, d'un habitat commun*)[8]. Ele descreve o sistema de regras implícitas de ver, falar e fazer, que une e divide uma comunidade. Antes da política oficial, a comunidade é em primeiro lugar um domínio do sensível, governado por regras e hábitos de percepção. A distribuição do sensível não é, portanto, simplesmente um *éthos*, ou sistema de regras do comportamento social, mas sim um espaço de possibilidades que é essencialmente polêmico, político, plural e perceptivo. O argumento básico de Rancière é que a arte e a literatura constituem "cortes" (*coupures*) inventivos, ou rupturas, dentro da ordem do sensível e, assim, intervêm como formas "dissensuais" de subversão[9]. A arte intervém como luta sobre a experiência (*Art intervenes as a struggle over experience*). A política da literatura não radica nas opiniões dos escritores ou na expressão de mensagens, mas antes gira em torno de capacitar as palavras com a potência de enquadrar "um mundo polêmico comum": "o que liga a prática da arte à questão do comum é a constituição, ao mesmo tempo material e simbólica, de um espaço-tempo específico, de uma suspensão em relação às formas ordinárias da experiência sensível [*d'un suspens par rapport aux formes ordinaires de l'expérience sensible*]"[10].

A política da antiliteratura e sua relação específica com o sensível entra em foco através da reflexão sobre os limites do meio literário (*literary medium*). Consideremos o "cubagramma" de Augusto de Campos (1962, Fig. I.1). Preocupado em articular um mapeamento inventivo, transgressivo e polissêmico do estatuto polêmico de Cuba nos debates políticos latino-americanos da década de 1960, o poema-constelação de Campos problematiza as representações políticas oficiais, apontando para margens e múltiplas modalidades de escrever, ler e mediar o impasse dos intelectuais em relação à política.

Esse campo poético é organizado em nove quadrantes através de seis cores – um vermelho proeminente que aponta para Cuba e sua revolução, um verde que metonimicamente aponta

INTRODUÇÃO: ANTILITERATURA 9

para o Brasil e as cores azul-marinho, laranja, amarelo e o azul do "Old Glory Blue"[11]. Sintaticamente, as palavras se tornam fragmentadas, seccionadas e interceptadas pelos quadrantes e cores contrastantes. Não há estrofes, mas blocos semânticos que, como os rizomas de Deleuze, produzem ramificações de sentido e meio--sentido – abruptas linhas de fuga semântica que transformam o poema num laboratório de leituras que circundam o sintagma proeminentemente exibido, mas fragmentado, em vermelho vivo: CUBA / gramma SIM IAN QUE NÃO. Os limites e divisões visuais acentuados do poema-*design* não só permitem ao leitor construir leituras múltiplas verticalmente, horizontalmente, através das combinações de cores e por meio dos quadrantes, mas também chamam a atenção para a "gramática concreta" e as coordenadas composicionais do poema.

Pode-se dizer que o caráter composicional do poema assume protagonismo com relação ao campo representacional do poema. De fato, a palavra *gramma* constitui um duplo sentido. *Grámma*, do grego, refere-se às letras, àquilo que é desenhado (*designed*) e ao registro escrito. No segundo quadrante, o termo também se refere claramente a gramas como unidades de medida, constituindo um jogo poético com o açúcar cubano e os interesses neocoloniais dos EUA na década de 1960. Além de traçar graficamente a "gramática" do texto, o poema exibe, em fragmentos fonéticos e metonímias de cores, o contexto político neocolonial que inclui os Estados-nação de Cuba, do Brasil e dos Estados Unidos. Colocando em primeiro plano a questão do poema enquanto meio radicalizado[12] (*radicalized medium*) que condensa múltiplos regimes de signos, é significativo que *gramma* também sugira o jornal oficial do Partido Comunista Cubano, o *Granma*.

Sem dúvida, o "cubagramma" articula uma mediação autorreflexiva e antiliterária de um problema político proeminente nos anos 1960. Em lugar de apresentar uma solução poética para a pesquisa do poema sobre a Revolução Cubana e sua possível "aliança" com um Brasil cada vez mais revolucionário em 1962, onde as massas estavam ganhando força, o poema primeiro mapeia sua gramática estrutural e sintática – os blocos de construção, as cores e os limites da composição – como uma interpelação ao leitor para mediar criticamente esse impasse político do ponto de vista da construção, em oposição a esquemas abstratos e a políticas oficiais. Longe de falar pelo Estado-nação e pelo povo, como se costuma dizer das explicações identitárias da literatura latino-americana, o poema de Campos suspende as soluções preconcebidas e a imposição do ideológico, inscrevendo, através das palavras coloridas e do campo político do poema, um presente modificável para o leitor.

Como podemos perceber pela insistência de Campos no meio radicalizado como condição de possibilidade para a reprojeção do que é normativamente entendido como literatura e política, as obras antiliterárias perturbam o tecido sensível habitual, os regimes de percepção, identificação e interpretação costumeiros que estabelecem o que se entende por literatura. Em *Antiliteratura*, mostro que a escolha nunca é entre a literatura e a política, ou entre a literatura e outras artes. Ao contrário, o que está em jogo – argumento – é uma compreensão subversiva e antiliterária da forma, entendida como uma combinação de forças criativas ou interação entre mídias distintas. Tudo isso equivale a reformular o problema fundamental que pulsa através deste volume: que as obras antiliterárias articulam um afastamento do regime de visibilidade do regime literário latino-americano e sua política cultural de maestria e de identidade cultural, ressurgentes na década de 1960 na América Latina, e ainda prevalecentes, como exemplificam muitas das influentes abordagens da literatura latino-americana. De fato, pode-se dizer – seguindo David Viñas – que, apesar de todo seu mérito, a formação discursiva do *Boom* tem estreitado os horizontes críticos do campo e impedido as vozes dos escritores minoritários[13]. Independentemente da posição que se tome em relação aos romances excepcionalmente inovadores de Gabriel Garcia Márquez, Mario Vargas Llosa, Carlos Fuentes e Julio Cortázar, um regime de interpretação surgiu em sua esteira que persiste em postular o *Boom* como *o* sujeito exemplar literário latino-americano e como chave do cânone. Embora aprofundar mais diretamente nesse assunto espinhoso ultrapasse os objetivos desta introdução, basta dizer que as exclusões bem documentadas do *Boom* – relativas à escritura feminina, ao Brasil e às obras minoritárias – continuam sendo uma urgente lacuna que este volume busca enfrentar[14].

Contra a unidade linear, por conseguinte, a estrutura deste livro toma a forma da colagem ou constelação, a fim de registrar

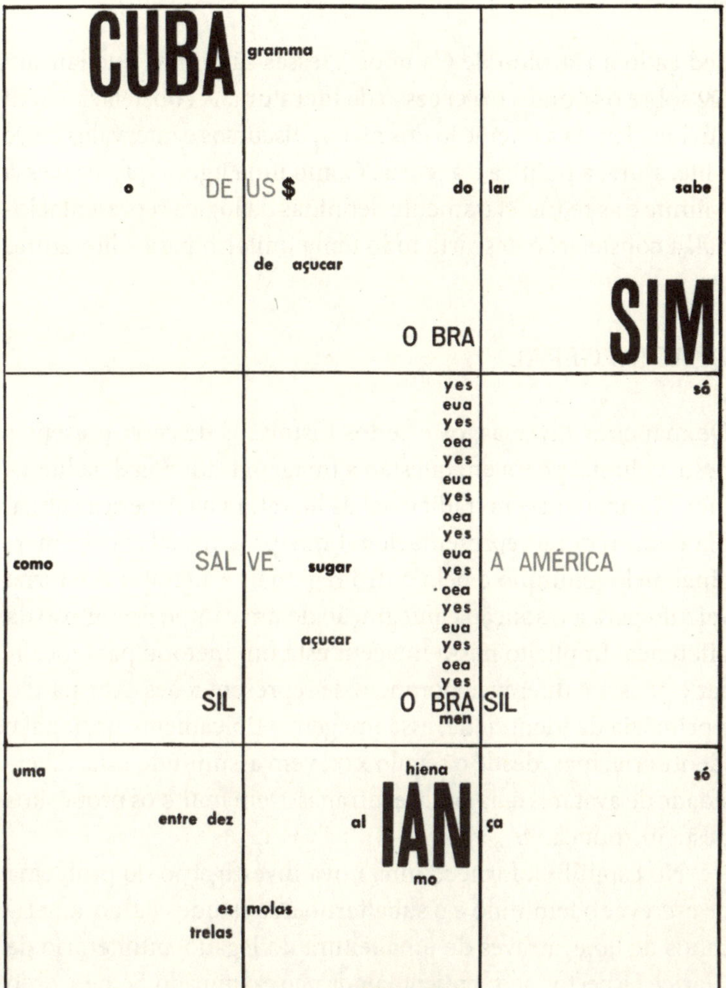

CUBA gramma

o   DE US$ do lar   sabe

de açucar

O BRA   SIM

só

yes
eua
yes
oea
yes
eua
yes
oea
yes
como   SAL VE   sugar   eua   A AMÉRICA
yes
·oea
yes
açucar   eua
yes
oea
yes
SIL   O BRA SIL
men

uma   hiena   só

entre dez   al IAN ça
mo

es molas
trelas

para o progr   esso

O BRASIL   DIZ   QUE   NÃO

FIG. I.1. *"cubagramma", de Augusto de Campos. De* Invenção: Revista de Arte de Vanguarda, *n. 2 (1962). Cortesia de Augusto de Campos.*

acontecimentos da escritura díspares, porém interconectados. Por trás das análises fundamentadas na história, que mapeiam os procedimentos polivocais de escritura em jogo em cada obra, se vislumbra o que poderia ser comparado a uma conversa interestelar entre estrelas mutantes. Abrindo-se para todos os discursos e produzindo múltiplos regimes de signos – para invocar a imagem galáctica da escritura em jogo no penúltimo capítulo do volume, dedicado a Haroldo de Campos –, essas são obras que lançam luz sobre os limites e o excesso da literatura. A constelação, sem dúvida, denota a interação dos níveis, discursos e intervalos entre a literatura, a política e a teoria. Como uma figura que atravessa o limite e as regras claramente definidas da lógica representacional, a constelação descarta todo tema unitário para a literatura.

QUADRO GERAL

De maneiras diversas, os estudos históricos de caso, presentes neste volume, põem em questão a imagem tradicional da literatura. Há uma imagem tradicional da literatura na América Latina. Ela é um regime representacional que procura falar pelo marginal, pelo feminino e pelo outro regional. A literatura se torna veículo para a tradução e integração de um campo espinhoso da diferença. Implícito nessa imagem está um método para localizar e pensar a diferença por meio de representações. Afirmando a primazia da identidade, essa imagem é tipicamente nacional e identitária, mas, desde o século XIX, vem assumindo uma diversidade de avatares cuja análise ultrapassa em muito os propósitos desta introdução[15].

No capítulo 1, forneço uma nova investigação do problema de escrever o feminino e o subalterno nos estudos latino-americanos de hoje, através de uma leitura do legado antiliterário de Clarice Lispector, até o presente ainda não examinado. Se, de acordo com Lispector, "literatura é uma palavra detestável" e a tarefa do escritor consiste em "falar o menos possível", abordo a recente proliferação da pesquisa bibliográfica para salientar a dificuldade que Lispector experimentou ao assumir a problemática da política, o vanguardismo literário e o engajamento literário durante os anos 1960 e 1970[16]. Meu retrato contragenealógico destaca a crise pessoal de Lispector que levou à escritura de *A Hora da Estrela* (1977) – sua obra e testemunho final – sobre a qual muito de sua fama internacional repousa. Assim como a obra final de Lispector articula uma crítica da literatura e uma nova visão da escritura relativa ao subalterno e ao feminino, recorro ao trabalho de John Beverley, Gareth Williams, Alberto Moreiras e Bruno Bosteels para situar a importância de um arcabouço subalternista no repensar

INTRODUÇÃO: ANTILITERATURA 13

da literatura e sua crise. Consequentemente, defendo que a tarefa de re-ancorar (*regrounding*) a literatura em sua preocupação específica com o sensível exige um novo quadro que re-historicize tais obras como as de Lispector através de seus procedimentos enunciativos singulares e heterodoxos. Em seguida, volto-me para o problema de escrever o feminino em Lispector, justapondo seu procedimento radical de composição com os textos de Hélène Cixous, Marta Peixoto e Luce Irigaray. Através de uma leitura do metaliterário e do feminino em *A Hora da Estrela*, argumento que a escritura de Lispector articula uma relação "fluida" com a linguagem e a política, que desafia todo sujeito da escritura unitário e representacional e, assim, colonizador. Como um apelo interrogativo a um modo feminino, reflexivo, afetivo e criativo de relacionalidade e convivência social, uma nova imagem da escritura em Lispector é introduzida – uma relativa não apenas à política da literatura, ao vanguardismo e à subalternidade no Brasil nos anos 1960 e 1970, mas também à composição subversiva e à questão de tomar posições no presente.

O capítulo 2 apresenta uma nova investigação do problema da política literária, por meio de uma reavaliação de David Viñas. Seja através de seus romances, roteiros de filmes e peças teatrais, seja através dos ensaios críticos altamente conceituados que mesclam um exame sociológico das condições da produção intelectual com um estilo de escritura heterodoxo que desafia o "mito da literatura", Viñas introduziu uma nova imagem da escritura na América Latina e uma forma polêmica de colocar problemas. E, no entanto, devido ao caráter desafiador de Viñas e sua adesão à perspectiva crítica marxista, os críticos têm ignorado o caráter subversivo de seus romances e roteiros de filmes. Equiparando o ponto de vista político com a composição experimental, esses críticos têm interpretado a produção literária de Viñas através de uma óptica representacional e ordem de razões que reduzem o "engajamento literário" à produção de mensagens. Em consequência, mostro como o desencontro com a política literária de Viñas gira em torno de uma leitura fundamentalmente equivocada de sua relação com Jean-Paul Sartre, o marxismo e o cinema. Por outro lado, exploro como os romances de Viñas restauram a imanência para a mediação do campo político e social. Ao examinar sua adaptação da técnica de montagem narrativa e seu recurso à paródia, elucido como a vontade de Viñas de escrever o histórico constitui um processo sempre em aberto. Meu argumento é que "dar corpo" à escritura, seguindo o lema materialista de Viñas, não significa a encarnação de uma tese marxista mecanicista, mas precisamente isto: fazer da obra literária um meio de mediação que incide sobre o minoritário e a violência na história[17]. Em jogo está uma nova imagem da escritura "política" em Viñas – uma que mapeia a história, a política e a escritura, enquanto desmonta a potência de seus efeitos teleológicos, muitas vezes inquestionados. Nesse sentido, abordo o conceito de finitude literária de Jean-Luc Nancy para fornecer, pela primeira vez, um exame teórico das dimensões subversivas e da força afetiva em jogo na técnica narrativa de montagem de Viñas em seu roteiro cinematográfico transformado em romance, *Dar la Cara* (1962).

No capítulo 3, ofereço uma nova leitura do canibal de Oswald de Andrade, que mapeia seus avatares subversivos na poesia concreta brasileira, da década de 1950 até o presente. Mudando os termos da discussão sobre o legado da antropofagia através de uma leitura da poesia de Andrade, argumento que a força crítica de sua poética canibal reside não na identidade, mas em seu desafio autorreflexivo e multimídia da lógica representacional. Segundo, investigo como os poetas concretos brasileiros ressuscitam a poética de Andrade para dar o que eles reconhecidamente chamaram de "salto participante" na política nos anos 1960.

Os poetas concretos brasileiros constituem um capítulo subversivo, pouco estudado no âmbito dos estudos latino-americanos. Na verdade, pode-se dizer que nenhuma tendência literária exemplifica de forma mais poderosa a complexidade teórica dos movimentos históricos de vanguarda na América Latina. Mostro como a poesia concreta brasileira, como projeto antiliterário, rompe e borra as fronteiras que separam os gêneros literários tradicionais e constitui um campo poético de imanência verbal, vocal e visual, a fim de envolver o leitor no problema da política, da revolução, da subjetividade, da subalternidade e do vanguardismo. Portanto, examinando um conjunto diversificado de poemas multimidiais, ilustro como o salto participante, em grande parte pouco compreendido, gira em torno das maneiras nas quais os poetas concretos brasileiros "devoram o não-poético" de modo a renovar a poesia numa esfera pública em crise.

Tal poética constitui uma nova imagem da escritura de vanguarda na América Latina – uma que abandona a função coletiva, representacional e centrada na palavra, para enfrentar o que os poetas concretos consideravam a era pós-literária e pós-verbal do capitalismo tardio. Marcando os limites da literatura, mesmo quando ela abre um espaço exterior ao consumo no capitalismo tardio, concluo elucidando a questão da continuidade da preocupação antropofágica e propriamente política da poesia concreta como uma questão intempestiva de contraconstruir o presente, por meio de uma leitura do icônico poema "mercado", de Augusto de Campos (2002).

O capítulo 4 investiga a crise da vanguarda brasileira durante os anos da ditadura militar (1964-1985) através de uma avaliação do monumental poema em prosa de Haroldo de Campos, *Galáxias* (1963-1976). Desafiando a visão prevalecente que postula a relação conflitante do texto entre "autonomia" e intervenção concreta na história, examino o diálogo intertextual do texto com numerosas fontes literárias, filosóficas e políticas (Dante, o budismo japonês, os poetas concretos brasileiros, a propaganda do regime militar) e como a obra investiga a indústria cultural e a crise do subalterno empobrecido. Através de uma leitura detalhada de *Galáxias*, que compara o poema com a poesia política "violão de rua" de Ferreira Gullar nos anos 1960, sugiro os modos nos quais um pensar da materialidade em *Galáxias* – como afeto, como galáxia intertextual autorreflexiva e como concretismo – nos permite reconceitualizar o debate literário nos estudos latino-americanos hoje a partir de um contexto especificamente brasileiro.

Partindo das recentes discussões sobre o *Boom* latino-americano, o capítulo 5 apresenta o caso paradoxal do escritor brasileiro Osman Lins, a fim de delinear um novo arcabouço para o exame da política e do impasse da literatura no Brasil durante os anos 1960 e 1970. Se começo com uma discussão da polêmica, até agora não publicada, entre Lins e Haroldo de Campos sobre o caráter "antivanguardista" do romance de Lins, *Avalovara* (1973), é para ressaltar o que conceitualizo como as antinomias não-unitárias, barrocas e subalternistas da antiliteratura. Desfazendo todos os modelos teleológicos, eu argumento que isso é o segredo que reside na poética barroca e antiliterária de Lins: um novo mapeamento da subalternidade que extrai do torpor da transculturação um pensamento vigoroso da política. Em meu exame do intensamente experimental "Retábulo de Santa Joana Carolina" (1966), lanço luz sobre os meios pelos quais Lins combina múltiplos regimes de signos como o teatro, as artes visuais e a cantiga medieval para se defrontar com a violência estrutural de exploração e subalternidade no Nordeste brasileiro. Situando meu argumento no âmbito do debate sobre o legado do *Boom*, retomo Rancière, o Grupo Latino-Americano de Estudos Subalternos e os escritos de José Rabasa para abordar a influente leitura do *Boom* de Idelber Avelar como uma formação discursiva que valoriza a figura do escritor demiúrgico. Avelar entende o *Boom* como o local em que escritores latino-americanos buscam restaurar a "aura" literária, entendida como a tarefa histórica da literatura latino-americana de criar uma elite letrada e de representar o povo em uma sociedade pós-literária marcada pela crise do Estado[18]. Em contraste, examino como a poética barroca de Lins intensamente negocia a violência e a autoridade por meio de conjuntos enunciativos que são antirrepresentacionais e antiliterários. Assim como com David Viñas na Argentina no contexto dos ferozmente politizados anos 1960, concluo mostrando como a subalternidade no Brasil é imaginada pela literatura de modo alternativo – não tanto como objeto da ideologia, mas como uma figura de tensão para uma nova palavra poética e política.

Antiliteratura conclui com um exame do poema "O Anjo Esquerdo da História" (1998), de Haroldo de Campos, que ele compôs após o massacre de dezenove membros do Movimento dos Trabalhadores Rurais Sem Terra (MST) pela Polícia Militar no estado do Pará. Examino a maneira pela qual "O Anjo" – como indagação teórica, poema denunciatório e experimento de vanguarda – é construído por meio de uma montagem de imagens que incessantemente chamam a atenção para os limites e a força da literatura. Por conseguinte, empenhado em extrair uma linguagem sensorial dos restos dos mortos subalternos cuja verdade ele sabe que não pode nomear, o poema de Campos derrubará toda ontologia literária. Mais especificamente, o poema se preocupará em criar uma linguagem que seja adequada ao horror incalculável do acontecimento, mesmo quando tenta reativar o afeto subalterno e as formas revolucionárias de luta do MST. Retomando Walter Benjamin, John Beverley, Gareth Williams, Sebastião Salgado,

INTRODUÇÃO: ANTILITERATURA 17

Giorgio Agamben, Michael Hardt e Antonio Negri, elucido como o poema de Campos configura uma investigação da materialidade do discurso poético que abre o mundo-da-vida pertencente às palavras em todas as suas dimensões sensoriais, semânticas, históricas e políticas. Em outras palavras, mesmo quando o poema postula seus limites em sua investigação para redimir a tragédia do subalterno, ilustro como Campos faz do poema uma configuração intempestiva da sensação que resiste à história, desde suas margens, como uma política contra a "literatura". Estendendo os fios de nossa pesquisa ao presente impasse relativo à questão da literatura nos estudos latino-americanos contemporâneos e ao maior movimento social do Brasil, de mais de cinco milhões de trabalhadores rurais sem terra, argumento que o mérito de Campos é ter produzido uma obra-limite politicamente inspirada, que se aproxima de uma imagem libertada para reenquadrar a crise do vínculo social. Indo além do espelho da literatura e do Estado, trata-se então de uma obra radical sobre a justiça, sobre o papel intempestivo da literatura de reativar o afeto subalterno e uma forma contemporânea de força subalternista e antiliterária que liga a literatura às formas revolucionárias de insurgência e a maneiras de reimaginar o passado em um presente perigoso.

1
Figurações da Imanência

Escrevendo o Subalterno e o Feminino em Clarice Lispector

Ao examinar o sem número de notas, fragmentos, crônicas e entrevistas de Clarice Lispector, encontramos todo um acervo de declarações antiliterárias. "Literatura", diz Lispector, "é uma palavra detestável – está fora do ato de escrever"[1]. A literatura, para Lispector, torna-se reacionária com seu sistema de prêmios, convenções e, acima de tudo, procedimentos classificatórios redutivistas. Numa última entrevista televisiva no final de 1977, Lispector é perguntada sobre o papel do escritor brasileiro e se a literatura "altera a ordem das coisas". Ela aparentemente ignora essa pergunta instigante que contextualiza a produção literária brasileira nas décadas de 1960 e 1970. Diante dessa questão ancorada ao contexto de uma ditadura militar repressiva que não seria abalada até 1985, Lispector afirma que o papel do escritor consiste em "falar o menos possível" e que a literatura "não altera nada"[2]. Como entender as declarações antiliterárias de Lispector? Devemos concluir, como muitos críticos de esquerda nos anos 1960 e 1970, que a escritura de Lispector estava em última análise alienada da questão fundamental da época: a do engajamento? E como entender seu último romance, *A Hora da Estrela* (1977), em que a questão de escrever o feminino e o subalterno configura uma problemática central?

A crise do Estado brasileiro nos anos 1960 desencadeia uma crise da linguagem. Por todo o país florescem movimentos literários politizados[3]. O golpe militar de 31 de março de 1964 faz avançar a relevância social da literatura, enquanto a ação repressiva contra estudantes, artistas e dissidentes por meio do Ato Institucional número 5, de dezembro de 1968, amplifica a problemática. Num texto revelador, "Literatura e Justiça" (1964), Lispector examina sua muito criticada incapacidade de abordar "a coisa social"[4]. A questão da justiça social, com cuja causa compromete-se Lispector, parece-lhe excessivamente óbvia, enquanto a escritura é apenas uma "procura" árdua. Para Lispector, nos anos 1960, escrever não é comunicar mensagens políticas ou refletir a sociedade em sua totalidade. A literatura se dá como processo, como *procura* íntima: a escritura torna-se o nome de uma "linguagem de vida", desligada de todo critério ou programa[5].

Com o endurecimento da censura e a tortura de estudantes e dissidentes, Lispector participa da Marcha dos Cem Mil contra a ditadura. De fato, ela iconicamente marcha à frente do protesto, junto com um grande número de artistas do Rio de Janeiro. E no entanto, no final dos anos 1960, Lispector passa por uma crise. Enquanto produz crônicas, contos, colunas de jornais e livros infantis, ela se queixa a amigos próximos de ter perdido o desejo e a capacidade de escrever. Depois de completar seus romances experimentais e de maturidade, *Água Viva* (1973) e *A Hora da Estrela* (1977), Lispector confessa seu desagrado com suas obras "mais leves" e com a forma da crônica. Ela terá redescoberto a necessidade de escrever[6].

Com inquietação, a autora atrasa a publicação de *Água Viva* por três anos, por causa da sua falta de trama. O fio narrativo que permeia o modo de expressão fragmentário do romance e sua série de esboços metaliterários é talvez melhor resumido num enunciado inicial: "[e]ste não é um livro porque não é assim que se escreve"[7]. O desafio do romance ao gênero, à ordem cronológica e sua fuga da "razão" articulam sua brilhante realização. Seu procedimento autorreflexivo de desnudar a construção da narrativa encontra eco em *A Hora da Estrela*. Mais que isso, a obra introduz uma meditação impressionante sobre um modo de escritura construtivista e antiliterário. As palavras somente alcançam seu esplendor, campo perceptivo e vida íntima ao se libertar da

FIGURAÇÕES DA IMANÊNCIA   21

prisão da linguagem como um sistema de representações. E um modo de alcançar essa força da palavra é tornar a escritura um sistema fragmentário de perguntas sem resposta. A escritura somente alcançará a vida, somente se transfigurará em visão e sensação ao pensar seus próprios limites: "é como o verdadeiro pensamento se pensa a si mesmo, essa espécie de pensamento atinge seu objetivo no próprio ato de pensar [...] pensamento primário [...]"[8]. Ao examinar as anotações de Lispector, ou "roteiro" para as revisões do livro, encontramos um interessante projeto antiliterário: "abolir a crítica que seca tudo"[9].

A fama estrondosa de Lispector hoje, como explica Benjamin Moser, repousa em grande parte em *A Hora da Estrela*[10]. Ao reexaminar esse alcance, não podemos ignorar o fato de que o livro foi transformado em filme em 1985 por Suzana Amaral, que ganhou numerosos prêmios internacionais e nacionais. No entanto, se falássemos dele como uma história dirigida e unificada por uma trama, como inevitavelmente fazem muitos críticos, correríamos o risco de reduzir um livro com treze nomes e treze títulos. Além disso, um sumário da trama como esse muitas vezes cai nas armadilhas de uma lógica representacionalista, que interpreta a protagonista empobrecida, Macabéa, como uma vítima patética. Lispector manterá um projeto muito mais ambicioso. Em entrevista televisiva, ela condensa a sua visão a respeito da protagonista: é a "história de uma moça tão pobre que só comia cachorro-quente; mas a história não é só isso [...], é a história de uma inocência pisada, de uma miséria anônima". Numa nota manuscrita, Macabéa é descrita como "apenas material [...] na sua forma mais primária"[11]. Da imagem da garota pobre a uma paisagem coletiva e impessoal de miséria; da miséria anônima à forma primária de um material que desconhece a razão[12]. O grande problema subjacente a *A Hora da Estrela* é o de levar a literatura a seus limites. Consideremos o *design* do romance por meio de seu foco metaliterário.

A Hora da Estrela começa na fronteira da literatura ao inscrever a presença abissal de Lispector como autora. Por exemplo, a assinatura de Lispector é um dos treze títulos possíveis da obra e a dedicatória de abertura começa por apresentá-la como a "[n]a verdade" autora[13]. O romance, em seguida, delimita a história como um formidável projeto de escritura do narrador-protagonista Rodrigo S.M., que decidiu transgredir, via experimentação, seus antigos "limites" literários[14]. A trama começa então, realmente, numa segunda fronteira, *in media res*, com a atenção intensificada sobre o meio (*medium*) da obra[15] e uma justificativa filosófica para o estilo heterogêneo do texto. Comparando-se a um carpinteiro, mão de obra braçal, metamorfo, capturador de almas, dramaturgo e a uma forma de "conhecimento"[16], Rodrigo assegura que tal estilo evocará um sem número de mídias e questões: a poesia popular (*literatura de cordel*)[17], o cinema (*em tecnicolor*)[18], a fotografia[19], a música dissonante[20], a pintura abstrata[21], o melodrama[22], o teatro trágico e do absurdo[23], a gagueira[24], a dor de dente lancinante[25], bem como uma simultânea busca pela "vida primária"[26], o messianismo[27], os fatos[28], a metamorfose[29] e a ética pessoal[30]. Colocando em primeiro plano o tema existencialista, Rodrigo afirma seu compromisso em contar uma história com amplas implicações sociais: "é minha obrigação contar sobre essa moça entre milhares delas"[31]. Além disso, o experimento de Rodrigo mescla intertextos de Woolf, Dostoiévski, Sartre, Bram Stoker, Shakespeare, Anita Malfatti, da *Bíblia*, Joyce e de Hollywood. E, no entanto, num afastamento da "literatura"[32], seu projeto não se limitará a questões de forma, mas terá como objetivo atingir uma dimensão produtiva de "nudez" entre a escritura e a vida[33]. É o limite, como fronteira e passagem entre mundos, que provocou a investigação de Rodrigo: seu vislumbre aleatório de uma moça pobre no Rio o condenou à missão de romper todos os laços com a literatura e de criar um texto híbrido que atrela a escritura a forças externas. Cultivando um estilo de escritura preocupado em expressar a "vida primária", a capacidade de Rodrigo de perceber a vida sensual dessa moça anônima e indigente coincide com sua recém descoberta habilidade de capturar "o espírito da língua"[34].

Não mais interessado em escrever literatura, a ruptura de Rodrigo envolve, então, um lance estratégico: uma técnica de escritura dolorosamente objetiva que o impelirá a criar Macabéa, a moça empobrecida, e a expor, de dois modos fundamentais, o artifício literário como uma "força"[35]. Primeiro, Rodrigo nos lembra que, devido à diferença de educação, classe, gênero e linguagem, ele está lutando com todas as suas forças para trazer à vida a socialmente marginalizada Macabéa. Segundo, ele comenta sem cessar sobre a escritura da história. Tais suspensões da ordem ficcional estão em paralelo com o regime de privações que Rodrigo se impõe, que inclui se abster de se barbear, do futebol e do sexo. Em suma, Rodrigo se empenhará em afirmar a "verdade" (o sentido secreto) de escrever a experiência subalterna[36], mesmo que isso signifique compor uma história que "mata" toda autoridade, inclusive a sua[37]. Assim, para além da visão predominantemente aceita, que percebe Macabéa como uma vítima sem remédio, ela encarna, eu argumento, forças de vida que lançam luz sobre o problema de escrever o feminino, o subalterno e o político em Lispector[38]. Macabéa como a mulher sem particularidades e sem subjetividade, Rodrigo como o pária da literatura que não pode parar de interromper esse impossível projeto de escritura – tais são os contornos da monumental obra antiliterária de Lispector, que vai além de *Água Viva* em sua exploração de escrever o subalterno e o feminino.

O ANTILITERÁRIO E O REGIME LITERÁRIO LATINO-AMERICANO

Lispector disse certa vez: "[t]alvez eu entenda mais o anticonto porque sou antiescritora"[39]. Quando interrogada sobre sua posição de *outsider*, mesmo que consagrada, em relação às tradições literárias brasileira e latino-americana, ela nunca hesitou em assinalar sua distância. Contra a profissionalização e as normas, afastando-se do que ela chamava de "mundo superficial dos escritores literários", a abordagem construtivista de Lispector gira em torno de problematizar a separação entre a escritura e a vida[40]. A consumação de sua visão, o que ela chamava de "linguagem de vida", envolve um afastamento do regime literário latino-americano da representação[41].

Retomo aqui um debate mais amplo no âmbito dos estudos culturais latino-americanos e suas orientações subalternistas. Falar do subalterno é criticar um conceito estagnado de cultura e o entrelaçamento histórico da literatura latino-americana com a política desde o século XIX. O ímpeto que molda os estudos subalternos na América Latina, em suas várias formas e campos, começa com uma crítica das concepções de cultura centradas no Estado. Gareth Williams, Alberto Moreiras e José Rabasa escreveram sobre a exaustão dos modelos de análise unitários e do subalterno como um termo relacional e limite epistemológico. Como Macabéa, que é caracterizada por Rodrigo como um "material poroso"[42], podemos entender o subalterno não como mero marginal oprimido, mas como um "exterior constitutivo", um termo-limite ou fissura, onde é suspensa a ficção dos discursos unitários e centrados no Estado[43].

A partir dos anos 1990, a literatura e a crítica literária nos estudos latino-americanos tornam-se suspeitas devido a uma série de fontes relacionadas, embora divergentes. Na esteira da crise da dívida nos anos 1980 e da derrota eleitoral dos sandinistas nicaraguenses, a primeira fonte dessa visão contrária diz respeito ao surgimento de estudos subalternos latino-americanos em resposta à sedimentação dos modelos neoliberais por todo o continente, bem como à crise do marxismo e da revolução[44]. Quando o "Manifesto Inaugural" (1992) do Grupo de Estudos Subalternos Latino-Americanos pede a reconceitualização da "relação nação, Estado e povo", ela o faz em vista de questionar a concepção então dominante de produção cultural, em especial a da literatura, compreendida como um aparato elitista da representação que procura "falar pelo" subalterno[45].

Uma outra fonte diz respeito à crítica da teoria cultural de Ángel Rama, que interpreta a literatura latino-americana como transculturação. Como já indicado na introdução, Rama equipara a literatura latino-americana a um projeto culturalista unificado, a um "sistema" ou "campo de integração"[46] cuja tarefa antropológica consiste em representar os povos marginalizados do continente como um ato de diferença e de "descolonização espiritual"[47]. Considere o exemplo da análise de Rama do romance de João Guimarães Rosa, *Grande Sertão: Veredas* (1956). Através dos monólogos do jagunço Riobaldo – que, de modo análogo às narrativas de William Faulkner, entrelaçam a escritura experimental com vozes regionais – Guimarães Rosa consegue alcançar uma concepção orgânica da cultura brasileira. Diante das tendências homogeneizadoras de uma modernização "corrosiva"[48], o procedimento de "neoculturação" de Guimarães Rosa restaura uma visão original e representativa de uma região da América Latina por meio de critérios literários modernos[49]. É por isso que, segundo Rama, a tarefa da literatura é "coroar" a cultura (*las obras literarias no están fuera de las culturas sino las coronan*), e restabelecer

FIGURAÇÕES DA IMANÊNCIA 25

a relevância da literatura como mediadora, bem como seu papel de porta-voz das raízes orgânicas das culturas subalternas e populares da América Latina[50]. Por mais discutível que seja a visão de Rama da literatura, ele toca num fenômeno histórico mais amplo: o regime representacional histórico da literatura latino--americana. Por regime representacional histórico da literatura latino-americana, refiro-me às funções representacionais, integradoras e interpretativas que os escritores latino-americanos atribuíram à literatura nos inícios do século XIX e que percorrem todo o século XX até a monumental teoria de Rama em 1982. Em resumo, o literário se torna inexoravelmente vinculado ao Estado, e à literatura é atribuída a tarefa de expressar o "espírito" da nação – por mais híbrido, privado de direitos ou marginalizado fosse seu povo – como vontade da diferença cultural. Isso nos traz de volta à problemática da antiliteratura.

A passagem da "literatura" para a invenção subversiva envolve fazer a distinção histórica entre, de um lado, o campo institucionalizado da literatura como um *habitus* que confunde a experimentação com a descrição identitária e, de outro, as obras literárias que redistribuem a codificação da realidade social[51]. Contra a redundância de representações que sujeitam e reduzem a imanência de ambos, o campo social e o trabalho literário, a obra experimental é sempre inaugural, um corte nas divisões hierárquicas estabelecidas, tanto sensoriais quanto de classe e de gênero. A composição inovadora revela uma nova capacidade da linguagem, uma nova imagem da escritura em jogo no presente, imanente à sua linguagem subversiva, refrativa e aberta à sua própria finitude, à não-linguagem, aos sistemas não-verbais de comunicação e a outras mídias. Refiro-me ao problema dos poderes perceptivos e constituintes do antiliterário, seu meio radicalizado, e às formas pelas quais ele desafia o que normativamente se entende por "literatura".

Assinalar a distinção entre o campo institucionalizado e a singularidade da obra inaugural envolve, dessa forma, contrapor-se ao regime literário da representação[52]. O regime literário latino--americano da representação codifica, territorializa e reprime o potencial revolucionário do texto experimental. Constituída por uma diferença cultural buscada e uma divisão de classe inalterável que molda seu modo de expressão, sob o regime literário, como vemos claramente no exemplo de Rama, a escritura se torna subordinada a um discurso instituinte da identidade.

Contra as pretensões de síntese popular nacional do regime e sua rejeição da composição inovadora, as obras antiliterárias desafiam e reorganizam a codificação sensível do real. Ainda assim, a indistinção, hoje generalizada, se encontra nas próprias origens do regime literário latino-americano. A reivindicação de pureza igualmente tem levado a um repúdio da potência da literatura. Em razão disso tudo, não há dúvida de que o debate em torno da literatura no âmbito dos estudos latino-americanos hoje tem chegado a um impasse. Ou será que, na pior das hipóteses, desvalorizada pelas críticas recebidas, a literatura é simplesmente considerada superada e ignorada por completo por uma nova geração de pensadores? Recusando-se a seguir esse caminho, a estagnação do regime reivindica um novo horizonte para a reavaliação da problemática literária na América Latina e seus avatares culturalistas: o imperativo de construir uma contragenealogia, uma linhagem antiliterária ou, para usar a lúcida expressão de Décio Pignatari, um retorno insurrecional ao passado[53]. Pois a antiliteratura, como experimentação, constitui um procedimento do sensível que investiga e redistribui, por meio de sua forma, a dimensão sociopolítica. A forma converge com a crítica de modo tal que as representações da esfera social se tornam reflexivas, afetivas e polivocais. A desvinculação da arte com relação à política, como domínios específicos, permite uma reconceitualização da literatura em sua preocupação específica com a percepção, o afeto e o sensível. Com efeito, a antiliteratura subverte a ideia tradicional da literatura e o modelo literário latino-americano centrado no Estado: ela não codifica textos ou culturas em arcabouços essencialistas, mas rompe as estruturas em termos de suas amarras ideológicas e, seguindo a tese de Gilles Deleuze e Félix Guattari em *O Anti-Édipo*, articula fluxos de desejo, afeto e percepção como uma potencialidade revolucionária[54].

Mas o que Rancière e os filósofos do desejo em *O Anti-Édipo* não poderiam ter visto em suas postulações sobre a potencialidade política da literatura é o que conceituo como a problemática da antiliteratura, que é tão chave para a força política e para a redistribuição do sensível nas obras experimentais brasileiras e latino-americanas dos séculos XX e XXI. Contra a rejeição da composição inovadora como narcisista, elitista, intransitiva ou paródica no sentido superficial, o antiliterário revela uma nova capacidade da linguagem na obra, uma nova concepção da linguagem que inclui suas dimensões femininas. Este capítulo teoriza as dimensões femininas produtivas do último romance de Clarice Lispector, *A Hora da Estrela*. Ele o faz desde o interior, através de uma crítica imanente e abordando em detalhe a problemática central, inscrita no próprio romance, de escrever o feminino e o subalterno. E, importante, ele o faz desde o exterior, como um gesto de afirmação do caráter subversivo e antiliterário do legado de Lispector na América Latina.

ESCREVENDO O FEMININO

O que fazer do problema do feminino em Lispector? A grande contribuição de Hélène Cixous foi ter assinalado algumas das dimensões mais radicais do projeto de Lispector. Em sua leitura de *A Hora da Estrela*, Cixous afirma que Lispector "atinge uma forma de escritura que não diz" a fim de "escrever o mais próximo possível do vivente"[55]. Para Cixous, a arte narrativa de Lispector pode, portanto, ser vista como a antítese do romance clássico, que "faz um levantamento" e sempre "volta aos acontecimentos", de forma a produzir "um modo assustador de enclausurar o vivente de forma verbal"[56]. Inspirada na obra de Jacques Derrida e Jean Genet, Cixous está preocupada com as maneiras pelas quais *A Hora da Estrela* estilhaça a distinção entre um dentro e um fora do texto, de modo a sugerir o que está em jogo numa economia libidinal feminina. Com economia feminina, Cixous não se refere a uma representação identitária ou a um ponto de vista das mulheres e seus estados afetivos, mas a um princípio de "equivalência geral" e "capacidade de não ter"[57]. Para Cixous, o feminino constitui a antítese de dar o nome próprio e gira em torno dos modos como *A Hora da Estrela* coloca em xeque as dimensões representacionais da escrita, de forma a levar o leitor a uma árida paisagem de signos, "uma passagem pelo zero", lidando com o que permanece sem palavras e sem classe social[58].

O trabalho de Cixous contribui em muito para iluminar o projeto de Lispector[59]. E, no entanto, ela não situa a noção de escrever o feminino no contexto cultural mais amplo do Brasil nos anos 1960 e 1970. Ela tampouco explora, de forma plena, os problemas da identidade, imanência, desejo subalterno e figuração com relação ao meio radicalizado de Lispector que espero elucidar. Na verdade, Cixous raramente aborda as implicações políticas que se seguem da sintaxe de Lispector.

O influente artigo de Marta Peixoto, "Rape and Textual Violence in Clarice Lispector" (1991), examina "o campo das interações textuais carregadas de violência" em *A Hora da Estrela*[60]. A preocupação fundamental de Peixoto gira em torno das formas pelas quais Lispector constrói "um olhar aguçado sobre o exercício do poder pessoal, sobre o empurrar e puxar dos fortes e fracos, em particular sobre a dinâmica da vitimização"[61]. A vitimização se torna a lente através da qual Peixoto rastreia "as alianças suspeitas da narrativa com as forças de controle e dominação"[62]. Peixoto lê Macabéa como "uma verdadeira vítima social"[63]. De acordo com Peixoto, isso acontece porque "Macabéa é vitimizada por tudo e por todos [...] enquanto o patriarcalismo neutraliza sua sensualidade e os estereótipos estrangeiros de beleza a encorajam, assim como outras, a desprezar seu corpo e sua cor"[64]. Peixoto interpreta esse processo de "espancar" e "estuprar" o subalterno sob uma dupla chave: através da história de exploração de Macabéa e por meio de "uma meditação sobre o escrever sobre a vítima, um processo que duplica e inscreve em si mesmo o ato de vitimização"[65].

Embora Peixoto sagazmente registre a subalternização de Macabéa e o caráter metaficcional do romance, seu argumento é organizado através de uma dialética que não registra o problema da imanência nem o acontecimento da escritura que segue do plano composicional de Lispector. Na medida em que a leitura de Peixoto envolve a questão do poder, do gênero e do metatextual em Lispector, seu trabalho marca uma importante contribuição. Comprometendo suas conclusões, no entanto, está o fato de que sua leitura não rastreia as consequências do caráter composto da obra nem do processo da mediação radical e interruptora que estão em jogo no romance.

Problemática também é a leitura parabólica de Peixoto da história de Macabéa. Pois o modo como ela interpreta Macabéa pela chave de uma moral é a medida pela qual ela determina a lição definitiva do romance: "[e]ssa jovem mulher excessivamente

FIGURAÇÕES DA IMANÊNCIA

ingênua, desprotegida e desorientada – 'à-toa na cidade incon-
quistável' [...] – significa o desamparo humano compartilhado de
seres tragados na brutalidade da vida", de modo tal que "Macabéa
morre em total indigência, não aprendendo nada com suas pro-
vações. O narrador não encontra moral no seu relato"[66]. Somos
confrontados com uma imagem da escritura centrada na culpa,
cujo ponto final é a vítima: o "abate" de Macabéa como um "rito
sacrificial" de forma tal que "Lispector questiona, acredito, a pró-
pria possibilidade da inocência: ela encena uma luta carregada
de culpa com a maestria e os poderes violentos da narrativa"[67].

Embora seja evidente que Lispector destrói toda questão de
"inocência", ao "implicar [...] todos os sujeitos envolvidos na
trama narrativa"[68], como interpretar as múltiplas imagens da
composição e o constante reflexionar parentético sobre os limi-
tes do texto? Devemos concluir que há um só sujeito unificador
da enunciação em *A Hora da Estrela*? Como decifrar o fato de
que Rodrigo, como narrador, veste a máscara da "na verdade"
Clarice Lispector autobiográfica? Ou trata-se do contrário? Não
seria isso uma subversão de sentido, operada mais uma vez em
A Hora da Estrela, da "*especula(riza)ção que subtende a estrutura
do sujeito*" [unificado e metafísico] e, na verdade, das "necessida-
des de autorrepresentação do desejo fálico no discurso"[69]? Como
ler essa inscrição inicial entre parênteses, esse espelho curvo que
inaugura o romance subvertendo o problema da autoridade e da
"verdade", da literatura e da dimensão social?

Sobre as apostas potenciais em jogo numa escritura feminina
(*style*, ou *écriture, de la femme*), Luce Irigaray afirma que não se
começa nunca do zero; se começa com um operar fundamental
sobre a linguagem no meio, a partir de "fazer o casamento com
o filósofo" (*faire la noce avec le philosophe*)[70]. Contra a linguagem
do logos, contra falar ao nível da máxima generalidade, a ques-
tão para Irigaray consiste em recorrer a "outras linguagens", até
mesmo o silêncio, de modo a construir algum outro "modo de
intercâmbio" (*mode d'exchange*) que pode não articular a mesma
lógica[71]. Essa aporia do discurso relativo ao feminino como limite
da racionalidade deve ser abordada por meio de habitar a prática
filosófica – de "[r]etornar à casa do filósofo" ([r]*entrer dans la
maison du philosophe*) – centrada no *logos* como "essa repetição
geral [que nomeia o feminino] [...] como *o outro do mesmo*"[72].

A "dominação do *logos* filosófico", observa Irigaray, "vem, em boa parte, do seu poder de *reduzir todo outro à economia do Mesmo*"[73]. Essa "gramática geral da cultura", organizada por meio de um imaginário masculino, tem suprimido "[o] lugar para o feminino na diferença sexual"[74]. Contra o caráter "próprio" e apropriador da linguagem e da prática mimética, Irigaray pergunta sobre como se pode alcançar uma "articulação *não-hierárquica*"[75].

DEDICATÓRIA DO AUTOR
(Na verdade Clarice Lispector)

FIG. 1.1. *Dedicatória do Autor*, A Hora da Estrela, *1977.*

Inspirada nos conceitos deleuzianos de desejo, de diferença e repetição ontológica e de corpo sem órgãos, a problemática de Irigaray é organizada em torno da crítica da metafísica da presença, de uma concepção não-dialética do desejo como expressão de multiplicidades e de uma afirmação incisiva da diferença por meio da criação de uma economia do significado feminina e "dinamogênica"[76]. O objetivo de Irigaray é desmascarar todas as dualidades dicotomizadoras, todos os modos de pensar e representar que configuram o campo do sujeito especularizado, o sujeito metafísico da cultura. Com "economia especular", Irigaray se refere à encenação da representação autoconsciente posta em movimento no estágio do espelho de Jacques Lacan[77]. Para Irigaray, o estágio do espelho "autoriza a apreensão equivocada" do mundo e do Ser por meio de uma projeção gestaltiana do eu no mundo como idealidade[78]. Isso ocorre porque o estágio do espelho aprisiona o mundo fenomênico em todos os seus fluxos, intensidades e projeções singulares, transformando todos eles em "sólidos", em formas projetivas ideais que remetem à "miragem" da "permanência mental do *eu* [...] [e] seu destino alienador" como fundamento da ordem[79]. O estágio do espelho, em resumo, autoriza uma dialética do sujeito que submete o mundo à sua própria imagem. Numa tal concepção, não há resistência mútua em relação ao *"que está em excesso com relação à forma"*, nem há lugar para o que Irigaray chama de "relações de intercâmbios dinamogênicos ou resistências recíprocas entre o um e o outro"([*l*] *es rapports d'échanges dynamogènes ou de résistances réciproques*

FIGURAÇÕES DA IMANÊNCIA

entre l'un et l'autre)[80]. Uma linguagem excessiva de fluidos faria referência àquilo que persiste na imanência fora do próprio, da forma sólida, e do alcance do sujeito, faria referência a uma concepção do feminino não circunscrita pela imagem "castrada" e dessexuada da mulher na psicanálise lacaniana e freudiana.

De forma significativa e remetendo a Karl Marx, a economia especular também se refere às maneiras pelas quais, na produção capitalista, a mulher se torna objeto de valor no mercado, ou mercadoria para a especulação masculina[81]. Assim como as mercadorias são "desapropriadas de seus corpos e revestidas de uma forma que as aproprie para a troca entre os homens"[82], assim também as mulheres são "transformadas em idealidades valorosas"[83]. Por conseguinte, numa ordem padronizada como essa, o valor das mulheres não flui de seus corpos, de sua linguagem ou de sua constituição como seres singulares, "mas do fato de que elas espelham a necessidade/desejo de trocas entre os homens"[84]. "[A]o submeter os corpos das mulheres a um equivalente geral, a um valor transcendente, supranatural", observa Irigaray, "os homens levaram a estrutura social a um processo de abstração cada vez maior, até o ponto em que eles próprios são produzidos nela como conceitos puros"[85]. Em resumo, a imagem especular do pensamento impõe uma forma que organiza e duplica a experiência e o Ser numa distribuição dialética e identitária; assim, ela constitui uma linguagem não-dinâmica de apropriação abstrata e de especulação que não consegue dar conta dos projéteis fluidos e singulares do Ser. Na crítica de Irigaray à psicanálise, o conceito de especular passa a significar o espelho que distorce e permite ao sujeito masculino conceber a si mesmo como sujeito ideal e a compreender e utilizar toda a matéria e toda a natureza em vista de seus fins. Para obstruir o caráter circular dessa maquinaria teórica que "padroniza" os signos e as coisas na imagem do homem, para desafiar a lei do pai, é preciso colocar uma máscara, realizar um mascaramento teórico e habitar o discurso do filósofo, de modo a refletir e libertar as figuras de seu discurso[86]. O feminino, em suma, para Irigaray constituiria a afirmação da diferença como um campo de múltiplas singularidades. Essas singularidades seriam então concebidas não como partes de uma identidade a serem integradas num todo, mas como uma produtividade geradora, ou "fluxo" constituído de elementos diferenciais pré-substantivos e pré-subjetivos, que são sempre mais de um num plano de consistência[87]. Em outros termos, a afirmação de Irigaray do feminino como um modo múltiplo, não-unitário e resistente de se relacionar com o discurso masculino pode ser produtivamente comparada ao apelo antidialético de Gilles Deleuze e Félix Guattari de reconceitualizar o mundo material como um campo de imanência ou "corpo sem órgãos" que, desafiando a ordem do idealismo e do sujeito metafísico, permite repensar o desejo, o discurso, a sexualidade, a alteridade e o "real" em termos de força, multiplicidades díspares e fluxo dinâmico[88].

"Não fomos ensinados nem nos foi permitido", observa Irigaray, "expressar a multiplicidade ([d]ire plusieurs à la fois). Fazer isso é falar de forma imprópria."[89] Essa linguagem do "impróprio", a linguagem do que Irigaray chama de "autoafecção" das mulheres – "dois lábios beijando dois", na fórmula poética de Irigaray de uma diferença afirmada que vai além da identidade e da representação –, diz respeito à invocação de uma fuga intempestiva da rede de representações que atravessam, codificam e constituem o sujeito[90]. Essa é uma convocação radical ao movimento, uma abertura do prazer (jouissance) através de uma fratura nas linhas do representacional[91]: "temos tanto que inventar tantas vozes para dizer nós em todas partes [...] temos tantas dimensões [...]. Tu estás lá, tal a vida da minha pele"[92]. Quando Irigaray fala dessa abertura e inventividade como uma exterioridade afirmada que desafia a dialética, ela está se referindo à criação de um novo modo de expressão e seu plano de composição centrado em conexões, na contiguidade e em multiplicidades, de modo a organizar uma nova relação com a linguagem, a sexualidade e o mundo que não esteja moldada no homem ou no Estado[93]. Essa linguagem de composição e conexão, fundada num modo intempestivo de crítica e criação que desafia a ordem das coisas em termos da presença, impede toda pretensão identitária. Ela permite repensar os termos que estruturaram, aprisionaram e amorteceram as categorias da sexualidade e da linguagem via uma metafísica da presença, por exemplo.

Como Irigaray, ao escrever o subalterno e o feminino, Lispector estava sem dúvida preocupada em criar uma nova relação com a linguagem e com a política que desafiasse a linguagem dialética[94]. A noção de espelhos curvos e distorcidos, de uso da máscara masculina, de se disfarçar ou de "fazer o casamento com o filósofo" certamente vem à tona quando se reavalia *A Hora da Estrela* e sua série de comentários entre parênteses, seus múltiplos títulos e sua voz narrativa sempre em questão. Para além da justaposição, o texto de Lispector se articula como um problema e imperativo no Brasil, como uma *emergência emergente* (*"acontece em estado de emergência"*), numa esfera pública em crise (*"calamidade pública"*)[95]. Se não se trata de uma política da identidade, se não se trata de negar a contradição por meio de uma representação da vítima, somos levados pelo texto a considerar a questão "imprópria" do literário.

"A reflexão sobre o discurso, sobre a linguagem, à qual fui conduzida pela linguística", reflete Irigaray, "me permitiu interpretar a história da filosofia ocidental, interrogar as particularidades de sua verdade, bem como suas faltas. Uma delas é em especial evidente: o pequeno número de meios lógicos que o sujeito masculino desenvolveu para comunicar o presente a um outro sujeito diferente dele, em particular a um sujeito de outro gênero."[96] Ao dizer isso, Irigaray está tocando no problema da conceitualização de um modo relacional e múltiplo do discurso, centrado na mediação refrativa em oposição à representação. Tal discurso feminino se vincula poderosamente ao plano composicional radical de Lispector. De fato, o apelo de Irigaray de começar no meio ecoa as palavras de Rodrigo S.M. quando começa a narrativa de Macabéa: "Vou agora começar pelo meio dizendo—)"[97]. A partir da paronomásia em português, meio, referindo-se a "metade", mas também a "mídia", Lispector constrói toda uma série vinculada a forjar mediações autorreflexivas que criam novas conexões, em oposição a impor representações e juízos sobre a subalterna Macabéa: vazio, meditação, meio, metade, parêntese – a membrana textual de Lispector marca todas as formas e afetos como mídia, como meios de construção de novas relações com a figura intempestiva e indecidível do subalterno. E essa membrana textual, essa forma de discurso em interface, constitui uma questão da literatura que, sem dúvida, é histórica e está ligada aos desafios políticos que moldaram a conjunção entre o vanguardismo e o subdesenvolvimento no Brasil nas décadas de 1960 e 1970. Mas o que dizer da vanguarda e de Lispector?

Em sua palestra na Universidade do Texas, "Literatura de Vanguarda no Brasil" (1963), Lispector examina o legado da vanguarda brasileira dos anos 1920, a fim de articular a sua própria perspectiva para os anos 1960. Para Lispector, o conceito de vanguarda abarca liberar a escritura de concepções excessivamente abstratas e "estratificadas"[98]. Ela implica a construção de uma nova "linguagem de vida" e uma mudança no "conceito das coisas"[99]. Lispector recorre aos elementos da contracultura em jogo na década de 1960, às vésperas do golpe militar de 1964. A política para Lispector é melhor compreendida em seus aspectos imediatos, como Deleuze e Guattari disseram da literatura menor de Franz Kafka: a política como um assunto do povo (*du peuple*), como uma libertação sintática forjada através do tratamento minoritário de uma linguagem majoritária[100]:

Pois de uma maneira geral – e agora sem falar apenas de politização – a atmosfera é de vanguarda, o nosso crescimento íntimo está forçando as comportas e rebentará com as formas inúteis de ser ou de escrever. Estou chamando o nosso progressivo autoconhecimento de vanguarda. Estou chamando de vanguarda "pensarmos" a nossa língua. Nossa língua ainda não foi profundamente trabalhada pelo pensamento. "Pensar" a língua portuguesa do Brasil significa pensar sociologicamente, psicologicamente, filosoficamente, linguisticamente sobre nós mesmos. Os resultados são e serão o que se chama de linguagem literária, isto é, linguagem que reflete e diz, com palavras que instantaneamente aludem a coisas que vivemos; numa linguagem real, numa linguagem que é fundo e forma, a palavra é na verdade um ideograma. É maravilhosamente difícil escrever em língua que ainda borbulha; que precisa mais do presente do que mesmo de uma tradição, em língua que, para ser trabalhada, exige que o escritor se trabalhe a si próprio como pessoa. Cada sintaxe nova é então reflexo indireto de novos relacionamentos, de um maior aprofundamento em nós mesmos, de uma consciência mais nítida do mundo e de nosso mundo. Cada sintaxe nova abre então pequenas liberdades [...]. A linguagem está descobrindo o nosso pensamento, e o nosso pensamento está formando uma língua que se chama de literária e que eu chamo, para maior alegria minha, de linguagem de vida.[101]

Essa declaração parece essencial. A atmosfera de vanguarda geral da qual fala Lispector molda a produção literária brasileira nos anos 1960 e é contextualizada pelas políticas de subdesenvolvimento e descolonização que influenciaram uma geração de artistas e ativistas na América Latina. Em Lispector, a questão da

FIGURAÇÕES DA IMANÊNCIA   35

política não dizia respeito à representação do marginal, do subalterno ou mesmo das mulheres por meio da literatura. E certamente não girava em torno da transculturação, na qual a literatura é entendida como um dispositivo de tradução da alteridade cultural. Contrapondo-se à abordagem da síntese cultural, ou a uma estética de "escrever sobre a vítima", para Lispector, a questão da vanguarda tinha a ver com a criação de uma nova relação com a sintaxe e com o ser da linguagem[102]. Essa difícil linguagem do real devia ser alcançada através de um trabalho árduo sobre a língua e sobre os modos pelos quais o escritor podia "pensar" sua relação com o contexto coletivo mais amplo do Brasil[103]. Para escrever o texto experimental e assim articular uma nova relação com o real, uma nova imagem da escritura se exigia, uma imagem que encarnasse um modo não-dominante, feminino e subalterno de se relacionar, ler e criar.

A LITERATURA ANTES DA LITERATURA: ESCREVENDO A VIDA

No entanto, basta dizer que as dimensões experimentais e engajadas da literatura, defendidas nas décadas de 1950, 1960 e 1970, começaram a ser ignoradas nos anos 1980, com a crítica ao *Boom* como centrado no Estado, com a crise da dívida latino-americana e com a entrada em cena dos estudos culturais. Em resumo, os estudos literários sofreram um duro golpe no contexto de discussões anti-institucionais centradas no debate sobre a hegemonia e o pós-modernismo nos estudos latino-americanos. Com o foco no que John Beverley denominou de "conexão da literatura com a formação do Estado moderno", a questão da forma revolucionária na literatura é deslocada[104]. De um lado, os estudiosos começam a questionar o impacto e a relevância da literatura por meio de uma mistura de antieurocentrismo e regionalismo crítico. Em consequência, os elementos subversivos da composição, como a autorreferencialidade, são contestados como elitistas e narcisistas *tout court*[105]. De outro, as discussões de amplo impacto como a de Beverley se concentram em minar o estatuto institucional da literatura e sua conexão com o Estado e, no processo, se voltam para o exame dos escritos por subalternos, como o *testimonio*.

A experimentação no domínio literário, como procedimento político e específico do sensível, fica em grande medida desconsiderada.

Essa crítica foi importante, útil e esclarecedora, mas em seu núcleo mais básico ela girava em torno da premissa de uma divisão sujeito-objeto. Gostaria de afirmar claramente aqui a fim de deslocar os termos da discussão: os conceitos de sujeito e objeto da escritura permitem uma abordagem limitada da problemática da literatura e da política. Em contraposição ao impasse nos estudos culturais contemporâneos, voltamos à nossa questão central: como uma avaliação das dimensões femininas, afetivas e subalternas de *A Hora da Estrela* nos permite desafiar a concepção predominante do que se entende hoje por literatura latino-americana[106].

Começando com Olga de Sá, Benedito Nunes e Hélène Cixous no final dos anos 1970, os críticos comentaram amplamente sobre a autorreflexividade do texto[107]. E, no entanto, as implicações desse gesto têm sido negligenciadas. Para começar, o nome Macabéa é um palimpsesto com valências do renegado, referindo-se ao lendário exército rebelde judeu dos macabeus, que liderou uma luta contra o domínio grego de 174 a 134 a.C.[108] Princípio de uma rebelião minoritária, a caracterização de Macabéa está centrada em sua relação desigual com a escritura e a sociedade. Com efeito, como migrante do Nordeste brasileiro, ela marca, pode-se dizer, uma importante tendência na literatura e na arte brasileira do século XX. De Graciliano Ramos, João Cabral de Melo Neto e o Cinema Novo às pinturas de Cândido Portinari, a fuga do migrante para a cidade é configurada como paradigma da desigualdade: o divórcio de longa data entre a classe brasileira instruída e o subalterno[109]. Sem dúvida, *A Hora da Estrela* condensa a resposta-homenagem de Lispector a esse tema influente, bem como a resposta à crítica que ela recebeu ao longo de sua vida por estar "alienada" das lutas sociais[110].

O romance examina essa divisão em termos de um amor impossível e intempestivo. Ao longo dele, Rodrigo relata sua grande afeição por Macabéa, já que ele admira sua fé na vida, por mais "miseráveis" que sejam suas condições: "[a] única coisa que queria era viver. Não sabia para quê, não se indagava"[111]. O amor de Rodrigo é estruturado pela fratura e pelas margens da ordem que o mundo de Macabéa ilumina. A percepção de Macabéa manifesta uma qualidade desviante ao absorver os signos emitidos pela indústria cultural e nos apresenta uma política do sensível como um primeiro plano de visibilidade que o romance ressalta. Imagens de mercadorias e estrelas de Hollywood são colocadas em momentos estratégicos. Em seu preâmbulo teórico, Rodrigo alerta o leitor de que o texto é escrito sob o patrocínio da Coca-Cola e que a realidade é uma questão de apertar um botão numa sociedade tecnocrática[112]. Apresso-me em lembrar que, dos múltiplos registros narrativos a que Rodrigo recorre no desdobramento da história de Macabéa – como a poesia popular nordestina, o melodrama, a música, a pintura e o teatro –, ele afirma que a história é escrita em tecnicolor[113]. Tudo isso configura o problema da cultura, da mídia e do desejo – o problema do que conta como realidade e visibilidade cultural: se Macabéa deseja ser Marilyn Monroe, bebe Coca-Cola e adora propaganda, ela também deseja compreender o "que quer dizer cultura" e todos os fatos banais difundidos pela Rádio Relógio[114]. E, no entanto, esse plano da cultura de massa e da visibilidade reificada que o romance evoca como "hoje" e como "a realidade" é contraposto a um segundo plano de composição que Rodrigo coloca em ação, uma história "exterior" e reflexiva do texto[115]. "Este livro é uma pergunta", observa Rodrigo, "a palavra tem que parecer com a palavra, instrumento meu."[116]

Embora, à primeira vista, a "história exterior" descreva as reflexões metaficcionais de Rodrigo, o "exterior" incessantemente se funde no que é chamado de "uma oculta linha fatal" que desfaz o impulso figurativo do texto[117]. "E só minto na hora exata da mentira", relata Rodrigo, "[m]as quando escrevo não minto."[118] Esta frase paradoxal traz a superfície do texto, como uma membrana refrativa, para o primeiro plano. Articulando uma quebra, somos colocados face a face com *um modo de escritura simultâneo* que suspende o fictício no momento exato da inscrição do fictício, no momento exato da própria significação. A figura se torna linha, superfície, membrana textual, meio[119] e local de uma exterioridade vinculada à sensação: "é verdade também que queria alcançar uma sensação fina e que esse finíssimo não se quebrasse em linha perpétua"[120].

Em relação ao problema da sensação como força irruptiva do texto (*esse finíssimo não*), Rodrigo descreve seu projeto como uma escritura "com o corpo"[121]. Desde o início, ele enquadra sua relação com Macabéa em termos de afeto[122]. A conexão afetiva de Rodrigo com Macabéa articula o poderoso sentimento que ele experimenta ao introduzi-la no mundo como uma criação singular e individualizada. O afeto ocorre, portanto, num movimento duplo. Por um lado, Rodrigo invoca seu direito de adotar uma atitude composicional que é dolorosamente "fria", impiedosa, porque sua tarefa é organizada em torno de transcender a "narrativa", a "literatura", o hábito e a rotina: "[n]ão se trata apenas de narrativa, é antes de tudo vida primária que respira, respira, respira"[123]. A objetividade num tal mundo é propriamente poética e criacional, a composição de um ponto de vista originário vinculado às forças de vida.

Mas os fatos e a frieza aos que a escritura de Rodrigo adere, por outro lado, são dissolvidos na fuga dele para a figuração e as sensações compostas, na sua escritura da trama dramatizada que inclui *o drama intensamente sentido de seu projeto de escritura.* Pois Macabéa "gruda" em sua pele e é retratada através de um registro afetivo e conflitante como não querendo "sair dos meus ombros"[124]. A partir dos "fatos", nos são transmitidas as sensações de escrever no presente. Mais que isso, somos confrontados com uma sensação de responsabilidade com relação à imagem indecidível, ao "material opaco" que o mundo de Macabéa força Rodrigo experienciar[125]. Charles Altieri explica que a sensação pode ser produtivamente interpretada como "um material […] que não pode ser simplesmente traduzido num signo que representa algum significado"[126]. Em *A Hora da Estrela*, as sensações consistem na ordem não-determinada dos afetos, que atrai a atenção do leitor para o meio e para as forças perceptuais da escritura. Se o afeto dissolve os fatos, ele acende uma explosão de relações dentro da ordem constituída das coisas. O afeto está vinculado à sensação de escrever o impossível, o indecidível e aquilo que carece da escritura. Obcecado por escrever a vida de Macabéa, Rodrigo inventa um estilo de escritura necessariamente multimídia e reflexivo. É, em suma, um projeto que o obriga a se lançar rumo à objetividade na construção de suas visões, numa linha em perpétua ruptura, até os próprios limites das palavras e da autorreflexão[127].

Assim como as palavras de Rodrigo devem aparecer como palavras em seus limites, é importante notar que, Macabéa, subsistindo em um "limbo impessoal", resiste a ser facilmente delimitada como um tipo social, na medida em que ela é capaz de perceber e sentir o que outros não conseguem experimentar: "ela prestava atenção nas coisas insignificantes como ela própria"[128]. O impessoal em Lispector constitui uma potência e uma abertura para o exterior. Ele aponta para a produtividade desejante, para as multiplicidades em jogo em todo acontecer do desejo. De fato, Macabéa é comparada a uma santa que ainda não experimentou o êxtase, portadora paradoxal de "tanta interioridade", que "acredita" na vida e reza "sem Deus"[129]. Sem definições, sem discurso que ordena, sem saber definir os projetos e os contornos racionais que poderiam constituir um eu, Macabéa emite um sistema de signos que configuram um mundo pulsante de desejo subalternizado. Os olhos de Macabéa vagueiam, como num sonho profundo, através das margens e dos detritos desintegrados do capital: as ervas daninhas nas fendas das calçadas, o leve cacarejar de um galo perdido no cais, cartazes, manequins e portas dilapidadas. Grávida de uma vida interior que ela não pode denominar, Macabéa também anseia pelo "intocável": o homem bonito no bar, que ela tanto deseja, ou ter seu próprio quarto, como em Virginia Woolf[130]. E não devemos ignorar seus prazeres: saídas mensais para ver filmes de terror, um álbum de propaganda, cachorros-quentes. Por outro lado, em termos afetivos, pode-se dizer que a interioridade turbulenta de Macabéa, suas sensações sem nome e sua "sensualidade" excessiva, giram em torno do problema da mimese[131]. O local da interioridade subalterna – o problema do desejo, assim como um problema do discurso – aponta para uma zona de singularidades imanentes, para além da representação como cópia e captura: um arrebatamento dos sentidos e uma noção de jogo mimético que poderia ser descrito, de acordo com Irigaray, como uma alteridade feminina abissal dentro da estrutura narrativa[132].

O fato de que as emoções de Macabéa são enquadradas por uma sequência estruturante e parentética de (explosões) nos conecta ao plano refrativo da composição, para o qual, sem cessar, Rodrigo chama nossa atenção, ao delineamento da finitude do texto e à sua abertura e apropriação de outras mídias. "Macabéa separou um monte [de cartas] com a mão trêmula: pela primeira vez ia ter um destino. Madama Carlota (explosão) era

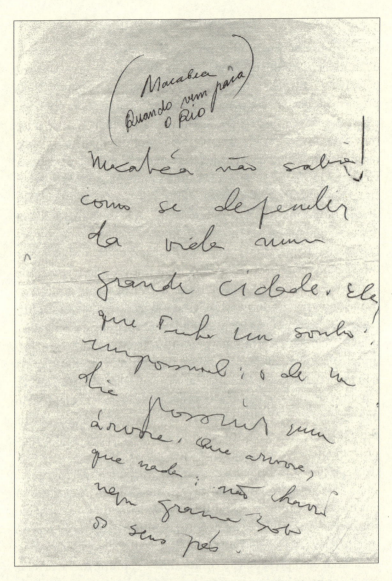

FIG. 1.2. *"Macabéa quando vem para o Rio"*. *Anotação manuscrita de Clarice Lispector e Olga Borelli. Cortesia: espólio de Clarice Lispector.*

um ponto alto na sua existência [...]. E eis que (explosão) de repente aconteceu: o rosto da madama se acendeu todo iluminado [...]. Madama tinha razão: Jesus enfim prestava atenção nela. Seus olhos estavam arregalados por uma súbita voracidade pelo futuro (explosão)."[133] Composto através do discurso indireto livre, como uma passagem de consciência entre a voz narrativa e a mente de Macabéa, esse procedimento não é inocente.

FIGURAÇÕES DA IMANÊNCIA 41

A sequência parentética dos afetos (explosivos) de Macabéa vinculada à sua pouco antes descoberta "voracidade pelo futuro", inscreve uma horizontalidade e multiplicidade de fluxos textuais que vão em sentido contrário ao do autoproclamado projeto de Rodrigo de chegar aos fatos. Em Lispector, essa linguagem não-categorizável do afeto inscreve o imperativo de enquadrar o desejo subalternizado e seu campo virtual, que é articulado através dos "retratos" da subalterna Macabéa[134]. Em outras palavras, o parêntese que delimita a (sensualidade) do subalterno abala uma dialética do desejo estruturada na falta, na necessidade e na identidade. Além disso, ele introduz o problema do desejo subalterno de forma redobrada: como um campo de singularidades afetivas (reprimidas) que colocam em questão o campo do representacional. Longe de impor uma forma ao subalterno e, gerando poderosamente uma ruptura na corrente narrativa, a sequência de explosões interpela o leitor num presente problematizado que até esse momento havia sido estruturado no passado narrativo. Na medida em que o parêntese realiza uma suspensão da representação, ele simultaneamente desencadeia a chegada intempestiva da crítica e da avaliação, o momento do presente. Denotando a impossibilidade de falar pelo subalterno, apresso-me em acrescentar, a delimitação parentética dos afetos de Macabéa aponta simultaneamente para a abertura da escritura de Rodrigo a novos sistemas de signos e modos enunciativos. No exemplo acima citado, a modalidade narrativa se desloca para o discurso melodramático, que Rodrigo recusa de imediato: "Não me responsabilizo pelo que agora escrevo."[135]

É preciso observar que, na medida em que os limites do discurso são traçados por uma série de parênteses intempestivos que circundam os estados afetivos de Macabéa, Rodrigo lamenta repetidamente a dificuldade que ele está vivenciando no ato de escrever. Como espelhos autorrefletores, essas observações surgem por toda a obra, numa série de parênteses que se leem como aforismos. As observações aforísticas interrompem e avaliam o curso do texto e configuram o local através do qual Rodrigo "teoriza" e admite a impossibilidade de seu projeto de escritura.

Ela era calada (por não ter o que dizer) mas gostava de ruídos. Eram vida.
[...]

(Quanto a escrever, mais vale um cachorro vivo).
[...]
(É paixão minha ser o outro. No caso a outra. Estremeço esquálido igual a ela).
[...]
(Com excesso de desenvoltura estou usando a palavra escrita e isso estremece em mim que fico com medo de me afastar da Ordem e cair no abismo povoado de gritos: o Inferno da liberdade. Mas continuarei.)
[...]
(Vejo que tentei dar a Maca uma situação minha: eu preciso de algumas horas de solidão por dia senão "me muero".)
[...]
(Como é chato lidar com fatos, o cotidiano me aniquila, estou com preguiça de escrever esta história que é um desabafo apenas. Vejo que escrevo aquém e além de mim. Não me responsabilizo pelo que agora escrevo.)
[...]
(Vejo que não dá para aprofundar esta história. Descrever me cansa).[136]

Mecanismos de suspensão e do intempestivo, os parênteses proliferam tanto quanto refratam e chamam a atenção para os múltiplos títulos do texto. Constituindo treze temas condutores alternados para a compreensão da história, os títulos-tema são organizados por meio de uma sucessão de "ou", que põe em destaque a potência constitutiva e a alteridade do texto. Os treze títulos rotativos expressam, então, uma articulação paradigmática do devir imanente (*becoming immanent*) da sintaxe e da autoridade de Lispector, como sua própria assinatura constitui um título "ou"[137].

Se, como afirma Augusto de Campos, o problema fundamental do poema concreto é a combinação antipoética das mídias e a comunicação das dimensões verbal, vocal e visual do texto, pode-se dizer que o romance se organiza como um agenciamento multimídia[138] e encena uma constante problematização das forças apropriadoras da mimese. Assim como os poetas concretos, como veremos no capítulo 3, Lispector equipara a palavra experimental a um ideograma, ou estrutura constelacional de múltiplas dimensões: "A palavra na verdade é um ideograma."[139] Consequentemente, o texto de Lispector suspende o sistema formal de elementos que compõem a escritura de Rodrigo, a fim de extrair uma ordem alternativa das coisas a partir das margens da pólis. O trabalhador migrante na cidade é, dessa forma,

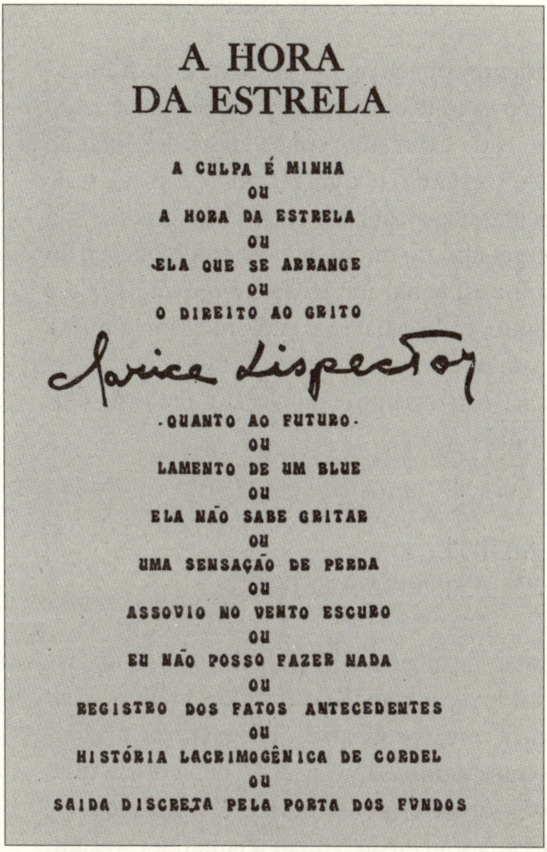

A HORA
DA ESTRELA

A CULPA É MINHA
ou
A HORA DA ESTRELA
ou
ELA QUE SE ARRANGE
ou
O DIREITO AO GRITO

Clarice Lispector

·QUANTO AO FUTURO·
ou
LAMENTO DE UM BLUE
ou
ELA NÃO SABE GRITAR
ou
UMA SENSAÇÃO DE PERDA
ou
ASSOVIO NO VENTO ESCURO
ou
EU NÃO POSSO FAZER NADA
ou
REGISTRO DOS FATOS ANTECEDENTES
ou
HISTÓRIA LACRIMOGÊNICA DE CORDEL
ou
SAIDA DISCRETA PELA PORTA DOS FUNDOS

FIG. 1.3. *Página de título,*
A Hora da Estrela. *A partir*
da 6. ed., 1981. Cortesia do
espólio de Clarice Lispector.

retratado duas vezes: como uma fratura parentética e problemática na ordem civilizada (o sujeito subalternizado) e como um (meio) heterogêneo múltiplo, feminino e não-codificável de desejos, percepções e afetos fluidos e femininos. O gesto explica o empreendimento autorreflexivo e poderosamente criativo de Rodrigo: escrever uma linguagem de vida (feminina, afetiva) capaz de responder ao problema político e representacional da subalternidade no Brasil.

Por exemplo, a primeira representação de Macabéa é uma imagem distorcida no espelho. Quando ela vai ao banheiro e olha no espelho com vergonha porque seu chefe a repreendeu por sua incapacidade de soletrar corretamente como datilógrafa, não vemos o rosto dela, mas o do narrador. "Vejo a nordestina se olhando ao espelho", observa Rodrigo, "e – um rufar do tambor – no espelho aparece o meu rosto cansado e barbudo"[140]. A imagem no espelho não é inocente ou edípica, mas constitutiva, contígua e essencialmente conectiva. É o gesto de crítica incessante que acompanha o exercício de criação radical que *A Hora da Estrela* articula em cada expressão, em cada desvio sintático liberado que envolve seu estatuto textual refrativo. Em sua série de espelhos, que articula uma alegoria e uma "visão gradual" da escritura como "emergência", no duplo jogo da emergência e do emergir[141], o plano composicional aberto de *A Hora da Estrela* – que converte cada signo, cada palavra e cada referência numa potência constitutiva da escritura – poderia ser visto como uma criação/crítica relacional e incessante com relação à política identitária e representacional.

O PROBLEMA DA MORTE
E DO LITERÁRIO EM *A HORA DA ESTRELA*

Nas páginas precedentes, focalizei a estratégia deliberada de Lispector de construir uma imagem radical da escritura, ou *linguagem de vida*, em consonância com a problemática de escrever o subalterno e o feminino. E, no entanto, o que fazer do tema primordial da morte, que permeia a conclusão do romance? Como se relaciona a morte, em *A Hora da Estrela*, com a chamada "exaustão da literatura"[142], ou com o que John Beverley denominou "a orientalização discursiva que operou, e ainda opera, dentro da 'cidade das letras' latino-americana"[143]? Além disso, será que os desafios apresentados por Lispector na mediação da morte em *A Hora da Estrela* podem nos fornecer, de maneira produtiva, uma nova abertura, imprópria e intempestiva para a alteridade, a subalternidade e o debate sobre a literatura?

Ancorada na inversão da profecia de Madama Carlota, a morte de Macabéa termina em melodrama. Mas, significativamente, ela está longe do melodrama da política da identidade narrativa, no qual a escritura se empenha em capturar, mapear ou "transculturar" o subalterno e integrá-lo a seu regime representacional[144]. Trata-se de um melodrama que desafia a dialética[145]. Longe de encontrar seu príncipe encantado, quando começa a atravessar a rua – "mudada por palavras" –, Macabéa é atropelada por um Mercedes amarelo[146]. Em seguida, encontramos Macabéa encolhida em posição fetal no asfalto, como um ponto de

FIGURAÇÕES DA IMANÊNCIA 45

interrogação, mas também lutando pela vida como um embrião nascente. A morte de Macabéa se lê em câmera lenta, com tonalidades enigmáticas. "Vou fazer o possível", relata Rodrigo, "para que ela não morra."[147]

Rodrigo adia a morte de Macabéa, por meio de uma sequência de autorreflexões relativas a seu papel como criador e crítico do texto. Rodrigo é infinitamente refratado através do corpo fraturado dos limites da escritura. Pois *à medida* que Rodrigo reflete sobre o sentido da morte de Macabéa, torna-se o meio constantemente interruptor pelo qual ele põe em questão sua própria autoridade e seus limites como escritor. Na verdade, a morte emerge como o lugar de uma transmutação de papéis fundamental: a hora da morte de Macabéa constitui seu estrelato "cinematográfico", marcando o fim do protagonismo do projeto de escritura do narrador[148]. "Macabéa me matou", afirma Rodrigo[149].

Promessa enigmática de encerramento, mas também afirmação de um novo começo, para Rodrigo a questão da morte constitui a promessa de um "encontro consigo mesmo" (*A morte é um encontro consigo*) e de "ressurreição" simbólica[150]. Estamos abordando a promessa do presente que está em jogo no projeto de Lispector, a hora da morte da figura subalterna, mas também a da autoridade do narrador. Como interrupção ontológica do universo narrativo, o presente do texto se configura como uma "geometria inflexível e pulsante", como um plano de imanência composicional que decompõe o fluxo representacional da trama[151]. Em Lispector, *a morte é um encontro consigo mesmo, é um acontecimento da escritura*, na medida em que o plano composicional, meticulosamente erigido em sua obra, decompõe e disseca simultaneamente seus elementos discursivos – seus protagonistas, seu narrador, sua história, seu sistema de símbolos, figuras e registros narrativos –, marcando-os como construções, como linhas mapeadas para o leitor na superfície do texto[152].

O problema do leitor, ligado inexoravelmente ao problema de um presente do literário radical e desontologizado, não é simples e, certamente, não gira apenas em torno de tornar o leitor ativo, como frequentemente se afirma das obras modernistas. Com relação à bastante comentada "Dedicatória do Autor", Rodrigo afirma: "Trata-se de um livro inacabado porque lhe falta resposta. Resposta esta que espero que alguém no mundo ma dê. Vós?"[153]

Previamente, na "Dedicatória do Autor", ficamos sabendo da paixão do narrador pela música, cujos compositores preferidos, como Bach, Chopin, Beethoven e Stravinsky, ele compara a "profetas do presente"[154]. A imanência do afeto como um devir, como um conjunto de percepções e sensações que se experimenta no presente, na lúcida explicação de Deleuze e Guattari do percepto na arte, torna-se aqui o veículo que lança luz sobre o presente múltiplo e literário de Lispector[155]. Mas esse presente, inscrito através do literário de forma dúplice, é um presente do autodesfazer, da autorrefração, do decompor-se, da interrupção e do experienciar, em oposição à dominação[156]. Desafiando a lógica da dominação, ele é abissal, feminino e, ainda assim, afirmativo, um presente que se constitui num plano radical da

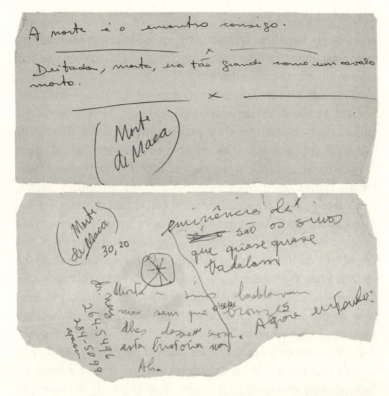

FIGS. 1.4, 1.5, 1.6: *"Morte de Maca". Notas manuscritas para os parágrafos 483, 484 e 488 de A Hora da Estrela. Notas de Clarice Lispector e Olga Borelli. Cortesia do espólio de Clarice Lispector.*

composição que é sempre mais que um. Como criação simultânea e fuga na autocrítica, as dimensões autorreflexivas de *A Hora da Estrela* – composta no último ano de vida de Lispector – articulam uma "abertura" refrativa ao que Gayatri Spivak chama de "figura indecidível"[157].

Trata-se, não de uma exposição em aberto ao "outro", ou de uma "orientalização" neo-arielista, então, mas da manutenção, múltipla em estatura, de uma tensão[158]. Alberto Moreiras chamou de "exaustão do literário" o reconhecimento fundamental das "limitações da representação" e o que o conduziu, juntamente com uma série de críticos, à teoria, num afastamento dos "estudos literários" tradicionais nos anos 1980[159]. Sua pergunta geral para esta geração é: como pode "o recurso a elementos culturais e civilizacionais" se tornar não-identitário e "livremente estratégico" como práticas de "não-dominação"[160]. Se há uma exaustão do literário, isso diria respeito às pretensões integradoras institucionais, identitárias e representacionais da literatura, que têm sido amplamente criticadas[161].

Enquanto o literário pode morrer em Clarice, e com Clarice, ela é a condição de possibilidade de seu "sim" a um modo radical de escritura que ela compõe com força em *A Hora da Estrela*. É aqui que faço o lúcido apelo de Moreiras avançar um passo adiante em relação ao regime literário da representação e a sua crítica das ideologias políticas transcendentais, identitárias e teleológicas que moldam o estudo da literatura e dos sistemas culturais. Isso envolve uma nova imagem da escritura que está em jogo em Lispector, relativa não apenas ao problema da política da literatura, do vanguardismo e da subalternidade no Brasil nos anos 1960 e 1970, mas também ao da composição, da imanência e da questão de tomar posições no presente. Trata-se de um legado e de uma marca desde o interior do texto que exige nossa resposta hoje. Nisso tudo, conceitualizei o problema da estratégia em Lispector como a afirmação simultânea da vida imanente e da morte do texto – um texto composto e decomposto, afirmado e criticado, num plano de composição incessantemente refrativo, de modo a exigir do leitor que veja o presente como inteiramente fabricado e como cenário de luta e, em consequência, como merecedor de reconfiguração e de crítica incessante[162]. Esse é o *sim* decisivo que Lispector dá a uma nova imagem da escritura no Brasil nos anos 1960 e 1970 e que seu último romance inaugura como um empreendimento crítico para escrever o subalterno[163]. Ela o encerra na imanência, como um ato de afirmação, nos limites da letra literária, com a morte simultânea da escritora e da personagem. Contra a "morte" da escritura, ou toda modalidade rígida de fixidez identitária que pretenda falar pelo subalterno como inflexão final do regime literário da representação, as dimensões estéticas de *A Hora da Estrela* articulam um *sim* à exigência e alegria irredutível de contraconstruir o presente: um ato de desidentificação e de encontro coletivo e imanente consigo mesmo.

2
O Limite da Letra
Antiliteratura e Política em David Viñas

Nenhum romancista argentino foi mais polêmico, mas nenhum foi também mais difamado. Para entender a razão disso, é suficiente destacar a tese de David Viñas sobre a política da estética: "la estética es, en última instancia, teoría política"[1]. Não é suficiente, contudo, mostrar como o marxismo e o existencialismo se combinam nessa tese que afirma a primazia da história, mesmo quando nega a ordem idealista da representação. Devemos começar, antes, pela série de enunciados antiliterários que fizeram da obra de Viñas objeto de desprezo em 1962. Poucas semanas após publicar seu roteiro *best-seller* convertido em romance, *Dar la Cara*, Viñas relata: "[t]e confieso que me da vergüenza tener que decir literariamente 'doy la cara'. [...] Hoy y aquí el compromiso literario no es más que la ilusión del compromiso. Ser revolucionario en literatura, y quedarse ahí, sólo en ese plano, es darse buena conciencia o hacer carrera literaria"[2].

As observações antiliterárias de Viñas encontram ressonância na problemática do engajamento que marcará sua geração. De fato, a ascensão do peronismo nos anos 1940 se torna via direta para a participação política em massa, um fenômeno que lançará todos os argentinos violentamente na história. "A própria identidade do intelectual e do artista na relação entre cultura e política", observa Oscar Terán, "passava por um processo de reforma."[3] Assim como no Brasil de Lispector durante a década de 1960, percebemos imediatamente no enunciado antiliterário de Viñas o contexto angustiante de um processo radical de transição na Argentina. É uma época de fervor revolucionário e populista na qual as propostas da vanguarda cada vez mais declaram os limites e a exaustão da literatura. Além disso, muito será escrito apelando à dissolução da arte na política, ao mesmo tempo que a autonomia do trabalho intelectual será colocada em questão.

Este capítulo examina a força do legado antiliterário de Viñas, o problema da dissolução da literatura na política, no cinema e em outras mídias, por meio de uma leitura de *Dar la Cara*, o polêmico *best-seller* de Viñas. Como texto multimídia dedicado ao problema de "enfrentar" e intervir no presente, o romance constitui, eu argumento, um meio radicalizado que coloca em questão as explicações costumeiras do que se entende por literatura e política literária. Assim, começo por contestar as interpretações predominantemente aceitas, que têm desqualificado a literatura de Viñas como veículo de ideologia. Em seguida, busco, pela primeira vez, lançar luz sobre a técnica de montagem narrativa de Viñas como um procedimento do sensível. Meu objetivo é resgatar uma leitura antiliterária, densa e polivocal do projeto de Viñas a partir do domínio das influentes explicações, na perspectiva do realismo social, que falharam em refletir o suficiente sobre o papel do afeto, do cinema e dos múltiplos regimes de signos em jogo em sua obra. Preocupado em construir um modo alternativo de "engajar" a literatura com o mundo da política e da intermídia, concluo mostrando como o trabalho híbrido de Viñas produz um "corpo" de linguagem generativo, autorreflexivo e multimídia que exige uma nova poética de leitura relativo aos limites, às fronteiras porosas e à política da literatura.

OS LEGADOS E O LIMITE

Existe um lugar-comum que há muito vigora entre os críticos de Viñas: seus romances evitam a complexidade em favor da tese. Emir Rodríguez Monegal afirma "la impericia de Viñas para la narración puramente novelesca"[4]. Para Rodríguez Monegal, os romances de Viñas são cheios de "defectos" porque lhes falta "el medio tono de la presentación objetiva de la realidad"[5]. Voltaremos, sem dúvida, à problemática do "real" e de um "medio" (*meio*) impuro, poderosamente polifônico em Viñas. Mas, por ora, continuemos navegando na longa linha das críticas literárias. Outra crítica diz respeito à bem documentada relação de Viñas com Jean-Paul Sartre. Para Oscar Masotta, os romances de Viñas ficam, em última análise, aquém do "modelo" sartriano, devido à afeição do autor por "ideias gerais e propostas esquemáticas"[6]. Masotta argumenta que a ideia de Viñas de uma "literatura engajada" gira em torno de "lo irreflexivo"; isto é, por meio da paixão, da espontaneidade, da sinceridade e da "expressão fluida", Viñas visa exercer uma "relación de fascinación sobre el lector, a despertar su pasión"[7]. Não há dúvida: a técnica de Viñas envolve a matéria do afeto. E seu projeto tem certamente uma dívida para com Sartre[8]. Mas é preciso avançar com a devida cautela, pois Viñas nunca se apoiou em nenhum mestre. Não há uma motivação ideológica, mas apenas um fazer com e contra os escritos de Sartre. É suficiente assinalar o problema do subdesenvolvimento e do colonialismo cultural que pulsam através das páginas da obra de Viñas. E, no entanto, o que presenciamos aqui – mesmo em Masotta, um colega e amigo – são os contornos de um tribunal literário que enterra as contribuições de Viñas atribuindo a elas impureza e qualidade *antiliterária*[9].

A revolução ocorrendo na crítica argentina nos anos 1950 e 1960 é em grande parte provocada por Viñas e seu irmão, Ismael, na lendária revista *Contorno*. Agitando a bandeira de "revista denuncialista", que deve ser lida, no espírito do *Facundo* de Domingo Sarmiento, como uma tradução irreverente do *existencialiste* francês, os irmãos Viñas, ao lado notadamente de Rozitchner, Jitrik, Sebreli, Gigli, Alcalde e Masotta, construirão uma antigenealogia da literatura argentina. A revista *Contorno* significativamente substitui os pais literários argentinos por párias do regime literário: Roberto Arlt e Ezequiel Martínez Estrada. Por outro lado, denunciar o próprio "contorno" significa para Viñas precisamente isso: desmistificar todos os valores que, por meio de um conjunto estagnado de representações, aprisionam a realidade argentina[10].

Na avaliação de Viñas, a literatura argentina tornou-se um terreno fértil para o idealismo. A literatura não apenas ignora a primazia do corpo, mas também gera narcisismo e passividade generalizada. Na verdade, a literatura inscreve um modo de ser. Ela é um modo polivocal de se relacionar com a vida e, de forma muito concreta, com a política. E é somente da perspectiva da rejeição do idealismo literário, do ponto de vista da literatura como luta concreta sobre a experiência, que a abordagem de Viñas pode ser compreendida. Como já indicado, em 1962 Viñas deflagra uma polêmica sobre a impotência dos intelectuais "literários": "el intelectual argentino no sirve concretamente para nada [...]. Tendríamos que analizar lo que se conoce con el nombre de burocracia literaria"[11]. Contra a "dulce y respetada inoperancia del escritor", que toma o livro como modelo ou "mirada" do mundo, a escritura de Viñas se desdobra como uma elaboração heterogênea de matérias[12]. O corpo servirá como seu modelo – o corpo em extensão, em oposição à ilusão finalista de um sujeito puro que controla seu ambiente por meio de representações. Em Viñas a noção do que se entende por "literatura" é nada menos que a imagem do puro, do decorativo, do espiritual e do orgânico. Por essa razão, Viñas associará a "literatura" ao santo e ao burocrático. Alienada do corpo, da experiência social, das massas, a "literatura" viola a experiência. A partir de suas leituras da tradição literária argentina, ele decifrará uma série de *sometimientos* (sujeições)[13]. Viñas jamais deixa de denunciar o fato de que se está subjugado, por força do hábito histórico, a uma imagem "espiritualista" e fixa da literatura, mesmo quando se escreve a partir do corpo para decodificá-lo: "hace falta instalarse en otro lenguaje para ver la relatividad y límites del lenguaje burgués"[14].

Se Viñas está sempre na fronteira do literário, em que sentido exatamente seu projeto desmantela a "literatura"? De acordo com Viñas, os avatares redundantes e reificados da literatura argentina – historicamente fundados no idealismo liberal, na "razão" e em noções do progresso – não serão destronados por meio da propaganda, da insistência no realismo social ou da imitação de Sartre. Ao contrário, semelhante a Lispector, o que está em jogo é uma necessária regeneração da linguagem, que a depure dos desgastes e dos clichês ideológicos da lógica burguesa do cálculo. A literatura deve se voltar contra si mesma, deve se opor à sua imagem historicamente sedimentada e, com isso, se tornar insegura de si mesma em sua textura mais intricada. De fato,

FIG. 2.1. *Panfleto da* Contorno, *número 2, dedicado a Roberto Arlt (maio de 1954).*

toda consideração dos problemas centrais da política, da literatura, da história e do realismo em Viñas gira em torno de uma compreensão de como ele mobiliza múltiplos regimes de signos como meio de explorar os limites do discurso estabelecido. Assim, vamos começar nossa leitura no limite da recepção crítica de Viñas, com um exame da subestimada relação do escritor com o cinema[15].

Em colaboração com o diretor de cinema José Martínez Suárez, Viñas completa o roteiro de *Dar la Cara* em 1962[16]. Mas, antes mesmo da exibição do filme em 29 de novembro, ele já é uma estrela em ascensão na indústria. *Para superar a alienação do escritor na era da comunicação de massa*, em suas entrevistas, Viñas jamais deixa de afirmar a promessa de difusão do cinema, bem como seu potencial impacto político. Na verdade, Viñas escreverá os roteiros do sucesso de bilheteria de Fernando Ayala, *El Jefe* (1958), e do menos aclamado *El Candidato* (1959), ao mesmo tempo que incorpora ativamente a técnica da montagem a seus primeiros romances: "[f]íjate, tu ojo está en función de ver cine, es inherente a la literatura"[17].

O envolvimento cinematográfico de Viñas é parte integrante de um pacto histórico sem precedentes entre a literatura e o cinema na Argentina durante as décadas de 1950 e 1960. E essa convergência das artes surge, sem dúvida, de uma abertura para a liberdade de expressão desencadeada pela queda de Perón[18]. Tomás Eloy Martínez demonstrou claramente que as várias relações existentes entre o cinema argentino, o filme comercial, a propaganda e o Estado atingem um ponto de crise após a deposição de Perón pelos militares, em 1955. Para situar essa mudança, é útil lembrar que, nos anos antecedendo a década de 1950, o moderno cinema argentino em grande parte gira em torno da narração mítica das origens crioulas[19]. Subscrevendo essa tendência, está a unidade militarizada da indústria cultural. Ressaltamos aqui a criação, pelo regime militar, da Subsecretaria da Imprensa e da Informação, em 1943, cuja tarefa será garantir "a defesa e exaltação da tradição histórica, da cultura e dos valores morais e espirituais da nação argentina"[20]. "Organizando a propaganda do Estado", a Subsecretaria exibe, por decreto, filmes nacionais a cada dois meses durante uma semana, sob a condição de que o cinema sancionado pelo Estado argentino opere como "instrumento de educação e esclarecimento relativo ao acervo histórico, científico, literário e artístico do país"[21]. Perón, sem dúvida, ratificará essa medida, mas sob condições mais rigorosas, que protegem o Estado de toda crítica. Com essas medidas atreladas à pedagogia e ao realismo patriótico, segue-se a decadência. Em resumo, a indústria cinematográfica argentina perderá progressivamente seu público e os mercados latino-americanos. Escrevendo em 1962, Eloy Martínez toca num fenômeno importante, disseminado durante o primeiro regime peronista: com raras exceções, o cinema estava sendo produzido pelas mesmas pessoas e por meio das mesmas fórmulas esquemáticas e comerciais derivadas do antigo cinema argentino da década de 1930. Atrofiando o imaginário do espectador pelo poder de uma indústria de entretenimento vinculada à burocracia, ficam banidas, no cinema argentino, a contradição e a dissonância.

Como ficava implícito em sua declaração na polêmica entrevista de 1962, o trabalho inicial de Viñas surge em resposta à crise na produção cultural argentina. Para começar, a queda de Perón em 1955 provoca desorientação na indústria. A produção de filmes diminui e fica paralisada em 1956 e durante grande parte de 1957. Para combater essa paralisia, no final de 1956, o novo Estado cria um estatuto para a promoção de filmes argentinos de alta qualidade. O cinema independente floresce, substituindo o reinado do estereótipo[22]. Consequentemente, em colaboração com Ayala e Héctor Olivera, Viñas entra no novo cenário, escrevendo os roteiros, acima mencionados, de *El Jefe* e *El Candidato*. Em ambos os filmes, o espectro alegórico de Perón predomina, ao mesmo tempo que o conflito de gerações funciona como eixo temático[23]. Rumo a um realismo crítico e parricida que subverte os valores estagnados dos pais argentinos e os mitos transcendentais do destino nacional, a colaboração entre Viñas-Ayala-Olivera busca dar testemunho do que era amplamente considerado como uma geração traída. "Debemos hacer de nuestro cine", afirma Ayala, "un testimonio de nuestra época, de nuestros problemas, de nuestros anhelos."[24]

De diversas formas, os escritos cinematográficos de Viñas colocam no centro uma geração marcada pela abdicação da figura paterna irreprimível (Perón e, mais tarde, Frondizi, mas também muito importante, o colapso dos valores liberais, oligárquicos e centrados no crioulo na era da sociedade industrial). Evocando Fellini e os filmes do neorrealismo italiano, personagens angustiadas atravessam uma Buenos Aires urbana e modernizante. Escapando dos confins da mansão crioula, esses jovens mutantes sociais vão procurar, em todo canto da cidade, através de seja qual for a ação fraudulenta, a subversão de toda hierarquia. Ou, inversamente, como nas sagas de Faulkner do Velho Sul, uma velha guarda decrépita encena a ilusão de reviver o passado por meio de valores irremediavelmente exauridos. Nessas obras antiperonistas, as personagens jamais formam uma essência ou identidade imutável. Elas emergem como falsificadores e rejeitados numa série, enquanto tentam criar suas vidas numa atmosfera profundamente politizada. Considere a tomada de câmera em movimento inicial em *El Candidato*. Surgindo da escuridão, uma multidão estridente irrompe na tela gritando por seu líder e candidato: "Bazan! Bazan!" Ou considere a cena da entrega de notícias que abre *Dar la Cara*: as manchetes anunciam a luta revolucionária de Fidel Castro na Sierra Maestra[25]. A política se tornou um assunto das massas, mas também um exercício inquietante do autofazer-se e do autoquestionar-se. Por mais que a antiga ordem busque refúgio em mansões dilapidadas e nos delírios de glórias passadas, Viñas tecerá uma imagem perturbadora e polifônica do tempo, que documenta a heterogeneidade irreprimível do corpo social. A intriga individual é envolvida nos problemas coletivos. Além disso, se todos os valores

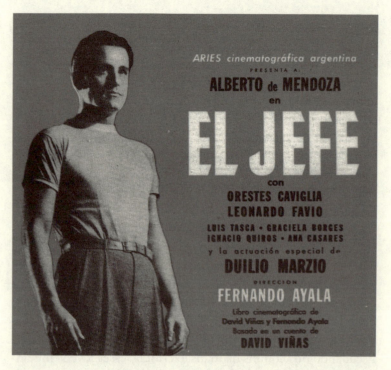

finalistas estão mortos, o verdadeiro é o que é inventado, mesmo que seja fraudulento. Considere a profusão de vigaristas, comerciais, placas de anúncio, canções populares, luzes de neon, jazz moderno, anúncios de rádio e bancas de jornais que Viñas mobiliza para revelar a sintaxe de massas da época. É a era do falso, do espetáculo, do afeto fabricado e administrado, mas também da urgente interconexão global e revolucionária. Isso nos leva ao problema central do realismo.

Com relação aos desafios do real no *corpus* heterogêneo de Viñas, Emilio Bernini observou de forma convincente: "hay un proceso indudable de búsqueda de una representación realista, que [Viñas] sin dudas ha impuesto más allá de las decisiones de los directores, puesto que en las películas de Ayala y Martínez Suárez, sin los textos de Viñas, ese realismo – no subjetivo, político, totalizador – no puede reconocerse"[26]. No entanto, será que a "totalização" realista em Viñas não implicaria, na esteira de Sartre, uma rejeição e fuga dos "dados equívocos da experiência?"[27] Uma coisa é certa: *Dar la Cara* articula uma alegoria da "geração perdida" da Argentina dos anos 1950 e início dos 1960[28]. O conflito de gerações e a angústia existencial, afinal, delineiam as páginas do romance: entre jovens e velhos, filhos e pais, patriarcas e

FIGS. 2.2a, b e c. *Cartazes para os filmes* El Jefe, El Candidato *e* Dar la Cara. *Cortesia de Héctor Olivera e José Martínez Suárez.*

párias, feministas de espírito livre e filhas dedicadas. Mas o que a obra insistirá em nos relatar é a encenação da experimentação como uma relação radical com a história e a própria criação. De fato, se esse romance cinematográfico nos "relata" alguma coisa, ele sugere claramente que a narrativa não é mais sucessiva, cronológica e organizada por meio de uma imagem-tempo orgânica baseada na verdade. Organizado em quatro capítulos e sessenta e quatro cortes episódicos, *Dar la Cara* utiliza com eficácia a técnica de montagem cinematográfica em vista de "proliferar as personagens e os pontos de vista"[29].

Longe de uma "totalização" unívoca da dimensão social, a adaptação da técnica da montagem narrativa de Viñas revela o desejo de descrever o processo histórico como um processo sempre em aberto. Mais que isso, as dimensões da história em jogo nos romances de Viñas poderiam ser mais bem vislumbradas por meio dos conceitos de serialidade e de *habitus* de Deleuze e Guattari. Como tal, a história designaria o conjunto de condições materiais e práticas sociais habituais a partir das quais se resiste ao presente. Para Deleuze e Guattari, a política precede o ser, enquanto a história somente se produz pela resistência a ela[30]. Independentemente de sua dívida para com o romancista

argentino Roberto Arlt, existe algum outro modo de compreen-
der a proliferação de marginais, homossexuais e *marranos* em
Viñas? E não podemos ler suas recorrentes crises de consciência
como lutas internas para se libertar de hábitos de pensamento
arraigados? A imagem do círculo vicioso, do cachorro mordendo
a própria cauda, configura um tropo-matriz em *Dar la Cara*.
Agora, "dar corpo à escritura", seguindo o lema materialista de
Viñas, significa exatamente o seguinte: fazer da obra cinemato-
gráfico-literária um meio (*milieu*) de sensações que incide sobre
o minoritário e sobre a violência na história. Isso nos leva ao
âmago do projeto multimídia do romance.

A FRONTEIRA E O CORPO DO DISCURSO

Como agenciamento multimídia[31], *Dar la Cara* desafia o gênero
narrativo. Primeiramente um roteiro de filme, então remode-
lado como romance "por acréscimo" no mesmo ano, pode-se
discutir se essa obra faz parte da tradição literária argentina que
Viñas passará toda sua vida denunciando[32]. Publicado no mesmo
ano da derrubada do presidente Arturo Frondizi pelos militares
argentinos, a obra marca para Viñas um ponto de virada que o
levará a renunciar a literatura por quatro anos.

Consideremos o projeto de composição dessa obra excepcio-
nal, inclusive sua imagem heterogênea do tempo, e o problema do
que chamarei de inscrições na obra de um real resistente. Segundo
Bernini, *Dar la Cara* se inscreve na vanguarda de uma nova linha
do cinema argentino. Rompendo com a narrativa linear, o tempo
em ambos romance e filme passa a ser um assunto do simultâ-
neo. O diretor José Martínez Suárez relata: "[e]l guión permitía
abordar tres clases sociales y tres escenarios muy diferenciados
entre sí: el grupo del universitario, el de la industria del cine y
el del ciclista, que es de una clase social inferior. Había un gran
horizonte para trabajar. Podía quedar muy poco fuera de esa 'pin-
tura'"[33]. Como uma colagem em mídia mista, *Dar la Cara* gera o
retrato de uma crise de gerações dentro de um quadro histórico
preciso: 1958[34]. Ambientada numa Buenos Aires em expansão,
a obra tem várias tramas interligadas e um grande elenco de perso-
nagens provenientes de diversas camadas da sociedade argentina.

O LIMITE DA LETRA

Não há heróis, apenas marginalizados em fuga: judeus marranos, subalternos, homossexuais, feministas, cineastas, ativistas, ciclistas e escritores. O tema das gerações ancora a aspiração polifônica de mapear *um real resistente*: a obra se concentra num punhado de jovens que agressivamente rompem com o *establishment*. A partir da cena inicial montada no quartel do exército, uma clara alusão à deposição de Perón, acompanhamos o êxodo de três jovens de três classes sociais, Beto, Bernardo e Mariano, que deixam o exército para entrar no fluxo imanente do tempo e do desejo, para criar seus próprios projetos. O tema existencialista é tangível: monólogos angustiados crivam as páginas da obra. No entanto, mesmo quando abandonam as suposições do *status quo* envolvendo sua classe, etnia ou orientação sexual, os protagonistas estão longe de ser mônadas fechadas na própria subjetividade. Também não são indivíduos "liberados". É significativo que o título original da obra fosse "Salvar la Cara"[35]. Salvar as aparências ou encarar: em *Dar la Cara*, as personagens fogem da lógica majoritária apenas para fracassar em forjar novas alianças sociais. Tudo acontece como se as contradições inerentes à situação coletiva após a deposição de Perón fossem demasiado amplas, demasiado grandes, demasiado difíceis de lidar.

Dar la Cara poderia ser comparado a um romance de formação às avessas ou a uma ficção antifundacional: a história dos protagonistas termina numa não-integração com seu meio social[36]. Narrada no presente, a trama se desenrola ao longo de um painel de situações de massa: presenciamos em primeira mão a polêmica sobre a função social da universidade e sua privatização (*Libre o laica*), a já mencionada entrada da produção independente na indústria cinematográfica, o advento da Revolução Cubana e o torneio de ciclismo de qualificação para os Jogos Olímpicos de Roma de 1960. Preocupado em intervir no presente, o romance é atravessado por referências à história, a figuras políticas e escritores argentinos e intensamente influenciado pelo diálogo e discurso popular.

Destacando os contornos dessa alegoria nacional não realizada, os críticos ressaltaram a preocupação da obra com o conteúdo social. *Dar la Cara* não alcança totalização, assim lemos, e a obra revela algo muito parecido com uma declaração contra o sistema. Nas camadas dessa narrativização fracassada, nas histórias conturbadas e ambíguas que a obra nos conta, encontramos a alegorização de uma ordem burguesa estagnada que alcançou seus limites. Embora essa interpretação soe exata, pelo menos em parte, com relação à investigação que o romance faz de uma esfera pública argentina em crise, tal leitura representacionalista permanece problemática. Isso acontece porque a interpretação predominantemente aceita se apoia numa dialética realista que dá muito pouca atenção à função do meio (*medium*) e do afeto em Viñas. A literatura é colocada como veículo do Estado. Semelhante a Lispector, Viñas manterá um projeto muito mais radical. Não haverá pureza de forma, limpeza dos domínios discursivos, nem imposição mecânica de ideologia em Viñas, mas antes uma redistribuição da escritura que embaralha todos os códigos normativos majoritários.

Como em *Sursis* (1945) de Sartre, que para o romancista-filósofo enquadrava o "monólogo interior" da França durante a Segunda Guerra Mundial, a narrativa de *Dar la Cara* se desdobra no perspectivismo descontínuo do discurso indireto livre[37]. Deslocamentos para dentro e para fora dos pensamentos das personagens, rupturas com toda sequência cronológica dos acontecimentos, mudanças elípticas na perspectiva são constantes no romance. Além disso, a linguagem é estruturada por meio de configurações sintáticas caleidoscópicas e ainda assim incisivas, que imitam a operação da câmera móvel. Ficamos imersos numa multiplicidade de situações ópticas, mentais e auditivas que proliferam e que vão um passo além do filme ao enquadrar a textura densa desse "monólogo interior", se podemos assim dizer, da Buenos Aires em crise na metade do século xx. Apresso-me em acrescentar que tanto o filme quanto o romance são organizados em torno da produção de um longa-metragem independente cuja finalidade é "enfrentar" o presente argentino. Embora a produção desse filme-dentro-do-filme fracasse devido ao esgotamento dos fundos e às discordâncias internas da equipe na direção quanto aos objetivos do filme, o que fica para nós com o desfecho da obra é uma exibição caótica de fotos tiradas da cidade[38]. De fato, ao final do romance – e ao longo de três das páginas mais experimentais de Viñas –, o leitor se torna um espectador explícito desse fracassado filme-dentro-do-filme. Constituído por uma mistura de tomadas silenciosas da cidade e organizado por meio de sequências de montagem aleatórias que resistem à linearidade, esse filme-dentro-do-filme, como mostrou Bernini, antecipa o Terceiro Cinema de Getino, Solanas e Birri. Além disso, o filme-dentro-do-filme lança luz sobre o que sempre esteve operando em Viñas: um devir (*becoming*) multimídia e autorreflexivo de sua escritura como condição de sua "política" de intervenção sensorial[39]. Apresso-me em acrescentar que a sintaxe, em *Dar la Cara*, é sempre generativa e polifônica. Nunca se contentando com uma descrição estagnada, a prosa-montagem multiforme de Viñas enfatiza o corte, o prismático e o conectivo. Contra "o equilíbrio" da escritura burguesa autossuficiente, de que Viñas se queixava, e contra a pureza redundante do cinema centrado no crioulo, a composição de Viñas se torna cada vez mais saturada e densa. Para nos embrenhar nesse texto plural e em movimento, com sua relação inexorável com a subversão, torna-se essencial uma leitura da paródia, do cinema e do afeto.

O discurso em *Dar la Cara* começa, dessa forma, na fronteira da linguagem e da cronologia com a imagem prolongada de um corpo violentado: "Ya iban arrastrándolo hacia el fondo de la cuadra [...] eran tres, cinco, los que lo habían agarrado y lo llevaban en vilo, y en medio de la penumbra Bernardo vio ese cuerpo desnudo: un manchón reluciente en el pecho y algo oscuro en el vientre."[40] Pantomima gráfica que prosseguirá em câmera lenta pelas cinco primeiras páginas do romance: na última noite de seu serviço militar, o sobrinho rico e de pele clara de um produtor de cinema, Mariano Carbó, está sendo assediado sexualmente – quase estuprado – por uma multidão de colegas recrutas de pele escura. A cena evoca imediatamente a ficção fundadora da tradição literária argentina: *El Matadero* (1839), de Esteban Echevarría. No clímax de *El Matadero* – em cuja história, deve-se notar, está inscrita uma acusação contundente contra o infame caudilho de Buenos Aires, Dom Manuel de Rosas –, testemunhamos um jovem a cavalo sendo emboscado por um bando de marginais da sociedade em um matadouro. Amarrado como uma efígie cristã, o herói abatido sofre de uma hemorragia mortal. Abertura curiosa que insere uma dobra na sintaxe, como decifrar a introdução paródica de Viñas? O que está em jogo nessa manifesta inversão do fundacional, numa obra cujo título assinala um "encarar" com o presente?

Em seus escritos críticos, Viñas dá lugar de destaque ao poeta caído de Echevarría. Para Viñas, o mártir de Echevarría demarca, acima de tudo, uma origem literária fendida. Na medida em que a origem da literatura argentina se encontra na especificidade dessa violência, argumenta Viñas, ela se inscreve como tal em vista de registrar uma dissonância fundamental no início do século XIX: o sacrifício e a expulsão do intelectual crioulo por seus rudes irmãos, as massas federalistas. Mas a implicação mais ampla, insistirá Viñas, é que a literatura argentina nasce de uma promessa elíptica de vingança. O notável texto de Echevarría assinala uma dívida, um futuro ajuste de contas: a literatura argentina irá, daí por diante, "civilizar", representar e inscrever esse "outro" como matéria e tarefa fundamental. A literatura se torna um dispositivo civilizador da identidade nacional e do Estado.

Na fronteira da literatura, *Dar la Cara* começa por um ato de autoexposição. Rompendo com a herança, a sintaxe se desdobra como paixão pelo limite. No entanto, o retorno ao livro de Echevarría não assinala nem plenitude nem vingança civilizatória. Recusando-se a apresentar a matéria, o corpo, o "outro", como uma presença ou fronteira que é estável, suficiente, ou que está fundamentalmente aí, a sintaxe encena uma sequência-montagem de acontecimentos escriturais. Assim, a paródia inaugural, longe de ser inocente, constitui uma incisão textual duplicante; trata-se de um espaço discursivo em camadas no qual se presencia o corpo nu de Mariano Carbó emergir como múltiplo e atravessado por perfurações: "[l]os pies de Mariano aparecieron más blancos que nunca. El mago de la bayoneta, arrodillado entre las piernas, con ese jugo le marcaba unas cruces o las iniciales de alguien"[41]. A sinédoque do corpo violado como uma *infraimagem da escritura* que desafia a dominação: o movimento da escritura em Viñas começa por uma incisão performativa que invoca um ato de leitura para além dos limites da figura. O prefixo *infra*, da preposição adverbial latina, vincula-se àquilo que passa "por baixo, embaixo, sob", bem como ao que vem "depois" ou é "menor"[42]. Vamos subscrever esse gesto de autoexposição de Viñas, o sabotador da sintaxe: a página inaugural multicamada conduz a um projeto imanente da escritura. Com efeito, é significativo que esse *corpo escritural* violado emerja do refrão "en medio de la penumbra"[43]. A expressão evoca uma segunda fronteira, uma segunda camada paródica: a alegoria da caverna de Platão. Enquanto a caverna de Platão canonicamente encena a alegoria de pessoas cegas agrilhoadas pelas falsas formas, a expressão também evoca o cinema argentino que, em *Dar la Cara*, representa um espaço enclausurado e propagandístico no qual reinam falsas formas.

Assim como o corpo do discurso se torna progressivamente prismático, a expressão em *Dar la Cara* irá envolver e multiplicar seus referentes. A expressão precede o conteúdo. A forma converge com a crítica. O que é "real" devém (*becomes*)[44]. E todo devir (*becoming*), o devir-cinematográfico e paródico da prosa, encontra articulação no caráter combinatório e multimídia do projeto sintático: uma *infraimagem da escritura* que busca um exterior, uma fuga de todos os limites, um excesso de representação. Ultrapassando o fechamento de todos os ângulos, o procedimento de montagem sintática em *Dar la Cara* se torna cada vez mais saturado. Em outras palavras, encerrado no problema do "real", do infinitivo do título, "*dar la cara*", o discurso começa a partir do meio, pela autoexposição radical do corpo, que sinaliza e desafia com força a violência do estado literário.

HISTÓRIA E LITERATURA "A MEDIAS"

A questão da subversão, o próprio problema da "literatura" em jogo na abertura do romance, resulta da meticulosa experimentação de Viñas com seu meio, e não da hipótese do realismo social. Mas além da sabotagem paródica da fundação literária, como devemos lidar com a base histórica da obra? Afinal, o romance se concentra no polêmico ano de 1958, o ano da subida de Arturo Frondizi ao poder. Consideremos esse componente histórico fundamental, o que os críticos chamaram de impulso do romance à totalização realista, e a constelação de acontecimentos evolvendo o jovem Viñas.

Após a deposição de Perón em 1955, as elites argentinas conseguiram formar uma coalizão modernizadora. Se as massas haviam sido abandonadas, assim se pensava, o desejo político do povo deveria ser recanalizado. Além disso, o novo Estado argentino tinha de conquistar legitimidade no contexto de uma nova ordem mundial. Assim como o Brasil e o restante da América Latina na conjuntura do pós-guerra, a Argentina era considerada uma nação periférica e semi-industrializada, um produto do Terceiro

Mundo. Para combater os anos de desenvolvimento desigual, era preciso restaurar a democracia e, acima de tudo, industrializar. "La Nación Argentina inicia hoy un nuevo período constitucional", relata o presidente Arturo Frondizi em seu discurso de posse em 1º de maio de 1958, "que las circunstancias han convertido en comienzo de una nueva era [...] [e]n lo profundo este acto inicial está presidido por un ideal moral: la clara e inequívoca voluntad del reencuentro argentino y de reanudar el desarrollo nacional"[45]. Mas tal reencontro nunca se concretiza. A cisão interna introduzida pelo peronismo na sociedade argentina minará o sonho liberal de um sujeito nacional reconsolidado.

Se é verdade que a queda de Perón colocava a Argentina numa encruzilhada, então as insistentes permutações da matriz temática do romance, o cachorro mordendo a própria cauda, se tornam politicamente inteligíveis: a encruzilhada inscreve o pacto rompido, a falência do Estado. Como a maioria dos elementos nos romances de Viñas, essas figuras não apenas são fundadas na história mas também enquadram o historicamente incisivo. Na encruzilhada entre a figuração e a história, em Viñas, o leitor é interpelado a considerar a história criticamente do ponto de vista da crise representacional. Para começar, o governo de Frondizi era produto de múltiplos pactos rompidos. Se o peronismo foi proscrito em 1955 por um apreensivo regime militar, é significativo que Frondizi somente chega ao poder em 1958 mediante pactos com Perón e a legalização da poderosa sindical peronista, a CGT. Frondizi romperá esse acordo, ao impor em 1959 múltiplas ações repressivas contra o movimento operário. Ainda assim, proveniente da União Cívica Radical, Frondizi representava para muitos progressistas uma síntese promissora: um liberal, anti-imperialista, que prometia integrar as massas e proteger as reservas petrolíferas da nação contra os interesses estrangeiros. Desiludindo os setores progressistas, inclusive o próprio irmão de Viñas, que tinha trabalhado como secretário da cultura para Frondizi em 1958, Frondizi permite a polêmica privatização da universidade e das reservas de petróleo do país[46]. Embora as traições de Frondizi sejam lendárias, e, de fato, tematizadas ao longo do romance, é importante ressaltar o significado da Revolução Cubana em 1959. Nessa era de fragmentação interna provocada pelo subdesenvolvimento, o processo de reorganização de Cuba – estrategicamente focalizado na sequência de entrega de jornais que abre o filme e encerra o romance – era emblemático de um desejado Estado-nação descolonizado. O inverso do cachorro mordendo a própria cauda, Cuba era prova visível de que uma transformação coletiva encabeçada pela esquerda era possível.

Para onde essa encruzilhada histórica, sem dúvida dramatizada em *Dar la Cara*, conduz o jovem Viñas? Tendo início nos anos 1950, após seus dias de militância antiperonista como secretário-geral e presidente da organização estudantil Federación Universitaria de Buenos Aires (Fuba), a atividade de escrever para Viñas se desdobra em dois problemas centrais: como resposta ao subdesenvolvimento e como meio de criar uma nova antiliteratura. Com efeito, devido à aparente irrelevância da literatura numa esfera pública em rápida modernização, para Viñas era preciso criar um discurso capaz de enfrentar o caráter ambíguo do presente argentino.

Contra o *establishment* literário da década de 1950, personificado nas figuras de Borges, Ocampo e Mallea, o discurso de Viñas se move em três direções: a Sartre, à América Latina e ao cinema. Viñas estabelecerá sua ruptura ao inverter o que ele considerava conformista, idealista e eurocêntrico: um sistema cultural centrado e enraizado no Estado, que não conseguia perceber seus limites internos. Invertendo o que ele conceituava ser o paradigma central do caso de amor e "santificação da Europa" dos intelectuais argentinos, Viñas volta seu olhar para o sul, certamente. Porém, mais importante, mais concreta, mais material e incisiva é a radicalização a que Viñas submete seu meio criativo. Viñas achará uma maneira de romper os limites históricos da literatura oficial. Para atravessar o limite, Viñas contrapõe um corpo discursivo alternativo, a saber, uma literatura multimídia, historicamente infletida "a medias" (*a meio caminho*) e suas potências de finitude contra as imposições idealistas do estado literário crioulo: "[e]scribir aquí es como preparar una revolución de humillados: opaca, empecinada, casi dura y casi cotidiana. Como vivo en un país semicolonial soy un semihombre y un casi escritor que escribe una literatura a medias"[47].

Ressaltando o limite e a imagem sugestiva dessa literatura "a medias", lembremo-nos que a sequência central do filme-dentro-

-do-filme gira em torno de uma paródia do fotodocumentário *Tire Dié* (1958), de Fernando Birri, e do romance de Roberto Arlt, *El Juguete Rabioso* (1926)[48]. Assim como a paródia inaugural de *El Matadero* de Echevarría, acima examinado, o recurso a essas obras marginais é fundamental, embora corrosivo. De fato, o gesto paródico lança luz sobre uma nova relação com a literatura e a vida: contra o cânone, Viñas forja uma perspectiva palimpséstica que explora a história em suas encruzilhadas e gradientes mais íngremes. No entanto, contra o populismo de Birri e a então na moda redução realista dos romances de Arlt, estaríamos equivocados ao imaginar esse espaço como o local desde o qual fala o "subalterno"[49]. E esse espaço certamente não se apoia num terreno identitário: o modelo centro-periferia do qual provêm as teorias do subdesenvolvimento e do Terceiro Cinema[50]. Não, a tarefa de mediar a história e a política por meio da paródia e da canibalização cinematográfica diz respeito a um gesto antiliterário que refrata os limites da literatura.

LITERATURA E SUBALTERNIDADE

Contra a tese do realismo social que abafa a força do legado de Viñas, nossa tarefa crítica consiste em rastrear as maneiras pelas quais a prosa-montagem de Viñas atesta uma nova potência de relacionamento. Com lucidez, Julio Ramos mostrou que, a partir do *Facundo* de Sarmiento (1845), a literatura argentina assume um lugar subalterno em relação aos modelos europeus. Para Ramos, "[a] crítica sarmientina do saber europeu está marcada, embora às vezes coexista com a ideologia mimética mais radical"[51]. A literatura assume a capacidade de ouvir "o saber do outro". Escrevendo desde as margens, o escritor periférico "reclama um *saber* distinto e às vezes oposto à disciplina europea"[52]. No *Facundo*, a queda da classe letrada na Argentina gira em torno da exclusão e da *leitura equivocada* do *gaúcho*, agora encarnado em Rosas e seu regime de caudilhismo regional. Sem dúvida, durante o reinado de tirania de Rosas, era preciso modernizar e reconfigurar uma esfera pública em crise. E isso significava submeter a nova realidade americana à disciplina da escritura. Por conseguinte, era necessário integrar o mundo do outro ao Estado-nação justamente por *ouvir* o

O LIMITE DA LETRA

saber do outro e por incorporar seu discurso vivo e seus modos de vida. Sarmiento, dessa forma, atribuirá à "literatura" um papel mediador e desnivelado. A famosa "indisciplina" da literatura de Sarmiento autoriza o acesso à vida bárbara. Em parte etnografia e em parte poesia, a escritura "literária" podia reconciliar duas modernidades divergentes – a do letrado e a do sujeito popular.

Diferentemente de Sarmiento, a literatura para Viñas nos anos 1960 se tornara o lugar de uma profunda autonomização das disciplinas intelectuais. A literatura passa a ser o nome de um domínio especializado e bem regulado do discurso, o local de um *corpus* de conhecimento e de uma divisão de gêneros bem definidos que pressuponha um certo modo de perceber e ordenar as coisas. No entanto, assim como o projeto híbrido subjacente em jogo no *Facundo* de Sarmiento, a reflexão sobre a literatura argentina nos anos 1950 e 1960 estabelece a problematicidade da realidade nacional e do "outro" da classe crioula: a saber, as ondas das massas peronistas e de imigrantes. Como já indicado, debates sobre a identidade argentina, o papel dos intelectuais e o que fazer com as massas se proliferam. A arte amiúde se dissolve na política. E como veremos no caso do Brasil no próximo capítulo, a mídia de massa, como o cinema, tinha passado a dominar o imaginário do público.

Como Sarmiento, Viñas atribuirá à literatura uma função subalternista para mediar entre a classe letrada argentina e suas margens. Mas há uma diferença fundamental. Por meio de comentários explícitos e racionalizantes, Sarmiento submete suas narrativas desbordantes do gaúcho à disciplina da representação e a uma concepção abrangente da história como progresso[53]. Embora híbrida, a literatura se torna modelo para o Estado. Se a alteridade radical inerente à oralidade do outro representava um perigo para o discurso de Sarmiento, em Viñas, a operação fundamental de Sarmiento tinha de ser revertida. *Escrever a literatura ao revés de modo a barbarizar a escritura*: contra a imagem da literatura como projeção do Estado racionalizado, a obra de Viñas forja uma mediação "bárbara" e densa do "real" ao condensar múltiplos regimes de signos. A história do filme- -dentro-do-filme é o ponto focal "selvagem" por meio do qual as questões da estética, da subalternidade, da política e da escritura convergem de maneira mais contundente.

Trabalhando em colaboração com o roteirista de esquerda León Vera e com o experimental operador de câmera, Meyer, aprendemos muito cedo que o filme independente de Mariano Carbó promete uma ruptura com o cinema nacional cristalizado da identidade crioula. Lembremo-nos de que Mariano era "violado" por recrutas na abertura do romance. Através da paródia, Mariano toma o lugar do poeta de Echevarría – ele é então o "homem civilizado" do cinema, violentado por indivíduos do povo após a queda do peronismo. De fato, sua figura paterna, Basilio Carbó, representa a autoridade arraigada que controla o cenário cinematográfico argentino e cujos filmes, sem dúvida, encarnam a velha guarda centrada no crioulo acima discutida. Assim, o rompimento de Mariano com o pai pode ser lido ao longo de três linhas paródicas e antiliterárias: 1. a ruptura de Mariano será paralela ao projeto de Viñas de inverter a projeção histórica da literatura argentina como uma *vingança civilizada contra as massas bárbaras* (primeira cena do romance e paródia de *El Matadero*, de Echevarría); 2. a filmagem de Mariano das *villas miserias* da cidade inscreverá a homenagem implícita de Viñas e a problematização do projeto de Fernando Birri de filmar a "realidade crua" no fotodocumentário *Tire Dié* (1956-1960), um

FIG. 2.3. *Cena do filme* Dar la Cara: *filmando os arredores de Buenos Aires. Cortesia de José Martínez Suárez.*

curto filme de "pesquisa" documentando a vida na favela em Santa Fé, Argentina; e 3. levando-nos até a fronteira da literatura e da história oficial, o filme de Mariano se baseia no que Viñas considerava um trabalho marginal por direito próprio, *El Juguete Rabioso* (1926), de Roberto Arlt. Vamos nos concentrar brevemente neste último.

À primeira vista, pode parecer que o romance de Arlt constitui o principal tema do filme. É preciso ressaltar aqui que a referência a Arlt nos anos 1960 evocava a noção de um escritor anticanônico, "un escritor de kiosko", incluído na lista negra da literatura argentina por, entre outras coisas, "escrever mal"[54]. Para Viñas, Arlt na verdade mobiliza um espaço discursivo subalternista, um lugar onde os homossexuais e "los de abajo entran a la literatura"[55]. No entanto, curiosamente, a equipe nunca chega a adaptar o romance de Arlt. Se a versão cinematográfica faz de Arlt um ponto focal – numa notável cena na praça, León joga para Mariano uma cópia de *El Juguete Rabioso* (ver Figura 2.4) –, no romance há apenas alusões oblíquas a ele. Arlt nunca é nomeado. Além do mais, no filme, assim como no livro, lembremo-nos que o filme-dentro-do-filme resulta em fracasso: uma colcha de retalhos de provas que nunca serão colocadas numa ordem e distribuídas como

FIG. 2.4. *Cena do filme* Dar la Cara: *o roteiro do filme e o romance de Arlt. Cortesia de José Martínez Suárez.*

filme. A ideia da tradução fracassada e/ou falsa é significativa e nos leva de volta às origens literárias da Argentina, à enigmática sequência epigráfica que inaugura o *Facundo*. De fato, assim como a famosa tradução falsa de Sarmiento de "On ne tue point les idées", de Diderot, para a fórmula de inflexão nacionalista "a los hombres se degüella; a las ideas no", no nível estrutural, a não adaptação e a, digamos, falsa tradução de Arlt no filme mobiliza a noção de um centro ausente e um espaço irreverente da leitura e da escritura. Há sempre algo que escapa em *Dar la Cara*. E essa fuga da narrativa é uma das principais apostas em jogo na antiliteratura de Viñas. Conseguindo produzir apenas uma colcha de retalhos de provas antes que o dinheiro de Mariano se esgote, o filme-dentro-do-filme tentará mesmo assim capturar a Buenos Aires "real". E ele fará isso estrategicamente filmando as favelas da cidade. Apresso-me em acrescentar que a referência ao *Facundo* de Sarmiento é encenada no momento mesmo em que o leitor se torna espectador da sequência de três páginas do filme-dentro-do-filme. Mesmo que o filme nunca seja distribuído, mesmo que ele nunca seja organizado, Viñas garante que nos tornemos leitores-espectadores de seu antifilme. Subvertendo a "literatura", então, à medida que atravessa o limite, o romance de Viñas entrelaça a montagem e a paródia com efeito corrosivo: "[e]sas imágenes se sucedían en la pantalla de la moviola [...] muchos chicos con banderitas, un reloj, banderitas argentinas, maestras argentinas hablando, Sarmiento, Sarmiento ceñudo, Sarmiento enseñando a leer a niños argentinos, los botones de Sarmiento, medallas, Sarmiento general, un ejemplar del *Facundo*, otra vez los niños con banderitas argentinas, el sol, el sol más cerca, Sarmiento en la cama muerto"[56].

O LIMITE DA LETRA

Se o "mundo da representação" é marcado pela "primazia da identidade" segundo Deleuze, então o mundo de *Dar la Cara* – girando em torno do eixo do filme-dentro-do-filme fracassado – terá tornado manifesto o advento de uma mutação no núcleo da representação literária, um fundamento sem fundamento que registra uma política antiliterária e subalternista[57]. Na medida em que

FIG. 2.5. *Cena do filme* Tire Dié, *de Fernando Birri. Cortesia do Instituto Superior de Cine y Artes Audiovisuales de Santa Fe Fernando Birri.*

Viñas levanta a problemática de forjar uma relação sem relação com o subalterno através da literatura, não seria possível considerar seu projeto polifacético como o articular de algo próximo ao conceito de "obra de morte" de Jean-Luc Nancy[58]?

Em Dar la Cara, é pelo olhar transgressor do roteirista León Vera que podemos melhor focalizar a preocupação de Viñas com uma certa cultura do livro e sua dissolução. Com seu último nome conotando o verdadeiro (*veritas*), León é o protagonista através de cujos olhos é imaginada a possibilidade de uma prática antiliterária. Há uma força em comum entre Viñas e León: em oposição às generalidades conformistas, insistindo em estar na exceção a leis transcendentais, ambos fazem do político um limiar da escritura. Ainda assim, León não está livre de suas próprias contradições internas. E é Pelusa, sua ex-amante, que será a única capaz de enxergar através de seus pontos cegos.

No centro do livro, mas omitido do filme, Pelusa acompanha León numa mesa-redonda sobre a cultura e a política argentinas.

72

Enquanto intelectuais proeminentes debatem temas cruciais como a teoria da dependência, o imperialismo cultural e a independência, ela sugestivamente compara a cena à Última Ceia de Cristo:

"Parece la última cena", calculó Pelusa en su butaca. Una última cena amarillenta, con el manchón verde del tapete que cubría la mesa y esos cinco hombres que se interrumpían, miraba hacia la platea y querían ganar – *Lo único que hacemos es no estar conformes*, le había dicho León. *Buscamos, eso es lo que hacemos.* Ella no se lo admitía *¡Qué van a buscar!* ... *Lo que hace cada uno es querer imponer lo que piensa.* – *Eso no es cierto*, protestaba León. – *Sí que es cierto: cada uno tiene su verdad bajo el sobaco y quiere encajársela a todo el mundo... Ustedes no quieren enseñar, León, quieren violar a la gente.*
– *Y, será la única manera: si enseñar es violar* ...
– *¿No ves, no ves?* – lo acusaba ella. Y en ese teatro ya no se aguantaba más[.][59]

Lançando luz corrosiva sobre o projeto de León e Mariano Carbó de filmar a Buenos Aires "real", esse *flashback* criva a cena da representação. Mas através de suas costuras irregulares e italicizadas, podemos interpretar a ideia claramente: *enseñar es violar*. Na mesa-redonda, os intelectuais argentinos são representados como santos narcisistas que roboticamente "falam como livros"[60]. O comentário de Pelusa deve ser interpretado de forma literal: como interromper o mecanismo vertical e "violador" do olhar do intelectual? Como alcançar a diferença não-representável e não-escritural? Como inverter o tropo-mestre da civilização *versus* barbárie na Argentina, operando como círculo vicioso cultural e projeto representacional centrado no Estado?

Viñas nos levará até a fronteira, até uma mutação fundamental dentro da ordem do discurso. Para capturar a verdade da cidade, assim como no documentário de Birri, é preciso permanecer na exceção do discurso: "[n]ecesitamos una villa miseria", comenta León[61]. É somente por meio do afastamento e da exceção às forças conformistas que se conseguirá "encarar" o real. Rumo à fronteira, então: o exterior é o local de encontros e alianças. Porém o exterior não articula um local discursivo de redenção relativo aos socialmente oprimidos. Esse não é um espaço do estereótipo cultural (*cultural othering*), nem visa à incorporação do sujeito popular pelo recurso a fundamentos míticos. Em vez disso, os marginais emergem como o lugar do não-representável.

Eis aqui o segredo da poética antiliterária de Viñas: contra o olhar dissimétrico do intelectual que viola a experiência e não consegue refletir sobre o *locus* hierárquico de seu discurso, a obra se torna um *millieu* de mediação através do qual as fronteiras do filmar, do ver, do escrever e do ler convergem. Afinal, o tema da *leitura do filme* está em paralelo com o modo fragmentário de enunciação do filme. Sem dúvida, a sempre em questão *legibilidade* do filme constitui o fio tênue através do qual o roteiro se move. Mariano nunca deixa de questionar León sobre o estatuto da obra como trabalho de cinema – é realmente cinema? realmente? – bem como também a capacidade do público de entendê-lo.

Certamente, muitos dos romances de Viñas começam com imagens de um olhar vertical e parecem contar a história de uma violência fundamental: a cena fundadora de *Los Dueños de la Tierra*, por exemplo, na qual observamos, de uma colina, o massacre de indígenas – a histórica "conquista de la Patagonia" – nas mãos de latifundiários na virada do século XIX. *Un Dios Cotidiano* tem início com a imagem irônica da disciplina católica pelos olhos do sacerdote que observa: crianças marchando em círculos, como forma de punição. Mesmo *Cosas Concretas* começa com o coreografar de um olhar sobre o corpo ferido de um militante. *Dar la Cara* não é exceção. As duas passagens descrevendo a filmagem na obra começam nos levando até a periferia da cidade. As duas cenas configuram imagens espelhares, nas quais presenciamos León no papel de mentor de Mariano. Tudo acontece como se estivéssemos assistindo ao teatro dialógico da angústia e escolha de Sartre – não em Paris, mas no espaço aberto das Américas, visto de cima. Pode-se facilmente imaginar cenas aéreas como essas sendo extraídas diretamente do *Canto General*, de Pablo Neruda. De forma previsível, o diálogo gira em torno de questões ontológicas, da questão de Mariano amadurecer, se tornar "um homem", e dos objetivos do filme. Em cada cena, avista-se uma população subalterna: a *villa miseria* e uma aldeia quíchua imaginária[62]. Nesta última, a imagem da aldeia ínfima dos quíchuas dá lugar a uma analogia pertinente: León vai comparar o filme a "um olho implacável" que observa a cidade "[d]esde arriba" e "agarre a la gente por la espalda"[63].

Por outro lado, na cena anterior, a equipe desce até as favelas. Sem palavras, eles traduzirão sua experiência como "pousar na lua", como chegar à fronteira final da conquista espanhola e como a descoberta das lendárias cidades de ouro[64]. Invariavelmente, todos os referentes são infletidos pelo olhar colonizador do sujeito do discurso, à medida que a imagem de Mariano amadurecendo dá lugar a uma entidade desconhecida, uma entidade que é a morte-em-vida, o subalterno. "Están muertos", observa León, ao descer para o vale[65]. Desempenhando o papel de conquistador, apóstolo, tradutor e artista de vanguarda, León vai chamar esse lugar extramundano de Buenos Aires real: "[e]sto es Buenos Aires . . . [. . .] [e]sto . . ."[66] Tudo que começara como a questão existencial de assumir o controle das circunstâncias próprias, uma conversa com Mariano sobre como encarar a vida, agora se desdobra como a total perda de controle de León à medida que ele se esforça para capturar o real através da câmera. Filmando o subalterno na fronteira da civilização, a câmera se quebra quando uma forte chuva inunda o vale. O olhar unívoco do sujeito que vê se dissolve lentamente sob a chuva pesada e sob as bolas de lama que o subalterno lança agora contra a equipe de filmagem. Pois o subalterno terá dito "no" e "váyanse" em um momento crucial: quando León tenta traduzir, ou "idiotizar", os objetivos do projeto do filme para os moradores, caracterizando-o como

FIG. 2.6. *Cena do filme* Dar la Cara: *Pelusa e Beto. Cortesia de José Martínez Suárez.*

uma reportagem de jornal da qual ele estaria encarregado, eles terão resistido com toda força à sua transformação em mercadoria e à violência da representação[67]. O sujeito que escreve perde seu poder em favor de um real resistente, mesmo quando uma sintaxe multicamada é implementada para expor os limites da representação. *Eis aqui* um segredo político na poética da montagem de Viñas: *enseñar es violar*. Mediando entre a civilização e a barbárie, mas dessa vez escrevendo Sarmiento ao revés: essa é a fórmula que percorre a obra antiliterária de Viñas.

O MARRANO E O NÃO-ESCRITURAL

Contra a visão predominante que afirma a renúncia de Viñas à forma em nome da tese, mostrei que o problema da expressão, em Viñas, gira em torno da destruição do mito do sujeito literário. Por que o sujeito literário é tão hostil ao corpo não--escritural, continuamente violado nas obras de Viñas? Qual é a relação entre o sujeito literário, a ordem da representação e o corpo em Viñas?

Na perspectiva de Deleuze, a ideia de sujeito está inexoravelmente ligada à ordem da representação. A representação erige uma concepção dualista do mundo em termos de sujeito-objeto. Assim, a representação não pode registrar a força dos afetos, o mundo pré-subjetivo e sub-representacional da diferença afirmada:

[a] representação tem apenas um centro, uma perspectiva única e fugidia e, portanto, uma falsa profundidade; ela media tudo, mas não mobiliza nem move nada. O movimento, por sua vez, implica uma pluralidade de centros, uma superposição de perspectivas, uma imbricação de pontos de vista, uma coexistência de momentos que deformam essencialmente a representação: já um quadro ou uma escultura são tais "deformadores" que nos forçam a fazer o movimento[.][68]

Tomando a consciência como ponto de partida em oposição a tudo que está fora dela, a representação, como consciência proposicional, não pode compreender a ordem composicional concreta das causas. "O que caracteriza [a ordem da representação]", escrevem Deleuze e Guattari, "é que toda matéria é atribuída ao conteúdo, enquanto toda forma passa para a expressão"[69]. É instrutivo lembrar que Viñas nunca cessa de denunciar a traição do corpo pela literatura. A literatura trai o corpo – o tropo de um pesadelo nos romances de Viñas e uma inflexão nodal em sua crítica. Mas o que efetivamente significa *corpo* em Viñas? Embora o termo certamente remeta aos marginalizados da sociedade, à luta de classes e ao subalterno, existe outro corpo em Viñas que ultrapassa a representação e o conhecimento. Sem dúvida, para Viñas, o corpo político "burguês" não apenas estabelece a ordem da propriedade privada, mas também defende a representação espiritualista de sua classe como sujeito da história. Irreversivelmente suturado ao Estado, o regime literário argentino traduz, viola e fala por seu "outro" como uma política de identidade: "Clave central del *libro burgués* que al operar seductora o distanciadamente con los símbolos, 'espiritualiza' la materia organizándose como un mecanismo no de reconocimiento sino de defensa ante los otros."[70]

Em *Dar la Cara*, Bernardo, o estudante judeu de direito, comenta como ele muitas vezes esquece e teme seu corpo. No final do romance, ele não apenas se lembrará dele, mas também afirmará sua primazia. Quando seu quarto é saqueado por um grupo de estudantes fascistas que escreve na parede "Fora judeu", Bernardo reflete, "Rebelarse, era ser judío para ésos [...] [y] los que no invocaban a los paraísos, sino que *apostaban a su cuerpo y sobre todo a sus manos*: ¡Judíos esos, nada más que judíos!"[71] Essa afirmação da diferença no desafio, como um certo devir-judeu minoritário de Bernardo, não inscreve uma concepção identitária e não-reflexiva do sujeito. Afinal, até essa cena final de violação, que está em paralelo com a de Mariano no início do livro, a questão da judaicidade de Bernardo é deixada em segundo plano. Ao "esquecer" seu corpo, Bernardo está, na verdade, interiormente dividido entre retornar à Santa Fé como advogado ou permanecer em Buenos Aires, onde a luta pela universidade continua. Mas aqui, numa fuga e resposta em resistência ao domínio fascista, na ambiguidade do final do romance, que faz o tropo da violação se fechar num círculo completo, o devir-judeu de Bernardo se vincula à afirmação de um corpo que é, acima de tudo, "mãos" e êxodo[72]. Bernardo, como judeu marrano, judeu argentino convertido e, ainda assim, impuro, o estudante provinciano em Buenos Aires: como rebelde salta-fronteira, Bernardo fica

O LIMITE DA LETRA 77

conhecendo seu corpo em fuga, em reação à inscrição fascista, contra a escrita perigosa na parede: "[l]os que no se conformaban con lo que les habían enseñado los viejos o en la escuela, y los que tampoco se quedaban tranquilos con lo que habían descubierto, eran judíos, judíos de alma"[73].

Assim como a epifania marrano-minoritária de Bernardo, o que a representação como dominação (fascista) não pode realmente compreender é o caráter composicional dos corpos, que primordialmente desencadeia a escritura e o pensamento resistentes. Essa é a primazia que Spinoza concede ao fluxo de afetos que se vivencia como um corpo. "A ordem das causas", escreve Deleuze sobre a concepção de causa imanente em Spinoza, "é, dessa forma, uma ordem de composição e decomposição de relações."[74] Inscrevendo-se como um poder fixo e transcendente sobre o corpo, a representação apenas buscará dominar os corpos. Mas o corpo, de acordo com Spinoza, é mais bem descrito não como uma forma orgânica com partes controladas por um centro de comando (o cérebro ou o espírito); ao contrário, o corpo é incessantemente composto e decomposto num plano de imanência afetivo e pré-subjetivo. Em suma, o corpo constitui um ambiente composicional de intensidade e relações em movimento, assim como uma capacidade de entrar em novas combinações, novas alianças e novas composições. Assim como o meio antiliterário de Viñas.

Em todo nosso percurso, investigamos as condições de surgimento que inscrevem a fusão da literatura, da história, da política e do cinema em Viñas. Além disso, mapeamos uma imagem de resistência da escritura que coloca em crise o que denominamos "literatura" argentina. Pois, ler efetivamente o corpo, por um lado, como Spinoza, como Deleuze e como Viñas, é chegar ao não--escritural. Requer a dissolução de todas as ilusões finalistas: "o processo de composição deve ser apreendido por si mesmo, através daquilo que ele dá, naquilo que ele dá"[75].

Somente é possível entrar pelo meio. E para Viñas isso significa construir um novo projeto de linguagem, uma antiliteratura que não se baseie no mito de um sujeito espiritualista. Numa passagem notável que nos introduz no cenário do cinema dominante (*mainstream*) de Buenos Aires, Bernardo observa um cartaz de cinema anunciando o sucesso de vendas de Viñas, Olivera e Ayala,

El Jefe. Contemplando o nome de Viñas escrito em letras grandes, Bernardo reflete sobre a herança semi-judaica de Viñas:

Próximo estreno en esta sala: El Jefe. Dirección de Fernando Ayala y libro de David Viñas, leía Bernardo con aire aburrido. "David Viñas." El lo había conocido: los bigotes excesivos, un poco ridículos. Alguna vez había pensado que se las tiraba de mazorquero para disimular su origen judío. "Medio judio." "Judió a medias, mazorquero a medias y ese reportaje al tío de Mariano que parecía un minuet entre dos elefantes pulcros y malignos. "Nos hacen esperar a todos" y golpeteó la espalda contra la pared. *El Jefe. Próximo estreno en esta sala. Dirección de . . .* [...] Viñas, sí, siguió Bernardo, uno de esos veteranos que siempre daban la lata con lo del 45 esto y lo del 45 aquello. Bueno, hicieron lo suyo. Es decir, se habían hecho romper la cabeza para no comprender nada durante diez años, 1945-1955: diez años repitiendo lo mismo [...]. "Pobres." Próximo estreno en esta sala. David Viñas; y los héroes del 45. ¿Pero quién había entendido algo en ese año?[76]

Viñas disse uma vez que um texto sem seu contexto se torna mito. A essa fórmula materialista, pode-se muito bem acrescentar: um texto se torna mito se não refletir sobre seus limites. Interromper o fundacional não é simplesmente escrever uma literatura infletida pela história. Seria um erro ler a primazia do conteúdo social em Viñas como traição da chamada "autonomia" do literário, assim como ler seu engajamento com o marxismo como fundamento de sua concepção de política literária. E certamente não se trata de simplesmente chocar o leitor ao desnudar a construção da narrativa. "Somente o limite é comum", escreve Jean-Luc Nancy, "e o limite não é um lugar, mas o compartilhamento de lugares, seu espaçamento."[77] A tarefa coletiva da literatura, de acordo com Nancy, gira em torno da mediação de um domínio compartilhado do sensível. Se o capital impõe divisões e representações que negam "uma generalidade preexistente", isto é, a imanência do corpo social, então a tarefa da literatura é reconfigurar esse reino material vivo e sensível como "um todo de singularidades articuladas"[78]. "Os seres singulares nunca são figuras originárias, fundadoras", observa Nancy[79]. Há, portanto, uma "obra de morte" envolvida no conceito de Nancy de comunismo literário, que mapeia corretamente a obra de Viñas: singularidades expressivas são expostas em comum[80]. Ao interromper o mito da fixidez representacional e a figura mítica da literatura propriamente dita, se resiste às seduções da dominação espiritualista.

Recusando o fundacional, Viñas nos leva ao corpo, ao não-escritural. Mapeando os encontros da escritura com o corpo não-escritural – na literatura, no cinema, no filmar o subalterno –, Viñas suspende o que ele escreve e nos diz o tempo todo que o está suspendendo. Suspendendo a ilusão da representação, nos contornos do gesto metacrítico de Viñas, é convocada uma comunidade marrana imanente, minoritária[81]. "Escribir aquí", escreve Viñas, "es como preparar una revolución de humillados: opaca, casi empecinada, casi dura y casi cotidiana. Como vivo en un país semicolonial soy un semihombre y un casi escritor que escribe una literatura a medias."[82] Tais são as apostas da autoproclamada literatura "a medias" de Viñas. Composta por um marrano, isto é, por esse judeu "a medias". Um jogo de palavras ambíguo, sugerindo a noção de meio e subdesenvolvimento, a expressão "a medias" também inscreve a noção da fronteira indefinida que restaura a imanência a um campo de relacionamento em comum. A fronteira nunca existe em si e por si mesma: trata-se de uma literatura que é meia-literatura, uma literatura que parodia e profana a tradição argentina e uma literatura que canibaliza o cinema, mesmo quando inscreve a história, em arranjos sintáticos proliferantes, que desfaz a linearidade e embaça as distinções discursivas. Por que insistir na força de tais fronteiras em Viñas? Porque a fronteira pulsa através de sua obra, porque a fronteira desfaz o fundacional mesmo quando confina, e porque é somente através da fronteira que um registro marrano que contorna a identidade emerge como uma potência e política contra a "literatura".

3
Subversões do Sensível

A Poética da Antropofagia na Poesia Concreta Brasileira

O legado de Oswald de Andrade é sobrecarregado por uma ambiguidade há muito persistente: é sua poesia realmente poesia ou é ela uma antipoesia violentamente "primitiva"? A resposta a essa pergunta começa pela concepção de linguagem de Oswald. Em seus manifestos famosos, Oswald nunca deixa de enquadrar a crise da poesia. Ele nos diz que a sociedade brasileira letrada codifica tudo através da erudição eurocêntrica. "Eruditamos tudo", observa Oswald, sem poupar sarcasmo[1]. Tal classe letrada não consegue perceber a poesia, oculta, *bárbara* e brasileira, nos *fatos* da existência nacional[2]. A poesia se torna um mecanismo de anticodificação e um modo criativo de se relacionar com o mundo brasileiro. Em outras palavras, no centro dos manifestos de Oswald está uma contestação contundente de uma certa forma de fazer poesia. Poesia aqui diz respeito a um modo de se relacionar não apenas com a forma, mas também com a sociedade, a história e a política brasileiras. Oswald sugere que o poeta perdeu contato com o corpo da linguagem. E esse corpo da linguagem é a linguagem da sociedade brasileira na diversidade de sua rica composição material, de suas favelas a suas locomotivas. A noção de *bricoleur* de Claude Lévi--Strauss corresponde em muito ao procedimento de Oswald:

os poemas-colagem de Andrade são construídos a partir de resíduos de estruturas *ready-made*[3], inclusive, de textos canônicos, clichês, poemas e ícones da cultura popular[4]. O problema central do poema dirá respeito a seu contato, ou à falta dele, com "a sensibilidade atual (do homem moderno)"[5]. Por meio da concisão, da disposição visual e da condensação semântica, o poema opera como um texto multimídia, de modo a participar da linguagem e da sensibilidade de seu tempo.

Assim como em Clarice Lispector e David Viñas, a delimitação do projeto de Oswald – seja como poesia seja como antipoesia – permanece hoje um problema premente. Isso porque os estudiosos raramente enquadram a antropofagia através de critérios poéticos ou antipoéticos. E quando eles abordam a poesia de Oswald, ela é delineada com muita frequência como uma coisa secundária, que privilegia uma leitura identitária e consumista do termo. Segundo Augusto de Campos, o conceito de antropofagia de Oswald foi diluído e banalizado por uma escola sociológica de interpretação ("Pós-Walds"). De acordo com essa visão, o canibal de Oswald alegoriza um projeto nacional de consumo mais amplo e identitário, cuja tarefa é assimilar criticamente as ideias europeias sob coordenadas nacionais. Ao reduzir a antropofagia através de uma abordagem identitária baseada no consumo, os críticos não têm levantado a questão do que denomino subversões do sensível pela antropofagia, isto é, precisamente como e até que ponto a antropofagia intervém, como antipoesia multimídia, na distribuição sensível da realidade social. Tal interpretação diz respeito a uma nova compreensão do legado de Oswald, que não tem nada a ver com a ordem representacional. Através de uma leitura da poesia de Oswald, eu argumento que a força crítica de sua poética canibal reside não na identidade, mas em seu desafio autorreflexivo e multimídia da lógica representacionalista. Em consequência, minha leitura mostra como a poesia de Oswald não apenas borra as fronteiras entre a poesia e a cultura popular, mas também realiza uma poderosa sabotagem sintática e sensorial dos códigos discursivos da cultura oficial. Essa leitura permitirá, por sua vez, investigar como os poetas concretos brasileiros ressuscitam a poética antropofágica de Oswald de modo a dar o que eles chamavam de "salto participante" na política, nos anos 1960[6]. No espírito da antipoesia de Oswald, que implica sua violenta "desidentificação" com o regime literário através de "versos pondo em crise o verso", eu ilustro como o salto participante, em grande parte incompreendido, gira em torno das formas como os poetas concretos "devoram o não-poético" de modo a renovar a poesia numa esfera pública em crise[7].

Com relação a essa reflexão antiliterária que une Oswald aos poetas concretos, os críticos lamentam há quase um século que o elogiado conceito de antropofagia de Oswald não tem rigor filosófico[8]. Contrariando essa visão, meu argumento é que uma compreensão mais aguçada da poética de Andrade é crucial. Isso devido a dois propósitos inter-relacionados: primeiro, reavaliar o impacto inquestionável de Andrade sobre a poesia experimental brasileira e as artes nos séculos XX e XXI e, segundo, reexaminar a força subversiva da antropofagia como procedimento poético multifacetado[9]. Mais precisamente, ao conceber o texto como agenciamento intersemiótico, que põe em jogo uma multiplicidade de regimes de signos não-poéticos[10], mostro como a poética da antropofagia desmonta a lógica espontânea do consenso e articula uma ruptura na ordem sensorial das coisas. Tal poética constitui uma nova imagem da escritura de vanguarda na América Latina – uma que abandona a função representacional, centrada na palavra, para participar do que os poetas concretos consideravam a era pós-literária e pós-verbal do capitalismo tardio. O gesto é revolucionário, na medida em que os poetas dão o "salto participante" pela canibalização da mídia popular, da publicidade, do desenho industrial e do espetáculo da ideologia capitalista. O poema interpela o leitor, mas por meio de uma operação inversa à do aparelho de estado de Louis Althusser – uma que está longe de ser imaginária. Enquanto uma sabotagem do sensível como *ready-made*, o poema se constitui como uma estrutura constelacional autorreguladora para extrair das representações sociais o que denomino formas mutantes dentro da forma: novos agenciamentos de enunciação que desmantelam e redistribuem o campo codificado da esfera social. Concluo elucidando a continuidade da preocupação antropofágica e propriamente política na poesia concreta, como uma questão intempestiva de contraconstruir o presente por meio de uma leitura do icônico poema de Augusto de Campos, "mercado" (2002). Com efeito, mostrarei que o texto participante de Campos marca os limites da literatura ao mesmo tempo que abre um espaço exterior ao consumo no capitalismo tardio.

A VIOLÊNCIA DO NOVO

Os poetas concretos brasileiros oferecem à crítica literária um novo modelo: o *paideuma*. Originalmente um conceito criado pelo etnólogo alemão Leo Frobenius, para os concretos, o termo provém da interpretação de Ezra Pound, em *Make It New* (1935) e *Guide to Kulchur* (1938)[11]. Entendido como um elenco de poetas-inventores cuja obra desarticula a linearidade discursiva do verso tradicional, os poetas concretos constroem um novo arcabouço para examinar a história literária[12]. Como Borges disse sobre Kafka, os brasileiros "criam" seus precursores. E eles criarão esses precursores com a ideia de que a poesia experimental e não-linear possui a capacidade de estabelecer uma relação com a "sintaxe" do mundo contemporâneo[13]. Por meio de uma abordagem interdisciplinar da linguagem, o poema vai intervir na distribuição sensível da realidade.

A partir de 1964, a incorporação de Oswald de Andrade se converterá "[n]a referência mais forte do grupo, no mesmo plano de Mallarmé e Pound: como centro de ideias, posições, realizações e pensamentos"[14]. Embora as referências a Oswald sejam esporádicas nos anos 1950, é preciso mencionar que, já em 1956, Décio Pignatari citará a sequência icônica de versos de Oswald de Andrade, "américa do sul" (extraída do satírico poema "Hip! Hip! Hoover!", de 1928), em seu manifesto "nova poesia: concreta":

> América do sul
> América do sol
> América do sal

Seguindo a referência a Oswald, Pignatari vai sugestivamente apelar a uma poética interdisciplinar, não-linear, "pop": "uma arte geral da linguagem. propaganda, imprensa, rádio, televisão, cinema. uma arte popular"[15]. Invocando o mesmo poema em 1965, como "verdadeira tomada pré-concreta", Haroldo de Campos elucida a técnica *cut-up* de Oswald[16]. Como uma máquina cibernética, o fragmento de Oswald opera por meio de um procedimento de serialização. Colocando em primeiro plano a ideia da América Latina no verso inicial, o fragmento se transforma num prisma no qual "América do sol" e "América do sal" se constelam. O poema gira em torno da repetição da expressão "América do" e das permutações de vogais na palavra *sul*. *Sul* se torna *sol* e *sal*, produzindo, para Campos, o efeito de um ideograma, a sensação de um produto industrial em série, que articula a ideia do subdesenvolvimento latino-americano[17].

Como uma arte de signos que desarticula uma literatura da representação, a redescoberta de Oswald por Pignatari se dá através da consideração do "antiliterário"[18]. O projeto de Oswald é antiliterário, observa Pignatari, na medida em que constrói uma nova linguagem que rompe a barreira do verbal ao canibalizar o "não-verbal"[19]. Ecoando a sua própria frase pontuada de trocadilhos "a massa ainda comerá o biscoito fino que fabrico"[20], a poesia *ready-made* de Oswald se comunica com as massas na medida em que rompe com a "literatura" oficial mediante sua incorporação paródica dos meios de comunicação de massa.

Para entender a ruptura de Oswald com a literatura oficial, é útil considerar a gênese de seu projeto poético e sua relação com a linguagem. No Brasil, durante a década de 1920, a linguagem literária é contextualizada pelos mitos desgastados da linguagem apropriada. O ano de 1922 assinalará o centenário da independência brasileira com relação a Portugal e uma segunda proclamação de independência por um grupo de artistas desviantes. "[U]ma sintaxe para a liberdade criadora de nossa gente", escreve Oswald, emerge dos destroços da explosivamente antiacadêmica Semana de Arte Moderna em São Paulo[21]. Jorge Schwartz demonstrou convincentemente que uma das dimensões utópicas fundamentais das vanguardas históricas na América Latina está na "possibilidade de conceber uma nova linguagem"[22]. Oswald estará à altura do desafio. De fato, a virada "canibalista" nas primeiras décadas do século XX moldará a "pesquisa alta" de Oswald[23].

Escrever, para Oswald, significava assimilar as lições das vanguardas europeias, de uma posição irreverente, lúdica e paródica[24]. Ao habitar o discurso popular e a mídia, a poesia dele articula o novo homem brasileiro "primitivo", na medida em que coloca "tudo em questão em matéria de poesia"[25]. Tal gesto envolve dessacralizar a poesia e livrar o objeto poético do que Walter Benjamin denominava sua "aura" na era da reprodutibilidade técnica. Seguindo Augusto de Campos, "devora-se" o não-poético para renovar a poesia[26]. Oswald e os poetas concretos brasileiros convergem de formas complexas com relação a essa estratégia seminal. Na busca em comum pela relevância, a ideia de devorar o não-poético não só vai inspirar o "salto participante" do projeto concreto nos anos 1960, mas continuará inspirando os experimentos do grupo *Noigandres* muito depois. De fato, em sintonia com a preocupação de Oswald com a renovação da poesia numa sociedade cada vez mais industrializada, fazemos bem em situar o projeto concreto brasileiro como uma busca de garantir a relevância da poesia numa esfera pública em crise, onde tabloides, filmes e música populares dominavam o imaginário do público.

LIÇÕES, LEGADOS E LIMITES

Num afastamento do regime literário, pode-se aproximar a lição antiliterária de Oswald – a de devorar o não-poético – ao que Nietzsche dizia a respeito do grande pensador. Para Nietzsche, o grande pensador lança uma flecha aos céus como um gesto intempestivo, mas necessário. Em sua esteira, um novo pensador toma essa seta e a reconfigura, lançando-a ao longe mais uma vez. Intempestiva, e ainda assim urgente, a presente inscrição do escritor marca essa dívida, essa lição, para com uma genealogia interruptora da invenção e do pensamento radical. De fato, em numerosas ocasiões, Oswald vai sugerir que os poetas brasileiros "ouçam" a lição de Nietzsche, pois para Nietzsche a tarefa da poesia moderna consiste em restaurar o reino do primitivo, da criança e do louco[27].

O poema em "prosa porosa" de Augusto de Campos, "América Latina: Contra-*Boom* da Poesia" (1986), forja uma visão da poesia a partir de tal flecha[28]. Fazendo parte do volume inspirado em Nietzsche intitulado *O Anticrítico*, o poema híbrido dirige uma crítica à institucionalização do *Boom* hispano-americano por ter esquecido a "poesia": "no mercado comum

américa latina: contra-boom da poesia

FIG. 3.1. *"América Latina: Contra-Boom da Poesia" (1986), de Augusto de Campos. De* O Anticrítico. *Cortesia de Augusto de Campos.*

das letras latino-americanas / (onde só os brasileiros não vendem nada)"[29].

O poema contrapõe uma linha experimental da poesia brasileira ao *Boom qua* instituição: "de oswald à poesia concreta [...] criou-se uma linha experimental / antropófago-construtivista"[30]. A linha de diferenciação de Campos entre as duas tradições latino-americanas gira em torno de uma concepção antropofágico-construtivista do discurso que sem cessar colocará em questão a linguagem, na mesma medida em que ela se constitui como "um qorpo estranho" que desafia a linguagem poética convencional (*poesia de linguagem / e não de língua*)[31].

Embora Oswald seja a ponta da flecha na formulação dessa genealogia subversiva, os estudiosos da poesia concreta brasileira principalmente têm ressaltado a centralidade da influência europeia e internacional, como Pound, Mallarmé, Cummings e Joyce. Quando em raras ocasiões os estudiosos falam da relação de Oswald com a poesia concreta, a tendência tem sido colocar entre parênteses a poesia para falar da antropofagia como um dispositivo consumista ou identitário. O que se ignora com isso não é apenas a ênfase que os poetas dão a Oswald como princípio de uma nova poesia, como podemos ver claramente no poema de Campos acima, mas a própria potência e força de intervenção que os poetas concretos atribuem à poesia de Oswald como "qorpo estranho" que questiona a linguagem. Falar da importância seminal da antropofagia para a poesia concreta continua sendo um problema histórico, político e propriamente poético. Em consequência, uma consideração da década de 1960 e seu imperativo de engajamento irá nos ajudar a alcançar um reconhecimento mais verdadeiro do legado de Oswald[32].

Como vimos com relação a Lispector, o Brasil nos anos 1960 presencia uma crise do Estado. O golpe militar de 31 de março de 1964 atravessa uma "atmosfera ideológica" carregada de sentimento anticapitalista[33]. Antes do golpe e imediatamente depois, um populismo de orientação à esquerda permeia o campo cultural. Gêneros como o teatro, a música popular, o cinema e o jornalismo ganham importância, enquanto a literatura é cada vez mais marginalizada. "No plano ideológico", escreve Roberto Schwarz, "resultava uma noção do 'povo' apologética e sentimentalizável, que abraçava indistintamente as massas trabalhadoras, o lumpenzinato, a *intelligentsia*, os magnatas nacionais e o exército."[34] Por mais difuso que possa ter sido esse programa social, Schwarz ressalta um problema central: "[e]m pequeno, era a produção intelectual que começava a reorientar a sua relação com as massas"[35]. Com efeito, após o golpe, a busca pelo revolucionário se intensifica. No entanto, será somente com o Ato Institucional n. 5, de dezembro de 1968, que os militares renunciarão a toda solução conciliatória: fechando o Congresso Nacional, eles vão instituir a censura, suspender o direito de *habeas corpus* e dar início a uma dura repressão aos intelectuais.

Respondendo à crise do verso, numa conferência de 1961, Décio Pignatari conclama a poesia concreta brasileira a dar o "salto participante". Em seu ensaio "Situação Atual da Poesia no Brasil" (1962), Pignatari mapeará o avanço da poesia concreta como a de ter "desloc[ada] a linha divisória entre poesia e prosa"[36]. Ao dissolver os gêneros normativos e restituir para a poesia uma capacidade comunicacional autorreflexiva e intersemiótica, a poesia concreta participa da "sintaxe" e da "fisionomia" da época. A palavra torna-se palavra-coisa isomórfica que comunica de modo microestético sua estrutura verbal, vocal e visual. Não mais aprisionada pelo sentido ou pelos limites da subjetividade lírica, a palavra concreta se desenrola como um conjunto sintético sensorial que explora sua estrutura dinâmica enquanto ser de linguagem. Não é por acaso que o problema da participação se volta então para a noção de mobilidade do poema: ela "saltará" para a "participação" política, mas apenas mediante uma estrutura que é dinâmica e reflete sobre seus limites. "A poesia concreta", escreve Pignatari, "vai dar, só tem de dar, o pulo conteudístico-semântico participante. Quando – e quem – não se sabe. Nem se será percebido, numa sociedade onde a poesia, sobre ser gratuita, é clandestina."[37]

Um "segredo" negligenciado por trás do salto participante, eu gostaria de sugerir, é a lição do canibal de Oswald, assim como uma leitura cuidadosa das formas pelas quais os poetas concretos se empenham em criar poemas multimídia que sabotam o sensível. Pignatari sugere isso em seu artigo "redescoberta", de 1964: "[a] poesia concreta cortou as amarras em 1958, retomou Oswald e deu uns passos adiante, rumo a um novo salto radical. Suas mais recentes realizações – a serem dadas a público ainda este ano – envolvem a criação de novos alfabetos, novos léxicos, nova sintaxe e novos conteúdos"[38]. De forma análoga à revolução Pau Brasil, de Oswald, nos anos 1920, o salto participante consistirá na radicalização da linguagem poética por meio da canibalização de múltiplos regimes de signos. Entre eles, estão a invenção de poemas semióticos sem palavras, cartazes-colagem e murais que "devoram" os ícones da cultura popular, com uma função crítica que está longe de ser representacional. Abandonando a compreensão da poesia centrada na palavra, abordamos o que Pignatari chama de "roteiro", ou itinerário internacionalista antiliterário de Oswald, que os poetas concretos realizarão na década de 1960 e seguintes.

Ainda assim, deixando de perceber o problema do sensível em jogo nos poemas participantes, os críticos não têm avaliado esses experimentos de forma benevolente. Nem têm desentranhado a força crítica e as formas específicas pelas quais o legado de Oswald se encontra no cerne do projeto concreto. De fato, em seu influente estudo sobre o movimento, Gonzalo Aguilar problematizou o alcance do salto participante e seus experimentos semióticos híbridos. Ele o faz, argumentando que os poetas não questionam seus próprios "princípios modernistas" de composição. Acompanhemos seu argumento em detalhe:

O primeiro número de *Invenção* [...] marcava o início de uma nova fase do movimento [concreto], que [os poetas] denominaram "o salto participante". Mas *os critérios modernistas eram tão persistentes* que resulta muito mais adequada a figura da *viraje* [virada] – do que a do "salto" – para descrever essa mudança, uma vez que os membros do grupo não questionaram seus pressupostos, mas sim se preocuparam em integrar – a partir de sua poética – as mudanças de seu entorno [...]. O salto participante foi, mais do que uma contribuição para uma revolução que em última análise nunca ocorreu, a experiência de *uma colisão entre os paradigmas do modernismo e o da experiência política* [...]. A falta de uma resolução para essa tensão entre a situação específica do campo e a recepção extra-artístico fez com que a etapa "participante" não tenha tido a continuidade e persistência necessárias nas obras dos concretistas. Já no terceiro número da revista [*Invenção*], *a poesia engajada parece coisa do passado* e, no quarto, a presença de Oswald de Andrade eclipsa as posições anteriores ao mesmo tempo que as redefine.[39]

As conclusões de Aguilar ficam comprometidas por sua preocupação com o que ele chama de persistência fixa dos critérios modernistas de "homogeneidad, autonomía y evolución"[40]. Ancorada nesses critérios, a abordagem de Aguilar não pode registrar precisamente como o poema concreto "participa" enquanto conjunto interdisciplinar de expressão e percepção. Isto é, os critérios modernistas não permitem a Aguilar ler as implicações políticas decorrentes desses textos antiliterários explosivamente experimentais. Pignatari observará: "[a] coisa, não a ideia da coisa"[41].

Embora a leitura de Aguilar seja sem dúvida importante na medida em que fornece um precioso mapeamento da gênese e da trajetória da poesia concreta brasileira, ele não investiga plenamente a vida interior, a força sensorial e o legado dos procedimentos poéticos de Oswald nos poemas concretos participantes da década de 1960[42]. Ao contrário, sua leitura estabelece uma ordem estética contrária a uma ordem real da política como positividade. Tal abordagem não explica a capacidade de intervenção da poesia concreta no nível da distribuição sensível da realidade social. Se há "participação" nessa poesia, não se trataria de qualquer dos dois extremos: nem propagandístico nem como uma questão de criar uma linguagem poética de "subtração" e "contradição" com respeito à experiência política real[43]. A participação diria respeito, como ilustro nas páginas que se seguem, à intervenção do poema como um conjunto de expressão interdisciplinar.

Voltando ao legado e lição de Oswald, poderíamos dizer, seguindo Deleuze, que as escrituras experimentais constituem um acontecimento no limite da linguagem[44]. Ultrapassando a fronteira entre a poesia e a não-poesia, essas obras-limite não impõem uma contraforma e representação à ordem política, uma subtração que é autônoma e puramente estética, mas, ao contrário, elas se desdobram como intervenção viva e vigorosa no âmbito da formação dos símbolos, percepções, afetos e hábitos repressivos. Assim permanece a questão: qual a força revolucionária que se pode extrair de um poema antropofágico? Onde se encontra a força poética da antropofagia e, precisamente, como ela se desdobra na poesia concreta brasileira?

UMA POÉTICA CANIBAL

Antes dos anos 1960, as obras poéticas de Oswald de Andrade permaneceram relegadas às suas primeiras edições. Isso em grande parte devido a um entendimento estreito de sua poesia. Por exemplo, numa influente publicação, a *Apresentação da Poesia Brasileira* (1945), o celebrado poeta Manuel Bandeira concluía que a poesia de Oswald era o verso de um romancista "em férias"[45].

Além do julgamento pouco generoso de Bandeira, o que queremos dizer quando falamos da poética canibal de Oswald? Em seu ensaio "A Crise da Filosofia Messiânica" (1950), Oswald argumentou que, quando o homem deixa de devorar o homem, ele transforma o outro em escravo[46]. Essa imagem do pensamento dele se refere ao ritual antropofágico de devorar o inimigo, de modo a transformar e absorver os poderes do adversário. O procedimento articula a transformação permanente do tabu em totem, significando precisamente: a transvaloração em arma do que até então servira como limite e poder adversário. Essa nova imagem do pensamento "primitivo" brasileiro desafia a representação e a lógica identitária porque o poeta antropofágico devora todo valor superior que transcenda a suas coordenadas composicionais concretas, materiais e lúdicas. O pensamento se torna uma máquina de leitura que *devora a representação até seus ossos*: o aforismo e o poema antropofágicos capturam para o pensamento novos valores, a partir das estruturas digeridas e dessacralizadas do velho. De fato, Pignatari sugere que o procedimento composicional de Oswald configura os contornos da primeira antipoesia das Américas.

É uma imagem do Novo Mundo ou seu re-mapeamento canibalista? Um elemento de decodificação atravessa o poema "crônica" de Oswald (1927), publicado no *Primeiro Caderno do Aluno de Poesia Oswald de Andrade* (Fig. 3.2). Esse campo poético gira em torno do esboço do globo icônico, com a América Latina como peça central. Como nas obras de seu contemporâneo uruguaio, Joaquín Torres-García, a "crônica" de Oswald opera por meio de uma redistribuição epistemológica da hierarquia, sem dúvida relativa à divisão global Norte/Sul. Mais que um sentimento antieurocêntrico e um gesto iconoclasta e descolonizador, o texto do poema, escrito no registro de um microconto de fadas – "Era uma vez / O mundo"[47] – serve para conectar o desenho-imagem do globo ao título e aos múltiplos textos de "crônica".

Sem dúvida, o título "crônica" denota a série de cartas fundacionais europeias de "descoberta", enviadas à Coroa Portuguesa. Começando com a "Carta" de Pero Vaz de Caminha em 1500, essas epístolas mapeavam o Brasil como um Éden tropical, como um posto avançado de matérias-primas e como um local de futuros súditos "selvagens" da Coroa nos séculos XVI e XVII[48]. Desafiando a grandiloquência e a forma clássica do verso, o texto minimalista do poema – escrito no registro *ready-made* do conto de fadas – realiza um ato de sabotagem contra a história oficial e as míticas narrativas fundadoras do Brasil. Como todos os poemas visuais no *Primeiro Caderno* de Andrade, "crônica" desencadeia um conjunto de processos intersemióticos. Através de seu procedimento de chamar a atenção para sua qualidade construída e metapoética, nos seus registros textuais, visuais e múltiplos, "crônica" expõe essa forma fundacional como um agenciamento intersemiótico fabricado.

O mapeamento transgressivo das origens nacionais em "crônica" coincide com o projeto de poesia de Oswald em *Pau Brasil*[49]. Publicado em 1925, em Paris, com ilustrações de sua então namorada e futura esposa, Tarsila do Amaral, o título *Pau Brasil* se refere ao icônico pau-brasil, o primeiro produto de interesse comercial para os portugueses no século XVI. É significativo que o termo

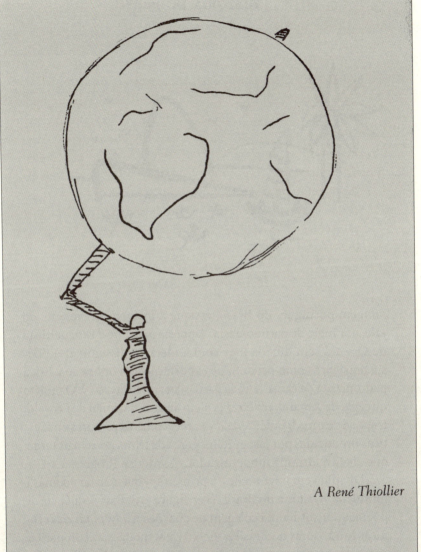

FIG. 3.2. *"crônica" (1927), de Oswald de Andrade. Do* Primeiro Caderno do Aluno de Poesia Oswald de Andrade. *Cortesia do espólio de Oswald de Andrade.*

HISTORIA DO BRASIL

pau, em português do Brasil, evoque a imagem irreverente do falo, por meio de paronomásia. A poesia *pau-brasil* vanguardista de Oswald sem dúvida joga com a ideia de disseminar a poesia brasileira como produto de exportação, em oposição à lírica padronizada da classe letrada parnasiana estabelecida[50]. O projeto de capa, de Amaral, reflete o projeto antifundacional de Oswald: trata-se de uma bandeira *ready-made*, como as pinturas encáusticas produzidas por Jasper Johns cerca de trinta anos mais tarde, que abala a fórmula modernizadora "Ordem e Progresso".

Dividida em nove seções, a primeira sequência de poemas é intitulada "História do Brasil" (ver figura 3.3). Essa sequência de poemas constitui uma colagem de citações *ready-made* das crônicas fundadoras do Brasil por escrivães, monges, missionários, pioneiros europeus e pelo príncipe de Portugal, Dom Pedro. Da mesma forma que em "crônica", os poemas-montagem revelam as mãos do poeta sabotador, o misturador de discursos.

Como um gesto contrafundacional, o *ready-made* de Oswald constitui uma meta-poética radical. Interpelando o leitor como crítico, o "poema" devora representações e sabota os territórios sacralizados do discurso nacional. Para criar o novo, Oswald teve que atravessar as heresias da linguagem, minando as vacas sagradas da literatura e da história oficial. Com efeito, sua poesia *Pau*

FIG. 3.3a. *(na página ao lado) "História do Brasil", texto de Oswald de Andrade e desenho de Tarsila do Amaral:* b. *(acima) "Pau Brasil", de Tarsila do Amaral;* c. *(abaixo), "Pero Vaz de Caminha", de Oswald de Andrade. Cortesia dos espólios de Oswald de Andrade e Tarsila do Amaral.*

PERO VAZ CAMINHA

A descoberta

Seguimos nosso caminho por este mar de longo
Até a oitava da Paschoa
Topamos aves
E houvemos vista de terra

Os selvagens

Mostraram-lhes uma gallinha
Quasi haviam medo della
E não queriam pôr a mão
E depois a tomaram como espantados

Primeiro chà

Depois de dansarem
Diogo Dias
Fez o salto real

FIG. 3.4. A "Carta" (1500) de Pero Vaz de Caminha. Reimpressa a partir de Caminha, "Carta do Achamento do Brasil", em Abel Fontoura da Costa; Antônio Baião (orgs.), Os Sete Únicos Documentos de 1500 Conservados em Lisboa Referentes à Viagem de Pedro Alvares Cabral.

Brasil constitui uma contragenealogia do presente. Ver o presente como fabricado – invocando os escritos de Alain Badiou sobre o legado das artes de vanguarda do século xx – é deslocar a unidade falsamente concebida de um sujeito nacional de vanguarda. Ao mesmo tempo, pressupõe a percepção crucial de que a escrita poética tem uma aposta vital no presente[51]. Tal poesia anuncia uma guerra contra as manipulações do presente e a chegada intempestiva de um acontecimento portador da diretriz de procedimentos sensíveis radicais. Isso nos leva à questão central: qual a força crítica do legado de Oswald na poesia concreta brasileira?

UMA NOVA LITERATURA

Em 1964, os poetas concretos iniciam uma campanha ativa para reviver Oswald de Andrade. A campanha consistirá em escrever ensaios críticos e peças introdutórias para acompanhar a reedição da obra do autor. Ela também sinalizará o advento de uma nova fase da poesia concreta: a fase canibalista. Os estudos vão persistentemente destacar a relevância de Oswald como precursor e poeta-inventor, e servirão para legitimar essa nova poesia como profundamente política. Numa nota editorial, a nova revista de poesia concreta brasileira, *Invenção: Revista de Arte de Vanguarda*, chamará Oswald de "o principal criador de nossa nova literatura" e dedicará sua quarta edição (dezembro de 1964) ao décimo aniversário de sua morte: "Este número de INVENÇÃO – o quarto – surge deliberadamente sob a invocação de Oswald de Andrade. A Oswald – a maior figura de nosso modernismo literário e o principal criador de nossa nova literatura – dedicamos, neste ano em que se comemorou o décimo aniversário de sua morte, uma secção especial."[52] No contexto do golpe militar de março de 1964, o que fazer da invocação heroica de Oswald nos anos 1960? Antes de responder, é bom examinar um conjunto de problemas centrais que contextualizam o projeto concreto em sua "fase geométrica" inicial e sua pouco analisada conexão com Oswald durante a década de 1950. Décio Pignatari relata que a poesia concreta brasileira, consolidada em 1956, estabelece um novo campo semântico de objetividade para a poesia[53]. Com campo semântico da objetividade, Pignatari está se referindo, por um lado, à convicção dos poetas de que sua poesia estava atualizada com relação aos experimentos estéticos mais radicais no contexto mundial. Por outro lado, a objetividade semântica da poesia se vincula à estrutura comunicativa autorreflexiva do poema concreto. O procedimento envolvia a "concreção" de seus elementos verbais, vocais e visuais e o deslocamento do verso, que era identificado com convenção, expressividade subjetiva e falta de rigor. Em suma, a conquista dessa visão internacionalista, que encontra eco sugestivo no aforismo de Oswald, "[a]penas brasileiros de nossa época", girava em torno do estabelecimento de um projeto dinâmico para a poesia, de caráter interdisciplinar, que estava atualizado em relação aos experimentos internacionais de sua época, inclusive os experimentos geométricos abstratos de Piet Mondrian, Max Bill e Waldemar Cordeiro[54].

Como mostramos, Oswald já figura de forma proeminente nessa constelação internacionalista de inventores-precursores. Numa entrevista ao jornal *Diário Popular*, datada de 22 de dezembro de 1956, os poetas colocam Oswald em destaque como o iniciador de uma "linha criativa" na poesia brasileira: "[a] violenta compressão a que Oswald submete o poema, atingindo sínteses diretas, propõe um problema de funcionalidade orgânica que causa espécie em [sic] confronto com o vício retórico nacional"[55]. Contra a retórica identitária da nacionalidade, os poetas salientam a estrutura dinâmica e não-linear da poesia de Oswald. Mais especificamente, por meio da técnica de montagem antirrepresentacional de Oswald, o leitor é forçado a participar do processo criativo[56].

A técnica sintética de Oswald viola a estrutura tradicional do poema: assim como o poema concreto, a poesia de Oswald põe em primeiro plano sua estrutura como campo operativo de relações intersemióticas. De fato, em seu manifesto para a Exposição Nacional de Arte Concreta, em dezembro de 1956, Haroldo de Campos sublinha a questão crucial da *percepção da estrutura* como eixo central sobre o qual gira o projeto concreto: "uma arte – não q apresente – mas q presentifique o OBJETO"[57].

O icônico "nascemorre" de Haroldo de Campos (1958) é exemplar da fase "heroica" da poesia concreta brasileira e lembra, se não radicaliza, os experimentos sintéticos de Oswald. Como uma

FIG. 3.5. *Fotomontagem "Estela ao Pensamento Bruto de Oswald de Andrade" (1964), de Décio Pignatari e José Nania. Cortesia do espólio de Décio Pignatari.*

FIG. 3.6. *"nascemorre" (1958), de Haroldo de Campos.* Revista Noigandres, *n. 4 (1958). Cortesia do espólio de Haroldo de Campos.*

```
                    se
                    nasce
                    morre nasce
                    morre nasce morre
                                renasce remorre renasce
                                        remorre renasce
                                                remorre
                                                re
                         re
                         desnasce
                  desmorre desnasce
         desmorre desnasce desmorre
                           nascemorrenasce
                           morrenasce
                           morre
                           se
```

beba coca cola
babe   cola
beba coca
babe cola caco
caco
cola
c l o a c a

FIG. 3.7. *"beba coca cola", de Décio Pignatari. Cortesia do espólio de Décio Pignatari.*

máquina, o poema constitui um campo semântico dinâmico que suspende a representação ao mesmo tempo que põe em movimento um procedimento verbivocovisual de se autoecoar e se autoespelhar. Quatro colunas poéticas compostas por dezesseis linhas transmitem, como um lance de dados, a combinação e as contracombinações de seis signos distintos: "se / nasce / morre / re / desnasce / desmorre"[58].

O poema configura um ideograma onde palavra e desenho textual operam por meio de analogias e correspondências cruzadas, como nos caracteres chineses. A imagem visual do texto e seu ecoar fonético constituem um espaço de leitura que desafia a sequência de leitura da-esquerda-para-a-direita e substitui, em consequência, a inscrição de uma lógica poética unidirecional. O verbo e a coisa, na teia do ideograma, tornam-se inseparáveis. O problema do movimento e o problema da representação são centrais. O poema impele para frente, através dos espaços em branco que o emolduram, a comunicação de sua estrutura dinâmica e autorreferencial como um agenciamento verbal, vocal e visual.

A partir de 1962, os poetas começam a explorar, em seus poemas, "objetos" políticos explícitos. Esses objetos incluem, mas não se limitam a, os problemas da fome subalterna, da reforma agrária, da propaganda capitalista, do bombardeio de Hiroshima e da

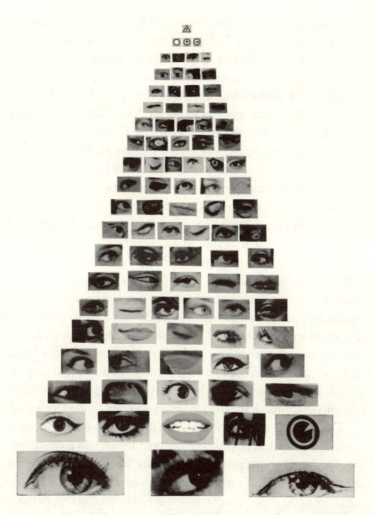

FIG. 3.8. *"OLHO POR OLHO"*, *de Augusto de Campos. Fonte:* Invenção: Revista de Arte de Vanguarda, *n. 4 (1964). Cortesia de Augusto de Campos.*

Revolução Cubana. Ainda assim, recordamos que o salto participante de Pignatari insiste em manter a primazia da linguagem poética. Uma tensão vital é colocada em cena. A questão permanece: como participam os poetas concretos em termos práticos? *Pela revolução da linguagem.* Fazer poema, como declara Augusto de Campos, é se arriscar com a linguagem (*Poesia é risco*). Em outras palavras, como na poesia de Oswald nos anos 1920, a inovação requer aventurar-se nos espaços desérticos da não-poesia.

E, no entanto, já na fase heroica do projeto concreto nos anos 1950, o icônico poema "beba coca cola" (1957) de Pignatari dá o salto, através da semiótica, para o campo político.

Assim como "nascemorre", esse campo poético refrata sua estrutura como um sistema de relações ideogramáticas. Habitando o *design* industrial do comercial "Beba Coca-Cola", o poema gera um sistema de permutações da série "beba", "babe", "coca", "caco" e "cola". Lendo a primeira coluna de cima para baixo, nota-se que as vogais em "beba" se alteram rotativamente para "baba" (babe), produzindo um efeito semântico enfático e lúdico: da bebida à baba (ao babar). O mesmo procedimento ocorre com "coca" e "caco", como se o poema fosse uma máquina cibernética autocorretiva e autogeradora. Cada elemento da composição se interconecta e autorrefrata. A palavra "caco", o fragmento de vidro quebrado, metonimicamente se conecta ao termo "cola" e à forma do poema, como se o poema autogerador articulasse sua própria estrutura enquanto constelação de fragmentos de vidro autorreflexivos de um simulacro de comercial quebrado. Na base do poema, uma forma mutante e errática, "cloaca", deriva das palavras "coca", "cola" e "caco". Referindo-se ao mesmo tempo a *poço de esgoto* e *a saída intestinal*, o termo "cloaca" articula a transformação pictográfica e transvaloração semântica do anúncio da Coca-Cola.

Do anúncio, a sua decodificação; do consumo inquestionado, a um código contragerador que abre o anúncio a um novo arranjo. Das alturas da utopia prometida na bebida como ideologia e fetiche da mercadoria, um sistema de componentes materiais internos e básicos se altera e se move numa espiral descendente rumo ao ventre de um esgoto exterior e errático. A relação exterior/interior inscreve a tarefa dissonante e dissensual do poema: interrompendo e habitando a imagem e ideologia do anúncio a partir e dentro dos elementos básicos da composição, o campo poético opera de modo a decodificar, expor e gerar uma forma-na-forma mutante que abre o campo de relações como campo de imanência.

Inspirado no recurso de Oswald ao *ready-made*, o poema-cartaz de Augusto de Campos, "OLHO POR OLHO" (1964), funciona em termos de um problema-nexo singular: como ver claramente na era pós-verbal da cultura popular, da sociedade das imagens e do fetiche da mercadoria? Como criar uma nova sintaxe para o poema, de caráter semiótico, que desafie a reificação do sensível como *ready-made*? Como provocar a criatividade do espectador através do poema enquanto cartaz-colagem?

Nossa leitura advém do acompanhar a estrutura do poema e suas dimensões expressivas. Esse campo poético é derivado de recortes de revistas. Globos oculares recortados – de políticos, poetas, estrelas de cinema, estátuas e animais, acompanhados de sinais de trânsito, bocas, unhas e peças de máquinas, inclusive os olhos de Fidel Castro, JFK, Sean Connery, Pelé e do próprio poeta – formam uma estrutura em pirâmide. Um conjunto heterogêneo de padrões emerge. No ápice do poema, quatro minúsculos sinais de trânsito configuram um ideograma visual relativo a uma problemática política local e epocal: os sinais apontam para o golpe militar brasileiro de março de 1964, que sufocou a ascensão da esquerda, e para a Revolução Cubana. A exclamação no topo assim alegoricamente marca a cabeça da pirâmide como um

FIG. 3.9. *O Grande Selo dos Estados Unidos.*

lugar de perigo, enquanto a segunda coluna indica que ir para a esquerda é proibido e para a direita a passagem é livre. O sinal do meio "siga em frente", a seta apontando para cima, inscreve um metacódigo para a leitura da sintaxe não-verbal do poema; ele também se refere ao caminho direto do poema rumo ao campo político como um local de perigo.

Seguindo um pouco mais o desenho, o poema coloca em primeiro plano a centralidade sintática do olho tanto para o poeta quanto para o leitor, pois a pirâmide forma um verdadeiro teste de acuidade visual (*eye chart*). De fato, vinte recortes, em sua maioria olhos, configuram as colunas esquerda e direita da pirâmide. O poema também canibaliza a pirâmide do Grande Selo dos Estados Unidos, localizado de forma mais evidente no dólar estadunidense, cujo olho único se refere ao Olho da Providência que vigia a nova ordem mundial liderada pelos Estados Unidos.

Se na era da sociedade do espetáculo e do capitalismo tardio, seguindo Guy Debord, as relações sociais são substituídas por imagens *ready-made*, a imagem *ready-made*, para os poetas concretos brasileiros, tinha que ser canibalizada. O próprio ícone do dólar funciona, sem dúvida, como signo político do neocolonialismo na América Latina. O que está em jogo, em outras palavras, no poema-pop semiótico de Campos é uma nova visão da literatura engajada: uma interpelação do leitor como crítico-criador dos

FIG. 3.10. *"stèle pour vivre nº 3 estela cubana"*, de Décio Pignatari. Fonte: Invenção: Revista de Arte de Vanguarda, *nº 2 (1964). Cortesia do espólio de Décio Pignatari.*

"ossos" canibalizados da cultura popular e dos meios de comunicação de massa. Por ossos, inspirado em Oswald, me refiro ao modo como o poema expõe seus limites ao mesmo tempo que devora e redistribui as imagens da cultura popular como tantos fragmentos feitos relacionais, paródicos e críticos. Isto é, contra a celebração cega das imagens como representações imaginárias que suturam a dimensão social, presenciamos – através dos espaços do poema – uma sintaxe-colagem que devora os ícones da cultura como materiais de construção. Assim, o poema lança luz sobre o político, por meio de uma política do sensível, como uma tarefa construtivista para o presente.

A "estela cubana" (1962) de Pignatari constitui um mapeamento poderoso de uma crise revolucionária na América Latina: a crise dos mísseis de Cuba. Um poema mural, publicado pela primeira vez em dezembro de 1962 na revista *Invenção*, após a crise dos mísseis cubanos de outubro do mesmo ano, "estela cubana", segundo Donaldo Schüler, "nos obriga a reaprender a ler".

Como uma montagem da Revolução Cubana, "estela cubana" é estruturado em torno da tipografia e do desenho semiótico de um jornal, e organizado através de três séries de títulos horizontais e de uma abundância de jogos de palavras. Por exemplo, a legenda em negrito, "LUP", se refere no latim ao lobo que pretende devorar um cordeiro, presumivelmente Cuba, mas também se refere ao termo *loop* em inglês. Por meio do trocadilho, *loop* iconicamente denota projéteis aéreos, como em aviões, mísseis ou espaçonaves, mas também aponta para as dimensões mutantes e expressivas do poema: leituras icônicas de palavras emanam, como estrelas, a partir do próprio desenho das palavras. Apresso-me em acrescentar que LUP sugere o *loup* francês, para mascarilha, e também *lupa*, a lente convergente que amplia os objetos. De fato, o texto se move de fontes grandes para fontes pequenas, implicando a necessidade de ler de perto e nas entrelinhas. As três seções de títulos evocam a imagem da bandeira cubana com suas três listas azuis; com efeito, um asterisco está posicionado no canto sudeste do poema para corroborar essa possível pictografia.

O poema "estela cubana" utiliza uma sequência de intertextos como *Un coup de dés*, de Mallarmé, as fábulas de Esopo e o livro bíblico do *Gênesis*. Embora uma análise detalhada da complexidade intertextual do poema esteja além dos propósitos deste capítulo, gostaria de me concentrar rapidamente numa alegoria que o poema desenvolve.

Discernindo uma lógica de conexões da montagem de fragmentos, lê-se um sistema alegórico de relações verticalmente descendentes. No primeiro bloco de subtítulos, emerge a figura de Adão comendo uma fruta. Como vemos no canto esquerdo superior (OSSIDENTALM / MERCADAM / INOMINOSAM), esse Adão alegórico está conectado ao Mercado, à teoria do capital de Adam Smith e a um sinistro, ominoso, Tio Sam. *O poema se torna um mapa geopolítico que devora todas as ideologias*: é importante notar que a série de termos capitalistas está localizada no hemisfério norte do poema, enquanto Cuba e sua estrela estão ao sul.

A alegoria do fruto proibido procede da babélica sintaxe em trocadilhos, no nível superior, para uma sintaxe mais clara no nível inferior. Nesse plano inferior, onde Cuba está situada, a fruta é cuspida. Essa fruta expelida se metamorfoseia numa estrela imagética, o asterisco – a metaforma dentro da forma – que lembra, do termo "*esputa*", o satélite soviético Sputnik, a estrela da bandeira cubana, o sinal do expoente na matemática e a figura do capital como prostituta (*es-puta*). O asterisco-estrela gira em torno da palavra "UBRO", de outubro, para a crise dos mísseis em Cuba de 1962, mas também sugere a palavra "urro", o ruído, em referência ao próprio poema como *contrarruído* para as notícias nas manchetes da mídia comercial.

A fruta é cuspida no que o poema descreve como "tempo concreto". O tempo do concreto, como em Oswald, é o tempo do mapear os limites das palavras como elementos antirrepresentacionais da composição. Se o concreto da revolução envolvia cuspir os frutos do capital, para o poema concreto, a política diz respeito à radicalização da linguagem poética. Longe de falar pela revolução, a alegoria no poema se desdobra como local de multiplicidades semióticas e do devir[59]. Desse modo, "estela cubana" mapeia de forma poderosa os limites do poema, não como espectadora passiva da política e da história, mas sim de forma a criar a partir deles um plano de consistência que afirme a multiplicidade semântica, o devir e a imanência como princípios de contracompor o presente.

FABRICAÇÕES DE UM PRESENTE VIOLENTO

"Só se atinge as massas", escreve Pignatari, "sendo-se humana-mente radical. Só a antiarte levará a arte às massas."[60] Vimos como a poesia concreta brasileira nos anos 1960 reivindicou para si a poética canibal e o pensamento selvagem de Oswald. A questão da política na poesia concreta, a questão subjacente ao famoso "salto participante", diz respeito não apenas ao abandonar uma compreensão da poesia centrada na palavra, mas também ao canibalizar o sensível como *ready-made*. A contrapelo de um centro de identidade nacional, de caráter metafísico, estamos abordando o problema de uma imagem antiliterária da tradição brasileira de vanguarda.

Em *Que É a Literatura?* (1947), Jean-Paul Sartre famosa-mente proscreveu a poesia de seu modelo de literatura engajada. Para Sartre, a poesia não utiliza a linguagem para se comunicar com o leitor. Do lado da pintura, da arquitetura e da escultura, o poema é concebido como uma palavra-coisa que projeta uma realidade alternativa e rarefeita, enquanto a prosa, uma arte de signos comunicacionais, revela diretamente a situação política da alienação de modo a provocar a angústia e o entusiasmo do leitor para modificá-la[61].

Contra a divisão rígida implícita na maldição lançada por Sartre ao engajamento poético, os poetas concretos despren-dem a poesia do regime literário. Mais especificamente, eles dão o salto participante e a poesia se torna o lugar de um risco com e através das linguagens da intermídia. Ao fazê-lo, os poe-tas concretos exploram, devoram e redistribuem, por meio de seus experimentos poéticos, as condições de inteligibilidade da dimensão social, de modo a suscitar a criatividade do leitor. O poeta se torna o *designer da linguagem*, um canibal da inter-mídia, na era pós-verbal e pós-literária. Essa paixão pelo real dentro do elemento da canibalização de todos os sistemas for-mais constitui uma crítica da compreensão representacional do literário e do político.

Como o literário se encontra mais uma vez numa encru-zilhada em nosso presente global, o que pensar hoje da poesia concreta brasileira e da questão e do legado irreprimíveis de seu engajamento?

FIG. 3.11. *"mercado"*, de Augusto de Campos. Extraído de Não: Poemas (2008). Cortesia de Augusto de Campos.

O poema "mercado" de Augusto de Campos (2002) traça os limites do poema, ao mesmo tempo que inscreve a ausência da poesia na era do espetáculo no capitalismo tardio. Preocupado com o presente, com nosso presente global, o poema configura um risco: a sabotagem do sensível como *ready-made*. Ao longo deste capítulo, destaquei o problema de extrair do texto concreto a comunicação da estrutura autorreguladora e suas mutações selvagens como uma força e potência do literário. Contra buscar o equilíbrio na representação ou confinar seus textos a um fracasso em comunicar, estamos preocupados com o que é vivo e vibrante nesses textos que provém da interrupção da comunicação como *ready-made*.

Recordando a "crônica" de Oswald, o poema canibaliza o globo como um mercado onde "tudo [está] à venda". No centro do poema, a palavra "distribuição" gira em torno do globo tri-dimensional. A forma esférica e simétrica do poema, inclusive o texto branco contra o fundo preto, inscreve um procedimento de leitura espelhar de correspondências visuais e semânticas, onde a primeira linha pode ser lida contra a última, "nenhum poema". A referência metapoética, a forma dentro da forma, é decisiva. Articulando um espaço exterior ao consumo, uma base mate-rial que diz respeito ao motor superestrutural das ideias vindo do princípio absoluto do mercado do "tudo-à-venda", o não-poema espelha e habita os efeitos nocivos e a intermídia que produzem a distribuição global do sensível. *Nenhum poema* – os limites e a ausência da poesia: a poesia se torna a forma antiliterária, habi-tando os limites da poesia no limite de um espetáculo, sempre em desdobramento, do capitalismo tardio. Comunicando sua estrutura em círculos girando como notícias-relâmpago, abrindo o verbal ao não-verbal, o poema de Campos nos abre a uma reconceitua-lização da poesia que está inteiramente em continuidade com as vanguardas brasileiras radicais e antiliterárias do século xx. Tal poesia está longe de ser linear e não impõe significados ao leitor. Ao contrário, tal poesia articula um novo tempo para a poesia, um tempo da ausência e dos limites do poema, mesmo quando mapeia como seu imperativo uma contrafabricação intempes-tiva do presente.

4
A Matéria Intempestiva
da Antiliteratura

A Política da Representação
nas Galáxias de Haroldo de Campos
(1963-1976)

Devido à crise do Estado brasileiro nos anos 1960, a ideia da escritura passa a se opor à imagem tradicional da literatura. Afastada de sua função representacional, não mais sobrecarregada com a ilusão de uma pureza autônoma, que imagem não-conformista e *antiliterária* da escritura está em jogo nas monumentais *Galáxias* de Haroldo de Campos?[1] Este capítulo fornece uma reavaliação do legado da imagem radical da escritura de Haroldo em sua relação com a crise da vanguarda e a função política clássica atribuída à literatura latino-americana, e visa mapear, mediante uma leitura imanente de *Galáxias*, uma nova visão da matéria intempestiva da política literária latino-americana atual.

Assim como com a lição da poética canibal de Oswald de Andrade no capítulo anterior, que envolvia a subversão do sensível como *ready-made* através de conjuntos sintéticos sensoriais, a matéria do intempestivo em *Galáxias* diz respeito a seus modos de resistência ao presente. De fato, como articulado ao longo deste livro com relação à tarefa da antiliteratura para o presente, toda força crítica a ser extraída da questão literária nos estudos latino-americanos começa com uma crítica do que se entende hoje por "literatura". Retornaremos, consequentemente, ao nexo problemático que entrelaça a literatura, a teoria, o afeto e uma "base" intempestiva em Haroldo. Mas por ora é suficiente estabelecer a seguinte tese: por meio de sua investigação formal do que constitui a materialidade literária e política, as *Galáxias* efetuam uma poderosa mediação do vínculo social que delineará os limites da literatura e a crise dos intelectuais. Um texto-limite, portanto, sem sequência linear, mas operando a partir de um "fluxo de signos" sem pontuação, o projeto de Campos apaga a distinção entre poesia e prosa e procura desvelar a "linguagem na sua materialidade"[2]. Revolucionário, engajado com o problema da função representativa dos escritores, trata-se de um texto experimental que se aproxima de uma imagem liberta da teoria para reconceitualizar a crise do pacto social.

Os críticos têm comentado amplamente a inscrição de *Galáxias* dentro do espaço contingente da dimensão social, mediante seu sistema de referências e incorporação do discurso popular[3]. E, no entanto, em vez de analisar a intensa e permutante redistribuição do social como uma política do texto, eles abrandaram, em última análise, as apostas sociais em jogo no prosa-poema híbrido. Por exemplo, *Poesía Concreta Brasileña* (2003), de Gonzalo Aguilar, examina de forma pioneira a questão da política em *Galáxias* e da poesia concreta brasileira em geral. De fato, Aguilar lê o "abrir [d]a escritura à história" de *Galáxias* em termos de duas tendências conflitantes – uma estética, outra política[4]. No entanto, o que prevalece para Aguilar não é a articulação do histórico, mas sim a "acción restringida" estética[5]. Em outras palavras, Aguilar postula um sujeito literário autônomo centrado no não-cumprimento[6]. Na contramão dessa visão que limita a política ao modelo da representação (*la búsqueda de un fuera-de-texto*) e à autonomia textual (*la resistencia de la forma* [...] *el repliegue hacia sus potencialidades inmanentes*)[7], neste capítulo investigo a questão do *desfazer o presente* em *Galáxias* como uma matéria intempestiva do literário. Em diálogo com as teorias contemporâneas da vanguarda, da pós-hegemonia e dos estudos subalternos, inclusive os trabalhos de Deleuze, Derrida, Gareth Williams, Jon Beasley-Murray, Theodor Adorno e Max Horkheimer, forneço uma reflexão sobre a tarefa da subversão em *Galáxias*, bem como sobre a função subalternista dos procedimentos constelatórios da escritura em Haroldo, como "formas de fome" radicais e não-hierárquicas.

Ao longo de minha leitura, meu objetivo é elucidar os modos complexos nos quais o poema multiforme em prosa de Haroldo resiste à ordem do presente, mediante um minucioso trabalho sobre seus materiais. Tal contestação evidentemente diz respeito às modalidades tradicionais de fazer a literatura. Essa reflexão *antiliterária*, que envolve a tensão nodal entre o poético, o prosaico e o político em *Galáxias*, me permitirá, por sua vez, reexaminar o bem documentado, mas mal compreendido, "salto participante" de Haroldo. Para isso, faço uma comparação dos diversos procedimentos de escritura poética em jogo nas *Galáxias* com os poemas "violão de rua" de Ferreira Gullar no início dos anos 1960. Através de uma leitura do texto "político" mais célebre de *Galáxias*, concluo sugerindo os modos pelos quais um pensar da materialidade nas *Galáxias* nos permite reconceitualizar o problema de escrever o subalterno e o debate literário nos estudos latino-americanos hoje a partir de um contexto especificamente brasileiro.

A DUPLA DANÇA DA ESCRITURA

Compostas durante o golpe militar brasileiro de 1964, que duraria até a finalização do texto em 1976, as *Galáxias* problematizam a própria noção da literatura e a questão da escritura num presente socialmente exigente. Embora estudiosos como K. David Jackson, Marjorie Perloff e Gonzalo Aguilar tenham fornecido uma análise aguçada de alguns dos procedimentos composicionais salientes do texto, nos falta uma articulação teórica de *Galáxias* à luz da história e das dimensões políticas que fluem de sua sintaxe autorreflexiva e afetiva.

É difícil falar do texto no singular, pois as *Galáxias* foram episodicamente compostas ao longo de treze anos. Publicadas na forma de livro em 1984 e republicadas em sua atual versão definitiva em 2004, as *Galáxias* consistem de cinquenta cantos ou mini-histórias não sequenciais. Cada canto é configurado tematicamente como um microcosmo de todo o "livroviagem" ou a "viagemlivro"[8]; dali, toda pretensão por parte da voz poética de contar uma história sempre se desdobra na história ou na "dupla dança" (*doppia danza*) da escritura própria (*Galáxias*, "fecho encerro")[9]. Encarnando a ideia de um recontar sem fim, não é coincidência que a primeira "galáxia" parodia as *Mil e Uma Noites*, assim como a figura de Xerazade reaparecerá, como espectro e princípio gerador feminino, em múltiplas instâncias. O mesmo pode ser dito do fechamento/abertura paródico do projeto, cujas palavras finais invocam a visão insuperável, a "doppia danza" da "constelação verdadeira" da Santíssima Trindade no *Paradiso* de Dante (*avrà quasi l'ombra della vera costellazione e della doppia danza*). Como uma colagem que opera com a ideia de uma galáxia de significantes enxameando na autogênese, a obra combina fragmentos de poemas, romances, traduções e experiências pessoais do autor enquanto em viagem. Num registro linguístico, as *Galáxias* pulsam com uma Babel de citações paródicas, neologismos, amálgamas de palavras, trocadilhos e palavras estrangeiras – do japonês, italiano, russo, hindi, alemão, espanhol, inglês e francês, sem mencionar o português polifônico de Campos.

A forma de cada canto é uma constelação articulada num contínuo. Cada constelação se expande através de jogos de palavras, repetições, aliterações e rimas que, como Marjorie Perloff elucidou bem, são tanto visuais quanto acústicas[10]. As palavras se relacionam livremente entre si através da ausência de gramática e pontuação. Para trás, para frente ou a partir do meio – pode-se começar a ler a partir de qualquer ponto. Apresso-me em acrescentar que as *Galáxias* foram originalmente desenhadas para introduzir o acaso. A estrutura é assim configurada para tornar livre o leitor; a sintaxe se torna um campo virtual de possibilidades. Por essa razão, o primeiro e o último texto, intitulados "formantes", constituem os limites do projeto como pontos de entrada e saída intercambiáveis. Quando Haroldo publicou as primeiras doze *Galáxias* em 1964 na revista de vanguarda *Invenção*, ele antecipava concluir o múltiplo "livro-objeto" como uma "escultura cinética" de folhas soltas[11]. Preocupado em entretecer um tecido textual que fosse fiel à sequência do desejo à medida que a leitura se fizesse, a introdução do acaso cumpre pelo menos dois objetivos: 1. tal estrutura renova a poesia em relação a outras artes de vanguarda, como a música serial de Pierre Boulez, numa época em que Haroldo percebia a instituição literária em colapso; e 2. o acaso abre a poesia a seu "outro", como uma passagem contínua para a novidade e o imprevisto.

A MATÉRIA INTEMPESTIVA DA ANTILITERATURA 115

Como podemos perceber, o problema da linguagem, para Haroldo, é complexo. O poeta é concebido como *designer da linguagem*. Ele começou a brandir esse termo nos anos 1960 e nunca o abandonaria. Ao reivindicar o papel de *designer*, Campos rompe com o regime literário. Para invocar uma metáfora autodesignada, o poeta lança uma crítica antiliterária contra as formas normativas de modo a se tornar um "canibal" da intermídia. Portanto, quando contextualizamos a gênese das *Galáxias* em seu contexto sociopolítico, fazemos bem em destacar o problema político negligenciado, mas urgente, da materialidade poética e da antiliteratura em Haroldo. Afinal, nos anos 1960, ele e os poetas concretos brasileiros foram esmagadoramente criticados por filólogos e militantes que os acusavam de reacionários por causa do ataque ao verso desferido por eles.

Antes de situar a questão da antiliteratura em Campos, pode ser instrutivo recordar que o nexo efetivo entre o Estado e o povo (*state-popular nexus*) se descompõe com o golpe militar de 31 de março de 1964. Roberto Schwarz demonstrou, de forma convincente, que um populismo cultural de esquerda constitui uma espécie de maremoto antes e depois do golpe. Trabalhando através de numerosos canais, como a música popular, o futebol, o cinema, o teatro, o jornalismo e a arquitetura, a onda populista brasileira é inerentemente anti-imperialista e anticapitalista. Assim como o fervor populista anti-imperial e anti-institucional na Argentina, que contextualiza a obra de David Viñas nos anos 1960, a literatura e a arte se dissolvem cada vez mais na política[12]. Schwarz sublinha o fato de que a produção intelectual estava reorientando sua relação com as massas numa atmosfera de reação[13]. E como ilustrado no capítulo anterior, não será até o Ato Institucional n. 5, em dezembro de 1968, que a censura e a violência contra a dissidência vão se tornar a norma. Para Schwarz,

o golpe apresentou-se como uma gigantesca volta do que a modernização havia relegado; a revanche da província, dos pequenos proprietários, dos ratos de missa, das pudibundas, dos bacharéis em lei etc. Para conceber o tamanho desta regressão, lembre-se que no tempo de Goulart o debate público estivera centrado em reforma agrária, imperialismo, salário mínimo ou voto do analfabeto, e mal ou bem resumira, não a experiência média do cidadão, mas a experiência *organizada* dos sindicatos, operários e rurais, das associações patronais ou estudantis, da pequena burguesia mobilizada etc.[14]

Quando Haroldo escreve em seu prefácio de 1964 que as *Galáxias* deveriam ser lidas como um livre "monólogo exterior. sem psicologia" de "coisas. gentes. visões. contextos. conexos", ele está anunciando uma luta contra a relativa irrelevância da literatura nesse meio cultural[15]. Ele também está destacando a relação de seu projeto com o "exterior", isto é, com o mundo da política.

O que está em jogo quando Campos reivindica um tal "real"? Sem dúvida, a crise do Estado se desdobra como uma crise da linguagem para o escritor de vanguarda engajado. Um dos grandes problemas históricos subjacentes a *Galáxias* diz respeito à crise do vanguardismo – a perda da função representativa do ponto de vista de um coletivo ou grupo. Sem dúvida, fazemos bem em lembrar que as *Galáxias* são contextualizadas pelo "salto participante" que os poetas concretos anunciaram em 1961[16]. Como ilustrado no capítulo 3, o "salto" serve como o local através do qual presenciamos os membros fundadores do projeto concreto divergir em seus projetos individuais, à medida que se empenham em abordar a questão política. Por que essa divergência? Para além da pressão histórica bruta dos anos 1960 e das numerosas críticas lançadas aos poetas como alienados, o problema poderia ser talvez melhor enquadrado através do que Alain Badiou designou como a paixão vanguardista pelo real como guerra contra a semelhança. Na medida em que, para Badiou, "é sempre uma questão de ir além na erradicação da semelhança, da representação, da narrativa ou do natural", é assim "porque as vanguardas só pensam na arte no presente e querem forçar o reconhecimento desse presente"[17]. Para romper com a ordem da representação de modo a saltar para o "real", o prefácio efetivamente reivindica uma prosa "sem fabulação" ou "hierarquia" (*todos os materiais. não hierarquizados*) de forma tal que um "presente" como "linguagem na sua materialidade" emerja[18]. Retendo essa imagem "evêntica" (acontecemental)[19], estamos agora preparados para abordar mais amplamente a discussão atual sobre a política literária de *Galáxias*.

Como já indicado, é mérito de Gonzalo Aguilar ter examinado algumas das características mais radicais do projeto de escritura de Haroldo. Segundo Aguilar, "Hay que leer el comienzo de las *Galáxias* [...] en correspondencia con una linealidad evolutiva, esperanza épica en el horizonte potencialmente revolucionario de 1963."[20] A noção da abertura do texto à história, para Aguilar, é a problemática central que subjaz à gênese de *Galáxias*. Mas o que entra em crise no decorrer das *Galáxias*, para Aguilar, é a própria crença na linha evolutiva que subtende ao projeto concreto brasileiro e sua relação com a história. Vale lembrar que o projeto concreto brasileiro, em seu "plano-piloto para poesia concreta" (1958), fala de uma evolução de formas e da exaustão do verso. Leitura histórica perspicaz que corretamente atribui às *Galáxias* sua inscrição como um espaço de crise em relação à questão do vanguardismo nos anos 1960, a leitura de Aguilar é organizada através de uma dialética que compromete suas conclusões relativas à problemática da política literária.

A monografia histórica de Aguilar atenua, em última análise, as apostas sociais em jogo no texto, mediante sua leitura do que percebe como a vacilação do sujeito literário entre o histórico e o epifânico. Para Aguilar, na medida em que as *Galáxias* "abr[em] a escritura à história", elas o fazem como uma prática que "põe a autonomia da escritura poética nos limites", por meio da qual a busca pelo "epifânico" termina por predominar[21]. A saber,

[e]xiste, desde o início do projeto, um vai-e-vem entre a história (épica) e a ação restringida (mas epifânica) que se resolve em favor da segunda [...]. O gesto evolutivo se combina aqui com uma prática que põe a autonomia da escritura poética nos limites, embora finalmente predomine um movimento de busca do epifânico na escritura poética. Esse redobro ao epifânico (à luz autônoma que irradia um texto) é a outra face da frustração da saída política. Entre 1963 e 1976, anos em que foram escritos esses poemas em prosa, a derrota dos movimentos progressistas e o endurecimento da ditadura militar no Brasil frustram essas "insinuações épicas" ou "utópicas"[22].

A leitura de Aguilar é organizada através de uma imagem da escritura centrada num *sujeito textual autônomo* que está dividido no âmago de sua projeção. Como ação diferida e compensação estética, a vocação política do poema termina em "frustração". Segundo essa visão, a linha de fuga e decodificação própria da criação termina num imaginário estético, autorreflexivo de seus limites, que não intervém no sensível:

Nessa constelação linguística do pensamento, a poesia aporta todos os recursos de sua materialidade e até mesmo adquire um certo valor paradoxal ao dessacralizar os textos canônicos ao mesmo tempo que *sacraliza o trabalho poético*. É por isso que o *paraíso* haroldiano se nutre da poesia de Dante como presença configuradora de sentido paradisíaco e epifânico. No entanto, *esse paraíso* não é uma realidade transcendente mas sim uma iluminação imanente que surge no momento em que a língua e o pensamento devêm galáxia, constelação [...]. O trabalho poético agrupa seus materiais (discursos, livros, mente) e os relaciona, abrindo em sua imanência *o paradiso do poema*.[23]

Para além dessa perspectiva predominante, que limita a política literária a um sistema de referências que aos poucos perde terreno para uma interpretação autorreflexiva, proponho, no que se segue, uma leitura "materialista" das *Galáxias* através das lentes do sensível, do subalterno e do intempestivo.

OS MODOS ENUNCIATIVOS

Galáxias não conta nenhuma história, nenhuma moral, nenhuma sacralização do texto, mas se desenrola em sua negatividade determinada. Configurado como uma massa de palavras relacionadas assintaticamente em termos de contiguidade e justaposição, o texto encena um modo generativo de escritura centrada nas dimensões afetivas que fluem dos signos em seu jogo constelatório. Trata--se de um texto-limite que se aproxima da teoria. Desafiando o gênero literário, a conquista do projeto de Campos poderia ser comparada ao que Badiou chama de "mutação acontecemental" (*mutation événementielle*) ou a "elevação de um inexistente" (*relève d'un inexistant*)[24]. De fato, perto da conclusão, o *eu* poético descreve o texto como "matéria evêntica" ("nudez"). Para Badiou, na esteira de um acontecimento, surge um "enunciado primordial" (*énoncé primordial*) relativo ao aparecer de um novo "corpo subjetivável" (*corps subjectivable*)[25], no qual "o que não tinha nenhum valor formal, [se encontra] transfigurado de repente por um deslocamento imprevisível da fronteira entre o que se reconhece como forma, mesmo de-formada, e o que reside no informe" (*ce qui n'avait nulle valeur formelle, [se trouve] transfiguré soudain par un déplacement imprévisible de la frontière entre ce qu'on reconnaît comme forme, même dé-formée, et ce qui gît dans l'informe*)[26]. Como perceber tais limites? Por que, onde e como se desdobra a mutação?

A MATÉRIA INTEMPESTIVA DA ANTILITERATURA

Haroldo comparou as *Galáxias* a ondulações na água sobre cuja superfície refrativa o livro inteiro poderia ser vislumbrado:

e começo aqui e meço aqui este começo e recomeço e remeço e arremesso e aqui me meço quando se vive sob a espécie da viagem o que importa não é a viagem mas o começo da por isso meço por isso começo escrever mil páginas escrever milumapáginas para acabar com a escritura para começar com a escritura para acabarcomeçar com a escritura por isso recomeço por isso arremeço por isso teço escrever sobre escrever é o futuro do escrever sobrescrevo sobrescravo em milumanoites miluma--páginas ou uma página em uma noite que é o mesmo noites e páginas mesmam ensimesmam onde o fim é o começo onde escrever sobre o escrever é (Galáxias, "e começo aqui").

O *eu* poético inicia seu projeto no limite: "*para acabarcomeçar com a escritura*". Vivendo sob a espécie da viagem, ele continuará a atravessar a fronteira a fim de: "*teç[er] escrever sobre escrever*". A fronteira, como limiar escritural, inscreve o discurso nos limites do gênero literário: consideremos como o espaço emerge *in media res* com a conjunção *e*. Mas esse "e" inicial, impessoal e aparentemente insignificante, é também um jogo de palavras com a cópula "é": a sintaxe começa por se tornar contínua e dúplice. Escrever no limite: começar/acabar com a escritura é apenas sempre "medir", "remedir" e "recomeçar". A proliferação da vogal *o* estabelece não apenas um circuito rítmico e aliterativo, mas é ela própria um desenho visual imanente. Essa iconização da letra *o* aponta para um ponto inicial, um zero, mas também para o símbolo Zen, *enso*. Um tema da caligrafia japonesa que Haroldo estudará ao longo de sua vida, o *enso* circular se vincula à vacuidade e ao vazio, mas também à iluminação (*satori*), ao momento em que a mente pode ultrapassar o domínio das ilusões para criar livremente. Conectando-se ao verso da página em branco, a ausência de paginação, assim como à interrupção performativa da representação, o *o* conota o que Haroldo denominará, seguindo Roland Barthes, o grau zero da escritura de *Galáxias*. Em suma, todos os signos apontam para o operar interno da própria escritura. Além disso, a repetição do som "o" sugere a encantação do som místico do sânscrito, "Om", que deve ser repetido antes da prece ou da leitura dos *Vedas* sagrados[27].

Mas estaríamos enganados em abordar tais gestos como o modo de Campos de sacralizar seus materiais. Não haverá sacralidade da literatura, nem espiritualização de seus materiais. O texto, afinal, insiste, persiste em seus próprios limites: *in media res*. Na verdade, a repetição do morfema *meço* no poema parodia o verso inaugural de Dante no *Inferno*: "nel mezzo del cammin di nostra vita". *Meço* significa também "regulo", "avalio", "medeio" ou "penso", e refere-se a uma operação sintática precisa: a suspensão da trama no momento de sua inscrição. *Meço* também denota a musicalidade e a partitura. Num artigo esclarecedor, K. David Jackson destaca a inspiração de Haroldo na escala dodecafônica serial e permutante de Arnold Schönberg ("Music").

Para acabarcomeçar com a escritura: no antilivro de "ensaios" de Haroldo, está em jogo, em cada fragmento, a ideia do texto como um *meio acontecemental da sensação*. Completando o círculo com um lugar-comum crítico, mas pouco compreendido: os modos enunciativos nas *Galáxias* expressam visões epifânicas sobre a narração. O epifânico não se refere à transcendência, mas à materialidade do texto, a uma lógica de limites e de sensação. Com efeito, há uma visão de êxtase sensível em jogo – numa passagem-chave, Campos compara a experiência do texto a uma viagem psicodélica. Mas esse êxtase gira em torno de um *procedimento de concreção expansiva*, pelo qual as dimensões sensíveis das palavras se desdobram como a interação de radicais no ideograma chinês[28]. Por meio da suspensão da história, da representação, da pontuação e da paginação, o leitor é interpelado a perceber as coisas acontecendo rapidamente no meio, bem como para se envolver na pesquisa de Haroldo sobre os limites da literatura. Pois "este texto que subsume os contextos / e os produz como figuras de escrita" configura "um reprovável experimento de aliteratura [...] procliva dessarte" (*Galáxias*, "mais uma vez", "vista dall'interno"). De fato, a questão da antiliteratura nos leva ao cerne da política literária de Haroldo de Campos.

A POLÍTICA EM *GALÁXIAS*

Inspirado por Gilles Deleuze, Pierre Bourdieu e Baruch Spinoza, Jon Beasley-Murray afirma que a ordem social é assegurada por

A MATÉRIA INTEMPESTIVA DA ANTILITERATURA

meio de procedimentos imanentes, isto é, pelo afeto e pelo hábito. Contra a visão binária predominante de um modelo de hegemonia centrado no Estado, que alcança o poder através do consentimento dos que ele governa, Beasley-Murray declara que a hegemonia nunca existiu como presença. Concomitantemente, nenhuma ideologia pode assegurar o *status quo* social ou o consentimento para ser dominado. Ao voltar nossa atenção para o *habitus* social e afetos, Beasley-Murray se preocupa em explicar processos materiais imanentes comuns a todos, "a partir da base", isto é, os modos pelos quais "o poder opera diretamente sobre os corpos"[29]. Por *habitus*, Beasley-Murray entende "um sentimento coletivo corporificado pelas regras do jogo social que é ativado e reproduzido abaixo da consciência"[30]. Num nível pré-subjetivo e inconsciente, os hábitos, as rotinas e as repetições estruturam a vida cotidiana. O afeto, por outro lado, seguindo Spinoza, refere-se ao "poder de um corpo (individual ou coletivo) de afetar ou ser afetado por outros corpos"[31]. A contrapelo dos atos redundantes e dos hábitos debilitantes, podemos organizar nossos encontros, podemos combinar com outros corpos e aumentar nossa potência de afetar e de atuar.

O mérito da teoria de Beasley-Murray reside em sua ruptura radical com o arcabouço populista que molda os estudos culturais latino-americanos. Trata-se de uma visão, em suma, que restaura a imanência à resistência e à crítica através de um exame da potência constitutiva dos corpos, e de uma visão que põe em xeque a compreensão representacional da política. Além disso, ela lança luz sobre procedimentos imanentes, sobre a composição das coisas em movimento em níveis intensivos e pré-subjetivos, como uma "lógica a partir da base que não requer representação nem direção de cima", pois o afeto e o *habitus* "desfazem a metáfora espacial do 'acima' e 'abaixo'"[32].

As consequências da visão pós-hegemônica de Beasley-Murray são, portanto, importantes para reconceitualizar os legados dos escritos experimentais latino-americanos, especialmente no que diz respeito aos escritores antiliterários, como Haroldo de Campos, que rompem decisivamente o pacto com o paradigma populista que molda o regime latino-americano da representação. Consideremos a mediação de Haroldo de tal pacto nas *Galáxias*.

Composto de janeiro a julho de 1964, "no jornalário" constitui uma poderosa mediação sobre o colapso do Estado brasileiro.

O texto articula o desejo, como Theodor Adorno disse das obras de arte, pelo concreto. E, no entanto, o concreto, para Adorno, é aquilo que ainda não era[33]. Através da cuidadosa articulação de seus materiais, mediante um procedimento de negatividade que não admite concessões, para Adorno, as obras de arte formam constelações com "o nexo total de abstração" que molda a sociedade reificada e administrada[34]. Na *Dialética do Esclarecimento* (1944), composta em colaboração com Max Horkheimer, os autores diagnosticam o problema da "fraqueza da moderna faculdade teórica" e o que eles denominam a "autodestruição do Esclarecimento"[35]. Em sua crítica, Adorno e Horkheimer estão preocupados em revelar as maneiras pelas quais o "Esclarecimento pôs de lado a exigência clássica de pensar o pensamento"[36], bem como em desvelar uma ordem social dominada pelo cômputo, pela administração, pela eficiência, pelo cálculo, pela fungibilidade e pela equivalência onde reina a representação como a capacidade de dominar. "A sociedade burguesa", escrevem eles, "está dominada pelo equivalente", de modo que "aquilo que não se reduz a números e, por fim, ao uno, passa a ser ilusão"[37]. Por outro lado, "a dialética", escrevem os autores, "revela [...] toda imagem como uma forma de escrita", segundo a qual a tarefa do conhecimento "não [mais] consiste no mero perceber, classificar e calcular, mas precisamente na negação determinada de cada dado imediato"[38].

Em "no jornalário", a linguagem é arrancada, à força, da representação. Como a concepção de Adorno de uma dialética negativa, ela faz de todo hábito, de todo dado imediato, uma imagem da escritura. Sem dominação, livre da gramática, o texto de Haroldo inscreve a potência constituinte das palavras e os fluxos afetivos que se seguem de constelações configuradas e, ainda assim, anárquicas. A tarefa de Haroldo consistirá em desautomatizar palavras e afetos, em colocar palavras em combinações que acumulam força afetiva. A sintaxe se torna um sistema de traços em bifurcação. Cada palavra ecoa uma outra por meio de justaposições, trocadilhos, amálgamas de palavras, aliterações e antíteses. O procedimento sintático galáctico desvela as valências sensoriais e semânticas das palavras à medida que elas se combinam, agregam força e articulam fluxos do desejo. Ao fazê-lo, como política do sensível, as *Galáxias* preservam o espaço intermediário e os direitos de autorreflexão – um procedimento antitético aos hábitos sensoriais amortecidos e a qualquer projeto de dominação ou representação.

"[N]o jornalário" encena a crise de uma sociedade enfeitiçada pelo espetáculo da mídia comercial. E ele enquadra essa crise em termos de uma dialética peculiar: a própria composição que se está lendo é retratada como um livro poroso e propagandístico. Certamente, a constelação titular de palavras, "no jornalário", se refere ao diário de notícias como um "rio" de signos, mas também anuncia, de forma crucial, a condensação de um "alarme" social: "no jornalário no horáriodiáriosemanáriomensárioanuário jornalário / moscas pousam moscas iguais e foscas feito moscas iguais e foscas feito / foscas iguais e moscas no jornalário o tododia entope como um esgoto". Mesmo que o texto de Haroldo simule o pesadelo de um mundo calculado e positivista, que é comparado a um "inferno" (*infernalário*) – onde tudo é "equivalente" e onde "moscas [...] feito foscas" saem do "jornalário" –, o texto transforma seu sistema de objetos, desde a base, através de jogos de palavras, rimas internas e visuais, e justaposições. A forma converge com a crítica. Estamos sublinhando os modos pelos quais as *Galáxias* articulam uma abordagem revolucionária da política e da cultura a partir de materiais imanentes e compartilhados: a partir do exame e redistribuição dos sistemas coletivos de signos, como o jornal e o canal de notícias, que moldam a estruturação da cultura como um *habitus*.

A partir do meio do texto, no fluxo de rimas e inversões, Haroldo entrelaça referências aos experimentos poéticos "participantes" dos poetas concretos brasileiros. As figuras 4.1 e 4.2 apresentam a série participante paródica em *Galáxias*.

Nos anos 1960, o projeto da poesia concreta brasileira dá o "salto participante" por meio da canibalização das novas mídias. Isto é, ao colocar em primeiro plano, habitar e redistribuir criticamente os sistemas de signos que provêm da cidade moderna, como a publicidade comercial e o desenho industrial, os poetas concretos procuraram desautomatizar a linguagem e convocar o leitor crítico a ler a contrapelo de uma sociedade controlada pelo espetáculo. O experimento parassintático "cidade" (1963), de Augusto de Campos, constitui talvez o antiverso mais longo da literatura brasileira. Pela eliminação do sufixo "cidade" de um

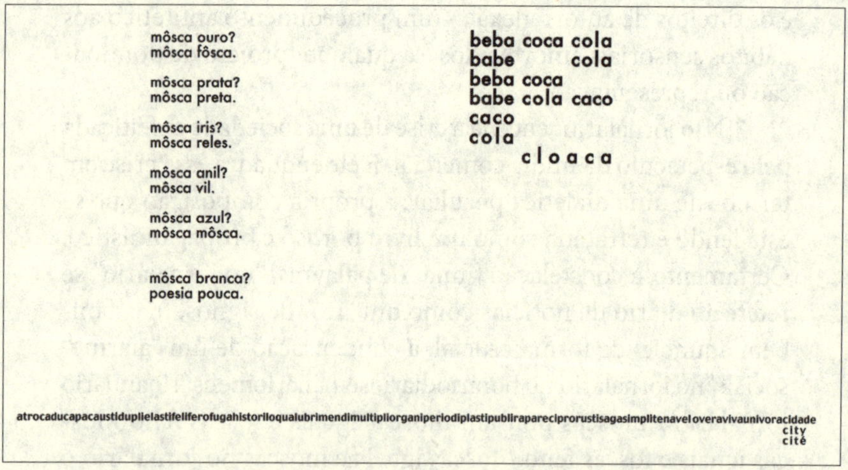

```
môsca ouro?                    beba coca cola
môsca fôsca.                   babe      cola
                               beba coca
môsca prata?                   babe cola caco
môsca preta.                   caco
                               cola
môsca iris?
môsca reles.                        c l o a c a

môsca anil?
môsca vil.

môsca azul?
môsca môsca.


môsca branca?
poesia pouca.
```

atrocaducapacaustiduplielastifeliferofugahistoriloqualubrimendimultipliorganiperiodiplastipublirapareciprorustisagasimplitenaveloveravivaunivoracidade
city
cité

FIG. 4.1. *Acima à esquerda, extraído de "Servidão de Passagem", de Haroldo de Campos. Em cima à direita, "beba coca cola", de Décio Pignatari. Embaixo, "cidade", de Augusto de Campos. Cortesia de Augusto de Campos e dos espólios de Haroldo de Campos e Décio Pignatari.*

conjunto de palavras como "atrocidade" e "caducidade", e o conectar dessa longa linha de fragmentos de palavras sem pontuação, o leitor é interpelado a perceber o procedimento composicional e seu devir a partir do meio e a ligar a palavra "cidade" a um caosmos de produtividade desejante, onde o bombardeio de comunicações e propaganda nunca cessa[39]. Justin Read demonstrou de forma convincente que o poema "cidade" não é apenas antirrepresentacional, mas transmite uma prática de leitura única que coloca em questão a "ordem" da civilização. A ilegibilidade inicial do poema "produz uma espécie de hiperlegibilidade"[40]. Como "uma virtualização imaginária da cidade de São Paulo", o poema inaugura "o tempo de uma 'literatura iletrada' que de-compõe a ordem barroca de signos do *letrado*, constituída de estrofes regulares e planos urbanos geométricos racionais em harmonia com o universo"[41]. De forma análoga, "no jornalário" simula uma interface com as comunicações de massa comerciais, de modo a subverter sua redundante ordem sensorial anestesiadora como propaganda.

Além da justaposição, o paródico traz à tona a problemática do subalterno e sua mediação pelo texto experimental de Haroldo. Com o termo subalterno, como vimos nos casos de Clarice Lispector e David Viñas, refiro-me não apenas aos socialmente oprimidos, em termos de indivíduos ou grupos, mas aos "pontos

A MATÉRIA INTEMPESTIVA DA ANTILITERATURA   125

```
sem um numero
   um numero
      numero
         zero
            um
               o
               nu
               mero
            numero
         um numero
      um sem numero
```

FIG. 4.2. *"sem um numero", de Augusto de Campos. Cortesia de Augusto de Campos.*

de excesso" e fissuras nas noções de história, política e literatura concebidas pelo Estado. Como termo relacional e "limite epistemológico", o subalterno, para Gareth Williams, "nos obriga a nos comprometer com um pensamento da relacionalidade e da finitude potencial"[42]. Durante os anos 1960, os poetas concretos brasileiros mediavam a questão do político e essa questão sem dúvida dizia respeito ao grande número de populações subalternas desprivilegiadas no Brasil[43]. De fato, a problemática da reforma agrária constituía um tema crucial para os poetas e intelectuais brasileiros. Longe de falar para o subalterno, os poetas concretos brasileiros constroem o poema problemático e autorreflexivo. Ou seja, em vez de procurar revelar, como porta-vozes, um presente revolucionário e, com isso, integrar o subalterno à luta de classes, em seus poemas, os poetas concretos colocam em primeiro plano os limites da letra e a força material e intempestiva da escritura como uma política do sensível.

Por exemplo, considere a referência de Haroldo ao poema de seu irmão, "sem um numero": "e assim reitero zero com zero o mero mero / mênstruo mensário do jornalário". Originalmente publicado em 1957 como um poema de protesto social sobre o trabalhador rural brasileiro, "sem um numero" mimetiza as lâminas de um ventilador girando. O primeiro verso, "sem um numero", espelha o último, "um sem numero", em termos de uma antítese: "sem um número" se torna "um sem número". O "o" central inscreve um eixo rotacional de leitura: pode-se ler o poema tanto de cima para baixo quanto, por espelhamento, por meio de rotações não-lineares. O "o" também constitui um ideograma visual do subalterno, o número zero. No entanto, o "o" também configura um trocadilho incisivo, denotando a conjunção "ou" do português. A representação fica suspensa em suas trajetórias. "[S]em um numero" se recusa a nomear ou a falar pela parte que não faz parte da sociedade, o mero número nu, zero, ao mesmo tempo que inscreve como tarefa a exposição dos limites do poema.

Fazendo um balanço desse gesto de autoexposição como um meio de enfrentar a crise política, vale considerar o contraexemplo dos poemas políticos de Ferreira Gullar, "Que Fazer?" e "A Bomba Suja", publicados por ele no segundo volume do projeto *Violão de Rua*, em 1962[44]. Organizada pelo Centro de Cultura Popular da União Nacional dos Estudantes, a UNE, cujos membros liam seus poemas "violão de rua" em fábricas e favelas, de acordo com o poeta e colaborador Moacyr Félix, o propósito da série *Violão de Rua* era estimular o "renascimento de uma literatura que responda ao seu tempo" por meio de poemas que "buscam uma linguagem que não se distancia dos ritmos populares"[45]. Através de um esquema básico de rima octossílabo solto, os poemas de Gullar canibalizam a linguagem e o estilo dos menestréis populares do Nordeste. Com efeito, os poemas de Gullar projetam uma imagem do poeta como o sujeito político da verdade: "Por isso meu companheiro, / que trabalha o dia inteiro / pra enriquecer o patrão, / te aponto um novo caminho / para tua salvação [...] te aponto o caminho nôvo de nossa revolução."[46] Publicado no mesmo volume, "A Bomba Suja" de Gullar fornece, por outro lado, uma meditação política sobre a palavra poética se tornando "real": "[i]ntroduzo na poesia / a palavra diarréia. / Não pela palavra fría / mas pelo que ela semeia. / Quem fala em flor não diz tudo, / quem fala em dor diz demais. / O poeta se torna mudo, / sem as palavras reais [....] Mas precisamos agora / trabalhar com segurança / pra, dentro de cada homem, / trocar a arma da fome / pela arma de esparança [sic]"[47]. Enquanto isso, no primeiro volume do projeto violão de rua, Gullar vai publicar seu poema inspirado no cordel, "João Boa Morte" (1962). Embora uma análise formal da trajetória complexa da poesia política de Gullar ultrapasse os propósitos deste capítulo, basta dizer que sua poesia violão de rua do início dos anos 1960 põe em primeiro plano a voz do poeta como

A MATÉRIA INTEMPESTIVA DA ANTILITERATURA

a voz do povo que é capaz de revelar o caminho para a revolução. Assim, "João Boa Morte" conclui com a lição do poeta narrador: "[e] assim se acaba / uma parte da história de João. / A outra parte da história vai tendo continuação / não neste palco de rua / mas no palco do sertão [...] Já vão todos compreendendo, / como compreendeu João, / que o camponês vencerá / pela força da união. / Que entrando para as Ligas / que ele derrota o patrão, / que o caminho da vitória / está na Revolução"[48]. A divergência na abordagem do campo político, por mais comuns que sejam os desafios da crise, não poderia ser mais aparente[49]. Contra a posição de Gullar, os poetas concretos reivindicarão um modo de participação "lúcido" que leve a investigação da linguagem poética "até às últimas consequências" (*levaram às últimas consequências a perquirição da linguagem poética*)[50].

Além disso, ao chamar a atenção para os limites de seu projeto – os limites da letra em relação ao subalterno como o exterior constitutivo do discurso institucional –, e pelo procedimento de chamar a atenção para o agora de sua escritura, o texto de Haroldo rompe seu pacto com o popular e com o Estado. A composição se torna anti-instrumental. E os significantes da cultura são trabalhados, criticados, se tornam múltiplos e densos, desterritorializados de seus fundamentos materiais. A contribuição das *Galáxias* de Haroldo é ter feito a imagem integral e sólida da Cultura balbuciar e falar numa língua estrangeira. Refiro-me, é claro, à imagem da Cultura que sai do jornalário galáctico "onde nada é vário" e "onde o igual é tal qual", isto é, a imagem da Cultura que sai do noticiário e de um incessante cálculo administrativo.

ESCREVENDO O SUBALTERNO

De acordo com Roland Greene, "circuladô de fulô" constitui "a peça programática de *Galáxias*"[51]. Como texto que evoca a grande linhagem dos escritores brasileiros do século XX que confrontam a problemática de escrever o subalterno empobrecido do Nordeste brasileiro, a observação de Greene pode muito bem ser verdadeira[52]. No entanto, se houver algum "programa" para Haroldo, tal programa deve ser situado historicamente contra o pano de fundo de seu "salto participante" nos anos 1960. Como

Morte e Vida Severina (1955) de João Cabral de Melo Neto, "circuladô", observa Greene, "adapta a linguagem de longa data na tradição lírica brasileira e portuguesa, [e] evoca diretamente a arte dos cantadores do Nordeste brasileiro". Embora o significado do título, "circuladô de fulô", permaneça indeterminado, o texto encena um poderoso encontro entre a voz poética e um cantador subalterno do Nordeste brasileiro[53]. Mas contra a dissolução da diferença pela afirmação de que o texto "fala" pelo subalterno ou simplesmente expressa uma homenagem textual, quero resgatar o lugar de uma legibilidade sensorial, investigativa e antiliterária de "circuladô de fulô" que incide sobre a crise da representação e dos intelectuais que culturalmente o fundamenta.

Sem dúvida, o encontro entre o escritor e o cantador subalterno configura um procedimento de identificação ambíguo. O termo "circuladô" constitui uma série que conota circularidade, círculos, circulação, mas também o verbo *circundar*, que remete a enquadrar, abranger, cercar e limitar. A dicção deriva de duas séries principais. De um lado, as palavras nas *Galáxias* são empregadas como um "corpo escrito" relativo à viagem da voz poética na memória e no inconsciente enquanto o poeta escreve ("esta mulher-livro"). Longe de nostálgico, esse singular "corpo escrito" é retratado como sempre em processo, encenado por meio de uma colcha de retalhos formada por encontros com diversos objetos, pessoas, países e línguas estrangeiras que surgem à medida que o escritor compõe. A segunda série diz respeito, então, ao pensamento da voz poética e ao ato escritural no agora.

A tarefa do poeta será a de invocar o outro absoluto: uma explosão afetiva emergindo das margens da letra e do Estado. Ele atingirá esse limite, habitará ali em dor, em êxtase, em delírio, em seu experimento, ao confessar o segredo da música do subalterno mediante os verbos *guiar* e *faltar*. Assumindo uma conotação política, o verbo-tema "guiar" se refere ao ato de conduzir, orientar. Mas tal é a intensidade da música – que soa como o *shamisen* japonês de três cordas, mas é produzida por um *berimbau* improvisado, feito do cabo de uma vassoura, uma lata velha e arame –, que a voz poética parece renunciar à sua capacidade de guiar o leitor: "porque eu não posso guiá veja este livro material de consumo [...] / [...] não / sei mas ouça". Como um trocadilho, "guiar" constitui um jogo com o instrumento-"guitarra" que o cantador está tocando.

A MATÉRIA INTEMPESTIVA DA ANTILITERATURA 129

O trocadilho também sugere uma crítica deliberada ao projeto do realismo social de *Violão de Rua*. Pois aqui, tal política literária do "real" é parodiada, suspensa e posta em confronto com seu termo-limite, o outro lado do popular, o subalterno[54]. Palavras de falta, negatividade, ausência, fome, magreza e pobreza formam uma série prismática e musical: "onde a boa forma é / magreza fina da matéria mofina forma de fome o barro malcozido".

Palavras-tema como essas expandem e se derivam da problemática da restituição no cerne do texto: a memória da música do marginal que não tem representação do Estado nem dos "patronos do povo". O paródico emerge numa conjuntura-chave: "forma de fome". "Forma de fome" faz referência ao primeiro experimento poético "participante" de Haroldo, "Servidão de Passagem" (1962). Uma forma de fome se referiria ao desejo, à falta, à fome de forma, de uma nova poesia, de uma nova música. Mas a expressão também condensa, por meio de paronomásia, a ideia de uma forma do menos, uma forma que é destituída, uma forma sem forma, igual ao subalterno como a fissura constitutiva do Estado. A expressão lança luz sobre o subtexto político que molda o papel e a crise da escritura na década de 1960 no Brasil que aqui se torna legível.

A fome de forma constitui uma fratura na concepção do que a voz poética descreve como "o popular", tal como concebido pelos "patronos do povo". Pois assim como o cantador subalterno permanece invisível aos "patronos do povo", ele também permanece no exterior do que se considera uma cultura popular, nacional e majoritária: "para / outros não existia aquela música não podia porque não podia popular". O binário inerente ao popular se dissolve num povo anônimo, inventivo e autoconstitutivo: "aquela música não podia porque não podia popular / [...] mas o povo cria mas o povo engenha mas o povo cavila o povo é o inventalínguas [...] / [...] mas ouça como canta louve como conta prove como dança e não peça / que eu te guie".

A expressão sugestiva, corrosiva e autopostulante, *forma de fome*, além disso, articula uma interpelação do leitor, que recusa a autoridade do escritor como "guia" para o subalterno. Isso não é um ato de renúncia. E certamente não deve ser lido como um gesto de simples humildade. Deleuze disse uma vez que um grande escritor escreve no lugar daqueles que não escrevem ou não podem escrever, mesmo no lugar dos animais; escreve sobre aquilo que tem não-escritura; escreve de modo a devir alguma coisa, com alguma coisa, desde que sua escrita não opere sob a premissa transcendental do vir a se tornar "o Escritor"[55]. Por conseguinte, a contrapelo da tendência de falar pelo subalterno, as dimensões autorreflexivas das *Galáxias* de Haroldo articulam uma suspensão, um gesto do zero, um nomear que nomeia o nome a partir do meio. Tal gesto, sem dúvida, preserva o espaço intermediário. Isto é, ao guardar o espaço próprio da mediação, ele guarda a legibilidade do presente como suspensão e exceção – mediante sua inscrição central e inexaurível dos limites e da finitude da letra, o local onde o nomear converge com a crítica. O que é antitético à razão instrumental, diz Adorno, é a capacidade teórica. Desafiando a literatura como instituição, gênero, instrumentação, as *Galáxias se tornam, em relação ao subalterno, um lance de dados teórico, um ensaio performativo que cria um presente*[56]. Como um acontecimento da escritura, a obra articula uma relação sem relação com o subalterno, uma ruptura nas leis gerais do aparecer e dos hábitos que estruturam o sensível: "mas more no meu momento desmande meu mandamento e não fie desafie / e não confie desfie que pelo sim pelo não para mim prefiro o não / no senão do sim ponha o não no im de mim ponha o não o não será tua demão". Ela nos pede que habitemos o momento lúcido de um pensar e um escrever reflexivos e resistentes, do presente, que toma como seu objeto a experiência do histórico como única, subversiva, afetiva, de baixo para cima, através do espaço e de materiais comuns a todos, índice de uma nova legibilidade. Contra a "literatura", como *forma de fome*: ela pede, no mínimo, legibilidade responsiva no limite de toda legibilidade. Um pensar das *Galáxias* é um pensar que envolve seu plano composicional e seu coeficiente de concreção expansiva como o lugar da redenção com o que permanece, em fissuras, anônimo, sem representação, *formas de fome*, que pedem um novo tempo da legibilidade hoje.

A MATÉRIA INTEMPESTIVA DO LITERÁRIO

Nas páginas precedentes, abordei o problema de uma materialidade resistente e intempestiva em jogo nas *Galáxias*, que violentamente derruba o conceito do que se entende por "literatura".

A MATÉRIA INTEMPESTIVA DA ANTILITERATURA

Desnecessário dizer que textos antiliterários e fissurados como esses nunca deveriam ser subsumidos por modelos hermenêuticos, pois a *força material* em jogo dentro dessa obra, aquele procedimento da dupla-dança da escritura cujos contornos procurei delimitar, é sempre trabalhada por um sistema externo, uma galáxia de referências textuais que desfazem qualquer base fundamental que poderia levar o leitor a reinvestir dita materialidade com um valor logocêntrico que excedesse as condições de seu emergir. Não haverá cumplicidade com o idealismo literário em Haroldo de Campos, nenhum retorno a um significado transcendental. E, no entanto, mesmo quando eu ressalto a problemática da materialidade nele, é preciso avançar com a devida vigilância.

Leitores familiarizados com *Fantasmas de Marx* recordarão a provocativa elaboração de Jacques Derrida de um "materialismo sem substância"[57]. Já em 1971, numa entrevista com dois marxistas, Derrida fala sugestivamente da relação de desconstrução com a matéria como uma forma de "alteridade radical": "[n]ão é preciso dizer que se, e na medida em que, nessa economia geral, *matéria* designa, como você dizia, a alteridade radical [...] [então] o que escrevo poderia ser considerado como 'materialista'"[58]. Para Derrida, o "realismo" é uma modificação do logocentrismo. A "matéria" se torna problemática, argumenta Derrida, no momento em que passa a representar um "princípio fundamental onde, por meio de uma regressão teórica, seria reconstituído num 'significado transcendental'": "[a matéria] sempre pode vir a assegurar um materialismo metafísico. Ela se torna então um referente último, segundo a lógica clássica implicada por este valor do referente, ou uma 'realidade objetiva' absolutamente 'anterior' a todo trabalho da marca, um conteúdo semântico ou uma forma de presença garantindo do exterior o movimento do texto geral (*une forme de présence garintissant du dehors le mouvement du texte générale*)"[59]. O que fazer então da relação da "matéria" com a literatura brasileira ou latino-americana e como evitar a regressão teórica? Existe tal coisa como uma literatura propriamente "brasileira" ou "latino-americana"? Até o nosso presente, o certo é que os estudiosos há muito têm designado a reivindicação principal da literatura "latino-americana" sobre a "matéria" – mais especificamente, como uma relação de mestres e a matéria, a matéria aqui entendida como um princípio

132

fundamental e legitimador e fonte do "real". Tal essência, o outro posto como o mesmo do sujeito da escritura, não é só sobrecarregada por um significado transcendental, mas por longo tempo tem vedado a discussão sobre a força da materialidade em jogo em textos experimentais como as *Galáxias* de Haroldo. Afinal, estamos aqui deixando os fundamentos hegemônicos da formação discursiva do *Boom* e seus mestres literários e adentrando os perigos, a heterodoxia absoluta, desconhecida e selvagem de uma interveniente antiliteratura brasileira voltada para a inscrição intempestiva de sua materialidade im-própria. Pode-se argumentar, sem dúvida, que o projeto galáctico de Haroldo está em paralelo com – se não antecipa, de forma sugestiva – a crítica de Derrida a uma metafísica da presença material. Leiamos a delimitação de Haroldo de um certo entendimento da literatura como fundamentalmente sustentada por uma ontologia da matéria e vida:

A literatura brasileira [...] "nasceu" sob o signo do barroco [....] Não pode ser entendida do ponto de vista ontológico, substancialista, metafísico. Não deve ser compreendida no sentido da busca de um "ponto de origem", a partir do qual se pudesse fundar a questão da "identidade" ou do caráter "nacional", visto por sua vez como uma presença entificada, plena, *terminus ad quem*, ao qual se chegaria após um processo evolutivo de tipo linear, biológico, baseado numa "teleologia imanente", de conformidade com o modelo proposto pela historiografia "organicista" do século xix [....] O barroco, paradoxalmente, significa a não-infância. A ideia de "origem", aqui, só pode caber se não implicar a de "gênese". [....] O barroco, portanto, é uma não-origem. Uma não-infância. Nossas literaturas, emergindo com o barroco, nunca foram *afásicas*, nunca evoluíram de um limbo afásico-infantil para a plenitude do discurso.[60]

Afrouxando o limite que encerrou a escritura, Derrida e Haroldo sugerem que a matéria deve ser reexaminada por meio da figura do texto. A matéria é texto, é "tecida", é "têxtil", na medida em que a enquadramos através do "problema do tempo"[61]. Uma investigação sobre a matéria não pode ser orientada por um princípio fundamental da presença, porque a ordem da presença é estruturada pela persistência e super-vivência (*living-on*) de formas no tempo[62]. Mesmo quando uma forma se repete e persiste no tempo, ela é estruturalmente marcada pelo dar do tempo (*donner le temps*), um incalculável dom do tempo, que anuncia a vinda

A MATÉRIA INTEMPESTIVA DA ANTILITERATURA

de um outro absoluto. Uma forma, um ser, uma palavra é assim sempre marcada e remarcada, estruturalmente exposta à vinda de um outro que excede todas as oposições e desafia a ordem da presença. Uma presença nunca está totalmente presente, mas entrelaçada, dividida e exposta em suas repetições à contaminação, à vinda do outro. Isso não quer dizer que uma presença é estruturada por um programa futuro, como algo planejado, programado e previsto. Não, essa vinda do outro, para Derrida, é da ordem de um acontecimento que não pode ser antecipado, entendido ou delimitado de antemão. Se se poderia prever esse acontecimento da alteridade, ele jamais seria um acontecimento. Do mesmo modo, se se poderia reciprocar esse dom do tempo num circuito de intercâmbio, ele não seria mais um dom. Em consequência, mesmo quando o tempo constitui nenhuma presença e se retira de toda visibilidade, Derrida afirma que "nada *aparece* que não exija e leve tempo" (rien n'*apparaît* qui ne demande et ne prenne du temps)[63]. No entanto, porque somos finitos, o tempo é o que não possuímos e o que não podemos dar[64]. Não podemos conter seu transbordamento. O tempo transborda toda forma. Como tal, o tempo anuncia um dom im-possível que é condição de tudo que é possível, um outro absoluto, não-identificável, que será necessariamente experienciado como não-apropriável. Estamos abordando o pensamento da matéria pelo quadro do texto como acontecimento – pelo pensamento do outro absoluto que o tempo dá como afeto e como chegada do indecidível. Na medida em que Derrida sugere que enquadremos a força da materialidade por meio da figura do texto e do dom do tempo, ele nos adverte a não cair no idealismo[65]. Cairíamos no idealismo se limitássemos nossa concepção do texto a uma autonomia textual ilusória, "pura" e presente em si. Tal tem sido a leitura predominante das *Galáxias*. Embora perspicaz desde a perspectiva da construção textual, essa leitura invariavelmente insiste no jogo da autorreferencialidade em detrimento do projeto de intervenção sensorial de Haroldo. De fato, idealiza-se a natureza "autônoma" do texto de modo que seu jogo livre (*free-play*) se torna um princípio fundacional, o inverso do "real" do realismo metafísico que ainda anima o regime literário latino-americano.

Contra tal "literatura", como responder ao problema da matéria nas *Galáxias*? Em todo este trabalho, sublinhei a questão da materialidade como uma certa "acontecementalidade" do texto, pois se se postula a matéria como uma presença, perdemos todo movimento e toda resistência. Não haverá intervenção, nem concentração operativa, nem colocação em questão de inícios e finais legítimos, se não percebermos como esse texto extraordinariamente móvel ressalta uma nova experiência de ler, escrever e relacionar-se. Em jogo está o que eu chamaria de uma certa *inframaterialidade* que incide sobre a experiência do texto. Essa experiência é nada mais que a resistência do texto à dominação, ao cálculo e à representação. Para Derrida, a libertação de toda forma se dá por meio de sua exposição constitutiva a um outro não antecipado como um acontecimento "im-possível":

> Este im-possível não é privativo... ele se anuncia a mim, ele se precipita sobre mim e me agarra *aqui agora*, de forma não virtualizável, no ato e não na potencialidade. Ele vem sobre mim do alto, sob a forma de uma injunção que não espera no horizonte, que não vejo chegar... Esta urgência não se deixa se *idealizar*, não mais do que o outro enquanto outro. Esse im-possível não é assim uma *ideia* (reguladora) ou *ideal*. Ele é o que há que é mais inegavelmente *real*. E sensível. Como o outro. Como a diferença [differánce] irredutível e não apropriável do outro.[66]

Como todos os grandes textos, as *Galáxias* exigem uma nova experiência de leitura. Derrubando a ordem da presença como um "multilivro" "poroso", essa experiência exige a construção de outra linguagem. Vamos enquadrar/reabrir essa questão de *ler a materialidade* e *outra linguagem* nas *Galáxias* com uma consideração de seu experimento final.

No "formante" galáctico final, intitulado "fecho encerro", o leitor recebe uma injunção aporética: experienciar o fechamento desse "multilivro" de constelações sensoriais como uma "multiabertura" a um outro indecidível. O fechamento do livro como imitação e modelo do mundo: poderia ser colocada de outra forma a questão de escrever a materialidade em Haroldo de Campos? No primeiro verso, cheio de trocadilhos, "*fecho encerro reverbero aqui me fino aqui me zero não canto não conto*", Haroldo primeiro nos diz que o fechamento não é uma fuga textual nem o mero marcar do limite. Na suspensão de todo contar e cantar, no espaço zero da suspensão representacional, o fechamento se desdobra aporeticamente como abertura a uma alegria irreprimível:

A MATÉRIA INTEMPESTIVA DA ANTILITERATURA

"reverbero". Mas voltando desse prazer singular em eco, a voz poética retorna e remarca a ideia do livro, enquadrando o livro sem cessar, encontrando suas coordenadas a fim de recontar seu traço e desaparecimento. A repetição marca um mecanismo de autodivisão, uma estrutura iterativa que expõe a insistência do livro nas origens e conclusões como uma paixão. Porém a paixão por outro começo e final é precisamente o que deve ser experienciado como fuga do controle e do domínio de uma voz soberana: *"reverbero não conto não canto não quero descadernei meu caderno / livro meu meu livrespelho dizei do livro que escrevo no fim do / livro primeiro e se no fim deste um um outro é já mensageiro do / novo no derradeiro".* Assim que o livro ressurge por meio dessa sequência agramatical, através do circuito radical de conjuntos sinestésicos proliferantes, sua autoidentificação se torna elíptica, segredo passional que é incalculável: *"tua alma se lava nesse livro que se alva como a estrela mais d'alva / e enquanto somes ele te consome enquanto o fechas a chave ele se / multiabre".*

O retorno ao fechamento do livro aqui inscreve um outro incalculável. Repetindo o persistente desejo do livro de um paraíso perdido e reconquistado, a sintaxe repetitiva, rítmica e sem regras constitui a "multiabertura" da escritura, na medida em que fornece passagem para além da fronteira do livro: o jogo se torna operatório a fim de delimitar uma fuga.

Tornando o fechamento im-possível, esse "material evêntico" então "propõe o leitor como um ponto de fuga"[67]. Sobre a superfície do plano sinestésico da obra, vem a repetição do "bottomless dream" (*sonho sem fundo*) da escritura, uma imagem da escritura como zero e abismo: "um texto se faz do vazio / do texto sua figura designa sua ausência sua teoria"[68]. Se a repetição marca um transbordamento do livro, então o livro nunca esteve presente. Sua matéria, em Haroldo, nunca foi linear, nunca uma questão de nomear, mas de multiplicidade em textura, tecido, devindo pela e por meio da repetição: um tempo da escritura que é múltiplo e incalculável. Tal tempo é um convite que nos abre à "teoria", não além do limite do livro, mas a um espaço dentro dele, circulando subversivamente, alegremente dentro de suas dobras, desfazendo seu circuito e impulso à autossuficiência. Como traço do desfazer do livro, tal espaço também articula um movimento de libertação do sujeito soberano, para o desfazer do sujeito da escritura como mestre sobre a matéria: "deste livro inacabado [...] / [...] onde o vazio / inscreve sua insígnia todos os possíveis permutam-se nesse espaço de / antimatéria que rodeia a matéria de talvez"[69]. O pensamento da escritura em jogo nas *Galáxias* implica o fechamento do livro. Abandonando regras, gramática e pontuação, mas inscrevendo a sintaxe como uma sequência de conjuntos sensoriais proliferantes que afirmam o jogo, a permutação sem fim e o aleatório, o leitor precisa passar pela provação do afeto, sempre indecidível.

Polivozbárbaro. *Continuum* de mutação e experiência vertiginosa de romper os limites, as *Galáxias* marcam uma libertação do que se entende por literatura. E, no entanto, o fechamento do livro não anuncia a vinda de uma outra linguagem que é fundamentalmente passiva. Longe disso. Mesmo quando as *Galáxias* des-consubstanciam o sujeito da escritura e a sua matéria de domínio (*its matter of mastery*), a chegada do outro força um a agir. Colocar o problema em termos de força é já ultrapassar toda passividade. Violência levando a literatura e a política ao limite, as *Galáxias* intervêm por forçar-nos a ler, perceber e agir de acordo com a finitude da escritura. Forçando a linguagem a balbuciar e falar numa língua estrangeira, as *Galáxias* propõem uma leitura da matéria não como princípio fundacional ou objeto de dominação, mas como a singularidade e o princípio inframaterial de outra linguagem por vir. Marcada pela cicatriz irreprimível da opressão ditatorial e da censura, o mérito das *Galáxias* de Haroldo é ter feito essa linguagem de conexões por vir girar em torno do problema da matéria tal como visto através das lentes do texto. Preocupado com a manipulação tecnomediada da realidade, o problema do subalterno e o fechamento do livro, seu logro é ter articulado esse texto não apenas pelo aleatório do acaso mas como um agenciamento intempestivo e coletivo para a resistência[70]: um caso entregue ao outro, em autoexposição radical, para que um presente emerja, enquanto acontecimento – e sem cessar – de suas dobras politicamente carregadas.

5
As Antinomias da Antiliteratura

A Política do Barroco
em Haroldo de Campos e Osman Lins

> As Galáxias *concluem, de certo modo, a trajetória na*
> *poesia concreta, que se iniciara com a fundação de*
> Noigandres *[em 1956]. O barroco frondoso, selvático,*
> *furioso, se deixou decantar numa geometria legível,*
> *despojada até à transparência do projeto, como as*
> *fachadas mineiras do Aleijadinho.* [...].
>
> Voz: *com seu texto constantemente móvel e em*
> *progresso chega Haroldo de Campos a uma organização*
> *coral e declamatória: proliferação de timbres e "cores"*
> *diversos, polifonia e elocução dessas texturas e gamas*
> *a um só tempo apagadas e rugosas, graves, baixas,*
> *íntimas, vizinhas ao sussurro – a voz de Maria*
> *Bethânia – que marcam e modulam o português da*
> *América.*
>
> *A obra de Haroldo de Campos seria como a exaltação*
> *e o desdobramento de uma região da dicção, de um*
> *espaço da fala vasto e barroco como o mapa de seu país:*
> *sopro e articulação, alento e pronunciação: nascimento*
> *do discurso.*
>
> *O poema como sílaba-germe que rebenta, expande-se*
> *no volume da página e avança em direção à concretude.*
>
> S. SARDUY, Rumo à Concretude,
> em H. de Campos, *Signantia: Quasi Coelum*, p. 125.

Essas linhas aparecem na conclusão do segundo volume de poesia de Haroldo de Campos, *Signantia: Quasi Coelum* (1979). Como uma reflexão avançando a força da sensação no projeto de Haroldo, lemos a resposta do escritor cubano, Severo Sarduy, com um certo prazer. Nesse comentário, Sarduy deixará manifesto, em sua própria leitura performativa, o desdobramento de "efeitos barrocos" para além do estritamente "literário" em Haroldo. O efeito barroco em Haroldo começa não na ornamentação, mas mediante um acelerar da linguagem: "a concretude seria um estado particular de *condensação* da matéria verbal, de saturação ou intensidade, de presença do significante a si mesmo: *desejo de texto* em sua corporeidade que pode encontrar-se ou coincidir com o efeito barroco"[1]. Sem dúvida, acrescentaríamos à reflexão luminosa de Sarduy a relação antiliterária de Haroldo com o exterior: a sintaxe se desdobra como um procedimento intempestivo da sensação que redistribui as coordenadas perceptivas comuns da comunidade. Desafiando a ideia de uma matéria mestra (*master matter*) da literatura, voltando-se para o sabotar do sensível como *ready-made*, o que está em jogo não é a representação, mas sim o desencadear de novos afetos. Em Haroldo, o afeto registra uma mudança de escala perceptiva: a sintaxe passa a ser sensação como um campo virtual de possibilidades. *Continuum* de mutações que rompe todos os limites, o alcance do "efeito barroco" em Haroldo diz respeito à concretização de uma política literária pós-hegemônica que libera a escritura da matriz estatal que tem norteado as abordagens normativas e transculturadoras da literatura brasileira.

O retrato barroco que Sarduy faz de Haroldo de Campos condiz bem com o conceito de Deleuze, que concebe o barroco não como uma essência ou período, mas sim como conceito operatório, um procedimento de dobrar (*pliage*) vinculado a nosso tempo e a nosso mundo. Como o lugar privilegiado que Sarduy atribui às *Galáxias*, os exemplos favoritos de Deleuze vão do origami japonês à poesia de Mallarmé e às pinturas de Jackson Pollock. Infinitamente variada, a matéria barroca "revela sua textura" como uma força[2]. Deleuze compara a dobra barroca a um sistema de interações complexas. "Cada parte", escreve Deleuze, "é operatória, uma máquina."[3] E como a poesia concreta brasileira, o barroco se aproxima da imagem de uma *arte total*, onde as artes diversas cruzam seus limites, cada qual se prolongando uma na outra[4]. Num livro fundamental, *Verso la Poesia Totale* (1979), Adriano Spatola definirá a poesia concreta brasileira como um "barroco visual", onde a "ordenação multidimensional dos signos" permite à palavra ir além de seus limites tradicionais[5].

Um barroco visual em simbiose com os tempos e cuja matéria jamais é estável, mas sim distributiva, dobra após dobra: na passagem do verso para o ideograma, recordamos os experimentos de Haroldo dos anos 1950 como desvelando o projeto de uma poesia pública que daria fim ao verso. Isto é, como configuração sintática generativa, o poema concreto se põe como infindamente aberto a novas informações estéticas, novos sistemas de signos: o poema multimídia que canibaliza a publicidade, assim como o cinema, a cibernética e o rádio. Recordamos, ainda mais, a dobrada imagem permutante da escritura em jogo nas *Galáxias*: "o mar como um livro rigoroso e gratuito como esse livro onde / ele é absoluto de azul esse livro que se folha e refolha que se dobra / e desdobra nele pele sobe pele pli selon pli o mar poliestentóreo"[6]. A concepção de Haroldo do barroco, concretizada no jogo aleatório das *Galáxias*, convoca um *continuum* de constelações performativas que nunca são lineares e fixas, mas sim generativas e dispersivas. Com efeito, já em 1955, ele conceberá a "obra aberta" de vanguarda como paradigmática de um "barroco moderno" que corresponde à sintaxe cultural dos tempos[7]. Essa formulação se torna um verdadeiro credo para ele, mesmo quando o significante "barroco" assumirá traços desconstrutivistas, antropofágicos e políticos em seus escritos posteriores. A delimitação desconstrutivista de Haroldo da monumental história literária de Antonio Candido em dois volumes, *Formação da Literatura Brasileira* (1959), é um exemplo consumado disso. Haroldo argumentará que a exclusão do barroco da história literária nacional de Candido não é simplesmente historicista, mas gira em torno da concepção ontoteológica de Candido da literatura. Contra o regime literário "empenhad[o]" de Candido que enfatiza o aspecto "comunicacional" e "integrativo" da atividade literária, Haroldo argumenta que o sistema de Candido não pode dar conta do jogo da sensação, autorreferencialidade e não-fechamento (*paradigma aberto*) que é próprio do barroco[8].

E, no entanto, marcado em seu estágio inicial pela aspiração a atingir o meio total (*total medium*), o arcabouço teórico de Haroldo não está isento de limites[9]. Sem dúvida, a visão dele para uma antitradição barroca brasileira entrará em conflito com outras propostas. Consequentemente, uma consideração cuidadosa de seu arcabouço vanguardista original é importante, na medida em que condensa uma controvérsia persistente e ainda acalorada sobre o legado da poesia concreta brasileira. Independentemente do fato de que os poetas expandem seu paradigma seletivo de precursores (*paideuma*) nos anos 1970 para defender uma poesia abrangente do presente que ia além da poética concreta, não é preciso salientar que sua visão modernista fundacional criou muitos adversários, em especial nos anos politicamente carregados de 1960 e 1970. Assim, com um gesto de autorreflexão, este capítulo começa por abordar a visão inaugural do *paideuma* dos concretos para conceber a história literária. Fazemos isso, além do mais, porque a teoria da antiliteratura em jogo neste volume não se refere à afirmação de obras de vanguarda universalmente válidas, mas à tensão nodal que existe entre a política da sensação, o que é costumeiramente designado por "literatura" na região, e as dimensões de um meio radicalizado que abandona a representação a fim de intervir não apenas nos processos "literários", mas também nos sociais, históricos e políticos. Havia outras visões insurgentes e outras modalidades de subverter o sensível, certamente, como vimos nos casos de Oswald de Andrade, Clarice Lispector e David Viñas. Num nível mais profundo, o problema da antiliteratura não se trata de impor uma forma a uma matéria vivida. Como afastamento da identidade, seja feminina, subalternista ou multimídia, trata-se, isso sim, de reconfigurar o que se entende por escritura literária como um modo de intervir no presente.

Por conseguinte, o objetivo deste capítulo é reavaliar a imagem vanguardista da escritura em Haroldo ao preservar sua força antiliterária. Ele faz isso de maneira heterodoxa, através de uma avaliação da poética barroca e política literária de seu rival Osman Lins que – é preciso dizer desde o início – era um escritor combativo semelhante a David Viñas. No entanto, curiosamente, os críticos quase não têm tocado na questão crucial da política nos escritos de Lins ou de Haroldo, nem comparado esses escritores no âmbito do barroco. Com efeito, de forma análoga à recepção dos concretos, os críticos têm caracterizado esmagadoramente o projeto de Lins sob o disfarce de "pura" autonomia literária com projeções idealistas, isto é, como uma espécie de platonismo cosmogônico que leva o leitor ao "espiritual" e ao "mitológico"[10]. Em termos mais simples, tal imagem esvazia as dimensões subversivas, historicamente fundamentadas, do projeto de Lins. Na medida em que a escritura de Lins abandona a perspectiva central, turva as fronteiras entre os gêneros e mapeia a crise do pacto social, eu argumento contra essa visão idealista predominante. Mais precisamente, examino como a poética de Lins canibaliza diversos regimes de signos, como o teatro, a pintura, a cantiga

AS ANTINOMIAS DA ANTILITERATURA

medieval e o romanceiro popular brasileiro para desafiar a lógica representacional e delinear a crise das margens subalternas[11].

Este capítulo registra, portanto, um deslocamento na percepção predominante do que significa a literatura no Brasil e avança, ao longo de três dobras antiliterárias, no espinhoso campo da política. Primeiro, eu traço os limites históricos do modelo crítico inicial de Haroldo por meio de sua polêmica com Lins. Segundo, mapeio, a partir das costuras dessa polêmica, duas imagens divergentes da escritura barroca e sua ressonância política e social no meio cultural latino-americano dos anos 1960 e 1970. Finalmente, em diálogo com os trabalhos de José Rabasa, Jacques Rancière e Alberto Moreiras, argumento contra a leitura idealista predominante da poética de Lins para examinar as formas pelas quais sua obra-prima, "Retábulo de Santa Joana Carolina" (1966), poderosamente enquadra o problema de *escrever a violência* – simbólica, política e cotidiana – a partir de uma estética do ornato[12].

AS ANTINOMIAS DA ANTILITERATURA

Comecemos esta discussão sobre escrever a violência, o barroco e a política literária em Osman Lins com uma carta polêmica, até agora inédita, datada de 4 de outubro de 1974, São Paulo:

Professor Haroldo de Campos,

Vi a referência, não digo desfavorável, mas áspera, feita por você ao meu *Avalovara*, em entrevista à *Textura* […].

[P]ermito-me lembrar que cada um faz a própria literatura e que não pode fazer a de ninguém. Eu, por exemplo, não posso – e não desejaria – fazer a sua. Tenho a minha biografia, minha formação, minhas preocupações, venho de outro ponto do Brasil etc. […]. Somos diferentes. Há mal nisso? A variedade nas buscas, eis uma das forças, talvez a maior, da literatura. Pensar de outro modo; fixar-se numa via única, não parece adequado ao escritor […].

Infelizmente, há hoje pessoas, no campo das artes, cuja posição deliberadamente pioneira acaba tornando-as limitadas e, o que é pior, intolerantes. Não veem outra via, senão a que trilham ou imaginam trilhar […].

Mas se lhe escrevo, não é por nada disso. São tão ridículas, meu Deus, tão ridículas as disputas literárias! […]. Se me dirijo a você, é devido a outra assertiva – grave, a meu ver –, segundo a qual (como terá descoberto isto?) haveria eu efetuado, no meu romance, um "remanejamento *à la mode".* Já não se trata, aí, de uma opinião, mas de acusação um tanto séria, envolvendo a minha honestidade como escritor.[13]

A refutação de Lins ressalta sua aversão à poesia concreta, bem como sua desconfiança na vanguarda como um fenômeno autoritário. No entanto, a censura de Lins parece bastante inocente. Ele não foi o primeiro a confrontar os poetas concretos, nem seria o único adversário de Haroldo de Campos. Independentemente da opinião pessoal, nas dobras do discurso de Lins surge uma problemática mais urgente.

Consideremos a declaração da entrevista de Haroldo como contraponto: "[c]om [João Guimarães] Rosa acabou-se a prosa. Só *texto* pode agora interessar. Por isso não levo em conta as pretensões de 'vanguarda do meio-termo', que sugestiona e satisfaz a alguns. Exemplo recentíssimo: o AVALOVARA, de Osman Lins. Trata-se de uma escrita fundamentalmente acadêmica e de um esquema romanesco tradicional, aos quais se impôs *de fora*, mecanicamente, sem qualquer critério, de necessidade intrínseca, um remanejamento 'à la mode'"[14].

Depois de Guimarães Rosa, "acab[a]-se a prosa". A prosa experimental de Lins, então, será a de um imitador, um vanguardista "à la mode". No espaço pós-literário aberto por Guimarães Rosa, em suma, Campos não leva em conta o romance de Lins porque carece, entre outras coisas, de uma estrutura sintática generativa nova e internamente necessária. Devemos considerá-lo brevemente.

Avalovara é comparado ao *Rayuela* (*O Jogo da Amarelinha*) (1962) de Julio Cortázar porque permite ao leitor uma leitura em sequência aberta, de acordo com o palíndromo em latim SATOR AREPO TENET OPERA ROTAS, cuja tradução é: "O trabalhador opera cuidadosamente o arado sobre os sulcos." O palíndromo configura o frontispício do livro, onde cada letra representa um enredo temático.

Por conseguinte, o leitor pode começar a partir da letra *N*, no centro do quadro e onde a espiral "termina". Ou, alternativamente, a leitura começa quando a espiral, girando no sentido horário, passa primeiro pela letra *R* no quadrante superior direito e, em seguida, pelo *S* no canto inferior direito, e assim sucessivamente, à medida que a espiral gira até o centro, *N*.

Considere a narrativa de abertura de *Avalovara* relacionada à letra *S*, no quadrante inferior direito, intitulada "A Espiral e o

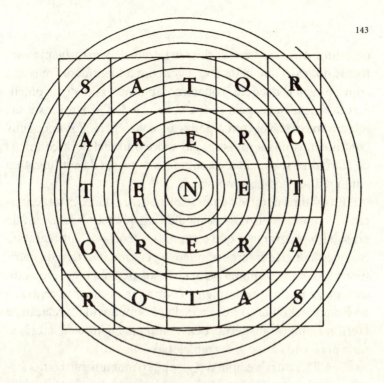

FIG. 5.1. *Frontispício do* Avalovara, *de Osman Lins. Cortesia do espólio de Osman Lins.*

Quadrado". Como texto-limite, a *mise-en-scène* de Lins nos levará a uma liberdade fundacional: o protagonista Abel e sua amante emergem não como simulacros, mas como forças do texto. Nunca linear ou imposta, a encenação da narrativa não mais *representará*, já que ela não funcionará como presentificação das coisas. Em vez disso, a narrativa se desdobrará como um *espaçamento* barroco do texto que não pode ser contido: "[s]urgem onde, realmente – vindos, como todos e tudo, do princípio das curvas – esses dois personagens ainda larvares e contudo já trazendo, não se sabe se na voz, se no silêncio ou nos rostos apenas adivinhados, o sinal do que são e do que lhes incumbe?"[15] Como encerramento da representação, tom, tempo e tema emergem da sequência pausada da pontuação. Isto é, abarrotada de vírgulas, essa sentença fundacional evoca, a partir da curvatura da letra *S* e do padrão de leitura em espiral que anuncia sua chegada – visual, rítmica e simbolicamente – a criação e o emergir simultâneos da personagem a partir da ideia de curvas e da cadência aliterativa. Dobra após dobra, a escrita se mescla com o tema e o processo de leitura. *Mise-en-scène* curiosa, o retrato da personagem evoca forças no texto que nada têm a ver com a identidade, mas sim com a potência do afeto. Voltaremos, por necessidade, às potências desencadeadas pela poética barroca de Osman Lins e sua relação inextricável com a política e a violência. Por enquanto, continuamos nossa investigação sobre o modelo crítico inicial de Haroldo e sua incidência sobre nossa teoria da antiliteratura como prática pós-hegemônica.

Esta última noção é significativa, pois, se a dialética traz encerramento e antagonismo – na medida em que todo *telos* centrado no sujeito programa o que termina – a teoria da antiliteratura em questão neste volume se refere a pensar a *abertura* da escritura a seu outro como resistência ao sujeito soberano. Do outro lado desse limite, precisamente contra o pensamento centrado no Estado, tal reflexão teórica incluirá, sem dúvida, a relação da escritura com o subalterno, bem como uma leitura da letra literária arrancada à sua área tradicional.

Se a "literatura" sempre já pressupõe o monumento como clássico, o modular e o cânone, se procurará transgredir a fonte absoluta. Um antiverso, então, que busca abolir a "poesia" convencional. Ainda assim, ao escrutinar os manifestos numerosos que os poetas concretos brasileiros publicaram nos anos 1950 e 1960, encontra-se um impulso totalizador. Como já indicado no capítulo 3, no "plano-piloto para poesia concreta" (1958), a poesia concreta é concebida como o produto de uma evolução de formas de vanguarda de todas as artes, inclusive a poesia, a pintura, o cinema, a arquitetura e a música atonal. Abordando essa totalização do paradigma modernista através de Deleuze e Guattari, seria possível dizer que um nó de "arborescência", uma formação transcendental, se entrelaça no projeto antiliterário acentrado da poesia concreta brasileira[16]. A história da literatura de vanguarda se desdobra ao mesmo tempo como uma sequência de processos sintáticos discretos e altamente revolucionários (Mallarmé, Joyce, Pound, Cummings, Oswald de Andrade) que resistem a um presente representacional, reificado, bem como um agente genealógico da autoridade (dialética das obras de vanguarda universalmente válidas)[17].

No entanto, isso não é tudo. E a poesia concreta certamente não era derivativa ou eurocêntrica. O projeto implicou a canibalização dos pais literários, como vimos com a importância que os

AS ANTINOMIAS DA ANTILITERATURA   145

poetas deram a Oswald de Andrade. Como diria Borges do escritor argentino com relação à tradição, o patrimônio era o universo através de uma irreverência deliberada. Significativamente, para os poetas concretos, era preciso assumir a crise da linguagem na modernidade. A saber, o advento de uma nova configuração do sensível que não era mais representacional, discursiva e linear, mas multimídia, virtual e simultânea. A humanidade havia entrado na era das comunicações de massa, do não-verbal, da propaganda, do cinema e da cibernética. A busca futurista por uma linguagem pública, ecumênica e comum estava ocorrendo no Brasil ao mesmo tempo que os dramas do subdesenvolvimento e da rápida industrialização. Com efeito, os anos 1950 e 1960 no Brasil foram uma era de promessa e vanguardismo. Haroldo relata que

[n]os anos 50, a poesia concreta pôde entreter esse projeto de uma linguagem ecumênica: os novos bárbaros de um país periférico, repensando o legado da poesia universal e usurpando-o sob a bandeira "descentrada" (porque "ex-cêntrica") da razão antropofágica [....]

A circunstância era favorável. No Brasil edificava-se Brasília, a capital futurológica, barroquizante e construtivista [...]. Juscelino Kubitschek arbitrava, com envergadura de estadista, o seu "Plano de Metas" [...] [no contexto de] um dos raros interregnos de plenitude democrática que foram dados viver à minha geração [....] a então jovem poesia concreta [...] não poderia deixar de refletir esse momento generoso de otimismo projetual[18].

Sem esse "princípio-esperança", não como vaga abstração, mas como expectativa efetivamente alimentada por uma prática prospectiva, não pode haver vanguarda entendida como movimento [....] Em seu ensaio de totalização, a vanguarda rasura provisoriamente a diferença, à busca da identidade utópica. Aliena a *singularidade* de cada poeta ao *mesmo* de uma poética perseguida em comum, para, numa etapa final, desalienar-se num ponto de otimização da história que o futuro lhe estará reservando como culminação ou resgate de seu empenho des-diferenciador e progressivo. Vanguarda, enquanto movimento, é busca de uma nova linguagem comum, de uma nova *koiné*, da linguagem reconciliada, portanto, no horizonte de um mundo transformado.[19]

A poesia concreta brasileira chegará a inventar um procedimento revolucionário do sensível que dissolve todos os modelos. No entanto, ela também construirá, em sua fase inicial, uma história modular da vanguarda que se torna, como observamos no caso de

Osman Lins, um agente da autoridade "ecumênica" por si só. Mas mesmo que esses párias extraordinariamente criativos da antiliteratura tivessem suas esperanças ligadas ao Estado futurista de esquerda (Brasília), a poesia concreta brasileira nunca foi populista.

O curioso é o seguinte: o afastamento autocrítico dos poetas com relação ao Estado malogrado enquanto regime militar, nos anos 1960, nunca os impediu de fundir a soberania com seu discurso. Não é isso o que a "literatura" faz, em última análise, como engodo e instituição de autores, do clássico, do canônico e do legível (*lisible*), como atesta Roland Barthes[20]? Tudo isso equivale a dizer o seguinte para nosso conceito de antiliteratura: não haverá renovação, nem novo despertar do desejo em relação à avaliação social, política e cultural da literatura, sem pôr em causa as estruturas estabelecidas. De acordo com Deleuze, "[o] desejo é revolucionário porque ele quer sempre mais conexões e agenciamentos"[21]. Contudo, devido a sua reformulação radical da linguagem poética nos anos 1960, a poesia concreta brasileira acaba deixando de lado outros modos incisivos de escritura revolucionária.

Isso não é mais aparente que no caso de Osman Lins, outro escritor experimental de esquerda cuja afinidade com a poética barroca é inquestionável. Mas não defendamos Lins de um exame mais minucioso, também, que ele próprio considerava a escritura experimental minimalista uma maldição para a prática literária. Seja qual for o modo de enquadrar a questão, o julgamento, a pretensão à verdade e os valores clássicos lançam sua sombra sobre o escrevível, o antiliterário[22]. Nesse sentido, a observação chave de John Beverley em *Against Literature* continua operativa: "o problema é que a política cultural da esquerda latino-americana ainda é fundada num modelo de autoridade e pedagogia culturais"[23]. Apesar dos textos revolucionários de Lins e dos concretos, não seria seu recurso ao juízo utópico e à soberania melhor explicado pelos dilemas e dramas da teoria da dependência no Brasil durante os anos 1960? Em retrospecto, tal foi a explicação de Haroldo. Sejamos claros aqui: os poetas concretos eventualmente abandonaram seu modelo evolucionário e ecumênico nos anos 1970[24]. E, por mais estreitamente ligados que estivessem às aporias do estado vanguardista em desenvolvimento, deve-se enfatizar que seu modelo inicial da história literária nunca diminui, no mínimo, a força revolucionária, a singularidade e o alcance de seus textos antiliterários e multimídia que examinamos em detalhe. Na verdade, por sua radical reformulação da concepção da escritura poética, os concretos foram acerbamente criticados pelo *establishment* literário brasileiro. Por isso é importante contextualizar historicamente suas posições inaugurais, utópicas e polêmicas contra o pano de fundo da reação literária e do fervor revolucionário.

Rumo a uma política do texto, então, e seus múltiplos pontos de entrada. E assim voltamos à nossa tese: o problema da política literária neste capítulo não terá nada a ver com "autonomia literária" e idealismo. Pelo contrário, nossa pergunta se vincula ao problema de escrever a violência e a subalternidade a partir da perspectiva do afeto.

Deste modo, na medida em que as antinomias polêmicas da antiliteratura nos permitiram focalizar nossa problemática, voltamos agora ao caso curioso de Lins. Em contraste com os poetas paulistas no epicentro industrial do Brasil, Lins provinha do interior do país, do Nordeste, estava interessado na arte medieval e escreveu sua tese de doutorado sobre um escritor minoritário e afro-brasileiro, Lima Barreto. E, como vimos em sua carta a Haroldo de Campos, Lins jamais hesitou em enfatizar sua formação "primitiva", sua incursão inicial pelo teatro popular nos anos 1960 e seu interesse em temas regionais e com inflexões políticas[25]. Em oposição ao domínio enciclopédico da teoria e da literatura mundial de Haroldo, os escritos "acadêmicos" de Lins eram tingidos de um toque jornalístico. E, ao contrário de Lispector, Lins nunca hesitou em se autodenominar "homem do povo", pois ativamente assumiu posições sobre a função social dos intelectuais. Mais ainda, em seu livro sobre a função social do escritor, *Guerra Sem Testemunhas* (1969), Lins denuncia explicitamente a antiarte minimalista como alienada – um claro ataque contra os poetas concretos, que tinham se tornado nomes familiares no campo da produção cultural brasileira. Mesmo assim, explicitemos nossa tese ainda mais: uma linha de comparação antiliterária deve ser traçada. Na medida em que a poética barroca de Lins configura uma tipologia do texto não-fixa, antirrepresentacional e antissubjetiva, sua obra, como a dos poetas concretos brasileiros, oferece uma nova concepção do que significa escrever e intervir por meio da literatura[26]. A representação é substituída pelo afeto e pelas séries permutantes. Tal visão busca preservar, como observa Jon Beasley-Murray, o espaço intermediário: uma poética do sensível que não domina, mas antes liberta a escritura daquilo que a aprisiona, isto é, do sujeito soberano, da identidade e da representação[27]. Nas palavras de Lins: "[q]uando eu procuro deixar claro que não sou um vanguardista pragmático, quando saliento a importância da tradição, na verdade estou procurando ir além do que ora se apresenta como vanguarda"[28]. Essa reflexão nos leva ao problema da política literária em Lins com respeito ao contexto cultural mais amplo da América Latina na década de 1960. Pois, não muito diferente do desejo utópico dos poetas concretos por uma poesia total, tal meio, de acordo com críticos influentes, vislumbraria a possibilidade de uma síntese "barroca" totalizadora do regional (tradicional) com o universal (vanguarda) através do romance superregionalista do "Boom"[29]. No entanto, como espero deixar claro, Lins encontrará uma forma de superar essa imagem consagrada da escritura.

AS TELEOLOGIAS DO BOOM E A CRISE DA ESCRITURA

Devido ao sucesso do mercado internacional da produção literária latino-americana nos anos 1960, se argumenta que o literário alcançou uma espécie de pináculo e trouxe consigo uma era de rigor intelectual e autoconsciência política. Enquanto o chamado Boom latino-americano lançou um punhado de escritores latino-americanos na arena internacional, seus críticos e seus defensores argumentaram que, finalmente, os intelectuais latino-americanos de todo o continente haviam conseguido articular um consenso geral: um nós que consolidava sua autoridade através dos sinais da renovação literária e de um subconjunto de adversários conceituais e políticos em comum; a saber, a então recente hegemonia cultural, militar e política dos Estados Unidos no cenário internacional e o eurocentrismo arraigado das elites latino-americanas que traía o éthos da revolução nacional-popular e da reforma agrária[30].

Surgiu um discurso de um novo tipo de intelectual e de romance latino-americano, que se coalesceu em torno da problemática cultural, econômica e política que afetava as nações latino-americanas na conjuntura do pós-Segunda Guerra Mundial. Seus defensores

AS ANTINOMIAS DA ANTILITERATURA 149

mais arrojados, como Carlos Fuentes e Alejo Carpentier, avançaram argumentos e posições alegando que o novo romance latino-americano tinha que superar a descrição, *à la novela de la tierra*, em suas representações da vida cultural latino-americana[31]. Isso significava que à nova narrativa latino-americana foi atribuída a tarefa de estender seu olhar para além das fronteiras nacionais e tinha que fundar sua autoridade discursiva sob a rubrica da problemática continental comum que destacamos acima: o subdesenvolvimento, a teoria da modernização e o neocolonialismo. A "dependência", em resumo, infectava todas as esferas da vida cultural latino-americana[32]. Desse modo, de forma não muito distante dos pronunciamentos fundacionais do século XIX, a América Latina era mais uma vez imaginada como unida: um sujeito histórico consolidado que avançava no tempo através de sua expressão cultural e vontade histórica, política e econômica de se desenvolver. Sua produção literária, postulada como o instrumento que "coroava" sua cultura por um importante estudioso da época, tornou-se o local discursivo privilegiado para autorizar essa visão[33].

Sem dúvida, a noção da literatura como veículo da consciência e autenticidade linguística é representativa da formação discursiva do pós-Segunda Guerra Mundial, que girava em torno do "tornar-se global" da cultura latino-americana e ressaltava o romancista como capaz de romper a "insularidade" da região[34]. O romancista do *Boom,* nessa perspectiva, se imaginava como o precursor de uma linguagem alternativa e como o legítimo representante internacional do continente. Das tendências filosóficas continentais que exerciam impacto na América Latina, poderíamos dizer, seguindo Michel Foucault, que a nova primazia da linguagem explica, em parte, o impulso do romance do *Boom* a se tornar paródico, ludicamente textual e semanticamente "universal"[35]. A outra perspectiva, é claro, deveria levar em consideração o horizonte popular nacional do subdesenvolvimento e o *éthos* da descolonização que contextualizam a década de 1960.

Esta última noção é significativa. Isso porque o Norte era visto como um *invasor* e o eurocentrismo se tornava um foco problemático da luta literária e política da esquerda nos anos 1960. Em consequência, a violência da invasão, infiltração e exploração próprias ao neocolonialismo tinha, para muitos dos pensadores da região, se transformado significativamente no *locus* da cultura: uma forma contundente pela qual o eurocentrismo histórico poderia ser desafiado era a chamada visão identitária erigida pelos romances do *Boom*. Como vimos nos casos de Lispector, Viñas e a poesia concreta brasileira, um discurso sobre a responsabilidade do escritor era, portanto, propagado através de resenhas literárias, periódicos e suplementos culturais. Não muito diferente do amplamente distribuído *Que É a Literatura?* (1947) de Sartre, os intelectuais começaram a falar da vocação do escritor na sociedade em termos de política e de classe e articularam teorias sociológicas da literatura em sua relação histórica com a esfera pública[36].

Na medida em que um objetivo inerente a essa visão epocal da ética literária era descolonizar o conhecimento, a vontade de universalização do *Boom* não era sem problemas num sentido epistemológico. Paradoxalmente, para muitos escritores e críticos do *Boom*, o método para criticar a hegemonia cultural estadunidense e o legado do eurocentrismo era reformular a região como universal[37]. Imaginada como universalmente comum em virtude do neocolonialismo e do subdesenvolvimento, era corrente arguir que a nação latino-americana precisava se desenvolver, em todos os níveis, até uma forma de paridade internacional com as forças do mercado. Consequentemente, a literatura se tornava o veículo autorizado e encarregado de unir a voz do *nós* e, com isso, revelar uma visão da "conscientização" política e histórica de todo o continente.

Para Osman Lins – um escritor brasileiro muitas vezes ignorado pelas narrativas do *Boom* – a invasão da indústria cultural estadunidense foi uma das principais razões para construir sua própria poética narrativa barroca, cujos procedimentos técnicos poderiam, à primeira vista, ser muito bem comparados à transculturação narrativa e ao realismo mágico[38]. Numa carta fundamental à sua tradutora francesa, Maryvonne Lapouge, datada de 11 de agosto de 1969, Lins recorda o dilema de imaginar o nacional em pleno início do neocolonialismo cultural: "[a] falta do sentimento nacional é alarmante. Não se deve ser xenófobo. Mas também não se pode ser tão negligente como somos em relação aos nossos valores próprios, à nossa individualidade. Assim, não pode haver terreno mais propício à invasão cultural. E o que é mais grave, a invasão cultural da pátria de Nixon e de *Mad* [a revista]"[39].

Diante de modelos culturais historicamente impostos e do problema de defender o nacional, o discurso de Lins gira em duas

AS ANTINOMIAS DA ANTILITERATURA 151

direções divergentes. O intelectual legitima sua visão social e autoridade a partir da construção de um estilo único, que reivindica uma função integradora que inclui o subalterno: "Nesta época de grandes fracionamentos, pelo menos o escritor, praticante de um ofício unificador por excelência, recuse ser também um agente de fragmentação."[40] Integrar o sujeito nacional fraturado a partir do *locus* da literatura era construir textos que negociassem realidades políticas e a representação própria. Imagens de balanças, relógios, réguas, instrumentos de escritura e quadros da ordem cosmológica enchem as páginas de *Nove, Novena* (1966) e *Avalovara* (1973). Pode-se dizer que esses símbolos de ordem e medida, quando lidos contra a estrutura ornamental das narrativas experimentais de Lins, configuram, por seu lado, uma apta alegoria de seu estilo de escritura.

Segundo Sandra Nitrini, a poética ornamental de Lins reflete seu idealismo e deve ser lida filosoficamente como um platonismo arraigado que inscreve uma "nostalgia da unidade perdida" contra as forças reificadoras do capital[41]. Enquanto a leitura de Nitrini permanece esclarecedora em muitos níveis, minha abordagem, longe de interpretar a inclinação idealista de Lins de construir uma harmonia estética como desejo de recuperar a "unidade perdida" da humanidade, como o próprio Lins gostava de afirmar, argumenta que as cadeias de significação osmanianas também articulam o que denominarei mapeamento hesitante e heterotópico do subalterno contra a formação discursiva do neocolonialismo e do subdesenvolvimento nos anos 1960[42]. Num nível mais profundo, como o trabalho de Lispector e Viñas, o projeto de escritura de Lins teve que se tornar não mais moderno e artesanal, mas sim mais reflexivo, polivocal e intensivo[43].

E mesmo assim, para legitimar seu discurso no Brasil nos anos 1960, Lins teve que teorizar e promover seu próprio trabalho a partir de uma perspectiva nacional. Suas tiradas contra as casas editoriais e os editores corruptos, a ausência de apoio estatal aos escritores e seus ávidos relatórios estatísticos sobre o número de livros comprados e distribuídos no país, documentados em *Guerra Sem Testemunhas*, demonstram claramente que o intelectual, para Lins, tinha que tornar o nacional um importante horizonte de viabilidade, mesmo quando ele defendia, como muitos escritores representativos do *Boom* hispano-americano, as dimensões internacionais e universais da cultura literária[44].

Para Lins, em suma, o escritor era imaginado como um intelectual público engajado, capaz de tecer, através de múltiplas perspectivas, a "plenitude" da nação subalterna emergente (*nossa cultura em plena formação*) e simultaneamente expor suas fissuras: "[o] escritor, na sociedade, representa essa voz, esse rumor; é uma força espiritual, a consciência de um momento, a secreta lucidez de um povo"[45]. As ricas fissuras e fronteiras da representação, o encenar "epistemológico" e secreto do significante subalterno ornamental, como mostrarei, são uma das principais razões por que uma reavaliação de Lins é bem-vinda hoje.

Com respeito às críticas recentes à suposta apropriação pelo *Boom* do "outro regional", ou mesmo a sua postura eurocêntrica sobre a cultura, estaria o projeto de Lins apontando para uma nova forma de orientalismo subalterno? Em que os discursos da transculturação contribuem em nosso remapeamento do autoposicionamento histórico de Lins? Como lidar com as chamadas afirmações triunfais do *Boom* em relação à problemática da subalternidade, do afeto e da representação que os escritores brasileiros e argentinos negociaram em seus textos experimentais?

De acordo com a influente abordagem de Idelber Avelar referente ao *Boom* latino-americano como formação discursiva, nos anos 1960 assistimos a um curioso fenômeno que impacta a instituição literária em todo o continente: "a literatura havia perdido sua funcionalidade" numa esfera pública que não precisava mais dela[46]. Em resumo, a modernização não aniquilava a literatura, mas a colocava em crise. O argumento de Avelar é que o *Boom* representa a perda da "aura" na literatura latino-americana – sua tarefa histórica de formar uma elite "letrada" e representar o povo – no exato momento em que ela se torna "autônoma"[47]. Em outras palavras, a perda da aura refere-se à autonomização do *Boom* do regime literário latino-americano da representação. Assistimos, assim, ao surgimento de um "modo compensatório" que é evidenciado pela *tematização da escritura* nos romances do *Boom*: "[a] insistente tematização da escritura nos romances do *boom* desempenhou a tarefa de realizar a vocação retórico-política. Um escritor-demiurgo postulava um domínio que poderia tanto explicar (preceder) quanto superar (suceder) o ciclo insuportável da política e das repetições sociais na América Latina"[48]. Na medida em que o escritor não tinha mais uma função definida

AS ANTINOMIAS DA ANTILITERATURA 153

na sociedade em relação à representação do povo, o *Boom* "respondia com uma estetização do político, ou, mais precisamente, uma substituição da estética pela política"[49].

Embora sem dúvida importante e teoricamente nuançada, a leitura compensatória de Avelar da "autonomização" do *Boom* é problemática por várias razões. Primeiro, a imagem da escritura que guia sua formulação permanece atrelada ao regime literário latino-americano da representação. Sem dúvida, a formação discursiva do *Boom* produziu uma ideologia do literário com suas inúmeras declarações de triunfo e transculturação. E, como ilustrado acima no caso do modelo literário ecumênico e evolucionário de Haroldo de Campos, não existe tal coisa como um sujeito de vanguarda universalmente válido, muito menos uma "nova narrativa" autônoma avançando teleologicamente no tempo. Embora esse ponto seja óbvio, os críticos persistem em afirmar que o *Boom* é a idade de ouro e a chegada da literatura latino-americana, como se ele fosse um *sujeito* autônomo em oposição a obras singulares que compartilham um contexto histórico, político e regional em comum. Segundo, o argumento central de Avelar sobre a tendência à tematização da escritura nos romances do *Boom* não registra as dimensões autorreflexiva, paródica, feminina, subalternista e multimídia da escritura em jogo em muitas das chamadas narrativas do *Boom*. Neste livro, registramos contraimagens minoritárias da escritura que aniquilam toda pretensão de representação. Uma que vem especialmente à mente é a problemática subalterna e seu mapeamento antiliterário, como presenciamos com grande impacto em Lispector, na poesia concreta brasileira e em Viñas. Esses projetos antiliterários apresentaram casos contundentes de intervenção e experimentação, ao mesmo tempo que traçavam os limites do falar pelo subalterno como uma problemática insuperável que abala nossa compreensão corriqueira do "outro".

A questão aqui não é criticar Avelar, pois ele nos ofereceu um precioso mapeamento da formação discursiva do *Boom* e ele próprio qualifica seus argumentos como apenas "delineados"[50]. O ponto é antes entender e problematizar essa ambiciosa articulação, a fim de produzir uma contrafocalização da subalternidade latino-americana por meio das lentes historicamente fundamentadas da antiliteratura no Brasil e na Argentina. Seguindo John

Beverley, a problemática subalterna está no centro dos debates contemporâneos sobre a luta histórica relativa à literatura e o "deslocamento da autoridade dos letrados" na América Latina na esteira do enfraquecimento do Estado-nação sob o capital global[51]. Se o subalterno tem demonstrado reiteradamente que estamos errados em sentido epistemológico, é porque o problema de "falar por" é um discurso colonialista de poder. Seguindo a problemática fundadora do Grupo Latino-Americano de Estudos Subalternos e sua diretriz de forjar novas modalidades de pensar o político e o cultural considerando as "dicotomias estruturais" que sustentam a relação histórica entre os intelectuais e os subalternos[52], entendo o subalterno como um termo mediador, fundamentalmente refrativo, dos limites da escritura e do discurso teórico. O subalterno, nessa visão, não apenas coloca "a nação em questão", mas funciona como uma poderosa fissura constitutiva para a reflexão[53].

Em seu "Manifesto Inaugural", de 1993, o Grupo Latino-Americano de Estudos Subalternos emitiu uma diretriz que alterou o campo: repensar o *problema de escrever* contra a "tradução" elitista, nacionalista e literária da subalternidade[54]. Como espero ficar claro em minha leitura de Lins, a poética barroca da sensação em jogo em sua obra funciona como um quadro multimediador que incide sobre a problemática de escrever a subalternidade[55]. Ao redirecionar nossa atenção para a sensação, concordo com o apelo de Alberto Moreiras de "voltar a literatura contra ela própria" pelo pensar por meio da "função subalterna dos estudos literários"[56]. Ao fazer isso, também estou pondo em primeiro plano um dos principais problemas em jogo neste volume: que é hora de ir além do exame da literatura latino-americana do ponto de vista do *sujeito do Boom* e suas declarações autorais, através de um retorno à mediação, ao afeto, à autorreflexividade, aos legados minoritários da vanguarda e à problemática da antiliteratura.

UMA POLÍTICA DO ORNATO

Falta-nos uma leitura teórica da estética narrativa de Osman Lins ou do que ele denominava poética do ornato, começando com a publicação marcante de *Nove, Novena* (1966). Falta-nos, em outras palavras, uma interpretação da subversão da forma realista

AS ANTINOMIAS DA ANTILITERATURA 155

do escritor. Sem jamais falar pelo subalterno, no que se segue, nossa intenção será mostrar como Lins encontra uma forma de narrar a violência da subalternidade mediante um procedimento de ornamentação antirrealista e barroco.

Para captar a reelaboração de Lins da estética realista, fazemos bem em enquadrar o desdobramento do espaço textual no seu aclamado "Retábulo de Santa Joana Carolina", pois é aqui que o cenário, os múltiplos narradores e as frases passam por um processo de ornamentação polivocal. Considere o elenco de narradores sucessivos que falam na primeira pessoa. Esses narradores sucessivos possuem nomes, como Totônia, mas são inicialmente enquadrados por um símbolo visual que tem conotações poéticas e cosmológicas. Na narrativa final, por exemplo, o sinal do infinito, ∞, designa uma multidão de narradores subalternos que polifonicamente entoam o canto da procissão funeral da protagonista, "Santa" Joana Carolina[57]. O sinal de infinito também aponta para o retábulo medieval, ou retábulo emoldurado, e serve como matriz estrutural da obra: a morte de Joana Carolina corresponderá à representação icônica da Assunção da Santa Virgem em agosto. A partir do quadro da graça infinita, a narrativa subalterna ∞ se desenrolará no canto coral e apontará diretamente para a *cantiga de louvor* medieval que a narrativa de Lins habita. Apropriação criativa de formas tradicionais e borrando as fronteiras entre a pintura, a escultura e a canção, o indicador narrativo do infinito, ∞, sinaliza novas correspondências, novas ramificações semióticas, dobra após dobra. Por isso, o problema de superar o realismo através do barroco, em Lins, nunca teve a ver com encerrar o texto no idealismo, como sugerem seus críticos, mas com continuar o tecido textual: geometria na errância, estrelas cadentes contra fixas, reescrituras heterodoxas de textos canônicos. Não estaria o infinito também apontando para o que Candace Slater corretamente observou ser a forma ideal do teatro *textual* de Lins, isto é, uma *demonstração textual performativa de escrever e ler* em contraposição à dramatização subjetiva?

O que conta é a proliferação das séries. Nas frases tortuosas e cravejadas de vírgulas de Lins, o objeto é elevado a um estado verbal, vocal e visual da linguagem. Como o significante do infinito que suspende o encerramento na narrativa final, o "Retábulo" começa com a voz de uma jovem parteira negra, simbolizada pela cruz solar, ⊕. Denotando a terra, com seu equador e meridiano, as quatro estações, os quatro pontos cardeais e os quatro elementos, esse indicador narrativo imediatamente enquadra a imagem feminina clássica da Libra, a deusa grega da justiça, Ω, segurando a balança. É significativo, além disso, que a narrativa começa *in media res*, com uma parteira se vendo na pintura do retábulo e segurando Joana nos braços: "Lá estou, negra e moça, sopesando-a (tão leve!), sob o olhar grande de Totônia, que me pergunta: 'É gente ou é homem?'"[58] Com seu discurso rimando como o de um cantador popular nordestino, ou repentista, notamos como a sintaxe começa por mesclar-se com o símbolo visual: a parteira focaliza sua história através da pintura do retábulo – "Lá estou." Mas a frase acompanhante entre parênteses, "(tão leve!)", também constitui uma inscrição performativa: Joana Carolina, a figura santa, a cruz, é embalada nos braços da parteira, ⊕. Atravessar o limite: a paronomásia visual constitui a ideia de um foco primário, um alvo. O olhar sobre a santa, o olho que refrata a cruz: a sintaxe se converte imediatamente em sensação. Mas iniciada no meio, por uma parteira que lê sua história a partir do retábulo, a sintaxe também retorna ao plano técnico, metaliterário da composição, para a noção de *medium*. Como figura da justiça infinita, não estaria essa cena de abertura, encenada pela voz da trabalhadora rural, essa parteira afro-brasileira, apontando para uma problemática política mais ampla nos anos 1960 no Brasil? Em especial, devido ao fato de que, até 1950, 74% da população rural do Nordeste era analfabeta e não podia votar – boa parte dela vivendo em condições semifeudais e nômades – num momento conflituoso em que a esquerda prometia a revolução e a reforma agrária[59]. Sinédoque da revolução futura, mas também ferida simbólica no Estado neocolonial, essa configuração nos remete à imagem icônica do pescador afro-brasileiro adornando a capa da influente revista de oposição à ditadura, a *Revista Civilização Brasileira*, cuja primeira edição surge em 1965[60].

Voltaremos em breve ao problema de mediar o subalterno. Por ora, continuemos nossa reflexão sobre o projeto barroco do "Retábulo". Como com o discurso poético, o tempo cronológico é estilhaçado no transbordamento das vozes, símbolos visuais e narradores sucessivos que comentam o passado no tempo presente. A sintaxe se desdobra em grandes formações de blocos,

FIG. 5.2. *Ilustração do pescador afro-brasileiro para a revista de esquerda* Revista Civilização Brasileira, *n. 11-12 (1967)*.

que variam de duas a cinco páginas, sem quebra de parágrafo. Se o "Retábulo" se apropria criticamente da forma da cantiga medieval, fazemos bem em traçar um paralelo imediato com as clássicas *Cantigas de Santa Maria*[61]. Escritas em galego-português no século XIII e retratando a Virgem Maria de forma humanizada, esses poemas ilustrados de louvor à Virgem se equiparam aos "milagres" seculares e terrenos de Joana Carolina. De fato, composta em notação quadrada silábica (*syllabic square notation*), a escritura justificada de Lins reproduz os padrões em bloco dos manuscritos medievais. Através da pintura do retábulo que estrutura a narrativa, Lins também se inspira nas iluminuras medievais. Com efeito, os textos-enigma que precedem a narrativa funcionam como vinhetas nas *Cantigas de Santa Maria*: são poemas curtos fornecendo a legenda das iluminuras. O ornato denota tanto o método sintático quanto a performance textual. Da imagem à narrativa e canto, o cenário se produz por meio de uma sequência de doze quadros que correspondem aos doze "mistérios" narrativos do "Retábulo". Cenas de montagem que se aproximam do cubismo por sua ausência de uma perspectiva central, os quadros com frequência aparecem no início da narrativa, mas às vezes emergem no meio ou no fim[62]. Introduzindo os quadros, onze das doze narrativas começam com um poema-enigma relativo a um dos "milagres" de Joana Carolina. Ou melhor, a experiência dos milagres no "Retábulo" realmente registra *mudanças epifânicas de perspectiva* da parte dos narradores. Alterar a perspectiva: Joana Carolina é enquadrada não tanto como "santa" subalterna, mas como obra de arte e figura de desafio. Ao transmitir e narrar os atos dela como retratados na pintura do retábulo, os narradores passam por uma mudança de ponto de vista. E, como a Virgem Maria, Joana representa uma mudança de escala, um registro afetivo. Isso se mostra significativo no sentido político, na medida em que os narradores vivem e lutam num mundo de violência. Ou são eles fantasmas? Elevada ao status de monumento, reminiscente da obra de Juan Rulfo, a voz de uma comunidade subalterna desponta para nos contar sobre sua miséria, sua terra secada e batida pelo sol, seus risos e cantos escassos, suas histórias de exploração. Semelhante a Macabéa de Lispector em *A Hora da Estrela*, os mistérios de Joana Carolina não representam a esperança litúrgica para os

FIG. 5.3. *Cantigas de Alfonso, o Sábio*, século XIII, fólio 120v: "Elogios da Virgem e do Arcanjo Gabriel", Biblioteca Nazionale, Florença. Reimpressão a partir de El Sabio, "Louvores da Virgem", v. 1 de Spanish Illumination, organizado por Jesús Domínguez Bordona.

oprimidos, mas sim uma fratura nas formas habituais de percepção da comunidade nordestina – uma ruptura com o suportar habitual, coletivo, cotidiano, apesar das condições miseráveis.

O tropo e leitmotiv da mudança *na escala* nos leva de volta ao símbolo inaugural que abre o "Retábulo": "o espaço desdobrado, as amplidões refletidas nos espelhos do Tempo, o Sol e os planetas, nossa Lua e suas quatro fases, *tudo medido pela invisível balança*, com o pólen num prato, no outro, as constelações"[63] Até mesmo o próprio diabo, encarnado na figura do proprietário da fazenda, passa por uma mudança de perspectiva: "Joana Carolina foi minha transcendência, meu quinhão de espanto numa vida tão pobre de mistério."[64] Paralisados no hábito, vítimas da violência estrutural profundamente enraizada – talvez isso explique a observação de Leila Perrone-Moisés de que a voz narrativa no "Retábulo" é quase neutra, impassível, espectral. No "Mistério Final", por exemplo, o coro subalterno conduzindo Joana até o túmulo falará de uma vida de exploração suportada pela força do hábito: "nós, os ninguéns da cidade, que sempre a ignoraram os outros, gente do dinheiro e do poder [...]. O mundo que foi seu e para o qual voltamos, de onde dentre nós alguns jamais saíram, terra onde [...] suamos, somos destruídos, pensando em ir embora e sempre não indo, quem sabe lá por quê"[65].

Não basta, entretanto, simplesmente multiplicar a perspectiva. O texto barroco de Lins desenvolve uma série permutante que registra o movimento e a experiência sensorial num trajeto multimídia que abandona a representação. Por exemplo, lembrando a forma da cantiga canibalizada, as vinhetas de enigma de Lins se leem como canções públicas de louvor, invocando as musas locais, flora e fauna, os signos do zodíaco e as quatro estações do ano. Como poemas concretos, a estrutura do texto-mistério é a do conjunto associativo (*associative assemblage*). A sintaxe comunica sua estrutura e se desenrola como intensificação da linguagem em coordenadas verbais, vocais e visuais. Como se fossem poemas emitidos em apresentação pública, os textos-enigma são lúdicos e enfatizam não apenas o cosmo e a religião, mas o aleatório e a luta pela vida. Como legendas para a pintura do retábulo, os enigmas cerimoniais dão as boas-vindas ao leitor para participar na atualização do texto (*textual performance*). Além disso, os enigmas servem como divisões (*partitions*)

FIG. 5.4. *Cantigas de Alfonso, o Sábio, século XIII, fólio 1:* "Alfonso o Sábio Lendo Suas Cantigas", Escorial, Biblioteca do Mosteiro Real, T. j. I. Reimpressão de: El Sabio, "Alfonso the Learned Reading His Canticles", em Jesus Dominguez Bordona (ed.). *Spanish Illumination, v. 1.*

que separam as doze cenas dos painéis. Apontando para a apoteose final de Joana Carolina, eles correspondem aos doze signos astrológicos e a doze fases distintas na vida de Joana Carolina[66]. As doze narrativas também apontam para as Estações da Cruz, na medida em que a história da vida de Joana Carolina é contada na chave da violência[67]. Isto é, embora Joana sofra atos de exploração nas mãos de latifundiários corruptos, todas as suas ações são contextualizadas pelo permanente desafio e subtema do martírio[68]. Destaco aqui o fato de que a referência à novena no título do livro, *Nove, Novena*, remete aos nove dias de oração em que se celebra o Pentecostes cristão, ou a descida do Espírito Santo e o falar em línguas.

De acordo com o *Novo Dicionário Aurélio*, o termo *novena*, do latim, refere-se a: "1. o espaço de nove dias; 2. Rezas feitas durante nove dias; 3. Grupo de nove coisas ou pessoas; 4. *Bras.* Castigo de açoites durante nove dias seguidos, que se inflige aos escravos."[69] É importante destacar que o termo *novena* no Brasil também se refere à instituição da escravidão. A *novena*, dessa forma, inscreve não apenas a religiosidade e revolução cristãs no título, mas também sugere o tema abrangente da subalternidade e exploração. Alegoricamente falando, poderíamos dizer que o recurso de Lins à ornamentação espelha esse falar plural em línguas. Como mostraremos em nossa análise do "Mistério Final", Joana Carolina é comparada a Cristo e sua canonização é equiparada a uma segunda vinda messiânica pela multidão subalterna.

À medida que avançamos da forma para as aporias do conteúdo, poderíamos dizer, com Jacques Rancière, que nos falta uma leitura mais detalhada de como os textos de Lins articulam uma política do sensível. Tal leitura sem dúvida nos levaria além das frequentes denúncias de Lins da esfera pública no Brasil. De fato, as opiniões do autor com frequência confinam a crítica ao argumento circular relativo à sua afirmação de que a narrativa equivale à cosmogonia. No caso limite do "Retábulo de Santa Joana Carolina", comumente percebido como uma obra-prima de Lins, o texto nunca foi espiritualista. Por mais que Lins falasse da escritura como um esforço de inflexão cosmológica, tudo gira em torno do problema material do sensível: o de criar um monumento coletivo para os oprimidos. Deixe-me dizer isso de forma ainda mais clara: fazer o monumento para o subalterno

```
             Duas vêzes foi criado o mundo: quando passou do na
PALAVRA      da para o existente;e quando,alçado a um plano mais su-
CAPITUL      til,fez-se palavra. O caos, portanto, não cessou com o
AR PALI      aparecimento do universo; mas quando a consciência  do
MPSESTO      homem, nomeando o criado, recriando-o portanto,separou,
CALIGRA      ordenou,uniu. A palavra, porém, não é o símbolo ou re-
FIA HIE      flexo do que significa, função servil, e sim o seu espí
ROGLIFO      rito, o sôpro na argila. Uma coisa não existe realmente
INCUNÁB      enquanto não nomeada: então, investe-se da palavra que
ULO CÓD      a ilumina e, logrando identidade, adquire igualmente es
ICE VER      tabilidade. Porque nenhum gêmeo é igual a outro; só  o
SO LETR      nome gêmeo é realmente idêntico ao nome gêmeo. Assim,gê
A RECTO      mea inumerável de si mesma, a palavra é o que permanece,
PERGAMI      é o centro, é a invariante, não se contagiando da flu-
NHO ALF      tuação que a circunda e salvando o expresso das trans-
ABETO P      formações que acabariam por negá-lo. Evocadora a ponto
APEL PE      de um lugar, um reino, jamais desaparecer de todo, en-
DRA PLU      quanto subsistir o nome que os designou (Byblos,Cartha-
MA ESTI      go, Suméria), a palavra, sendo o espírito do que - ain-
LETE PI      da que só imaginàriamente - existe, permanece ainda,por
NCEL IL      incorruptível, como o esplendor do que foi, podendo,mes
UMINURA      mo transmigrada, mesmo esquecida, ser reintegrada  em
ESCRITA      sua original clareza.
```

FIG. 5.5. *Texto datilografado do "Nono Mistério", em Osman Lins, "Retábulo de Santa Joana Carolina". Fotografado pelo autor. Cortesia do espólio de Osman Lins.*

não consistirá em projetar uma representação. Não haverá tradução mestra da alteridade, nenhum falar ventríloquo pelos pobres, nenhuma santificação do popular. Ao contrário, presenciaremos a construção, em Lins, de uma técnica de escritura que desterritorializa todos os padrões e medidas – um limiar de iletralidade (*illiteracy*), na expressão apta de Abraham Acosta[70]. O problema da antiliteratura dirá respeito, então, à criação de novas potências de textura, novos modos de se relacionar com o subalterno.

Na medida em que a estética do ornato, em seu sentido mais básico, é melhor entendido como um procedimento em camadas que chama a atenção para o *ato de ornamentar*, poderíamos dizer que o texto de Lins chama a atenção para si mesmo num sentido original. Lins via o ornato como uma técnica de amplificação sensorial[71]. O ornato não apenas decora a história, mas aponta para um mapeamento contínuo da composição.

E, contudo, o ornato de Lins, como a dobra de Deleuze, não se refere a uma característica essencial. Ele é, ao contrário, qualificado por sua função operatória. A trama da história, nesse sentido, é sempre cavernosa, generativa e ativa: a história se torna um *acontecimento da leitura através de múltiplas dobras ornamentais*[72]. Manter uma interface tensa entre a narrativa e o ornato permutante: o ornato agita, adia e suspende o julgamento do leitor. Os dois planos da narrativa e da ornamentação se fundem num terceiro campo de metaperformatividade (*metaperformativity*) que induz no leitor uma perspectiva vacilante e contemplativa.

Apontei que precisamos ir além das denúncias explícitas do autor para entender a vocação política que subjaz a suas narrativas barrocas e, desde já, o mesmo deve ser dito quanto à questão de "representar" ou de dar articulação ao subalterno. Lins, semelhante aos intelectuais de sua geração, como Viñas, Campos e Lispector, tinha consciência da divisão aparentemente insuperável entre o intelectual e o "outro" desinstitucionalizado. Dito isso, o que fazer da "beatificação" de Lins da subalterna Joana Carolina, como uma figura santa para os "ninguéns" oprimidos do Nordeste empobrecido?

Um primeiro passo para responder a essa pergunta é ir além da biografia, por mais interessante que seja: a história trata de muito mais que uma homenagem eloquente à avó paterna de Lins, Joana Carolina, que criou Osman no Nordeste brasileiro. Na medida em que a estrutura narrativa da história constitui um campo de ornatos chamando a atenção para seus procedimentos composicionais, um ponto de partida para fazer a ponte entre o literário e o subalterno é encontrado na noção de estrutura secreta, ou "mistério", que enquadra cada um dos doze textos-retábulo na obra.

LIMIARES: O ORNATO E A VIOLÊNCIA DA ESCRITURA

Começo minha análise do "Décimo Primeiro Mistério" com a citação latina "Populus qui ambulabat in tenebris, vidit lucem magnam", que pode ser vista como os termos pelos quais o narrador-sacerdote consagra Joana Carolina como santa[73]. E mais, como intertexto bíblico, a citação se refere à migração de Jesus Cristo de sua casa em Nazaré, após ser tentado no deserto por quarenta dias e quarenta noites pelos diversos disfarces, ilusões e promessas falsas de Satanás. A citação literalmente inaugura a pregação nômade do Messias cristão: "[o] povo que jazia nas trevas viu uma grande luz; e aos que estavam detidos na região e sombra da morte, a luz raiou" (*Mateus* 4, 16). Ela também remete à profecia messiânica de Isaías, que predizia um Messias que serviria como "Luz para as nações; a fim de abrir os olhos dos cegos, para tirar da prisão os presos e do cárcere os que habitam em trevas." (*Isaías* 42, 5-7) As valências representacionais da citação também sugerem um conjunto de equações simbólicas e uma cartografia generalizada da sequência da trama narrativa: Joana Carolina como a figura de Cristo; o deserto como o sertão brasileiro; as tentações do diabo como as que são empregadas pelo latifundiário, o agente primário e representação da violência estrutural, para seduzir e quebrar a determinação de Joana nos Mistérios Seis e Sete, o que resulta na morte de sua mãe, nas doenças de seus filhos e em ela ter fisiologicamente envelhecida vinte anos num período de sete. A referência a um "povo nas trevas" (*populus, qui ambulabat in tenebris*) e, por inferência, tanto a judeus quanto a gentios, pode ser vista alegoricamente como uma referência aos povos subalternizados do Nordeste brasileiro.

A comparação Cristo-Joana Carolina redimensiona o nomadismo pedagógico de Joana como professora em um canavial e a mediação de seus doze milagres por um conjunto de narradores subalternos. Mais especificamente, no caso do mistério desse décimo primeiro "Retábulo", a citação se torna ao mesmo momento um símbolo da epifania do narrador-sacerdote em relação à "beleza secreta" ("aquela beleza secreta") de Joana em seu leito de morte[74] e da condição de Joana como figura santa: é precisamente aqui, aos olhos do narrador-sacerdote e por meio de uma articulação canônica na língua oficial da Igreja Católica, o latim, que Joana Carolina é canonizada, enquanto seu rosto, sua representação no retábulo, se multiplica e prolifera numa série de figuras, fenômenos e conjecturas que sugerem a superação da pobreza, da agrura e da exploração que têm sido constantes em sua vida ("*daquela ressurreição fugaz*")[75].

Mas a questão permanece: como se relaciona a epifania do narrador-sacerdote, transmitida em latim e mediante uma gama de ornatos simbólicos, com o problema da subalternidade? Como é a subalternidade imaginada, invertida e deslocada?

A beatificação de Joana Carolina pelo sacerdote católico é ambígua e semanticamente críptica, pois a conclusão da narrativa termina numa sequência de ornamentações que embaralham o encerramento cronológico da narrativa: a citação de Mateus em latim nos é emitida com o padre se afastando e a imagem de Joana Carolina em chamas. Além do tema da beatificação, o texto começa por impor uma pergunta ontológica ambígua: "O que é, o que é?", que remete a um segundo plano (iterativo) de interpretação relativo – sugiro, a partir da crise epistêmica que o texto encena – ao problema de escrever e interpretar o subalterno como o local da redenção[76].

Olhando mais de perto para a ambiguidade da questão, o que entrelaça essa dispersão ambígua de ornatos são as estratégias de autorreferência que mapeiam a canonização de Joana Carolina como um objeto que "deve ser para um artista a forma anunciada"[77]. Esse tropo-chave – quando o conectamos às múltiplas referências à arte e à escritura que o texto reiteradamente inscreve sobre seus objetos – articula claramente o modo como o ornato em Lins, como modalidade de suplementação semiótica, encena uma alegoria de seus próprios procedimentos representacionais e poética da escritura.

Será que essa codificação ornamental de Joana Carolina e, em consequência, da subalternidade, reduz o problema a uma discussão entre artistas e letrados? Será que a canonização de Lins da subalterna Joana Carolina termina sendo uma outra instância da transculturação literária do "outro" regional num sujeito universal? Estamos com isso sendo confrontados com a apropriação da diferença através de uma lógica teleológica da modernidade? Seria essa uma restauração literária do aurático?

O problema dos limites epistêmicos em Lins gira em torno das formas pelas quais seus textos traçam os limites da arte literária com respeito à subalternidade como *violência* e tem início no "Décimo Primeiro Mistério", com a dupla indagação do texto-enigma inicial: "O que é, o que é? Leão de invisíveis dentes, de dente é feito e morde pela juba, pela cauda, pelo corpo inteiro. [...] é filho, às vezes, de dois pedernais. Ainda que devore tudo, nada recusando a seus molares, caninos e incisivos, simboliza a vida."[78] O signo astrológico do Leão e o elemento fogo se tornam os primeiros termos de uma série de ornatos que disporá

FIG. 5.6. Retábulo da Virgem Com o Menino, *pelo Maestro della Maddalena. Têmpera sobre madeira, Florença (1275-1280). Reproduzido a partir de* Les Arts Decoratifs, *imagem digital, 6 de dezembro de 2014.*

em camadas e complexificará a sequência narrativa que se segue, que é mais interpretativa do que descritiva, mais imagética do que cronológica – a *leitura* do narrador-sacerdote do décimo primeiro painel, sua *leitura* da vida de Joana no momento de sua última confissão e sua *leitura* de sua própria posição institucional: "Vendo-a (ou deveria dizer *vendo-as*, de tal modo eu tinha ante meus olhos dois seres diferentes, ambos reais e unificados só em meu espanto?) [...]"[79]

Primeira leitura: partindo do enigma inaugural, nos movemos pelos olhos do sacerdote para o espaço simbólico da cena do painel. Anjos pairam sobre Joana, enquanto suas mãos seguram um galho seco e penas. A sintaxe é pausada, meditativa, carregada de vírgulas, enquanto os objetos no quadro são distribuídos com pouquíssimos verbos. O tempo narrativo de repente interrompe o espaço estático do discurso descritivo, enquanto as personagens do quadro saltam da pintura: "Vendo-me, segurou-me o braço. 'Estou lembrando quando o senhor veio aqui pela última vez.'"[80] Efetuando uma inversão nas relações de poder, poderíamos dizer que a narrativa começa com o representado devolvendo um contraolhar ao enunciador do discurso, de modo a obrigar o sacerdote a confessar seus "pecados" ou fraquezas. Em outras palavras, o narrador-sacerdote não responde à evocação de Joana no presente, enquanto suas palavras se tornam, como a cena do painel, objetos de contemplação através dos quais ele se autorreflete: "Cultivo o hábito de esquecer. A um padre compete proteger-se da impregnação das coisas."[81]

Segunda leitura: estamos aí envolvidos num espaço de contemplação, a autorreflexão do sacerdote em negação, uma cena mental que também se desdobra no agora narrativo e mais uma vez divide a trama. A narrativa do sacerdote dessa suposta confissão, começando com sua descrição do quadro, se transforma *num espaço de leitura múltiplo e fragmentado* ("*vendo-as*, de tal modo eu tinha ante meus olhos dois seres diferentes")[82]. Esse espaço delineia uma tensão clara que separa Joana Carolina (a subalterna) do padre. Se, à primeira vista, ela é um objeto de contemplação no quadro, quando ela surpreendentemente olha de volta para o padre e fala – estilhaçando os limites do quadro e adentrando o tempo da narrativa –, suas palavras se tornam objetos *textuais* que a *distanciam* do padre, que evita "a impregnação das coisas" e cultiva "o hábito de esquecer"[83]. Como objeto etnográfico, Joana Carolina se torna o sujeito-limite do discurso do padre, em contraposição ao sujeito disciplinado que confessa à Igreja: "Mas dentro desse rosto, que adquiriu de súbito uma transparência inexplicável, como se na verdade, não existisse, fosse uma crosta de engano sobre a realidade não franqueada à contemplação ordinária(.)"[84]

Terceira leitura: o objeto de contemplação do padre, Joana Carolina em seu leito de morte, mas também Joana Carolina como uma representação no quadro, se torna um significante de limiares. A representação ambígua de Joana Carolina desloca as unidades narrativas de lugar, tempo e ação. Em consequência, em sua dispersão e multiplicidade, sua representação passa a ser não mais um simples objeto do discurso, mas um ponto de vista narrativo em contrafoco (*counterfocal*), que dirige o olhar do leitor de volta para o sacerdote. O "Décimo Primeiro Mistério" é, dessa forma, tanto a narrativa da cena de confissão e morte de Joana Carolina quanto um mapeamento dos hábitos mentais rígidos e institucionalizados do narrador-padre que, por fim, são dissolvidos na experiência estética de relembrar o quadro e a morte de Joana Carolina. À medida que os dois pontos de vista narrativos se deslocam, multiplicam, dispersam e sobrepõem, eles configuram um sistema complementar de significação que chama a atenção para a construção do texto. Ao fazer isso, a perspectiva narrativa no "Décimo Primeiro Mistério" – escrito na velocidade do tempo presente, mas hesitantemente reflexivo – traça uma vertiginosa troca de olhares que, em última instância, *se lê como texto*.

Ler o confessar do "outro", no "Décimo Primeiro Mistério", é narrar os modos pelos quais a confissão é suspensa e reenviada ao sujeito "racional" disciplinador. E narrar essa confissão final, esse inventário final dos pecados, de forma tal que o subalterno possa ser "purificado" pela instituição da Igreja no limiar da vida e da morte, é deslocar o objeto solene, passivo e dócil da contemplação. É ressemantizar o confessor, o objeto subalterno, que progressivamente se torna o sujeito do discurso que acumula sentido, multiplica perspectivas e desloca o padronizado e repetitivo. Ou talvez melhor, o objeto da disciplina e do conhecimento desloca o olhar do intérprete que não pode "penetrá-lo". Se o encontro, a retórica e a lógica da confissão disciplinar são entrelaçados por deslocamentos e pelo acúmulo semântico e a mimese é traída pelo fato de que as pinturas saltam para a vida, a cola que permite que essas rupturas temporais e espaciais se unam é as referências ao próprio texto como obra de arte e como texto: "Sua voz, perdidas as últimas inflexões, era um velho instrumento corroído, clarineta com líquens e teias de aranha. Custava-lhe unir as poucas palavras, tal como se as escrevesse. [...] Resplandecia, no âmago desses fenômenos, uma frase, uma palavra, um semblante, alguma coisa de completo e ao mesmo tempo de velado, como deve ser para um artista a forma anunciada, pressentida, ainda irrevelada, ainda inconquistada."[85]

Quarta leitura: porém estaríamos errados em julgar as leituras de Joana pelo padre como institucionalmente integradoras, redentoras e apropriadoras. Longe de articular encerramento (*fufillment*), embora evocando a história bíblica de Adão, o nomear do subalterno termina simbolicamente em chamas, reconfigurando a tensão inicial da não comunicação e do sentido fixado por enigmas: "Dentro de mim, enquanto eu me afastava de cabeça alta, Joana era uma chama. *Populus, qui ambulabat en tenebris, vidit lucem magnam.*"[86]

Joana Carolina pode ser aqui canonizada na mente do narrador-padre por meio da referência em latim ao *Evangelho de Mateus*. Mas essa canonização – na verdade, Joana Carolina se tornando a figura de Cristo – é alcançada de forma inconclusiva, heterodoxa, com o sacerdote se afastando, oblíqua e metaforicamente, através de uma fusão de elementos astrológicos e estéticos que conotam a qualidade do texto como artefato e como mapa semiótico que desloca e adia a sedimentação do sentido ou o fechamento representacional.

Estou sugerindo que a vontade de Lins de *ornamentar o subalterno* reescreve a problemática subalterna inteiramente. O subalterno, em Lins, se torna *um lugar afetivo de múltiplas escrituras*. Mais especificamente, o ornato desaloja o logocentrismo e o colonialismo inerentes à premissa realista. O ornato, nesse aspecto, serve a um propósito epistemológico: dispondo em camadas os objetos da representação com um segundo nível de significação que sugere a estruturação artificial do texto – assim como as referências metaliterárias à escritura, à tecelagem e à semelhança que envolvem Joana Carolina no momento de sua canonização com uma "forma anunciada" que "deve ser para um artista" –, põe em destaque a multiplicidade dos procedimentos de escritura em Lins, delineando seus limites como ferramentas políticas potencias[87]. Semelhante a Lispector, Viñas, Andrade e aos concretos, estou sugerindo que há uma força crítica em desnudar o sistema de escritura de Lins.

Invertendo a ordem litúrgica, o "Décimo Primeiro Mistério" também suspende a lógica confessionária da disciplina no sentido foucaultiano. Essa sequência de inversões preserva a condição de Joana Carolina como um objeto de arte indeterminado, um significante ornamental da contemplação em mutação, que resiste ao encapsulamento fácil ou ao violento "falar pelo" em nome de instituições administradas. Joana Carolina não confessa passivamente para nós como ela "concorda" com o que aconteceu com ela e com a multidão explorada: "Padre, muitas vezes desejei matar."[88] Ela não consegue se lembrar de seus "pecados"; na verdade, ela não é um bom "selvagem". Sua canonização ocorre no nível de uma suspensão epistêmica e de uma metáfora em desdobramento cumulativo. O texto em si pode ser considerado produtivamente como o meio pelo qual, como signo de redenção subalterna e como signo da arte e da escritura, Joana Carolina é tecida ambiguamente através dessa trama de fronteiras e leituras múltiplas. A atribuição de nomes, a santificação e a mediação dessa fronteira epistêmica, que o "Décimo Primeiro Mistério" explora tematicamente com a frase do sacerdote "[a] um padre compete proteger-se da impregnação das coisas", ocorrem precisamente na suspensão do sentido com as chamas sinestésicas e o latim. Na dupla pergunta em forma de enigma que inaugurou o "Décimo Primeiro Mistério", o nomear desse "O que é, o que é?" termina em chamas, o nomear *é* chamas e isso é um gesto propriamente estético, a interface política do ornato literário em Osman Lins[89]. Dessa forma, poderíamos dizer, com Slavoj Žižek, que o subalterno permanece um objeto sublime, não da ideologia, mas de tensões estéticas.

ESCRITURAS ALTERNATIVAS: A SUBALTERNIDADE E A REPRESENTAÇÃO

"Há, sem dúvida, algo um tanto desconcertante e talvez não inteiramente bem-vindo", escreve Alberto Moreiras, nas "semelhanças estruturais entre o projeto superregionalista e o subalternista."[90] O elo perturbador que conecta o *Boom* aos projetos subalternistas, sugere Moreiras, reside no fato de que o romance se torna "uma máquina apropriadora" da alteridade cultural, enquanto a prática teórica subalternista "nasce em oposição deliberada a" todo esquema apropriativo desse tipo[91].

A observação de Moreiras encontra eco pertinente numa série de teóricos pioneiros: a reflexão sobre as interrelações entre formas culturais e Estado tem-se tornado suspeita. Eis a relevância da pergunta que atravessa este capítulo: como afastamento das explicações da cultura centradas no Estado, a problemática subalterna nos apresenta um horizonte desafiador que pode muito bem conter uma chave interpretativa para produtivamente reconstruir os fragmentos do passado. De fato, como mostramos ao longo deste volume, o arcabouço subalternista permanece especialmente pertinente num contexto cultural, crítico e político avesso ao essencialismo e à ideologia do Estado.

Ao tentar entender Lins em nosso tempo, nunca se sabe se ele deve ser lido unicamente da perspectiva da forma ou da história e da política. Mesmo assim, o "Mistério Final" em "Retábulo" nos apresenta um exemplo que embaralha essas distinções, ao mesmo tempo que problematiza concepções normativas da "literatura". Quero ler o "Mistério Final" como um texto-limite, como a resposta de Lins ao impasse da representação no caso do subalterno. Não estou interessado em desentranhar a técnica de Lins apenas para descrevê-la. Ao contrário, estou interessado em demonstrar como o ornato implica o leitor numa relação crítica com esse problema epistemológico e como podemos, no mínimo, começar a reimaginar as maneiras pelas quais os limites do discurso literário foram traçados de forma produtiva pelos intelectuais latino-americanos da década de 1960. Se a aura foi restaurada pelo *Boom*, eu argumento, ela também foi questionada, criticada e dessacralizada. A subalternidade, com efeito, foi imaginada pelo literário de outro jeito.

O "Mistério Final" é o relato produzido por uma multidão de narradores "ninguéns" que carregam o corpo de Joana Carolina para uma vala comum. Esse povaréu de subalternos, representado pelo indicador semiótico do infinito – ∞ – nos avisa desde cedo que eles, como Joana Carolina, são os desprezados, oprimidos e pobres. O modo como ela pertencia ao mundo-da-vida dos "ninguéns", um mundo que é descrito como dominado pelos ricos e poderosos, é o tema deles. A narrativa se desenvolve ao longo de um eixo de descrições musicais e envolventes apresentadas no tempo presente e ao longo de um registro messiânico paralelo que descreve Joana Carolina como milagreira e potencial redentora dos pobres.

Assim como na Décima Segunda Estação da Cruz, onde Cristo morre como mártir e introduz no mundo o princípio de uma nova lei e o falar pentecostal em línguas, o "Mistério Final" constitui um desenlace desafiador. Não muito diferente do Mistério da Cruz, a morte, a apoteose messiânica e a introdução de uma nova lei e linguagem são seus temas principais. E, entretanto, o texto também aponta para um subconjunto de temas relacionados à literatura, às artes e à política. Na medida em que

AS ANTINOMIAS DA ANTILITERATURA 173

a narrativa é entoada pela primeira (embora conclusiva) vez por uma multidão de "ninguéns" despossuídos na primeira pessoa do plural, *nós*, o texto coloca em primeiro plano o problema da subalternidade e da solidariedade.

A oscilação entre prosa, poesia e teatro em "Retábulo" está bem documentada[92]. E, no entanto, o símbolo do infinito denotando a fala coral do narrador sugere uma anomalia maior. Isso ocorre porque o enigma do "mistério" que prefaciou cada um dos onze quadros anteriores – suas vias-sacras ou estações semelhantes à Via Crucis messiânica – é aqui removido. Quero sugerir que o enigma e o mistério do texto se mesclam no ponto de vista narrativo da hoste coral[93]. Por certo, não seria o caso que esse perspectivismo infinito do coro subalterno – designado pelos signos ∞ e *nós* – implica uma ruptura enigmática, ou antes, uma saída do esquema representacional do painel? De fato, basta lembrar que a novena do título comemora o Pentecostes cristão. Seguindo o conceito do inconsciente político de Fredric Jameson, quero argumentar que o Pentecostes messiânico serve como horizonte alegórico que introduz a promessa de uma "outra" linguagem revolucionária no "Retábulo" de Lins.

E, contudo, o conceito de transculturação de Ángel Rama está curiosamente ausente. Semelhante à leitura de Franco Moretti de *Cem Anos de Solidão* (1967), de Gabriel García Márquez, a linguagem de "Retábulo" é notavelmente neutra, monótona e, acima de tudo, artificial. Mas, ao contrário da crítica de Moretti a García Márquez, quero enfatizar o potencial crítico desse discurso artificial. De fato, se poderia dizer que os indicadores narrativos – signos ornamentais como a cruz ou o sinal do infinito – inscrevem precisamente um problema discursivo sobre a natureza e os limites da literatura[94].

Em outras palavras, o indicador narrativo designa um agenciamento sensorial (*sensory assemblage*)[95]. Extraídos da astrologia e da alquimia e semelhantes aos roteiros para o palco, os indicadores servem como quadros visuais para introduzir a fala narrativa. Arranjos sintéticos em dobras estendidos ao infinito, os indicadores proliferam a perspectiva ao chamar a atenção para os limites da escritura.

No "Mistério Final", o coro subalterno utiliza um registro bíblico que transcende o conhecimento humano: "nunca tivemos a impressão tão viva e tão perturbadora de que esta é a arca do Próximo Dilúvio, que as novas águas vingativas tombarão sobre nós quarenta dias e quarenta noites [....] e que somente Joana sobreviverá"[96]. Joana Carolina é inscrita como a "arca" anunciando o advento do "Próximo Dilúvio". Ela também é descrita como uma matriz messiânica materna e como figura da redenção: "para depois gerar com um gesto os seres que lhe aprouver: plantas, bichos, Javãs, Magogs, Togarmas, Asquenazes"[97].

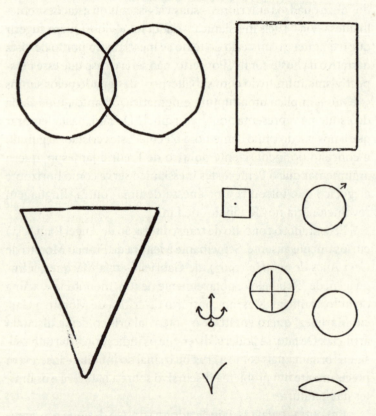

FIG. 5.7. *Esboços dos indicadores narrativos, por Osman Lins. Reproduzidos em Sandra Nitrini,* Poéticas em Confronto: "Nove, Novena" e o Novo Romance. *Cortesia do espólio de Osman Lins.*

A multidão subalterna também fala a partir de um registro cumulativo: "Chapéus na mão, rostos duros, mãos ásperas, roupas de brim, alpercatas de couro, nós, hortelões, feireiros, marchantes, carpinteiros, intermediários do negócio de gado, seleiros, vendedores de frutas e de pássaros, homens de meio de vida incerto e sem futuro, vamos conduzindo Joana para o cemitério, nós, os ninguéns da cidade, que sempre a ignoraram os outros, gente do dinheiro e do poder."[98] A força por trás dessa distribuição de classes reside no modo fragmentário de enunciação do texto. Conotando a falta de poder e de força representativa na pólis, a ausência de verbos conectando os termos, a quebra na sequência gramatical sujeito-objeto-predicado constitui o nó que liga essas incontáveis ocupações subalternizadas separadas por uma longa sequência de vírgulas. O infinito – o signo de uma ordem cosmológica "superior" e a promessa de redenção messiânica – também parece apontar para uma ausência infinita; chame-o de poder subalterno ou de restituição, o signo de infinito da multidão configura o local de uma interrogação e um adiamento do encerramento. Sobre o subalterno em "Mistério Final", Lins escreve:

Na parte final, que é a parte do enterro, ela é seguida pelos pobres da cidade, pelos homens do trabalho, pelos artesãos, pelos pequenos negociantes, pelos homens das mãos grossas, e todo o enterro é construído num ritmo batido, altamente violento. Esta narrativa que parece característica de preocupações estéticas, na realidade, talvez de tudo o que escrevi até aquele momento, é a que tem mais preocupações políticas. *Retábulo de Santa Joana Carolina* é a meu ver política, e altamente violenta, enquanto a maioria das pessoas tende a ver naquele texto uma narrativa quase religiosa, a partir inclusive do título, mas ele é a narrativa de um protesto violento contra o modo de como o pobre é tratado no meu país.[99]

Um texto político, um texto violento, mas um texto no qual é impossível falar diretamente pelo subalterno, o "Mistério Final" de Lins impõe uma estratégia comum do *Boom* latino-americano: o retorno ao mito. E, no entanto, longe de um procedimento envolvendo a transcodificação, em última instância, de modalidades discursivas heterogêneas e a imposição de um *mythos* para resolver contradições sociais insolúveis, o "Mistério Final" de Lins é um texto interruptor e hesitante que inscreve tensão no próprio mito e nas estruturas codificadoras da perspectiva que o constituem.

Longe de uma reescritura da hagiografia de uma santa cristã ou do tropo mitológico de São Sebastião no Nordeste brasileiro, Joana Carolina funciona como um significante ornamental *dividido*: "Viveu seus anos com mansidão e justiça, humildade e firmeza, amor e comiseração. Morreu com mínimos bens e reduzidos

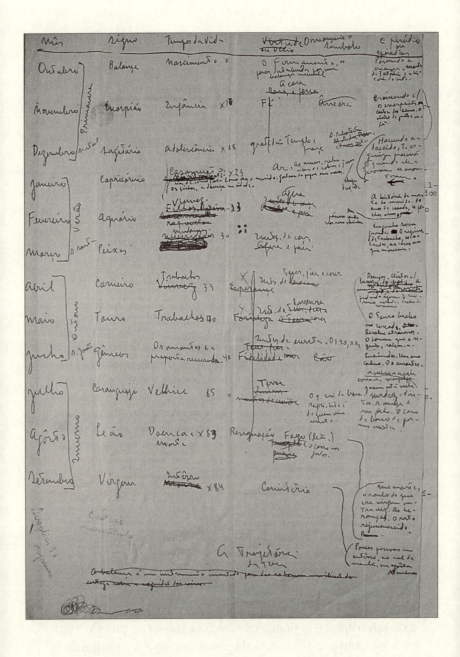

FIG. 5.8. *Esboço do manuscrito: esquematizando, da esquerda para a direita, os doze meses, os signos astrológicos, as fases da vida, os painéis ornamentais e as narrativas do "Retábulo de Santa Joana Carolina", de Osman Lins. Fotografia do autor. Cortesia do espólio de Osman Lins.*

AS ANTINOMIAS DA ANTILITERATURA

amigos. Nunca de nunca a rapinagem alheia liberou ambições em seu espírito. Nunca o mal sofrido gerou em sua alma outras maldades."[100] E, mesmo assim, seguindo Rancière, erraríamos ao deduzir a política do texto de tais frases moralizantes explícitas pelos narradores subalternos[101]. Essa sequência ética é parte integrante do registro linguístico propriamente medieval, coral e popular que o texto deliberadamente habita: "Vamos carregando Joana para o cemitério, atravessando a cidade e seu odor de estábulos [...] entre Floras e Ruis, Glórias e Sálvios, Hélios e Teresas, Isabéis e Ulisses, Josés e Veras."[102]

Como Joana Carolina, a multidão subalterna se torna um significante cumulativo em deslocamento, um signo que prolifera e desterritorializa um plano óptico central. Mas através da dispersão de seus nomes, que também são metonímias do mundo natural, "um pomar generoso", uma estranha subjetividade dos pobres é articulada:

Morreu no fim do inverno. Nascerá outra igual na próxima estação? [...] Sob a terra, sob o gesso, sob as lagartixas, sob o mato, perfilam-se os convivas sem palavras. Cedros e Carvalhos, Nogueiras e Oliveiras, Jacarandás e Loureiros. Puseram-lhes – por que inútil generosidade? – o terno festivo, o mais fino vestido, a melhor gravata, os sapatos mais novos. Reunião estranha: todos de lábios cerrados, mãos cruzadas, cabeças descobertas, todos rígidos, pálpebras descidas e voltadas na mesma direção, como expectantes, todos sozinhos, frente a um grande pórtico através do qual alguém estivesse para vir. Um julgador, um almirante, um harpista, um garçom com bandejas. Trazendo o quê? [...] Tarda o Esperado, e os pedaços desses mudos, desses imóveis convivas sem palavras, vão sendo devorados. Humildemente, em silêncio, Joana Carolina toma seu lugar, as mãos unidas, entre Prados, Pumas e Figueiras, entre Açucenas, Pereiras e Jacintos, entre Cordeiros, Gamboas e Amarílis, entre Rosas, Leões e Margaridas, entre Junqueiras, Gallos e Verônicas, entre Martas, Hortências, Artemísias, Valerianas, Veigas, Violetas, Cajazeiras, Gamas, Gencianas, entre Bezerras, e Peixes, e Narcisos, entre Salgueiros, e Falcões, e Campos, no vestido que era o das tardes de domingo e *penetrada do silêncio com que ficava sozinha.*[103]

Essa "generosidade inútil" de nomear que fecha o "Retábulo", a dispersão inútil dos nomes próprios que sugerem a flora e a fauna, reescrevem o coro narrativo subalterno, signo do infinito, como metonímias da escritura. A atribuição de nomes é, afinal, enfatizada[104]. Como ornatos semióticos, as primeiras letras de seus nomes sugerem as letras do alfabeto, mesmo quando explodem através das vírgulas em ramificações semelhantes a plantas, num crescendo sinfônico[105]. Mas essa economia da escritura, que alinha o desenlace do texto e o enterro de Joana Carolina numa vala comum, também nos apresenta um limiar cujos contornos delimitam o problema do sentido final e da redenção.

Ao traçar essa fronteira, devemos observar que a voz narrativa aqui se transforma abruptamente em onisciência. Essa voz de um deus *ex machina*, proveniente do exterior, interrompe a passagem do enterro com perguntas sobre a chegada de um "Esperado" (*Tarda o Esperado*). Tudo acontece como se essa perspectiva autoral e panorâmica estivesse focalizando para nós o enterro de Joana Carolina na parte final do quadro do retábulo.

De acordo com Maria Balthasar Soares, essas mudanças bruscas de perspectiva "acentuam o movimento da escrita na história"[106]. Encerramento dissonante, ainda que conotando um horizonte de redenção messiânico, o que se segue é mais uma proliferação de significantes. Com a pergunta "por que inútil generosidade?" – da escritura, da arte, do nomear? – Joana Carolina *e* o ponto de vista narrativo atravessam rumo à horda "silenciosa" e o leito de morte a partir de um plano de onisciência.

Em outras palavras, em Lins, o "pomar generoso" se torna um sistema de escritura alegorizado, uma política da estética, que simultaneamente desaloja e fratura a transcendência do sentido no significante Santa, e nomeia e distribui seus objetos como ornamentos que se enterram sob um solo epistêmico em crise: a escritura da violência nos limites epistemológicos da literatura e da subalternidade[107].

Na medida em que, seguindo Benedito Nunes, o texto de Lins se empenha em "sujeitar" a experiência da vida entrópica à "disciplina de uma ordem poética", minha avaliação é a de que seu sistema narrativo nos apresenta, como no barroco, um objeto des-disciplinado[108]. O objeto da representação e da redenção social é, assim, duplamente nomeado e silenciado: a história é encenada, refratada e suspensa como uma modalidade narrativa da escritura que chama a atenção para si em sua própria finitude; isto é, como uma série acumulativa de ornatos entrelaçados que servem como objetos refratários e estruturadores que chamam a atenção para a construção da narrativa (*the narrative's constructedness*) e que também servem como componentes narrativos essenciais da história: as personagens, narradores e objetos também são ornatos no quadro do retábulo. Uma inversão do Éden no momento do enterro de Joana Carolina, esses ornatos se desdobram em *figuras metonímicas da escritura*, um pomar poético que aponta para uma *função crítica*: o arcabouço abrangente do quadro que reposiciona, dispõe em camadas e interrompe a estrutura narrativa e os objetos da história. A apoteose de Joana Carolina, uma figura da redenção subalterna, é ambiguamente enquadrada no silêncio e cercada pelos pobres sertanejos sem nome, como se isso acontecesse por um exército de anjos, flora e criaturas à espera. Signos ornamentais constituindo uma *escritura alternativa*, essa inversão do Éden culmina no *tornar-se retábulo* e *politicamente problemático* do campo narrativo. Isto é, longe de postular o "outro" subalterno como objeto da transculturação e da disciplina poética, como muitos fizeram nos anos 1960, os ornatos de Lins fazem essa mediação crítica, na medida em que eles constantemente mediam as descrições do texto da violência e subalternidade: o subalterno é encenado não tanto como objeto da ideologia, mas como uma figuração de acúmulo e condensação, tensão e textualidade, princípio de uma nova palavra poética e política.

ESCREVENDO A VIOLÊNCIA

"Multiplicar as dimensões da obra literária", escreveu Osman Lins em seu ensaio amplamente distribuído sobre a função social do escritor, é estabelecer um meio de "conectá-la mais profundamente com a realidade"[109]. A estética do ornato de Lins, inspirada nas formas de arte brasileira e europeia, efetivamente articulou um campo semântico multidimensional que ele esperava iria permitir ao leitor "ver a realidade mais globalmente"[110]. Essa "realidade", é claro, tratava-se do Brasil no contexto da ditadura militar e do problema da violência vinculada aos sujeitos subalternos do Nordeste brasileiro.

No final dos anos 1960, por todo o continente, os escritores literários começavam a desenvolver a ideia de articular um modo de contraviolência à violência do Estado e do neocolonialismo. Se a "estilização [...] ativa [a] memória institucional", como argumenta Julio Ramos a respeito da literatura latino-americana *fin-de-siècle*, o assunto de um estilo experimental se tornou um lugar discursivo ferozmente contestado para os escritores alinhados com a esquerda [111]. Para Lins, a construção de um estilo inovador e pessoal que respondesse ao político, mas que também atendesse às demandas do mercado, era uma questão de malabarismo: de um lado, como escritor profissionalizado que promovia e se considerava servidor do ofício da literatura, Lins se sentia compelido a construir uma literatura que "reintegrasse a palavra" a uma esfera pública que ele estimava decaída e passiva, bem como intelectualmente "subdesenvolvida", devido à invasão da indústria cultural estadunidense. A tarefa social do escritor, no contexto de Lins, era envolver o leitor em um texto de ornatos que revelasse seus próprios limites como texto: "o romancista atual, contemporâneo, não quer mais iludir o leitor, ele segue uma linha que se aproxima da linha brechtiana, ele propõe ao leitor não um simulacro da vida, mas um texto, um texto narrativo, que se propõe como texto e propõe as personagens como personagens e não como figuras de carne e osso"[112]. Se o objetivo era fazer um texto que revelasse seus limites enquanto trabalho de artesão e que não fosse mais um veículo de ilusão mimética, para Lins, esse texto também era concebido "como detonador de percepções"[113].

A analogia do texto como laboratório psíquico e como violento detonador da percepção sensorial nos remete às vanguardas históricas da década de 1920[114]. No caso do Brasil, Mário de Andrade teorizou o ato poético como um "realismo psicológico" *desfamiliarizante*, voltado para a percepção sensorial na modernidade e o inconsciente[115]. E, contudo, essa analogia vanguardista nos anos 1960 não deve ser reduzida à autonomização literária[116]. Nem deve ela ser vista como confinada aos termos efervescentes e iconoclastas do manifesto da vanguarda. Lidar com o problema de escrever a violência nos anos 1960 como uma questão de política material e de representação simbólica é, efetivamente, o outro lado do problema que Lins aborda em inúmeras ocasiões, especialmente em entrevistas, em sua correspondência e em seus ensaios. Mas então o que exatamente constitui escrever a violência?

Seguindo José Rabasa, conceituo escrever a violência de dois modos mutuamente inter-relacionados. Primeiro, escrever a

AS ANTINOMIAS DA ANTILITERATURA 181

violência envolve representar tais atrocidades como a exploração do trabalho, a emboscada e o assassinato políticos e outras formas óbvias de "terror material" que contextualizam a história e o mundo-da-vida subalterna de Joana Carolina em Pernambuco[117]. Segundo, escrever a violência também diz respeito ao poder e à força da escritura como tal, por meio da qual a escritura serve como instrumento de codificação e apropriação, que não só nomeia e define seus objetos de representação, mas também tem a capacidade de expropriar a especificidade e o mundo-da-vida do referente como o "outro" subalterno que o texto de Lins põe em destaque. Com respeito a essa segunda concepção mais intricada da violência representacional, devemos também lembrar que escrever a violência envolve os aparatos de codificação jurídica e conceitual que servem a fins tais como o racismo, o estereótipo fácil e concepções reducionistas e essencialistas da percepção e atividade humanas de construir sentidos (*human perception and sense-making activity*). Escrever a violência, em outras palavras, se vincula às formas simbólicas da violência.

Enquanto a escritura da violência no sentido material e explícito é marcadamente tácita no "Retábulo de Santa Joana Carolina", como Lins gostava de dizer, os modos pelos quais o texto lida com a violência simbólica através de uma estética do ornato exigem uma maior atenção à forma. Seguindo Deleuze e Guattari, estou me referindo aos modos pelos quais o ornato em Lins é capaz de delinear e simultaneamente se contrapor a todo instrumento reificador e essencialista da "ciência régia" que subjuga, "sobrecodifica" ou congela a especificidade do "ser objetivo" de um grupo ou sujeito[118]. E com a expressão "ser objetivo", a descentralização que Deleuze e Guattari operam na definição clássica de Marx de "trabalho vivo" e semelhante à noção de *alhures* (*elsewheres*) de Rabasa, estou designando um modo de habitar (*dwelling*) existencial, psíquico, estético e produtivo, "irredutível ao Estado", que é postulado como não-subjugado pelos aparatos conceituais de dominação e captura próprios ao império e às categorias idealistas[119]. Assim como a imagem preferida de Lins do romancista enquanto mestre artesão, Deleuze e Guattari descrevem o artista como "o mestre dos objetos"[120]. De acordo com essa visão, o artista distribui objetos em modalidades dissonantes que "curto-circuitam a produção social com uma produção desejante, e introduzem uma função de desarranjo na reprodução de máquinas técnicas"[121]. Em consequência, a visão de arte dissonante em Deleuze e Guattari constitui um modo de escritura (mapeamento) da violência que opera no sentido de desmantelar a violência simbólica, do ponto de vista segundo o qual os aparatos conceituais normativos que estruturam e regulam a produção social são também formas poderosas de violência simbólica.

Com respeito ao problema de abordar a subalternidade por meio do estilo literário no Brasil durante os anos 1960, a tese de Deleuze e Guattari é pertinente e nos permite reconsiderar a convicção de Lins de que o leitor precisava ser instigado a uma relação mais vital com o texto. A noção de construir a *estrutura dinâmica, concreta e "vital"* da poesia e das artes visuais foi uma grande tendência no Brasil nos anos 1960, como já demonstrado[122]. A insistência de Lins em que sua literatura de ornatos não era difícil, mas *direta* ("vai mostrando tudo ao leitor"), permeia essa estrutura geral de sentimento na década de 1960[123]. Na medida em que, para Lins, o público leitor brasileiro era passivo e caído devido à "invasão" da indústria cultural, envolver o leitor se tornava um foco central, pois mesmo os *leitores ilustrados* muitas vezes não tinham a capacidade de "ler as coisas em profundidade"[124].

Mostramos como o ornato, em Lins, serviu para suplementar o campo narrativo e a história da vida de Joana Carolina com um conjunto de quadros poéticos, religiosos, simbólicos, cosmológicos e astrológicos. Esses pontos de vista narrativos, como o signo do infinito, ∞, para o coro subalterno e a cruz, †, para representar o padre, designam um elenco de narradores sucessivos e servem como significantes ambíguos que desterritorializam e reenquadram toda a economia de objetos textuais que compõem a narrativa[125]. Esses narradores-ornato também servem para chamar a atenção para o tecido composicional da história, na medida em que são narradores-símbolo que projetam conotações múltiplas e devido ao fato de que toda a sequência narrativa é expressa no tempo presente, no qual a questão performativa da *escritura* e do *processo de significação* é refletida.

Ao concluir, gostaria de enfatizar que Lins era fascinado pelo conceito de aperspectivismo e pelas formas de arte medievais. Com respeito ao fascínio de Lins pela perspectiva, é útil reconsiderar sua viagem programática à Europa, em 1961[126]. Numa

AS ANTINOMIAS DA ANTILITERATURA 183

entrevista com Wladyr Nader, Astolfo Araújo, Hamilton Trevisan e Gilberto Mansur para a revista literária *Escrita* em 1976, Lins fornece um retrato notável dessa "viagem estética"[127]. Ao longo da entrevista, ele salienta suas viagens programadas para concertos, museus e excursões a catedrais. Dentre todas as experiências, inclusive suas entrevistas com figuras de destaque do *nouveau roman* francês, como Alain Robbe-Grillet e Michel Butor, Lins enfatiza a importância de observar os vitrais medievais:

> Eu diria que a principal experiência desta minha temporada, que me marcou e marcará o resto da minha vida, foi o contato com os vitrais e com a arte românica, a arte medieval em geral. No que se refere aos vitrais, eu tomei uma lição fundamental: pude examinar detidamente a degenerescência dessa arte. Enquanto o vitral se resignava às suas limitações de vitral, ao chumbo e ao vidro colorido, ele esplendia com toda a sua força. Mas aos poucos os vitralistas começaram a achar que aquilo era insuficiente e começaram a pintar o vidro, começaram a levar para a arte do vitral a arte da pintura. A partir daí o vitral degenera. Isto me levou a uma crença da qual estou firmemente convencido: de que as coisas fulguram, vamos dizer, nas suas limitações. As limitações não são necessariamente uma limitação no sentido corrente, mas uma força. Quer dizer que o vitral era forte enquanto estava limitado, e aceitava sua limitação. Além do mais, o vitral, sendo uma arte extremamente sintética, e até rústica, era uma arte altamente expressiva. Levou-me também à convicção de que não é necessária uma literatura na linha proustiana. Engraçado que o Proust aproximava muito a arte dele à das catedrais, porque era uma arte miniatural, muito minuciosa, enquanto que o vitral é uma arte sintética, extremamente direta. Então na minha literatura venho realmente buscando realizar uma obra que seja direta [...]. A outra coisa sobre esse meu contato com a arte medieval é o caráter aperspectívico dessa arte. [...] enquanto o Renascimento havia levado a uma visão perspectívica do mundo, naturalmente centrado no olho carnal, humano, a Idade Média levava a uma visão aperspectívica, devido ao fato exatamente de ser uma época não antropocêntrica mas teocêntrica, de modo que os artistas, como reflexo da visão geral do homem medieval, tendiam a ver as coisas como se eles não estivessem fixados num determinado lugar. Isso levava a uma visão do mundo muito mais rica, não limitava a visão das coisas à condição carnal.[128]

Essa declaração parece essencial. A viagem estética de Lins à Europa é interpretada como um ponto de virada em sua concepção da narrativa que, até a viagem, se caracterizara como realista. Embora essa interpretação permaneça válida, a declaração da entrevista nos permite vincular o problema da perspectiva estética ao problema de escrever a violência. Sem dúvida, a percepção de Lins relativa à observação da perspectiva nos vitrais das catedrais tinha a ver com a limitação da perspectiva. A relação que se estabelece entre a representação no vitral e o sujeito que percebe se torna mais dinâmica e múltipla ("muito mais rica") na medida em que a perspectiva no vitral deixa de ser fixa, liberando o campo perceptivo de um ponto focal central. Essa experiência de uma perspectiva "*sintética*" ou múltipla, mais que uma articulação do fascínio de Lins com as formas de arte europeias medievais, registra, para Lins, o modo como a perspectiva não fixada pode frustrar a figuração mimética. Em outras palavras, a perspectiva sintética e não fixada produz para o espectador uma esfera de mobilidade perceptiva e cognitiva.

Esse retrato da iluminação de Lins relativo à perspectiva não fixada nos permite melhor perceber a complexidade de sua preocupação com a perspectiva narrativa e o problema de contramapear a violência por meio da literatura. Isso porque, na medida em que, em Lins, a perspectiva narrativa fornece um quadro para escrever a violência no sertão nordestino brasileiro no sentido explícito de nomear, ao não fixar a perspectiva narrativa por meio de um conjunto de ornamentos, ele fez da perspectiva narrativa um campo dinâmico da percepção que desontologiza o quadro descritivo unitário. Nesse aspecto, escrever a violência a partir de uma estética do ornato mapeia e responde à violência em dois sentidos específicos: o material e o simbólico. De um lado, a narrativa de Lins mapeia a violência material que os sujeitos subalternos sofrem nas mãos dos proprietários de terra e de um Estado corrupto. Nesse aspecto mais explícito, o ornato suplementa e enriquece a perspectiva narrativa por meio de uma série de significantes móveis, que sugerem várias modalidades e ângulos para a compreensão da exploração: através do tropo da redenção (Joana Carolina como subalterna explorada que é reencenada como santa representada na pintura do quadro ornamental), por exemplo, ou através do tropo de uma multidão subalterna que aguarda a chegada ao sertão de um novo paraíso (a revolução) que derrubará os latifundiários (o coro-narrador subalterno representado pelo signo do infinito).

De outro, escrever contra a violência simbólica através de uma estética do ornato remete a desalojar a perspectiva unitária

AS ANTINOMIAS DA ANTILITERATURA

e epistemológica do ato de nomear por uma multiplicidade de perspectivas que sublinham a natureza construída do texto. Dessa forma, o ornato em Lins mapeia a violência através da forma narrativa e simultaneamente desconstrói os aparatos conceituais de captura e codificação que subjazem à violência simbólica e à linguagem da "ciência régia". Assim, o ornato revela e repele a força e a violência da escritura propriamente dita.

A contrapelo do objetivo expresso pelo próprio Lins de conduzir o leitor de uma situação de caos para a ordem cosmológica por meio da palavra ornamental, o frequentemente reiterado modelo evolucionário e autobiográfico em três estágios de Lins (*procura, transição, plenitude*), estou contra-argumentando que o ornato inscreve a finitude radical do texto num horizonte duplo: a subalternidade e o metaliterário[129]. Não é o caos nem o cosmo, mas a finitude da literatura e os limites epistemológicos que são, em última análise, expressados através do campo do ornato. Sem dúvida, os críticos estão corretos em afirmar que há simetria geométrica e inúmeras referências ao cosmo, ao zodíaco, à escritura e às formas de arte na narração da vida de Joana Carolina. Porém esses signos de positividade, fechamento e sedimentação semântica, inclusive qualquer representação redentora da subalternidade, são interrompidos, sobrepostos, suspensos e postos em recuo pelo desfazer da representação em duas direções: para a frente, em termos de um texto que constantemente suspende, partilha e redireciona sua representação como múltipla, acumulativa, artificial e, em recuo, em termos da inscrição da subalternidade como *marca* do infinito, como a fissura epistêmica e divisão contra a qual uma contrapolítica poderia se organizar, como a multidão sem nome que permanece não redimida na concha artificial e oca do significante ∞. A apoteose de Joana Carolina, no final do texto, é justamente essa mescla com o infinito sem nome, no local da vala comum, uma imagem profana e poética – mais interrogativa que afirmativa.

No entanto, estaríamos errados em pensar em Lins como defensor de uma desvalorização da voz da literatura em questões políticas e epistemológicas, como a representação da subalternidade. Isso está claro: Lins acreditava, assim como Ángel Rama, que a escritura representava a forma mais elevada de autoexpressão da cultura humana. Numa carta escrita em 1975, Lins explica como no "Retábulo de Santa Joana Carolina" os temas da caça, pesca, agricultura, ficção e tecelagem são retratados em sequência nos quadros, em vista de tecer uma alegoria do avanço da *civilização*: "o homem partindo de um estágio primitivo e chegando (no quadro da narrativa) à sua conquista suprema, a escrita" (carta a Sandra Nitrini, 25 de março de 1975). E não é especulação dizer que a forma mais alta de escrita, para Lins, era a literatura. Nesse sentido, a tese de Idelber Avelar relativa à compensação estética do *Boom* latino-americano pela política é aplicável também a Lins.

E, no entanto, a tese de Avelar sobre a tematização da escritura atinge o alvo apenas em parte quando aplicada aos caracteres textuais mais profundos de Lins e do *Boom*. A dimensão metatextual que venho ressaltando e conceitualizando em Lins mapeia o campo da representação narrativa no sentido inverso, como um instrumento da *escritura ornamental*. Ao fazer isso, ela inverte, contra-focaliza e duplica a cadeia de objetos narrativos, ou personagens e acontecimentos, que se tornam signos dessa modalidade de escritura dúplice. O problema de escrever a violência é contraescrito dessa maneira. A força de escrever e contestar a violência simbólica ao revelar a finitude da escritura adquire uma dimensão mais poderosa quando suas cadeias significantes duplicam, interceptam e enquadram a interpretação e a representação do outro limite de seu horizonte – a subalternidade. Por conseguinte, a estética do ornato de Lins, no "Retábulo de Santa Joana Carolina", articula a desterritorialização da escritura da violência com um olhar etnográfico que não impõe nenhuma positividade ideológica, conceitual ou identitária, ou identidade cultural, nenhuma universalização última do subalterno regional, mas antes diagrama, mediante sua série de artifícios sinuosos e entrelaçados, a suspensão de toda e qualquer positividade da escritura, de modo a revelar a possibilidade de pensar através dos horizontes e condições dos *alhures* da escrita: uma infinidade de ninguéns sem nome, os pobres do sertão brasileiro, cuja redenção, postergada, nunca narrada, mas prometida no canto coral, configura também uma *rede da escritura* (*writing grid*), que deve ser decifrada, através da morte do santo-subalterno-mártir, como uma interrogação e inscrição do impasse da literatura na América Latina durante os anos 1960[130].

6
Escrevendo a Redenção
e a Insurgência Subalternas

"O Anjo Esquerdo da História",
de Haroldo de Campos

O que está em jogo no campo da subversão própria ao antiliterário senão, em última análise, o estabelecimento de um plano ilimitado de justiça, em oposição às sombras de um Estado identitário? Voltaremos à questão da justiça e do segredo intempestivo da antiliteratura mais adiante, mas, por ora, vamos estabelecer, em traços muito amplos, uma recapitulação de nossos principais argumentos.

Ao longo deste livro, coloquei o problema de escrever: o escrever e seus limites, o escrever e as margens, o escrever e a antiliteratura. Dando atenção à especificidade histórica da literatura como instituição cultural no Brasil e na Argentina, teorizei uma contratradição antiliterária a partir de um envolvimento exaustivo com a forma. Através de um exame dos diversos projetos de Clarice Lispector, Oswald de Andrade, os poetas concretos brasileiros, Osman Lins e David Viñas, nossa tese inicial permanece operatória: qualquer força crítica a ser extraída da questão literária nos estudos latino-americanos começa com uma crítica do que significa "literatura" hoje. Para além da representação, então, e para além do imaginário identitário que reduz a questão literária nos estudos latino-americanos, este livro propõe, pela primeira vez, estudos de caso históricos de uma linhagem antiliterária. Tal linhagem surge com força nos anos 1920 e chega até o presente.

Contudo, a teoria da antiliteratura só será entendida como intempestiva, seguindo Nietzsche, ao agir contra nosso tempo e sobre ele, para um futuro, espera-se, por vir. Conceber uma dimensão intempestiva da literatura significa pensar seus modos heterogêneos de expressão como formas de resistência. Criar requer o novo e o imprevisto. A escritura como heterogênese. Isto é, a escritura antiliterária só será entendida como a afirmação de novas potências sintáticas e afetivas. Em sua fuga dos sistemas semióticos dominantes, incluindo o reinado da opinião e concepções essencialistas da escritura e da história, pode-se dizer que os escritores antiliterários ligam a escritura com o exterior da literatura, com a não-escritura e modos igualitários de imaginar a comunidade. O que está em jogo é precisamente isto: o conceito de antiliteratura não precisa se restringir ao paradigma modernista e vanguardista das artes. Ao contrário, uma abordagem do antiliterário envolve reconceitualizar o problema de escrever como um procedimento sensorial e força perceptiva.

A questão do que é a antiliteratura talvez possa ser melhor colocada somente na esteira do esgotamento da literatura, quando a chegada de explicações derrotistas exigir o momento de falar concretamente. De fato, a bibliografia sobre a natureza da literatura é marginal. A pergunta é sempre formulada, mas tem permanecido em grande parte abstrata, por demais sobrecarregada pelo conceito de representação, por demais sobredeterminada pela epistemologia e pela sociologia. Os teóricos não se preocuparam suficientemente com o que chamo de força afetiva e de potência constituinte da escritura. Eles têm preferido, em grande medida, conceitualizar a literatura como sistema *ready-made*, como regime cultural, enquanto conhecimento dado. No entanto, o meio antiliterário nunca é dado, mas sim produzido. Em seu confronto com o não-literário, com a não-escritura, as minorias, a multimídia e a ordem da opinião, podemos melhor visualizar a antiliteratura como um agenciamento polifônico, aberto e composto por diversos regimes de signos.

A literatura constitui um procedimento específico do sensível. A saber, ela lida com a percepção e os afetos. A literatura frustra a ordem dominante do sensível, isto é, os modos comuns e habituais de ver, fazer e sentir na comunidade. Por conseguinte, procurei desconectá-la das concepções hegemônicas da política e de todos os regimes da representação. Ao desligar a literatura da representação de modo a repensar o subversivo em jogo nos textos experimentais desde os anos 1920 até o presente, historicizei uma contramemória dos legados da escritura[1]. Indo além das explicações tradicionais que localizam o *Boom* hispano-americano como o retorno ao lar e o avatar de um sujeito literário evoluído e como a era dourada da literatura "latino-americana", os estudos neste volume defendem a expansão do campo ao incluir escritores brasileiros, relativamente marginalizados, e o falecido escritor argentino David Viñas, cuja obra é com frequência reduzida a propaganda. Todos os textos em questão oferecem novas imagens da escritura. Além disso, argumento que um exame da antiliteratura não só desafia as noções tradicionais da literatura, mas também altera o debate mais amplo sobre a "natureza" da literatura latino-americana e nos permite reconceitualizar a questão de escrever o subalterno, o feminino, a política literária e o debate literário nos estudos latino-americanos de hoje a partir de um contexto brasileiro distintamente comparativo e original. A reflexão sobre os escritores brasileiros nos estudos latino-americanos é rara. Na medida em que a divisão persiste, este livro busca não só redirecionar a crítica da literatura, mas também trabalhar as conexões não examinadas entre a literatura brasileira e a hispano-americana.

Vamos agora reafirmar os fios que constituem nosso plano de pesquisa: *Antiliteratura* examina a crise epocal da literatura e as potências constituintes da literatura. Não contente em assinalar os limites da literatura em relação à representação cultural, considero escritos que propõem um novo arcabouço para a escritura, uma nova situação para pensar o sensível. Se a "literatura" permanece em crise em nosso campo, a tarefa hoje é reconstituir sua força crítica. A literatura se torna antiliteratura quando subverte a si mesma. Meu argumento é que é só ao testemunhar esta relação de não-essência, não-identidade e não-fechamento – a literatura não é literatura – que podemos começar a ler de forma nova. O exame que este livro faz dos diferentes gêneros e mídias que os escritores antiliterários brasileiros e argentinos mobilizam – a antipoesia não-verbal, a escritura feminina, o cinema, a pintura, a cultura pop, o afeto subalterno, a ornamentação barroca e assim por diante – expande nossa compreensão do que se entende por literatura "latino-americana".

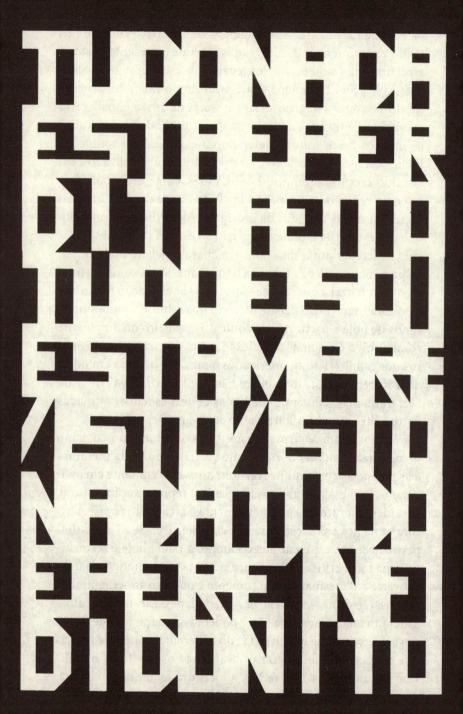

FIG. 6.1. *"TUDO ESTÁ DITO"*, *de Augusto de Campos. Em Viva Vaia: Poesia 1949-1979. Cortesia de Augusto de Campos.*

Em outras palavras, como o vídeo-poema de Augusto de Campos, "TUDO ESTÁ DITO" (1979; 1996), ao delinear a não-relação da literatura à identidade, vemos como a antiliteratura propõe uma nova concepção da forma onde o convencional "tudo dito" literário se desfaz: "TUDO / ESTÁ / DITO / TUDO / ESTÁ / VISTO / NADA / É PER / DIDO / NADA / É PER / FEITO / EIS O I/ MPRE / VISTO / TUDO / É INFI / NITO"[2]. Com efeito, por meio do movimento em ziguezague do antipoema através do verbal e não-verbal, do poema e vídeo, da linha reta e labirinto, presenciamos a ideia de evolução literária e plenitude – TUDO / ESTÁ / DITO / TUDO / ESTÁ / VISTO – implodir como um campo autocrítico de ilimitada força verbal, vocal e visual.

PÓS-IMAGENS: AFETO E LIMITE

Contra a totalização e os sujeitos unitários fixos, a antiliteratura brasileira e argentina constitui uma relação com os limites – com a sensação e as potências de finitude da escritura. Contudo, de acordo com críticos influentes, pareceria que o literário na América Latina estava sempre condenado a um imaginário identitário. A contrapelo dessa visão tradicional que pressupõe um vínculo social precário, concretizado pelo aparato transculturador literário, este livro propôs um exame da seguinte problemática: que a antiliteratura nunca surge da representação, mas de uma preocupação específica com o afeto. Ao fazê-lo, referi-me ao fato de que a escritura antiliterária está envolvida na criação de novos modos de percepção e de sentir que desafiam as formas habituais de ver e sentir na comunidade. Isso inclui a geração de maneiras frescas de entender o que significa a literatura "latino-americana" hoje. Em particular, eu argumento que a antiliteratura brasileira e argentina resiste à toda fixidez em termos do gênero ao canibalizar múltiplos regimes de percepção e de gênero artístico, desde o cinema, o rádio, a televisão e o computador até os mundos-da-vida subalternos e a arte concreta.

Ao longo deste livro, discernimos imagens da escritura antiliterária. Ao fazê-lo, estudamos as bases estéticas, políticas e históricas da antiliteratura e de suas potências generativas do devir (*becoming*). Nossa tarefa tem sido examinar as possibilidades e limites do

192

literário como local de reflexão e reação às condições contemporâneas. Contra a representação, apelamos à avaliação do problema da antiliteratura a partir do arcabouço de seu processo constituinte. Tal abordagem envolve reencenar a escritura em termos de seu meio radicalizado, como um *corpo estranho*, que é gerador de movimentos multilineares de criatividade contra todo padrão[3]. Em sua concepção mais geral, seguindo Spinoza, dissolvemos a desgastada divisão forma-conteúdo para conceber a forma como capacidade e meio composicional afetivo. Falar das potências de resistência da escritura é considerar a linguagem como um agenciamento semiótico generativo. Mas também é repensar a *matéria* da escritura não como um sistema organizado ou fonte do "real", é verdade, mas como um agregado sensorial que afirma o acaso, o jogo e a abertura intempestiva do acontecimento do texto. Através de configurações sintáticas que se opõem ao fechamento e à fixidez, a escritura constitui um meio da sensação que condensa múltiplos regimes de signos. Nossa noção de antiliteratura, recusando a toda aspiração à unidade, se libera da divisão forma-conteúdo ao conceitualizar a forma como capacidade polifônica e como potência constituinte. Sem dúvida, nossa preocupação com o afeto sobre a representação envolve uma mudança de paradigma.

A transformação da discussão da "literatura" hoje gira em torno da antiliteratura. Não se trata de um simples ato de negação. Nem estamos reivindicando uma abordagem exclusiva. Estamos explicitando, ao contrário, o que as próprias obras antiliterárias brasileiras e argentinas nos mostraram: um afastamento das coordenadas conceituais das abordagens culturalistas e filológicas tradicionais. Cada capítulo ofereceu um repensar das bases ontológicas dos vocabulários tradicionais que confinam a literatura e a política à lógica da representação. Ao evocar a força e a relevância do legado da antiliteratura brasileira e argentina para o nosso presente, estamos rompendo com todas as concepções monológicas da escritura, da história e da cultura, o que inclui rejeitar a ilusão da autonomia modernista como intransitividade progressiva. Nas costuras do nosso discurso, deve ficar claro que também estamos deliberadamente saindo de concepções antiquadas e padronizadas, que tendem a valorizar formulações monológicas do gênero literário e a projeção da literatura como uma forma do Estado. O que fazer do agenciamento feminino, subalternista, multimídia em Lispector ou da antipoesia cibernética de Augusto de Campos? Da prosa-filme de Viñas, ou das narrativas-retábulo ornamentais de Lins? Não queremos ter nada a ver com pureza ou essência literária. A antiliteratura é anti-instituição e anti-Estado. *Por conseguinte, através de uma avaliação das obras-limite experimentais brasileiras e argentinas e sua relação com a não-escritura e a não-história, descobrimos na antiliteratura a base conceitual para uma poderosa sintaxe política do sensível que desafia a dominação e a lógica do Estado.* Descobrimos, assim, uma nova concepção de política literária – uma mudança de paradigma, argumentamos, num debate que permaneceu em grande parte estagnado desde a virada subalternista dos anos 1990. Ao fazê-lo, deve ficar claro que estamos abandonando o discurso da exaustão rumo a uma concepção pós-hegemônica, afetiva e intempestiva da escritura experimental.

Para compreender o conceito de antiliteratura e sua relação com a política, fazemos bem em contrastá-lo com a transculturação. Nas explicações transculturalizadoras do literário, a literatura é concebida como um sujeito soberano, uma forma moldada de acordo com as funções integradoras populares, nacionais e românticas atribuídas ao Estado. De acordo com essa visão, a tarefa da literatura é identitária. Ela representa, integra e "coroa" a diversidade das pessoas numa unidade popular nacional única. O escritor traduz a diferença cultural e fala pelo "povo". A diferença fica subsumida à mesmice. No entanto, se é verdade que o ato de escrever é sempre um ato do pensamento que simultaneamente pertence à política, então, no caso da teoria da transculturação, todo pensamento relativo ao sensível se anula. A transculturação não pode perceber as potências de textura da literatura, a subversão sintática, o afeto e, crucialmente, a densidade semiótica da obra. Nós antes trabalhamos, por assim dizer, a partir do zero, com respeito aos materiais verbais, vocais e visuais da obra como instrumentos do sensível. Além disso, a identidade abafa as complexas dobras da composição e suas zonas de iletralidade. A antiliteratura, pelo contrário, não é nunca unificada e é melhor ilustrada como meio distributivo de afetos. Deleuze e Guattari observam que a criação de afetos imprevistos dissolve as normas reificadas da percepção[4]. *Como mudança de escala e fuga da dominação*, o afeto não tem nada a ver com a identidade e com padrões majoritários.

Através das lentes da antiliteratura brasileira e argentina, criamos uma nova tipologia do texto. Como o afeto, a obra é produzida por meio de uma multiplicidade de registros. Consequentemente, a multiplicidade de regimes de signos revela a relação produtiva da obra com o limite. Ao longo deste livro, nos empenhamos em examinar o limite da literatura como força geradora e polivocal. Seja baseada no problema de escrever o feminino e o subalterno, seja baseada em sabotar a reificação do sensível mediada pela técnica, nossa tarefa tem sido mostrar como a antiliteratura articula uma libertação da escritura da representação. Seguindo Rancière, mas pondo em destaque a preocupação histórica específica da literatura brasileira e argentina com a metaliteratura, com a subalternidade e em desafiar a antiga visão hierárquica da literatura, a antiliteratura intervém ao suspender e redistribuir as coordenadas perceptivas comuns da comunidade. A antiliteratura brasileira e argentina, portanto, cria um novo *sensorium*, que suspende a tirania das opiniões, clichês e padrões consensuais. Sua política não reside em aderir a uma linha partidária, nem na transmissão cega de mensagens, mas na criação de uma interface entre meios (*between mediums*), entre padrões majoritários de comando e novas formas de construir sentido, sensação e percepção. Mapeando os limites das concepções costumeiras da política literária, pode-se dizer que as obras multiformes que examinamos abalam as lógicas da dominação. No mínimo, essas obras articulam acontecimentos da escritura que destroem o pensamento centrado no Estado. Mas, além dessas obras-limite, centradas como são na Argentina e no Brasil modernos, precisamos repensar o conceito de antiliteratura à luz dos novos desafios apresentados por nosso tempo. Tal repensar conceitual é o objetivo deste capítulo.

O COMUM E A POLÍTICA LITERÁRIA

Escrevendo no limite da literatura, focalizamos extensivamente no problema da política literária no Brasil e na Argentina do século xx. Ao fazê-lo, estabelecemos a relação reciprocamente definidora entre o meio radicalizado da antiliteratura e a produção de afetos. Na medida em que apontamos a tarefa da antiliteratura de subverter o

ESCREVENDO A REDENÇÃO E A INSURGÊNCIA SUBALTERNAS 195

sensível, bem como seus modos de articulação multimídia e femininos, pode a antiliteratura hoje construir uma linguagem adequada ao acontecimento da luta subalterna? Qual é a relação da antiliteratura com o sempre presente e contemporâneo trabalho de morte do Estado? E podemos abordar os textos-limite da antiliteratura como intermediários entre a ação coletiva e o sentido histórico? Que significado pode a antiliteratura ter no mundo de hoje, onde reina a violência, o estado de exceção e a guerra perpétua?

Confrontada com o problema da antiliteratura e suas potências generativas, nossa reflexão final assume a tarefa que a poesia contemporânea se propõe com respeito a redimir a subalternidade do domínio de um presente violento. Como investigação teórica, poema denunciatório e experimento de vanguarda, "O Anjo Esquerdo da História" (1996) de Haroldo de Campos sugestivamente reencena o massacre de dezenove trabalhadores sem-terra pela polícia militar em Eldorado dos Carajás[5]. Embora os estudiosos leiam acertadamente o poema como a expressão de indignação e solidariedade de Haroldo, eles não abordaram a questão árdua de mediar o afeto e a insurgência subalterna que configura a matriz generativa da obra. Como mostrarei no que segue, "O Anjo" desafia o gênero literário ao configurar um espaço poético intempestivo fundamentado no afeto subalterno. Com efeito, é uma obra-limite que oferece uma imagem liberta para reenquadrar a crise do vínculo social como também é um meio para avaliar a relação produtiva da antipoesia com a revolução subalterna. Trata-se, então, de uma obra radical sobre a justiça e uma forma contemporânea de força antiliterária e subalternista.

Composto na esteira do massacre de dezenove trabalhadores sem-terra pela polícia militar na cidade de Eldorado dos Carajás, "O Anjo Esquerdo da História" problematiza as próprias noções da poesia, da história e de escrever a insurgência subalterna. Embora estudiosos como Else R.P. Vieira e Maria Esther Maciel tenham examinado a relação do texto com a memória e uma vasta faixa de intertextos históricos, falta-nos ainda uma apreciação teórica de "O Anjo" em termos do afeto, de escrever o subalterno e do que chamarei de compromisso de Haroldo com a materialidade *intempestiva* da antiliteratura. Rompendo com a sintaxe linear e desfazendo a distinção entre a filosofia, a poesia e a tradução, o poema é uma obra antiliterária que radicalmente redistribui as condições de inteligibilidade do que significa "literatura" em nosso presente. Contra o populismo e o discurso centrado na nação, mas evocando a memória do massacre com toda sua força, trata-se de uma obra-limite que enquadra as possibilidades e os limites da poesia como um local para reativar um pensar da história sob a perspectiva de uma "Esquerda" antiliterária.

É impossível falar do texto isoladamente, pois o poema foi composto no contexto do clamor internacional. E com uma configuração palimpséstica, que parodicamente joga com a fotografia, a pintura, a música, o cinema, a *Bíblia* e textos clássicos da literatura brasileira e europeia, é igualmente difícil conceber o texto no singular. De fato, Campos traduzirá o poema para o inglês no ano 2000 para a revista internacional de estudos pós-coloniais *Interventions*, para marcar o aniversário dos quinhentos anos da "descoberta" do Brasil por Portugal[6]. Publicado primeiramente no jornal *Notícias do PT*, do Partido dos Trabalhadores em 1996, e reeditado em sua versão definitiva em 1998, "O Anjo" consiste em quatro estrofes não sequenciais e 83 versos fragmentados que variam de cinco a sete sílabas métricas. Exigindo desde o início atenção aguçada para a multiplicidade semântica, o verso é estruturado como um fluxo contínuo de signos. Através da versificação minimalista e antiornamental, o poema presta homenagem ao mesmo tempo à linha de tom dodecafônica de Schönberg e à *redondilha de arte menor* da arte popular medieval. De fato, enquanto se poderia dizer que a implementação dessa *arte menor* fraturada evoca os trovadores populares nordestinos e o verso politicamente carregado de João Cabral de Melo Neto, fazemos bem em observar que a *arte menor* do poema lembra a prática litúrgica da mística pelo Movimento dos Trabalhadores Rurais Sem Terra (MST). Segundo Plínio de Arruda Sampaio, a mística é uma performance narrativa que precede as reuniões dos trabalhadores. Com efeito, a mística configura um espaço revolucionário celebratório no qual a poesia e a política, o socialismo e o cristianismo convergem:

Reuniões, pequenas, grandes ou enormes, começam sempre com uma celebração. Ela será rápida nas reuniões pequenas, demorada e complexa nas grandes. Os elementos dessas celebrações são sempre os mesmos: terra, água, fogo, espigas de milho, cartilha de estudante, enxada, flor. As palavras são poucas. Poéticas e convincentes, resgatam os poetas populares e os grandes poetas brasileiros como Haroldo de Campos, Drummond de Andrade, Pedro Tierra. O gestual é contido e significativo: o canto, o punho cerrado, indicando a indignação, a disposição de luta, a esperança. Canto puro dos trovadores populares, surgidos dos grotões do país, como Zé Pinto, Zé Cláudio, Marquinho, que se junta ao canto da mais fina flor dos artistas brasileiros: Chico Buarque, Tom Jobim, Caymmi, Milton Nascimento.

As celebrações são sempre enquadradas pelos grandes retratos de lutadores do povo. Aqui explode o sincretismo da mística dos sem-terra: Marighela, o líder comunista guerrilheiro, figura ao lado de Paulo Freire, o revolucionário pedagogo católico; Rosa de Luxemburgo junto com Madre Cristina, freira católica; Florestan Fernandes, sofisticado intelectual marxista, vizinho ao Padre Josimo, cura do sertão, assassinado pelos jagunços do latifúndio; Carlos Marx ao lado de Jesus Cristo.

Quem se espanta com a mescla, na verdade, conhece muito pouco da mentalidade do povo brasileiro e nem parece também estar ao tanto das verdadeiras dimensões do humanismo socialista.

Toda liturgia é uma pedagogia. As celebrações, que antecedem as reuniões de trabalho, trazem à memória dos participantes os valores da sua mística: a solidariedade, o internacionalismo, a disposição de luta. Essa simbologia identifica o grupo e o vincula ao passado, mas, ao mesmo tempo o projeta no futuro, com a imagem de um Brasil justo, onde corram "o leite e o mel".[7]

Se o milenarismo e a música marcam a *performance* mística como celebração, o recurso de Haroldo à polifonia estabelece uma relação com o canto coral. Com efeito, "O Anjo" canibalizará múltiplos registros: a mística messiânica e a forma do réquiem. Escrevendo no limite da história, o poema não só lamentará, mas também reativará afetos subalternos não reconhecidos. Ao discernir isso, o renomado compositor brasileiro contemporâneo Gilberto Mendes construirá uma interpretação plurívoca para o poema com a Orquestra Sinfônica do Estado de São Paulo em 2006. Além disso, por ocasião do primeiro aniversário do massacre que coincidiu com a Marcha do MST a Brasília em abril de 1997, Haroldo lerá o poema para a Câmara dos Deputados de São Paulo em protesto contra a impunidade concedida à polícia militar.

Na medida em que o poema de Haroldo investiga o massacre a partir da perspectiva do afeto e da performance, precisamos nos aprofundar em suas camadas históricas, começando com um recontar da própria catástrofe. O romancista português José Saramago relata sucintamente que

No dia 17 de abril de 1996, no estado brasileiro do Pará, perto de uma povoação chamada Eldorado dos Carajás [...], 155 soldados da polícia militarizada, armados de espingardas e metralhadoras, abriram fogo contra uma manifestação de camponeses que bloqueavam a estrada em ação de protesto pelo atraso dos procedimentos legais de expropriação de terras, como parte do esboço ou simulacro de uma suposta reforma agrária na qual, entre avanços mínimos e dramáticos recuos, se gastaram já cinquenta anos, sem que alguma vez tivesse sido dada suficiente satisfação aos gravíssimos problemas de subsistência (seria mais rigoroso dizer sobrevivência) dos trabalhadores do campo. Naquele dia, no chão de Eldorado dos Carajás ficaram 19 mortos, além de umas quantas dezenas de pessoas feridas. Passados três meses sobre este sangrento acontecimento, a polícia do estado do Pará, arvorando-se a si mesma em juiz [...], veio a público declarar inocentes de qualquer culpa os seus 155 soldados, alegando que tinham agido em legítima defesa, e, como se isto lhe parecesse pouco, reclamou processamento judicial contra três dos camponeses, por desacato, lesões e detenção ilegal de armas. O arsenal bélico dos manifestantes era constituído por três pistolas, pedras e instrumentos de lavoura mais ou menos manejáveis.[8]

Havia mil e quinhentos camponeses ocupando a rodovia PA-150 nesse dia. E como Saramago o retrata para nós, estava em jogo o atraso excessivo na reforma agrária sancionada pelo Estado. O acontecimento envolvia, além disso, modos díspares de organização e o ultrapassamento dos limites: o desejo de assentar famílias na fazenda Macaxeira, uma área improdutiva e não cultivada que o MST vinha ocupando por meses, e o "poder transcendente" do Estado[9]. Em outras palavras, barrando o MST como mobilização perpétua de massa, o Estado suspendeu a lei para violentamente capturar o processo constituinte do grupo. Em nossa leitura de "O Anjo", nos deteremos nesse espaço arriscado de limites, ultrapassamento e violência. A intenção será mostrar como Haroldo conecta a poesia ao processo constituinte da multidão, isto é, às formas de resistência e organização criativas do MST, pois "O Anjo" não se esquivará da solidariedade, nem fugirá do trabalho da memória subalterna, mas só o fará resistindo a representação. Ele habitará com os fantasmas. Com efeito, através da construção de uma estrutura temporal livre que introduz o texto como um corpo incalculável de afetos, o poema se preocupará em criar um futuro para a poesia enraizado na experimentação, na militância e na justiça. Aproveitando o momento criativo da invenção a cada passo, o poema

FIG. 6.2. *Velório em Eldorado dos Carajás, vigília do MST, foto de Sebastião Salgado. Fonte: Salgado*, Terra: Struggle of the Landless. © *Sebastião Salgado / Amazonas / Contact Press Images.*

de Haroldo problematiza a lógica linear e introduz uma chance intempestiva para a poesia em relação à subversão, à política e à reflexão histórica subalternista.

A descrição de Saramago do massacre serve como prefácio para o livro *best-seller* de Sebastião Salgado e sua exposição internacional, *Terra: Struggle of the Landless* (1997). Na medida em que *Terra* estabelece vínculos não previstos entre a fotografia, a poesia, a pintura, a política, a reflexão histórica e o afeto subalterno, o livro sem dúvida se esforçará em realizar uma interrupção das narrativas homogêneas do "progresso" brasileiro, centradas na nação. Como um agenciamento multimídia de microtextos, imagens dramatizadas, canções populares e poemas de renomados compositores brasileiros, pode-se dizer que, sob muitos aspectos, "O Anjo" é o microcosmo e a ramificação de *Terra*[10]. O diálogo entre os textos é imediatamente tangível. A sintaxe em ambos é visual, espacial, analógica e conduzida por intertextos. De fato, reminiscente de uma cena de *Terra*, "O Anjo" começa não com um verso, mas nos limites da poesia, com uma fotografia do jornal *Folha de S. Paulo*: a marcha fúnebre do MST em Eldorado dos Carajás em 20 de abril de 1996. Vamos primeiro considerar a exposição de Salgado para o contexto necessário.

FIG. 6.3. *Ocupação Pelo MST da Fazenda Giacometti*, foto de Sebastião Salgado. Extraído de Salgado, Terra: Struggle of the Landless. © *Sebastião Salgado / Amazonas / Contact Press Images.*

Contendo 109 imagens em preto e branco tiradas entre 1980 e 1996, *Terra* retrata a situação dos oprimidos no Brasil e inclui pós-imagens do agora lendário massacre de Eldorado dos Carajás.

No tocante ao trabalho de morte do Estado, as imagens chocantes de Salgado configuram uma pausa no tempo, um sóbrio espaço meditativo de contraste por meio do qual o observador pode ponderar a pulsação viva e cooperativa de um povo pois, além do espaço de morte do Estado, além dos rostos manchados de sangue das vítimas, a exposição de Salgado atesta o fato de que, mesmo hoje, uma crescente multidão dos sem-terra está redimindo a história. Através de imagens de luta coletiva, da construção de escolas, das marchas de ocupação e do brilho ainda luminoso da esperança nos olhos das crianças, um novo mundo-da-vida com dignidade emerge. Enquadradas nas mais miseráveis condições desérticas – nessas entranhas do Sul global, nesse Brasil distópico dos sem-terra onde reinam a violência do Estado, a exceção e a negligência com relação ao pobre –, as fotos de Salgado documentam um novo povo e uma nova terra que estão sendo produzidas em comum. Através de sequências de montagem que evocam o messiânico, os sem-terra aparecem como gigantes diante de nosso olhar. Se começamos a exposição de Salgado com as imagens edênicas dos povos indígenas

ESCREVENDO A REDENÇÃO E A INSURGÊNCIA SUBALTERNAS

habitando a terra sem a propriedade, o livro termina como uma abertura incalculável da história, com a multidão dos sem-terra marchando rumo à revolução, as foices erguidas: apesar do trabalho de morte do Estado, os sem-terra estão se multiplicando e repovoando uma terra sem capital.

Semelhante ao poema de Haroldo, a sintaxe multivalente de *Terra* substitui a ausência de razão crítica. De fato, o projeto de Salgado inscreve o que poderia ser chamado de *lógica dos alhures*: a fuga e relativização radical da lógica instrumental[11]. Considere as legendas de *Terra*. Localizadas na parte posterior do livro e enquadradas através de uma linguagem esterilizada que aspira à precisão cirúrgica, os textos explicativos de Salgado acentuam, paradoxalmente, a cena de afetos não registrados. Salgado se recusa a falar pelo subalterno, mesmo quando relata os fatos jurídicos que envolvem o massacre numa linguagem contida e impassível:

No final da tarde, o comando da polícia militar do Pará enviou tropas de dois quartéis diferentes, com fuzis e metralhadoras, que cercaram os manifestantes dos dois lados da estrada e em seguida abriram fogo [...]. O legista Nelson Massini, professor da Universidade Federal do Rio de Janeiro [...] constatou que dez das vítimas, pelo menos, foram executadas sumariamente com tiros na cabeça e na nuca. As marcas de pólvora indicam que as armas foram disparadas a curtíssima distância. Outros sete sem-terra tiveram seus corpos retalhados a golpes de foice ou facão. Pará, 1996.[12]

Da mesma forma que Salgado, Haroldo via a promessa revolucionária do Movimento dos Trabalhadores Rurais Sem Terra. Contudo, como vimos no caso das *Galáxias* e da poesia concreta em geral, Haroldo desconfiava dos poemas de orientação política ao nível de conteúdo. Quando perguntado sobre a relação da poesia com a política, ele gostava de invocar o lema do poeta russo Vladimir Maiakóvski: poesia sem forma revolucionária nunca poderia ser revolucionária[13]. Por conseguinte, ao escrever "O Anjo" logo após o massacre, Haroldo sentia a necessidade de elaborar um poema-resposta que fosse adequado ao acontecimento da tragédia e resistência subalternas. Atravessando o limiar do verso, tal criação exigiria uma investigação das condições materiais do MST; a saber, exigiria um entendimento mais profundo da "sintaxe" do MST, inclusive de seus modos de resistência e mundo-da-vida.

De acordo com a maioria das medidas, o Brasil possui um dos maiores fossos do mundo entre ricos e pobres. Isso é assim apesar do status do Brasil como potência econômica, a sétima maior economia do mundo: 50% das terras adequadas para o cultivo são controladas por 4% dos proprietários de terras[14]. Nesse contexto, Haroldo percebia "dois Brasis" em conflito – um europeu, rico e cosmopolita, e o outro, periférico, subdesenvolvido e caracterizado pela fome, migração e analfabetismo. "No Brasil de hoje", observaria Haroldo, "aquilo que mais tende a resolver o problema da miséria [não] são poemas, [mas] movimentos como o MST que, até onde acompanho, não se preocupa somente em ocupar terras que não são aproveitadas, mas tem toda uma política de alfabetização e instrução dos seus integrantes."[15] Na verdade, o MST é um dos maiores e mais poderosos movimentos sociais da história brasileira[16]. De acordo com o estudo de referência de Wendy Wolford,

O MST foi fundado oficialmente nos estados do sul do Brasil na metade da década de 1980. Seus membros se expandiram dramaticamente nos anos seguintes e, no final da década de 1990, o MST era o movimento social mais dinâmico e bem organizado da história do Brasil. Desde sua formação, o movimento tem usado a lei brasileira para defender o direito à propriedade considerada como improdutiva e não cumprindo sua função social, de acordo com o Artigo 184 da Constituição Federal. A principal tática do MST é a ocupação de terras em grande escala, onde os ativistas do movimento organizam recrutas para entrarem nas propriedades improdutivas (tal como definido pela Constituição), em geral tarde da noite, para evitar ações preventivas violentas da parte dos proprietários e do governo. Os ativistas organizam os novos membros do MST na construção de tendas temporárias e lá ficam até que o governo compareça para avaliar sua reivindicação à terra. Se a ocupação tem êxito, em geral após muitos meses de negociação, o governo expropria a propriedade, divide-a entre os sem-terra, criando o que vem a ser denominado assentamento de reforma agrária. Hoje, mais de vinte anos após a formação do MST, mais de 250 mil famílias ocupam terras por meio do movimento e, em 2001, o MST tinha a filiação direta de cerca de 1.459 assentamentos em 23 dos 27 estados brasileiros (inclusive o Distrito Federal de Brasília, a capital do país) [...].

A necessidade e a possibilidade de ingressar no MST [...] foram moldadas por um conjunto de mudanças estruturais. A modernização da

ESCREVENDO A REDENÇÃO E A INSURGÊNCIA SUBALTERNAS   203

agricultura conduzida pelo Estado, que se intensificou após a posse dos militares em 1964, dificultou a competição dos pequenos agricultores no mercado e muitos perderam suas terras ou migraram para as cidades para conseguir trabalho [...]. [A]o mesmo tempo, os padres progressistas afiliados às Igrejas católica e luterana e muitas vezes inspirados na Teologia da Libertação ajudaram a fornecer aos ativistas e membros do movimento recursos cruciais [...] e a retirada gradual dos militares do governo, no início da década de 1980, criou oportunidades políticas de organização que não existiam antes.[17]

A solidariedade de Haroldo para com o MST está bem documentada. Na verdade, ele jamais hesitou em afirmar que o MST estava realizando "uma segunda abolição" contra as formas modernas de escravidão[18]. Através da árdua reforma agrária em múltiplas frentes e de sua estrutura-rede aberta que enfatiza a educação, a democracia e a alfabetização, Haroldo achava que o MST estava resolvendo o problema da violência estrutural da miséria assolando o Brasil. Além disso, por meio de seu internacionalismo e deênfase do partido como figura paternalista, o MST encarnava para ele a ideia de um Brasil futuro, situado para além do fechamento do Estado. Mediante a ocupação de terras e sua campanha pela alfabetização, em suma, o MST estava abolindo as continuidades subjacentes da subalternidade estrutural.

Tendo como base a sua proposta de que sem forma revolucionária não poderia haver poesia revolucionária, Haroldo argumentaria em seu ensaio, "Poesia e Modernidade: Da Morte da Arte à Constelação. O Poema Pós-Utópico" (1984), que a poesia não podia mais aspirar a ser o veículo da vanguarda cultural e da utopia. Isto é, a poesia já não podia se empenhar em criar uma "nova linguagem comum" que potencialmente pudesse integrar o subalterno desfavorecido na comunidade brasileira mais ampla[19]. Haroldo repetirá essa aposta pelo resto de sua vida, mas numa conferência de 1999 ele acrescentará um novo ângulo interessante. A reforma agrária poderia tornar possível uma nova linguagem coletiva: "a vanguarda será possível de novo em outras condições, mesmo no Brasil. Para o Brasil, a primeira condição é fazer uma reforma agrária efetiva e dura sem restrições – uma que seja real"[20]. Consciente das armadilhas da lógica totalizadora da vanguarda na era do fechamento da metafísica, Haroldo apelará a uma poesia crítica do presente: "a poesia de hoje é uma poesia

FIG. 6.4. *Uma Escola Para as Crianças do Acampamento Santa Clara, fotografada por Sebastião Salgado. Extraído de Salgado,* Terra: Struggle of the Landless. © *Sebastião Salgado / Amazonas / Contact Press Images.*

do 'agora' (prefiro a expressão 'agoridade'/*Jetztzeit*, termo caro a Benjamin)"[21]. Se a poesia se tornou uma prática de pós-vanguarda do agora na era do capital global, qual a força crítica do poema de Haroldo em relação ao MST? Mais especificamente, o que pode a poesia pós-utópica, como forma de antiliteratura, concretamente ouvir, dizer e fazer com relação ao massacre dos trabalhadores ativistas do MST em Eldorado dos Carajás? Será a antiliteratura capaz de criar uma nova linguagem comum por vir? Isso nos leva à questão da política literária e da recepção contemporânea do poema.

Assim como o Movimento dos Trabalhadores Sem-Terra do Brasil busca cada vez mais uma plataforma internacional pelo apoio de ativistas e artistas, Else R.P. Vieira observou a vontade do poema de multiplicar os "postos de escuta"[22]. Denotando um sentido não-linear da história, esses postos de escuta formam uma estrutura de rede em proliferação que inclui a autotradução de Campos, a intermídia do poema (CD e imagem) e sua disseminação internacional por meio de estudos e artistas que assumem a causa do MST[23]. Além disso, para Vieira, o poema "funde os horizontes históricos" através de uma impressionante trama de intertextos[24]. Ao referir-se à poesia de João Cabral, Pignatari, Drummond de Andrade, à *Bíblia* e Milton, bem como às pinturas de *Retirantes* de Portinari e à filosofia da história e da tradução de Walter Benjamin, o poema multiplica postos de escuta para "propiciar capital simbólico aos sem-terra"[25]. Em consequência, Vieira lê o poema como um monumento verbal, cuja tarefa é traduzir a história do lado dos oprimidos. Vieira conclui que "o poema, na verdade, forma uma constelação com as representações do enterro dos despossuídos do Brasil, cada vez mais políticas e em mudança ao longo da história"[26]. Embora as observações de Vieira sejam sem dúvida esclarecedoras, eu gostaria de ampliar sua contribuição focalizando o meio altamente elaborado do poema e a tarefa que ele se atribui de, seguindo Benjamin, trazer à vida o mundo-da-vida, a insurgência e os afetos do subalterno morto.

Com efeito, existe uma fissura no discurso de Vieira que precisamos abordar: ao interpretar o poema como monumento coletivo, ela acaba atribuindo ao texto uma subjetividade de vanguarda cuja tarefa é traduzir e reintegrar o subalterno como sujeito revolucionário da história. Por conseguinte, sua leitura cai dentro do *telos* do regime literário da representação. Lendo o retrato da história subalterna pela lente da vítima que virou sujeito, o potencial de intervenção do poema fica confinado a uma tradução testemunhal. Em resumo, o caráter performativo, antirrepresentacional e afetivo do texto é em grande parte ignorado. No que se segue, vamos mostrar como "O Anjo" opera não para dar testemunho da verdade enterrada da história, mas sim para sinalizar as zonas de iletralidade, resistência e força criativa do outro lado da representação hegemônica.

Como este livro tem mostrado, não haverá representação unitária, nem nenhum nomear do subalterno como sujeito transculturado. De fato, como observou Gareth Williams, "todo pensamento da subalternidade supõe uma prática crítica que hesita (talvez necessariamente) diante de seus objetos de análise"[27]. Para Williams, o subalterno radicalmente relativiza a lógica do Estado e designa não apenas os oprimidos, mas uma posição crítica multilinear que desfaz as narrativas centradas no Estado. A reflexão subalternista hesita porque a inscrição de configurações subalternas no espaço social desnaturaliza as lógicas conclusivas. Uma vez que se inscreva a subalternidade, observa Williams, a reflexão crítica se vê confrontada com a finitude da razão. Em fuga de sistemas dominantes, atribuindo à investigação crítica a tarefa de abolir a fixidez e as medidas consensuais, a diretriz de Williams nos ajuda a enquadrar o encontro da antiliteratura com a subalternidade e os povos minoritários.

Além disso, a visão de Williams nos coloca numa encruzilhada: como o poema de Haroldo cria uma nova linguagem, adequada ao acontecer da luta subalterna? Se estamos confrontados com a finitude da razão, como se pode pensar o passado subalterno sob o arcabouço da (anti)literatura sem nos tornar meras testemunhas? O que há de comum entre a antiliteratura e o subalterno?

Para responder a essa pergunta, será frutífero um retorno ao capítulo 4. No texto galáctico politicamente carregado, "circuladô de fulô" (1965), assistimos à encenação de um procedimento ambíguo de identificação entre a voz poética e um cantador pobre e subalterno do Nordeste brasileiro: "aquela música não podia porque não era popular / [...] mas o povo cria mas o povo engenha mas o povo cavila / o povo é o inventalínguas [...] / [...] mas ouça como canta louve como conta prove como dança e não peça que eu te guie". Mediante a lembrança dissonante da música do subalterno, que nunca poderia ser "popular", a voz poética inscreve a crise da escritura de vanguarda nos anos 1960. Longe de retratar o subalterno através das lentes da vitimização ou da alteridade, aqui o subalterno se torna uma força constituinte, um "inventalínguas", uma singularidade e um participante igualitário numa troca afetiva comum. Se a voz poética não pode falar pela música indescritível do subalterno, ela reconhece sua singularidade e suas potências expressivas. De fato, pode-se dizer que através da criação de tais procedimentos inventivos de identificação, que sem cessar chamam a atenção para os limites da escritura, as potências expressivas do subalterno e da voz poética convergem num projeto comum de resistência à lógica centrada no Estado. Nessa passagem, então, a sintaxe polifônica das *Galáxias* inscreve um mundo alternativo ao capital e ao Estado: um meio alternativo para imaginar a relação entre a literatura, a história e o subalterno. Tal mundo e tal linguagem, sugere-se, devem ser produzidos, talvez, em comum. No limite da razão, escrevendo *com* o afeto subalterno: a literatura se torna uma estrutura aberta e generativa que não representa, mas cria mundos plurívocos de sentido.

Se a representação do subalterno é o local de uma ilusão transcendental, em "O Anjo" a sintaxe começa como um ato da diferença afirmada. Desmascarando os postulados do progresso e da ordem da história, o poema atesta uma potência constituinte além de medida, cuja tarefa é afirmar problemas:

> os sem-terra afinal
> estão assentados na
> pleniposse da terra :
> de sem-terra passaram a
> com-terra : ei-los
> enterrados
> desterrados de seu sopro
> de vida[28].

Dentro desse movimento de sucessão, a escritura hesita. Ela tomará a forma de uma vigília, uma forma de luto. Olhando para as ruínas, então, os sem-terra massacrados estão "assentados" nas entranhas da propriedade improdutiva, o latifúndio[29]. Como procedimento ambíguo de identificação, a inscrição dos trabalhadores sem-terra assassinados como "assentados" marca uma repetição, um retorno, um sucinto "ajuste de contas" da história que todos conhecem. A paronomásia estabelece um circuito narrativo-chave: o termo adjetivo, *assentados*, se refere ao mesmo tempo aos agricultores ocupantes (*settlers*), aos assentados (*settled*), aos assassinados e ao ato de ajustar (*settling*) contas. As palavras configuram uma série contínua e prismática. E a estrofe em si forma um circuito aliterativo, atonal, um bloco de sensações que torna o movimento parte principal da obra. A pontuação e o espaçamento irregular produzem uma linguagem pictórica. De fato, a proliferação dos sinais de dois pontos, dos hifens – dos traços dramatizados – evoca uma iconização do acontecimento do massacre. Mimese tipográfica, como na poesia de E.E. Cummings: a pontuação representa, em outras palavras, o passar das balas, tanto como o passar inesgotável para um outro sentido. Em "O Anjo", está em questão a própria noção de atravessar o limite da poesia para o espaço do afeto subalterno.

FIG. 6.5. *Marcha de Ocupação do MST, foto de Sebastião Salgado. Fonte: Salgado,* Terra: Struggle of the Landless. *© Sebastião Salgado / Amazonas / Contact Press Images.*

Escrevendo nas entrelinhas, a pontuação articula uma fuga e uma multiplicidade de sentido. Trata-se de uma questão de substituir signos diretos e sentidos diretos por representações mediadas; trata-se, portanto, de uma questão de produzir constelações semânticas, pictóricas e auditivas que induzem o leitor a perceber o movimento entre signos e em variação contínua. Completando o círculo, com efeito, os termos relacionados à terra, à concentração da terra e ao ajuste de contas convergem. E assim se estabelece a gênese paradoxal do texto, que é de fato um êxodo. A estrutura-rede díspar do poema desfaz a linearidade, a divisão sujeito-objeto e a subordinação dos objetos a um sujeito enunciativo: os sem-terra, finalmente, aterrissaram (*com-terra*) em um duplo movimento, um duplo devir. Como um rizoma, eles estão enterrados profundamente nas entranhas da terra estorricada, como uma constelação de uivos aterrorizados, no exílio, lutando por "seu sopro de vida". "O Anjo" é concebido inteiramente dentro da poesia, mas também inteiramente de fora, como drama.

        com-terra : ei-los
        enterrados
        desterrados de seu sopro
        de vida
        aterrados

terrorizados
terra que à terra
torna
pleniposseiros terra-
tenentes de uma
vala (bala) comum :
pelo avesso final[30].

No texto elegíaco de Haroldo, experimentamos o tempo como uma linguagem que balbucia e fala numa língua estrangeira, uma linguagem babélica de forças puras e leituras imprevisíveis. Como lidar com as potências expressivas do poema que, com efeito, inscrevem um outro *telos* para a reflexão histórica e destronam a literatura como lei da representação e do sujeito que fala? Tais questões nos conduzem à nossa pergunta central: o problema de criar uma linguagem adequada à monstruosidade do massacre. E o que fazer do desfecho profético do poema centrado na justiça e num tempo messiânico por vir, no qual o anjo da história do título irá "um dia […] / convocar do ror / nebuloso dos dias vin- / douros o dia / afinal sobreveniente do / j u s t o / a j u s t e / de / contas"[31]? Em outras palavras, que tipo de justiça e linguagem futuras está o texto convocando?

Em inúmeras ocasiões, Haroldo insistirá em que os poetas dignos do nome trabalham com a materialidade da linguagem. Rejeitando sua posição programática de vanguarda das décadas de 1950 e 1960, ele esclarecerá mais tarde, numa entrevista, o que tal materialidade significa:

A forma é ainda o problema fundamental; se deve sempre inventar uma nova forma. Como? Não se pode programar hoje. Não posso mais ter um "Plano Piloto", mas posso saber o que não devo fazer. Não posso ceder à facilidade ou recair na nostalgia de um paraíso perdido. Não posso programar o paraíso futuro, mas o "paraíso" não interessa. Devo procurar a sanção para o que faço no momento presente, num lugar entre a crítica e a tradição, e isso pode fornecer minha nova contribuição para a poesia.[32]

Resistindo à fórmula, à facilidade e ao idealismo, a poética pós-utópica de Haroldo nos abre a uma consideração da materialidade, não além da fronteira da poesia e da crítica, mas num espaço entre elas, enraizado na linha de fuga do afeto:

                    pelo avesso final
                    entranhados no
                    lato ventre do
                    latifúndio
                    que de im-
                    produtivo re-
                    velou-se assim u-
                    bérrimo : gerando pingue
                    messe de
                    sangue vermelhoso[33].

Marcado pela referência suspensa e pela per-mutação aliterativa, "O Anjo" acolherá o acaso e o incalculável. Por exemplo, a técnica de encavalgamento, juntamente com a quebra de palavras no meio, nos remete à passagem contínua para um outro sentido, uma outra forma de fazer poesia: para a canibalização de novos regimes de signos e para a potência intensiva e constituinte das palavras. De fato, como já indicado, o poema começa com uma fotografia da marcha funeral do MST. Mais que prova documental ou tributo a Sebastião Salgado, a fotografia é coinformacional e converge com a sintaxe. Em outras palavras, na medida em que a experimentação contínua assegura a expansão do texto para múltiplos pontos de vista, o poema exigirá a dramatização de seus materiais, inclusive o devir-montagem das palavras como conjuntos condensados de sensação, tensão semântica e afeto subalterno. Por conseguinte, pondo em questão a lei literária da palavra como centro (*word-center*), é impossível não ver o fluxo encavalgado das imagens, a estrutura serpentina da estrofe, a quebra das palavras em distribuições polifônicas abertas, a falta de pontos, como uma iconização da marcha multitudinária do MST.

Constituindo uma abertura para o outro, o vórtice de significantes do poema inscreve a ideia de singularidades resistindo ao problema da terra em comum. De fato, eles anunciam visual, afetiva e semanticamente a promessa "messe-iânica" da profecia do poema: o anjo "multigirante" da história que está por vir. Essa minoritização da linguagem assinala um devir da escritura com aquilo que não é escritura (*nonwriting*). Mais crucial, talvez, é o fato de que a estrutura aleatória da sintaxe nos refere ao radicalmente outro como *à-venir* (por vir) e processo constituinte; isto é, ao acontecer de uma forma por vir que não pode ser antecipada.

FIG. 6.6. *Imagem fotográfica do Movimento dos Trabalhadores Rurais Sem Terra, em "O Anjo Esquerdo da História". Cortesia da* Folha de S. Paulo, *20 de abril de 1996. Foto de Juca Varella. © fotografia / Folhapress.*

Essa é a concreção poética para Haroldo: um processo polivalente da sensação, sem programa ou sujeito-enunciador central. Tal procedimento do sensível torna explícitos os elementos verbais, vocais e visuais do poema. E, sem dúvida, como "forma aberta, combinatória" para uma forma de arte "sem fechamento ou conclusão", tal estratégia de trabalho textual subverte a representação e acolherá, após Derrida, o outro não previsto da história, o anjo, como acontecimento do incalculável[34]. Isso é significativo. O problema da estrutura aleatória do poema, *que inscreve, como*

FIG. 6.7. *Imagem da capa de* Multitude, *de Michael Hardt e Antonio Negri (2004).*

ESCREVENDO A REDENÇÃO E A INSURGÊNCIA SUBALTERNAS   213

um lance de dados, o texto como uma potência incalculável que multi-gera significados, ao mesmo tempo simultâneos, espaciais e multíplices, nos retorna à questão da forma e da materialidade: a concreção marca uma estrutura gráfica, espacial e não-linear de resistência a concepções tradicionais da literatura. É aqui, contra a literatura, que abordamos o assunto da política. Seguindo a concepção de multidão, de Michael Hardt e Antonio Negri, entendida como uma potência coletiva de resistência que as singularidades produzem em comum, se deve considerar "material" não apenas os mortos explorados em seus ataúdes, como um referente externo, como um "real", mas todos os constituintes do significante poético numa inteligência enxame e aberta de multidão: gráfica, espacial, física, sonora e semântica *como um assunto intempestivo da política.*

Portanto, como forma "multigerante" da escritura, "O Anjo" gira estruturalmente em torno da paronomásia e do paramorfismo. O texto inscreverá, através de trocadilhos e da sintaxe visual, um pensamento antiliterário do subalterno. O subalterno se torna não a figura de um Estado em crise, não a representação de uma vítima passiva, mas uma *potência coconstituinte,* uma forma de fuga que resiste à lógica do Estado. Rompendo com o pensamento binário, o subalterno é levantado das entranhas da terra como uma nova semente do tempo, uma forma "larval", uma *forma de fome.*

> lavradores sem
> lavra ei-
> los : afinal con-
> vertidos em larvas
> em mortuá-
> rios despojos :
> ataúdes lavrados
> na escassa madeira
> (matéria)
> de si mesmos : a bala assassina
> atocaiu-os
> mortiassentados
> sitibundos
> decúbito-abatidos pre-
> destinatários de uma
> agra (magra)

re(dis)(forme) forma
– fome – a-
grária : ei-
los gregária
comunidade de meeiros
do nada :[35]

Todo poema, todo texto deve alcançar a sua própria maneira de falar sobre seus objetos, como se formasse uma aliança com eles. Como gesto de aproximação e aliança, Haroldo emprega signos polivocais que são, ao mesmo tempo, visuais, semânticos e políticos: a proliferação dos parênteses encena as ocupações territoriais dos latifúndios, graficamente sinaliza os ataúdes dos massacrados, e retrata, de forma dissonante, o atraso e a demora da reforma agrária:

agra (magra)
re(dis)(forme) forma
– fome – a-
grária : ei-
los gregária[36].

Como um carácter chinês, a sintaxe se transforma numa estrutura ideogramática de relações analógicas que induzem a imaginação a ler espacialmente. Os parênteses apontam uma dificuldade, uma hesitação, uma interrupção da escritura. Suspendendo a história linear através de *formas de fome*, o procedimento parentético de Haroldo articula um sistema de ligações. Cooperacional, marcando o poema como o lugar de uma confluência e afinidade entre distintos regimes de signos – entre a estratégia da concreção material e as ocupações do latifúndio pelo MST – em "O Anjo", escrever é ocupar e redistribuir os signos como agenciamentos afetivos (*affective assemblages*). Como condensação polissêmica do conflito, os parênteses nos levam ao baixo-ventre da história, a suas vozes silenciadas. Na medida em que o encavalgamento e a linguagem pictórica da pontuação configuram a sintaxe como contínua passagem para um outro sentido, "O Anjo" marca o espaço-entre como o lugar da antiliteratura.

enver-
gonhada a-

ESCREVENDO A REDENÇÃO E A INSURGÊNCIA SUBALTERNAS   215

> goniada
> avexada
> – envergoncorroída de
> imo-abrasivo re-
> morso –
> a pátria
> (como ufanar-se da?)
> apátrida
> pranteia os seus des-
> possuídos párias –
> pátria parricida :[37]

O poema estará preocupado em desestabilizar os valores associados à propriedade e ao próprio. Tudo gira em torno da questão de articular um *meio justo,* de construir uma nova linguagem para encarar a singularidade do outro antes de qualquer contrato social. Tal espaço só emergirá ao abalar a presença do Estado: por meio de seus modos disjuntivos de se expressar, o poema recriará o remorso falso, abrasivo e velado da "pátria parricida". Linguisticamente, as palavras compostas encenam a imagem do "luto" do Estado corrupto como um ritual falsificado da "novafala" de Orwell. A proliferação de palavras compostas também inscreve o devir-estrangeiro do português de Haroldo; elas constituem uma homenagem implícita ao alemão de Benjamin, bem como ao idioleto tipográfico de E.E. Cummings.

> que talvez só afinal a
> espada flamejante
> do anjo torto da his-
> tória cha-
> mejando a contravento e
> afogueando os
> agrossicários sócios desse
> fúnebre sodalício onde a
> morte-marechala comanda uma
> torva milícia de janízaros-já-
> gunços :
> somente o anjo esquerdo
> da história escovada a
> contrapelo com sua
> multigirante espada po-
> derá (quem derá!) um dia
> convocar do ror

nebuloso dos dias vin-
douros o dia
afinal sobreveniente do
j u s t o
a j u s t e de
contas[38].

Através das palavras, "j u s t o / a j u s t e de / contas" – uma canibalização explícita da técnica de Benjamin para destacar as palavras – se transmite uma noção enigmática de justiça. Ajustando as contas com a história, mas recusando a falar em nome do subalterno, a justiça não se fará pela lei nem pelo pacto social. A justiça também não surgirá através da solidariedade e da indignação: por meio do testemunho representacional ou dos postos de escuta intertextual para os oprimidos, como pretende a leitura do texto prevalecente. Pelo contrário, o que está em jogo em "O Anjo" é um cuidar intempestivo da convergência entre o afeto e o acaso, a poesia e a história subalterna, a política e a multidão. Além disso, é uma questão de produzir, em comum, formas multitudinárias de resistência, mesmo quando a "literatura" se abre para seu outro radical. A escritura como heterogênese e como chance para um futuro por vir: tal é a imagem final que emerge da reescritura do massacre de Haroldo. Estamos tocando aqui o segredo intempestivo da antiliteratura.

Por Fim
O Segredo Intempestivo
da Antiliteratura

Desde os anos 1950, são frequentes as críticas relativas à natureza apolítica dos poemas de Haroldo de Campos e da poesia concreta brasileira. Em muitos aspectos, elas lembram as acusações que o crítico cultural marxista Roberto Schwarz fez contra os irmãos Campos quanto às implicações "reacionárias" de seus escritos para a ação política. Em sua réplica a Schwarz, bem como em seus escritos referentes às implicações políticas da poesia e da teoria literária, Haroldo rejeita a noção de que a poesia concreta não dispõe de uma dimensão política, ou o que Schwarz chamará de "déficit de empiria"[1]. Escrevendo contra a concepção de Schwarz de matéria como presença externa, Haroldo enfatizava que seu envolvimento permanente com a política nunca constituiu uma ideologia ou uma concepção ontoteológica da política; ao contrário, seu engajamento tinha a ver com o problema de criar formas revolucionárias para o presente no período pós-utópico do fim da metafísica[2]. Em jogo está uma delimitação antifundacional da literatura e da política centrada na concepção de Haroldo sobre materialidade:

Ser um poeta pós-utópico trabalhando sobre a materialidade concreta da linguagem não significa renunciar à dimensão crítica da tarefa poética, nem esquecer as conquistas técnicas da Modernidade. *Até mesmo poemas*

218

engajados continuam sendo possíveis e necessários (como, por exemplo, meu recente "O Anjo Esquerdo da História", protestando contra o massacre dos SEM-TERRA no Pará, norte do Brasil). Nenhuma orientação nostálgica e regressiva está sendo visada. O que é diferente é eu ter substituído o projeto otimista-futurista-milenarista dos anos 50 por um mais realista e eficaz, baseado nas necessidades urgentes (estéticas ou ideológicas) do presente.[3]

Ao escrever este livro, venho observando trabalhos que marcam o desmoronamento e os limites da "literatura" como classicamente compreendida. Não é preciso dizer que textos antiliterários como esses turvam as fronteiras entre a literatura, as outras artes, a reflexão histórica e os avatares da intermídia, bem como escapam à análise unitária e exaustiva. Ao responder ao problema da forma como um complexo de forças criativas, o que este livro terá tornado manifesto são novos procedimentos do sensível que introduzem a força intempestiva da escritura. Em nosso êxodo das concepções teleológicas da "literatura", descobrimos obras multiformes que violentamente minam os significados finais. Antiliteratura é antiencerramento.

Como vimos ao longo dos estudos de caso, a antiliteratura contesta a constituição fundacional. E é precisamente através dessa diretriz, dessa matéria de uma política da literatura, que reunimos, numa constelação final, os fios de nossa pesquisa. Este livro propôs um repensar dos conceitos fundamentais do que se entende por "literatura" nos estudos latino-americanos contemporâneos. Se a antiliteratura tende a uma prática intersemiótica igualitária que trava guerra contra uma distribuição majoritária e conformista do sensível, ela o faz como uma luta e configuração da experiência que suspende formas de dominação. Ainda assim, o ceticismo, quanto à importância da literatura para o pensamento político, continua generalizado. A série incisiva de perguntas que o teórico cultural John Beverley faz no início de seu livro divisor de águas, *Against Literature* (1993), é representativa dessa atitude: "[o] ânimo contra a literatura [...] deve-se sobretudo à conexão da literatura com o Estado moderno"[4]. "Não haveria, na verdade", pergunta ele, "um modo de pensar a literatura que seja extraliterário, ou como prefiro aqui, 'contra' a literatura?"[5] "O problema", conclui ele, "é que a política cultural da esquerda latino-americana ainda é fundada num modelo

POR FIM O SEGREDO INTEMPESTIVO DA ANTILITERATURA

de autoridade e pedagogia culturais no qual [...] a literatura é posta como o discurso que é crucialmente formador da identidade e da possibilidade latino-americanas."[6]

A crítica de Beverley contra a literatura permanece pertinente. A questão da literatura nos estudos latino-americanos tem chegado a um impasse. Ao redirecionar nosso arcabouço da representação e do sujeito para o problema da sensação e dos limites da literatura, desvelamos a potência de textos brasileiros e argentinos marginalizados que desafiam a instituição literária e sua concepção idealista da cultura. Desvelamos, além do mais, como a antiliteratura brasileira em particular cria um intervalo generativo: não além da fronteira da literatura e da política, mas num espaço entre ambas. Como procedimento de intervenção do sensível, a antiliteratura interroga os espaços fronteiriços da literatura. Nós habitamos tais locais intersticiais, afetivos e multimídia para encarar alguns dos problemas mais urgentes defrontando a questão da escritura experimental e sua relação inexorável com a política: assim emergem, por meio de um método constelar, os temas da subalternidade, de escrever o feminino, do minoritário, da antipoesia e da política literária, mesmo quando a "literatura" luta contra si mesma como instituição da conformidade e do mercado. Pois, como insistimos quanto ao âmbito interdisciplinar da nossa pesquisa, a resistência, assim como a criação, sempre acontece no meio. Como no caso limite de "O Anjo", nossos estudos de caso exploram o atravessar da literatura para territórios semióticos, históricos e teóricos não mapeados. Contra as concepções tradicionais que exigem a separação estrita entre as esferas política e literária, mostrei que a questão da política literária permanece mal posta. Para contestar essa visão, mostrei como a antiliteratura recaptura a forma como um agenciamento de expressão, uma interação entre mídias, que efetua subversões do sensível. Finalmente, a reflexão sobre os escritores brasileiros dentro do âmbito dos estudos latino-americanos permanece rara. Na medida em que o divórcio persiste, este livro se empenha não apenas em revitalizar e redirecionar a crítica da literatura, mas em abordar as conexões e os intervalos não examinados entre a literatura brasileira e a hispano-americana.

Na medida em que este livro se organiza em torno do problema da antiliteratura e do sensível, encerremos nossa reflexão sobre as maneiras multifacetadas nas quais "O Anjo" intervém na política e no trabalho da memória histórica. Contra a identidade, é precisamente o problema do tempo e do afeto – o poema como o lugar de uma política do sensível – que nos permitirá forjar uma perspectiva crítica fresca para a literatura, para além do impasse e da representação, nas dobras de nosso presente politicamente carregado.

Sem dúvida, a estrofe final do poema constitui um jogo com a ideia de redimir o tempo a partir de uma perspectiva intempestiva da Esquerda. Recordando a série parentética do poema, que é ao mesmo tempo epistemológica e pictográfica, apresso-me em delimitar tais termos substantivos. Preocupado em construir uma poesia crítica e pós-utópica para o presente, não haverá idealismo literário em Haroldo, nem retorno a um significado transcendental. Sem dúvida, o "anjo" do título lembra o anjo materialista da história mencionado na nona tese de Walter Benjamin sobre a filosofia da história. O anjo de Benjamin – derivado da pintura *Angelus Novus* de Paul Klee – é retratado com o rosto voltado para o passado. Com as asas pegas pelos ventos tempestuosos do "paraíso", o anjo percebe a catástrofe do chamado "progresso": o anjo quer ficar, fazer parar o tempo, "despertar os mortos e recompor tudo que foi destruído"[7].

Retendo essa imagem do desastre, dos espectros da história e a alegoria da função angélica do historiador que escovaria a história oficial a contrapelo para acordar os mortos, é importante notar que o anjo redentor que vem é descrito como "torto"[8]. "Torto" é uma paranomásia que se refere ao desnivelado, ao tortuoso, ao heterodoxo e à Esquerda. Idioleto anárquico, o anjo torto aponta para o ziguezaguear dos procedimentos tipográficos de espacialização do poema como uma potência do devir (*becoming*). A sintaxe torta de "O Anjo" reconstitui a fuga, as ocupações, os acampamentos e a experiência sensorial do MST, mesmo quando enquadra a dificuldade e a dissonância inerentes a uma escritura assim multíplice. Como uma investigação autorreflexiva que refrata os limites da poesia, o torto inscreve o afeto subalterno como uma fissura constitutiva da história: o suspender (*arrest*) do discurso oficial. No entanto, o torto é também uma figura incalculável que inscreve o caminho sinuoso e transcriador no qual o poema busca a convergência e a afinidade entre seus materiais e os modos de resistência do MST.

POR FIM O SEGREDO INTEMPESTIVO DA ANTILITERATURA   221

Examinando as "Teses" de Benjamin, percebemos de onde
Campos tirou a sua inspiração:

Então, como a cada geração que nos precedeu, foi-nos dada uma força
messiânica *f r a c a* (*eine s c h w a c h e messianische Kraft mitgegeben*),
à qual o passado tem direito (*an welche die Vergangenheit Anspruch hat*).
[...]
O cronista que narra os acontecimentos sem distinguir entre os gran-
des e os pequenos leva em conta a seguinte verdade: nada do que já acon-
teceu deve ser perdido para a história. Decerto, somente a humanidade
redimida poderá apropriar-se totalmente do seu passado (*ihre Vergange-
nheit vollauf zu*). Isso quer dizer: somente para uma humanidade redimida
do seu passado é citável em cada um dos seus momentos. Cada momento
vivido se torna uma *c i t a t i o n à l' o r d r e d u j o u r* – e esse dia é
o dia do Juízo Final (*welcher Tag eben der jüngste ist*).[9]

Para Giorgio Agamben, "os termos espaçados são, por assim
dizer, hiperlidos (*iperletti*): são lidos duas vezes e, como sugere
Benjamin, essa dupla leitura poderia ser o palimpsesto da citação
(*quella palinsestica della citazione*)"[10]. O mérito de Agamben reside
no fato de ele ter localizado as correspondências textuais impre-
visíveis nas palavras espaçadas de Benjamin, por exemplo, "f r a
c a", com os escritos messiânicos de Paulo, mais notadamente, 2
Coríntios. Ali, Paulo pede ao Messias para "liberá-lo de sua espi-
nha na carne, [e] sente a resposta: *he gar dynamis en astheneia
teletai*, 'a potência se cumpre na fraqueza'"[11]. Tendo identificado
isso, Agamben demonstra a importância do conceito de imagem
(*Bild*) em Benjamin, que aparece várias vezes nas "Teses". Para
Agamben, *Bild* constitui uma premissa metodológica segundo a
qual o historiador entrelaça o passado e o presente "numa cons-
telação, na qual o presente deve saber reconhecer significado no
passado e o passado encontra no presente o seu sentido e realiza-
ção"[12]. Não há dúvida de que a sequência das imagens-montagem
e o encavalgamento em "O Anjo" são inspirados no conceito de
Bild, de Benjamin. Como raridades tipográficas que são emanci-
padas, como a pontuação, dos contextos tradicionais, as palavras
espaçadas "j u s t o" e "a j u s t e" configuram imagens icônicas
em si mesmas. Elas fornecem uma foto *em close* da interroga-
ção central do poema: o problema da justiça e restituição da
memória subalterna, que de repente converge, como encontro e
desenho (*design*), com as "Teses" de Benjamin. Lidas assim, por

meio desses termos: o "j u s t o" condensa uma concepção de escrever o massacre do subalterno como um campo ilimitado de leitura, relacionamento e cocriação. Tal campo sem dúvida desafia a lógica da dominação. A justiça como uma linha contínua de singularidades: dobra, desvia e derruba o caráter reificado das relações sociais, bem como as explicações banais do "progresso" que não incluem a parte que não faz parte da sociedade. Citáveis em todos os seus momentos, como expressões libertadas que articulam o desejo de estar na exceção, de pensar a relação sem relação, as dimensões afetivas do texto de Haroldo inscrevem a crise da poesia na esteira da tragédia subalterna.

Na fronteira da literatura e da política, o jogo com a linha em "O Anjo" constitui uma fenomenologia da composição na qual cada palavra, cada sinal de pontuação, pode ser imaginado num sequenciamento performativo, ou num lance de dados de uma semiose ilimitada. Dessa maneira, o poema é revolucionário em sua procura por novas conexões – novas linhas de concreção. Isso é uma problemática coletiva em si própria. Na medida em que a linha estreita, esquelética, da estrofe – infletida no hífen – articula a destituição subalterna, o traçar de uma linha-limite separando o MST do Estado, também serve como o tecido conectivo, o contorno de uma arquitetura poética, que estabelece um plano de imanência composicional onde nada se assenta. Como devir minoritário da linguagem que projeta a imagem de uma comunidade por vir, o poema retoma as palavras codificadas e segmentadas do social, fornece uma foto *em close* da materialidade e das relações sociais que subjazem a elas e as colocam em fuga. Fica claro que não se trata de uma mera fuga no imaginário ou na esfera literária. Em outras palavras, Haroldo, como um operador de câmera, penetra a imagem e faz dela uma configuração de relações expressivas diferenciais. Dando à poesia sua chance, deixando para trás o impasse e os discursos da exaustão literária, o antipoema cria a interface entre a literatura, a prática revolucionária e a tragédia subalterna. Como formas multivalentes de concreção que incidem na sequência aleatória do desejo à medida que se lê, as dimensões estéticas de "O Anjo Esquerdo da História" articulam um contramovimento da história do Brasil. A relação da poesia com a justiça somente se inscreve lá onde a multidão dos signos enxameia na heterogênese. Estamos

POR FIM O SEGREDO INTEMPESTIVO DA ANTILITERATURA

abordando um repensar da questão da forma como o local de deslocamento constitutivo. Explorar a materialidade da linguagem poética, materializar e tornar explícitos todos os constituintes do significante, para Haroldo implica afirmar o valor do acaso e a suspensão da referência. Tal exploração da materialidade nos refere à vinda do outro radical – o corpo textual incalculável e inexaurível – como uma abertura para um futuro da escritura além do espelho da literatura e do Estado. Tal segredo, tal experiência intempestiva da letra literária se transformada em outra, implica, sem dúvida, uma aliança com outros regimes de signos, inclusive os da insurgência subalterna, e uma correspondente hospitalidade para a experiência da alteridade radical: na condição de que cada signo, cada estrofe, cada meio tenha atingido um estado de excesso, para além do fechamento.

Notas

INTRODUÇÃO: ANTILITERATURA

1. Fernando J. Rosenberg examina as maneiras pelas quais as vanguardas latino-americanas abalam radicalmente a teleologia da modernidade como temporalidade única. Ver F.J. Rosenberg, *The Avant-Garde and Geopolitics in Latin America*, e, do mesmo autor, Cultural Theory and Avant-Gardes: Mariátegui, Mário de Andrade, Oswald de Andrade, Pagú, Tarsila do Amaral, César Vallejo, em S. Castro-Klarén (ed.), *A Companion to Latin American Literature and Culture*. Da mesma forma, o estudo de Vicky Unruh sobre a obra das escritoras de vanguarda "como uma arte de viver multifacetada" oferece um exemplo de expansão no campo (*Performing Women and Modern Literary Culture in Latin America*, p. 7-8). Sem dúvida, a experiência de vanguarda na América Latina inscreve um acontecimento fundamental no âmbito da formação discursiva histórica do campo literário. Em relação aos estudos recentes, pensadores como Francine Masiello, Mari Carmen Ramírez, Héctor Olea, Vicky Unruh, Fernando J. Rosenberg, Viviane Mahieux e Gonzalo Aguilar apontam para a "atitude autocrítica" da vanguarda devido a seus encontros contenciosos com as propostas da vanguarda europeia, a sua "relação fundamental com o passado" e ao dilema de envolver o leitor e o espectador no problema do presente, da identidade nacional, do sincretismo cultural e da arte experimental em um contexto internacional. (M.C. Ramírez, A Highly Topical Utopia, em M.C. Ramírez; H. Olea, *Inverted Utopias*, p. 2; V. Unruh, *Latin American Vanguards*, p. 6.) Esses pensadores têm lançado um desafio de repensar o legado das vanguardas latino-americanas e como as vanguardas propuseram, questionaram e disseminaram funções engajadas para a arte. Assim, a exposição e os ensaios de Ramírez e Olea têm apelado a uma compreensão "não-linear", "generativa e dialética da arte [de vanguarda]", inclusive a reabertura da discussão sobre as práticas e procedimentos de vanguarda postas em prática por grupos e indivíduos nas décadas de 1950 e 1960. (M.C. Ramírez, Prologue, em M.C. Ramírez; H. Olea, *Inverted Utopias*, p. xvi), enquanto Unruh e Aguilar têm assinalado a necessidade de focalizar os modos de intervenção "não conciliatórios" da vanguarda na dimensão social, na tradição e nos elementos mimético e internacional. (G.M. Aguilar, Formas de las Vanguardias, *Poesía Concreta Brasileña*, p. 34.) Para uma

maior elaboração do problema da experimentação em escritores de vanguarda na América Latina, ver Shellhorse, The Avant-Garde. (Todas as traduções às quais não foi atribuída autoria são minhas.)

2. O processo de "transculturação" cultural sancionado pelo Estado na América Latina surge em consonância com a tarefa de integração popular-nacional atribuída à literatura durante as duas primeiras décadas do século XX, e constitui, segundo Horacio Legrás, "o termo mais influente na história da crítica cultural latino-americana" (*Literature and Subjection*, p. 10). A teoria da transculturação literária de Rama encontra sua expressão no que ele chama de "regionalismo crítico", uma modalidade narrativa centrada na incorporação de vozes e subjetividades nativas e populares. Exemplificado nos romances de Gabriel García Márquez, Juan Rulfo, João Guimarães Rosa e José María Arguedas, o regionalismo crítico emerge, de um lado, como reação à racionalização e ao eurocentrismo e, de outro, como persistente vontade de autonomia, "representatividade" e "originalidade" da literatura latino-americana. Para Rama, o escritor regionalista é encarregado da tarefa de manejar "autenticamente as linguagens simbólicas desenvolvidas pelos homens americanos" (*Transculturación Narrativa en América Latina*, p. 19). O conceito de transculturação tem sido tematizado e amplamente criticado desde diferentes perspectivas. Para algumas das mais notáveis contribuições, ver: G. Williams, *The Other Side of the Popular*; A. Moreiras, *The Exhaustion of Difference*; J. Beverley, *Against Literature* e *Subalternity and Representation*; H. Legrás, op. cit.; A.M.C. Johnson, *Sentencing Canudos*; B. Levinson, *The Ends of Literature*; P. Dove, *The Catastrophe of Modernity* e *Literature and "Interregnum"*; R. de la Campa, *Latin Americanism*; J. Lund, *The Impure Imagination*; e D. Sommer, *Proceed With Caution*. De diversas formas, sublinhando essas intervenções está presente uma crítica vigorosa do sujeito, bem como um debate sobre os usos da teoria e da história no campo. Para uma crítica incisiva do sujeito nos estudos latino-americanos de hoje, ver D.E. Johnson, How (Not) to Do Latin American Studies, *South Atlantic Quarterly*, v. 106, n. 1. Ver também o apelo esclarecedor de Erin Graff Zivin por uma prática crítica anti-identitária, "an-arqueológica" e "marrana" em "Beyond Inquisitional Logic, or, Toward an An-archaeological

Latin Americanism", CR: *The New Centennial Review*, v. 14, n. 1.

3. Em *Literature and Subjection*, Legrás faz a mesma afirmação, designando o regime literário latino-americano como "formação histórica": "[a] formação que me interessa pode ser chamada de projeto histórico da literatura latino-americana. Resumidamente, este projeto envolveu a incorporação simbólica de povos e práticas que persistem nas margens da sociedade ou da nação em uma forma sancionada de representação" (p. 4). Ver também A.J. Shellhorse, Latin American Literary Representational Regime, em S. Ray; H. Schwarz; J.L. Villacañas Berlanga; A. Moreiras; A. Shemak (eds.), *The Encyclopedia of Postcolonial Studies*, v. 2.

4. Para uma discussão fundamental do debate em torno dos estudos subalternos latino-americanos que levanta a questão da arte como um ponto sensível, ver Bruno Bosteels, Theses on Antagonism, Hybridity, and the Subaltern in Latin America, *Dispositio*, v. 52, n. 25. Na verdade, para Bosteels, se pretendemos avançar na problemática da subalternidade em vista de uma possível política da literatura, surge a necessidade de separar (*de-suture*) a arte da política (contra a transculturação), de modo a repensar tanto a arte quanto a política "como procedimentos de pensamento singulares" (p. 158). Sem dúvida, o trabalho de John Beverley, *Against Literature*, poderia ser visto como uma articulação teórica inaugural que anuncia, nas palavras de Alberto Moreiras, "a possibilidade de um novo paradigma para a reflexão latino-americanista nas humanidades" (*The Exhaustion of Difference*, p. 310). Para um quadro geral do debate em torno dos estudos subalternos da América Latina, ver I. Rodríguez, Reading Subalterns Across Texts, Disciplines, and Theories, em I. Rodríguez (ed.), *The Latin American Subaltern Studies Reader*, bem como os diversos ensaios contidos nesse mesmo livro por ela organizado. Ver também a edição especial de *Dispositio, Latin American Subaltern Studies Revisited*, organizada por Gustavo Verdesio. A edição traz um grande número de intervenções, bem como uma conversa com John Beverley.

5. Sobre a pós-hegemonia literária, ver A.J. Shellhorse, Literature Before Literature, *Política Común: A Journal of Thought*, n. 6; o excelente *The Other Side of the Popular*, de Gareth Williams; e os textos online de Jon Beasley-Murray, em *Posthegemony: Something Always Escapes!*. Para

NOTAS

227

uma elaboração e debate mais amplos sobre a pós-hegemonia como prática teórica, ver Posthegemonía, o *Más Allá del Principio del Placer*, *alter/nativas*, n. 1, de Alberto Moreiras, e o volume especial, *Infrapolítica y Posthegemonía*; o lúcido, "The Subalternist Turn in Latin American Postcolonial Studies, or, Thinking in the Wake of What Went Down Yesterday" (November 8, 2016), de Gareth Williams; o ensaio, "Poshegemonía Hoy y Ayer", de Jorge Cáceres Riquelme; o texto, "Posthegemony and the Crisis of Constitutionalism in the United States", de Gerardo Muñoz; bem como o volume organizado por Rodrigo Castro Orellana, *Poshegemonía* e o ensaio, "En Qué Se Reconoce el Pensamiento? Posthegemonía e Infrapolítica en la Época de la Realización de la Metafísica", Sergio Villalobos-Ruminott.

6. *Literature and "Interregnum"*, p. 23. Sobre a crise do modelo literário evolucionista e sua relação com a historiografia nos estudos latino-americanos, ver "Writing With His Thumb in the Air", em *The Narrow Pass of Our Nerves*, de Sara Castro-Klarén.

7. *The Politics of Aesthetics*, p. 12; *Le Partage du sensible*, p. 12.

8. Ibidem, p. 42; ibidem, p. 66.

9. *Malaise Dans l'esthétique*, p. 173; *Dissensus*, p. 202. Em *Le Partage du sensible*, Rancière terá afirmado a implicação radical e recíproca entre experiência, percepção, política e arte. "Se o leitor aprecia uma analogia", escreve Rancière, "se pode entender [a estética] num sentido kantiano – eventualmente revisitado por Foucault – como o sistema de formas *a priori* determinando o que se dá a sentir" [*comme le système des formes a priori déterminant ce qui se donne à ressentir*] (p. 13). A arte intervém como luta sobre a experiência: "[a]s práticas artísticas são 'maneiras de fazer' que intervêm na distribuição geral das maneiras de fazer e nas suas relações com as maneiras de ser e as formas de visibilidade" (p. 14). Em consequência, se as obras de arte podem reivindicar um projeto de subversão, isso será em termos de sua vocação antifundacional, com respeito "[à] sensível delimitação do que é comum à comunidade" e com "as formas de sua visibilidade e de sua organização" [*à cê niveau-là, celui du découpage sensible du commun de la communauté,*

des formes de sa visibilité et de son aménagement] (p. 24).

10. *Dissensus*, p. 153; *Malaise Dans l'esthétique*, p. 36.

11. "Old Glory Blue" refere-se ao azul saturado da bandeira norte-americana. Estou sugerindo que, assim como as cores vermelho e verde assinalam claramente a Revolução Cubana e ao Brasil, o uso simbólico da cor por Campos deve denotar os Estados Unidos.

12. Por meio radicalizado, entendo veículo ou linguagem, como em Marshall McLuhan: "O meio é a mensagem." Recordando as escritas instigantes de Décio Pignatari e as dos demais escritores antiliterários examinados neste livro, um ponto principal do nosso conceito é que a antiliteratura surge como uma linguagem nova, marginal, não majoritária em "violenta desidentificação com o sistema vigente" e como um "corpo estranho", ou multiplicidade, que involucra a aliança de múltiplos regimes de signos, *Contracomunicação*, p. 25, 155, 149. Como presenciamos aqui no antipoema participante de Campos, trata-se de um uso criativo, intersemiótico, intensivo e minoritário da linguagem. A radicalização do meio, portanto, abrange a ideia da antiliteratura como um processo polifônico e como o que chamaremos de acontecimento da escritura. Com efeito, a radicalização do meio abarca a "invenção contínua da linguagem" e o tornar da linguagem literária num sistema aberto e constelar de relações através de um uso menor da linguagem. *Contracomunicação*, p. 27.

13. D. Viñas, Pareceres y Digresiones en Torno a la Nueva Narrativa Latinoamericana, em Á. Rama (org.), *Más allá del Boom*, p. 16 e 28.

14. Ver, em particular, os ensaios de Rama, Viñas e Garrels no volume *Más allá del Boom*, organizado por Ángel Rama.

15. Ver, em particular, A. Moreiras, *The Exhaustion of Difference*; J. Ramos, *Divergent Modernities*; e H. Legrás, *Literature and Subjection*.

16. C. Lispector, *Outros Escritos*, p. 165. Ver também, Interview with Clarice Lispector - São Paulo, 1977.

17. D.F. Sarmiento, *Facundo. Civilización y Barbarie*, p. 134.

18. I. Avelar, Modernization and Mourning in the Spanish American Boom, *The Untimely Present*, p. 29.

1. FIGURAÇÕES DA IMANÊNCIA

1. Entrevista realizada em 20 de outubro de 1976 no Museu da Imagem e do Som, no Rio de Janeiro, pelos escritores Affonso Romano de Sant'Anna e Maria Colasanti, amigos pessoais de Lispector. Ver C. Lispector, *Outros Escritos*, p. 165.

2. A entrevista final, produzida em fevereiro de 1977 pelo Panorama Especial, TV Cultura, está disponível na Internet e pode ser encontrada com facilidade. Para uma transcrição, ver. J. Lerner, A Última Entrevista de Clarice Lispector, *Shalom*, n. 296, p. 62-69.

3. Nesse tópico, a contribuição de Charles A. Perrone permanece essencial (*Seven Faces*, p. 67-86). Ver também o trabalho de caráter amplo *Música Popular e Moderna Poesia Brasileira*, de Affonso Romano de Sant'Anna (1978).

4. Literatura e Justiça, *A Legião Estrangeira*, p. 149.

5. *Outros Escritos*, p. 106.

6. Sobre o exame de Lispector da pobreza urbana e do subalterno em suas crônicas, no romance *A Paixão Segundo G.H.* (1964), e no conto publicado postumamente "A Bela e a Fera, ou a Ferida Grande Demais", ver o ensaio de Marta Peixoto "Fatos São Pedras Duras", em C. Pazos; C. Williams (orgs.), *Closer to the Wild Heart*, p. 106-125.

7. *Água Viva*, p. 13.

8. Ibidem, p. 107-108.

9. C. Varin, *Clarice Lispector: Rencontres bresiliennes*, p. 186.

10. Para uma visão geral de *A Hora da Estrela* e um exame cuidadoso de seu lugar na obra de Lispector, ver Earl E. Fitz, Point of View in Clarice Lispector's A Hora da Estrela, *Luso-Brazilian Review*, v. 19, n. 2. Ver também as monografias de E.E. Fitz, *Clarice Lispector e Sexuality and Being in the Poststructuralist Universe of Clarice Lispector*. No que diz respeito à pesquisa bibliográfica, além de Moser ver também os estudos esclarecedores de Nádia Batella Gotlib e Teresa Cristina Montero Ferreira.

11. C. Varin, op. cit., p. 96.

12. C. Lispector, *A Hora da Estrela*, p. 69.

13. Ibidem, p. 9.

14. Ibidem, p. 13, 17.

15. Ibidem, p. 24, 35.

16. Ibidem, p. 82.

17. Ibidem, p. 33.

18. Ibidem, 10, 29.

19. Ibidem, p. 17.

20. Ibidem, p. 11, 22, 24, 30.

21. Ibidem, p. 17, 22.

22. Ibidem, p. 82.

23. Ibidem, p. 21, 23, 48-49, 71, 84-85.

24. Ibidem, p. 23.

25. Ibidem, p. 24.

26. Ibidem, p. 13, 16, 21.

27. Ibidem, p. 19.

28. Ibidem, p. 16.

29. Ibidem, p. 20.

30. Ibidem, p. 13.

31. Ibidem, p. 13, 10, 16.

32. Ibidem, p. 70.

33. Ibidem, p. 82.

34. Ibidem, p. 18.

35. Ibidem, p. 16, 18.

36. Ibidem, p. 14.

37. Ibidem, p. 86.

38. É claro que a modalidade narrativa de Rodrigo está longe de ser inocente, como Marta Peixoto e outros têm astutamente observado. E, no entanto, estou deslocando a problemática para além da lógica da escritura centrada na vitimização e na violência representacional, para as consequências que se seguem do plano composicional radical de Lispector, isto é, aos acontecimentos da escritura múltiplos, femininos e não apropriadores que o romance de Lispector desencadeia. É por essa razão que deve ser traçada uma linha de comparação entre *A Hora da Estrela* e o volume de contos de Lispector do período tardio, *A Via Crucis do Corpo* (1974). Como Earl E. Fitz tem demonstrado, *A Via Crucis do Corpo* desconstrói as noções normativas da identidade feminina e masculina e introduz um novo estilo de escritura poderoso que coloca em primeiro plano o corpo, a classe e a sexualidade: "[a]presentando uma sexualidade manifesta, mesmo que contida, num estilo despojado que se abstém do lirismo das obras anteriores (inclusive *Água Viva*, publicada ainda no ano anterior), uma autoconsciência que convida o leitor à participação e uma utilização do fantástico ou do improvável, essas narrativas curtas e divertidas minam de forma paródica muitos dos pressupostos e convenções da sociedade androcêntrica" (*Sexuality and Being in the Poststructuralist Universe of Clarice Lispector*, p. 132). Na verdade, com a ênfase de *A Hora da Estrela* e de *A Via Crucis do Corpo* no corpo, na sensualidade e na consciência de classe, também pode-se vincular produtivamente os últimos escritos de Lispector à obra de David Viñas,

NOTAS

como veremos no capítulo 2. Para uma visão geral de *A Via Crucis do Corpo*, ver E.E. Fitz, *Clarice Lispector*, p. 113-115.

39. Apud O. Borelli, *Clarice Lispector: Esboço Para um Retrato Possível*, p. 71.

40. C. Varin, op. cit., p. 195.

41. C. Lispector, *Outros Escritos*, p. 106.

42. Idem, *A Hora da Estrela*, p. 13.

43. G. Williams, *The Other Side of the Popular*, p. 11.

44. B. Bosteels, Theses on Antagonism, Hybridity, and the Subaltern in Latin America, *Dispositio*, v. 25, n. 52, p. 147.

45. Latin American Subaltern Studies Group, "Founding Statement", em J. Beverley; J. Oviedo; M. Aronna (eds.), *The Postmodernism Debate in Latin America*, p. 137, 140.

46. A. Rama, *Transculturación Narrativa en América Latina*, p. 56.

47. Ibidem, p. 20.

48. Ibidem, p. 31.

49. Ibidem, p. 39.

50. Ibidem, p. 19.

51. Sobre o conceito de *habitus* literário ou campo literário, ver Pierre Bourdieu, Field of Power, Literary Field and Habitus, em R. Johnson (ed.), *The Field of Cultural Production*. Evidentemente, na afirmação de Bourdieu, "o campo literário é o mundo econômico invertido" (p. 164). A legitimidade do campo literário é estruturada por meio da construção de valores baseados na crença e no que Bourdieu chama de lei literária do "desinteresse" (p. 164). Diferentemente da Europa do século XIX, a consolidação do campo literário latino-americano no século XX foi desigual e nunca totalmente "desinteressada". Ancorado no projeto popular, nacionalista e racionalizador de mapear o continente e expressar a diferença regional em relação à América do Norte e à Europa, o campo literário latino-americano se tornou um regime de representação de âmbito político. Sobre esse ponto, ver H. Legrás, *Literature and Subjection*; J. Ramos, *Divergent Modernities*; A. Rama, *Transculturación Narrativa en América Latina* e *La Ciudad Letrada*; e A.J. Shellhorse, Latin American Literary Representational Regime, em S. Ray; H. Schwarz; J.L. Villacañas Berlanga; A. Moreiras; e A. Shemak (eds.), *The Encyclopedia of Postcolonial Studies*, v. 2.

52. Com respeito aos debates no campo dos estudos latino-americanos centrados no literário como um regime alinhado com o Estado e com a problemática da subalternidade, ver o trabalho pioneiro de J. Beverley, em especial, *Subalternity and Representation* e *Against Literature*; A. Moreiras, *Tercer Espacio* e *The Exhaustion of Difference*; G. Williams, *The Other Side of the Popular*; B. Bosteels, Theses on Antagonism, Hybridity, and the Subaltern in Latin America, *Dispositio*, v. 25, n. 52; e A.J. Shellhorse, Latin American Literary Representational Regime, em em S. Ray et al. (eds.), *The Encyclopedia of Postcolonial Studies*, v. 2 .

53. Marco Zero de Andrade, *Contracomunicação*, p. 149.

54. Ver p. 32.

55. *Reading With Clarice Lispector*, p. 162.

56. Ibidem, p. 161-162.

57. Ibidem, p. 156.

58. Ibidem, p. 143.

59. Quanto à relação entre os procedimentos do pensamento pós-estruturalista e o pensamento do feminino, *Sexuality and Being in the Poststructuralist Universe of Clarice Lispector* de Fitz tem sido esclarecedor, assim como seu trabalho em coautoria com Judith A. Payne, *Ambiguity and Gender in the New Novel of Brazil and Spanish America*. Ver também Lucia Helena, A Problematização da Narrativa em Clarice Lispector, *Hispania*, v. 75, n. 5. Com relação às críticas às leituras que Cixous fez de Lispector, ver Ana Klobuka, Hélène Cixous and the Hour of Clarice Lispector, *SubStance*, v. 23 n. 1; e Elena Carrera, The Reception of Clarice Lispector via Hélène Cixous, em S.R. de Oliveira; J. Still (eds.), *Brazilian Feminisms*.

60. O ensaio foi mais tarde publicado na influente *Passionate Fictions*, de Marta Peixoto, p. 82-99.

61. Rape and Textual Violence in Clarice Lispector, em L.A. Higgins; B.R. Silver (eds.), *Rape and Representation*, p. 183.

62. Ibidem, p. 184.

63. Ibidem, p. 191.

64. Ibidem, p. 191-192.

65. Ibidem, p. 192.

66. Ibidem, p. 199-200.

67. Ibidem, p. 201.

68. Ibidem, p. 194.

69. L. Irigaray, *Ce sexe qui n'en est pas un*, p. 114, 75.

70. Ibidem, p. 76, 147.

71. Idem, p. 146, 76.

72. Ibidem, p. 147, 148.

73. Ibidem, p. 72.

74. Ibidem, p. 151, 154.

75. Ibidem, p. 156.

76. Ibidem, p. 114.

77. Ibidem, p. 103-116. "Cabe", Irigaray escreve, "se interrogar sobre o estatuto da 'exterioridade' desta forma que é 'constituinte [mais que constituída]' para o sujeito, sobre aquilo em que ela serve de tela para um outro exterior [...] sobre a morte que ela acarreta, mas num 'relevo' que autoriza a apreensão equivocada [*la méprise*], sobre a 'simetria' que ela consagra (como constituinte) e que fará que a 'miragem da maturação de sua potência' para um sujeito seja sempre tributário de uma 'inversão', [...] sobre o processo de projeção que ela põe em cena – 'ficção, jamais irredutível para o indivíduo só'? – e sobre os fantasmas que ela deixa como restos. [...] Assim, o fluido está sempre em excesso, ou em inadimplência, com relação à unidade. [...] Isto é, a toda identificação definida". (Ibidem, p. 114-115, citando Lacan).
78. Ibidem, p. 117.
79. Ibidem, p. 113, 116, citando Lacan.
80. Ibidem, p. 109, 112.
81. Citando *O Capital*, de Karl Marx, Irigaray argumenta: "A mulher objeto de intercâmbio difere da mulher valor de utilização nisso que não se saberia por onde a pegar, pois, 'por um contraste crítico com o corpo tosco da mercadoria, não há um átomo de matéria que penetra em seu valor. [...]. Pode-se voltar e examinar livremente uma única mercadoria posta a parte, enquanto objeto de valor ela permanece inacessível' (ibidem). O valor de uma mulher escapa sempre: continente negro, furo no simbólico, brecha no discurso... [...] Para ter um *valor relativo*, uma mercadoria deve ser confrontada com outra mercadoria que lhe serve como equivalente. Seu valor não se descobre jamais nela mesma [...]. Seu valor lhe é *transcendente* a ela própria, *supranatural, ec-stático. Em outras palavras, não um espelho que a redobre nela mesma e no seu 'próprio' reflexo*. Uma mercadoria não se espelha em outra, tal como o homem em seu semelhante [...]. O espelho que envolve e transita a mercadoria especulariza, especula, o 'trabalho' do homem. *As mercadorias, as mulheres, são espelho de valor de/ para o homem*. Para fazer isso, elas lhe abandonam seus corpos como suporte-matéria de especularização, de especulação. Elas lhe abandonam seu valor natural e social como lugar de impressões, de marcas e de miragem de sua atividade." Ibidem, p. 171-173.
82. Ibidem, p. 176.
83. Ibidem, p. 177.
84. Ibidem.
85. Ibidem, p. 184.
86. Ibidem, p. 176.
87. Ibidem, p. 214.
88. G. Deleuze; F. Guattari, *Anti-Oedipus*, p. 281; e idem, *A Thousand Plateaus*, p. 255.
89. L. Irigaray, *Ce sexe qui n'en est pas un, p. 209*
90. Ibidem, p. 130, 209.
91. Ibidem, p. 210.
92. Ibidem, p. 212, 215.
93. "Atingir uma subjetividade em termos de gênero é tornar-se o todo de si mesmo", observa Irigaray, "com a condição de não ser o todo do sujeito, da consciência, do ser etc. Nessa perspectiva, não há mais uma negação da negação no sentido hegeliano, mas a constituição de um outro tipo de sujeito e de cultura [...]. O problema é que o sujeito, historicamente masculino, tem a tendência a apreender o negativo como opressão, como externo a si mesmo, e não de forma suficiente como processo de existir em si mesmo/nele mesmo e como necessário para a construção de uma interioridade." L. Irigaray, *Why Different?*, p. 75.
94. A apresentação de Pheng Cheah do materialismo não-dialético nos projetos filosóficos de Gilles Deleuze e Jacques Derrida tem sido esclarecedora. P. Cheah, Nondialectical Materialism, *Diacritics*, v. 38, n. 1-2, p. 143–157.
95. C. Lispector, *Hora da Estrela*, p. 9-10.
96. L. Irigaray, *Conversations*, p. 9.
97. C. Lispector, *A Hora da Estrela*, p. 24.
98. Idem, *Outros Escritos*, p. 97.
99. Ibidem, p. 106, 105.
100. G. Deleuze; F. Guattari, *Kafka. Pour une littérature mineure*, p. 32, 29-31.
101. C. Lispector, *Outros Escritos*, p. 105-106.
102. Olga de Sá, em seu estudo *A Escritura de Clarice Lispector*, observa que *A Hora da Estrela* "constitui o último coágulo de uma escritura toda voltada para a pesquisa a respeito das correspondências entre ser e linguagem" (p. 216). Invocando *Crítica e Verdade* de Roland Barthes (1966), Sá conceitua a escritura de Lispector como parte de um "engajamento radical com a própria linguagem", de tal forma que ela questiona ao mesmo tempo que afirma: "Clarice não é um filósofo, um pensador, mas uma escritora, fundamentalmente comprometida com o ser sob linguagem; ou, melhor, com a linguagem, espessura do ser." (p. 19) No prefácio ao livro de Sá, Haroldo de Campos faz uma observação importante a respeito da radicalidade do projeto de Lispector, vinculando-o, de certa forma, à sua

NOTAS

própria poética concreta, que contextualiza sua obra nos anos 1950, 1960 e 1970: a obra de Lispector "se perfila e se desdobra como proposta questionadora" (p. 12). "A literatura praticada por Clarice não é, propriamente, da índole do que caberia designar, *prima facie*, como 'literatura do significante' [.] É antes uma 'literatura do significado', mas levada à sua fronteira extrema, à tensão conflitual com um referente volátil, a figuras de indizibilidade, e mobilizando para tanto todo um sistema de equações metafóricas [...] instaurado a contrapelo do discurso lógico, mediante o qual são aproximadas ou contrastadas as regiões mais surpreendentes e imponderáveis do plano do conteúdo." (p. 14)

103. C. Lispector, *Outros Escritos*, p. 106.

104. *Against Literature*, p. xiii.

105. Ver o importante estudo de Jean Franco, From Modernization to Resistance, *Critical Passions: Selected Essays*.

106. Quanto à problemática do pensamento e da escritura concernente à não-escritura, Gareth Williams tem argumentado que a inscrição do subalterno dentro do *socius* "nos obriga a nos comprometer com um pensamento de relacionalidade e de finitude potencial. Ela é, portanto, a promessa de uma interrupção radical dentro de todo sistema conceitual, pois desfaz a constituição naturalizada desse sistema e, com isso, estabelece a exigência de outras relações entre a razão crítica e seus objetos culturais" (*The Other Side of the Popular*, p. 11). Num artigo recente, Luciana Namorato extrai uma leitura de "Ela Não Sabe Gritar", um dos treze títulos do romance. Para Namorato, pode-se ler a vida resistente, não-verbal e afetiva de Macabéa – especialmente em termos de seus "silêncios" e de sua estranheza – como generativo do procedimento de escritura do romance. Ver L. Namorato, A Tentação do Silêncio em "Ela Não Sabe Gritar" (ou a "A Hora da Estrela") de Clarice Lispector, *Hispania*, v. 94, n. 1. Ver também as reflexões de Tace Hedrick, em "Mãe É Para Isso", *Luso-Brazilian Review*, v. 41, n. 2, sobre o caráter muitas vezes falho das traduções para o inglês da obra de Lispector, inclusive a tradução de *A Hora da Estrela*, de Giovanni Pontiero. Recorrendo a Walter Benjamin e Gayatri Spivak, Hedrick sugere que a má tradução do "modo de significação" original de Lispector, que envolveria a produção de traduções mais literais, poderia fazer escapar ao leitor a "busca constante" de Lispector "de modos de expressar,

na linguagem, do que ela pensa da natureza extralinguística, essencial e generativa de tais experiências (biologicamente) femininas como fecundidade, gravidez e maternidade" (p. 56, 62).

107. Para uma discussão sobre o metatextual em Lispector, ver Clarisse Fukelman, Escreves Estrelas (Ora, Direis), em C. Lispector, *A Hora de Estrela*. Ver também B. Nunes, O Movimento da Escritura, *O Drama da Linguagem*, p. 150-155. Uma visão geral da recepção crítica de Lispector pode ser encontrada em Cristina Ferreira-Pinto Bailey, Clarice Lispector e a Crítica, em C. Ferreira-Pinto Bailey; R. Zilberman (eds.), *Clarice Lispector: Novos Aportes Críticos*.

108. Para uma leitura geral de Lispector do ponto de vista judaico, ver a contribuição essencial de Nelson H. Vieira, Clarice Lispector: A Jewish Impulse and a Prophecy of Difference, *Jewish Voices in Brazilian Literature*, p. 100-150; bem como Naomi Lindstrom, The Pattern of Allusions in Clarice Lispector, *Luso-Brazilian Review*, v. 36, n. 1.

109. Para um exame da questão da nação na tradição literária brasileira e em relação a *A Hora da Estrela*, ver Paulo de Medeiros, Clarice Lispector and the Question of the Nation, em C. Pazos; C. Williams (eds.), *Closer to the Wild Heart*.

110. O. Borelli, *Clarice Lispector: Esboço Para um Retrato Possível*, p. 53. E, no entanto, diferentemente de Graciliano Ramos em seu romance *Vidas Secas* (1938), e Nelson Pereira dos Santos, em seu filme pioneiro e monumental, do mesmo título, de Cinema Novo, em 1962 – onde ambos artistas moldam no analfabetismo o protagonista Fabiano, cujo acesso à cidade letrada aparentemente serviria como condição de possibilidade para a emancipação –, Macabéa é tecida como uma figura porosa e refrativa, cuja relação com a escritura convida o leitor a refletir sobre as estratégias composicionais em jogo da parte do narrador. Longe de uma história exterior (*external story*) de tipos sociais, baseada numa divisão irredutível entre sujeito e objeto, o problema da letra em relação ao subalterno se torna um caminho interno, generativo, ou campo composicional, que o romance encena com força.

111. C. Lispector, *A Hora da Estrela*, p. 27.

112. Ibidem, p. 23, 29.

113. Com relação à estratificação textual dos "retratos" de Macabéa, Lesley Feracho fornece um exame dos modos pelos quais as descrições que Rodrigo faz de Macabéa "revelam os

estereótipos de inferioridade do nordeste" (p. 94). Ver seu artigo "Textual Cross-Gendering of the Self and the Other in Lispector's *A Hora da Estrela*", *Linking the Americas*.

114. C. Lispector, *A Hora da Estrela*, p. 50.

115. Ibidem, p. 20, 34, 13.

116. Ibidem, p. 17, 23. Fica claro que o plano composicional da narrativa desloca a ênfase de toda dialética sujeito-objeto, ou seja, de toda leitura do projeto de escritura de Rodrigo nos termos dicotomizadores do falocentrismo e do eurocentrismo. A imagem da escritura em jogo em *A Hora da Estrela* se torna uma força impessoal de linhas em fluxo, de "palavras que aparecem como palavras", mesmo quando se combinam para narrar uma história do escrever em vez de uma centrada na representação de sujeitos sociais e de gênero polarizados.

117. Ibidem, p. 13, 20.

118. Ibidem, p. 18.

119. Ibidem, p. 24.

120. Ibidem, p. 20. *A Hora da Estrela* pode ser examinada de forma produtiva em termos dos modos pelos quais ela constrói uma série de linhas, uma pulsante "geometria inflexível" (*A Hora da Estrela*, p. 82), que negocia os limites da figuração de modo a chegar a uma sintaxe afirmativa, alternativa e problemática, vinculada a uma distribuição de singularidades, sensações e a um presente intempestivo.

121. Ibidem, p. 20, 16.

122. Ibidem, p. 16.

123. Ibidem, p. 13.

124. Ibidem, p. 21-22.

125. Ibidem, p. 16.

126. *The Particulars of Rapture*, p. 239.

127. C. Lispector, *A Hora da Estrela*, p. 20.

128. Ibidem, p. 52.

129. Ibidem, p. 34, 38.

130. Ibidem, p. 37, 41.

131. Ibidem, p. 60-61.

132. Com respeito ao feminino em Lispector, ver L. Helena, *Nem Musa nem Medusa*; M.J.S. Barbosa, *Clarice Lispector: Des/fiando as Teias da Paixão*; e os dois capítulos de Feracho dedicados a *A Hora da Estrela* em *In Linking the Americas*, p. 67-108.

133. *A Hora da Estrela*, p. 75-77.

134. Ibidem, p. 39.

135. Ibidem, p. 72.

136. Ibidem, p. 33, 35, 37, 69, 72, 72.

137. Contra a ordem da representação, neste capítulo e ao longo do livro, quando implemento tais termos como "devir", "devir imanente", "devir-cinematográfico do texto" e assim por diante, estou generalizando a noção dinâmica do devir de Deleuze e Guattari e sua relação com a radicalização da linguagem antiliterária. Sobre o conceito de devir, François Ewald constata: "A filosofia de *Mil platôs* não concebe oposição entre o homem e a natureza, entre a natureza e a indústria, mas simbiose e aliança. [...] Há apenas devires, sempre positivos, e, dentre estes, devires perdidos, bloqueados, mortos." Abas do livro, *Mil Platôs*, v. 1, p. 4-5. Deleuze e Guattari nunca cessam de afirmar que "[a]s multiplicidades são a própria realidade, e não supõem nenhuma unidade, não entram em nenhuma totalidade e tampouco remetem a um sujeito". Prefácio para a edição italiana, *Mil Platôs*, v. 1, p. 8. Com efeito, as relações das multiplicidades com o mundo são "*devires*", ibidem, p. 8. Assim como sua teoria das multiplicidades, é crucial ressaltar que o devir, em Deleuze e Guattari, não pertence à ordem da analogia ou da imitação, mas sim à ordem do acontecimento e da aliança: "Devir não é certamente imitar, nem identificar-se; nem regredir-progredir; nem corresponder, instaurar relações correspondentes; nem produzir, produzir uma filiação, produzir por filiação. *Devir é um verbo tendo toda sua consistência; ele não se reduz*, ele não nos conduz a 'parecer', nem 'ser', nem 'equivaler', nem 'produzir'", *Mil Platôs*, v. 4, p. 16. (Grifo nosso.)

138. Ao afirmar isso, estou me inspirando no conceito de agenciamento (*agencement*) de Deleuze e Guattari. Para eles, "a literatura é agenciamento coletivo de enunciação", multiplicidade e "processo". Ver A Literatura e a Vida, *Crítica e Clínica*, p. 6. Ver também, Introdução: Rizoma, *Mil Platôs*, v. 1, 10-36; *Mille Plateaux*, p. 9-37. Os filósofos equiparam o livro a um agenciamento: "[u]m livro não tem objeto nem sujeito; é feito de matérias diferentemente formadas, de datas e velocidades muito diferentes. Desde que se atribui um livro a um sujeito, negligencia-se este trabalho das matérias e a exterioridade de suas correlações. Fabrica-se um bom Deus para movimentos geológicos. Num livro, como em qualquer coisa, há linhas de articulação ou segmentaridade, estratos, territorialidades, mas também linhas de fuga, movimentos de desterritorialização e desestratificação. As velocidades comparadas de escoamento, conforme estas linhas, acarretam fenômenos de retardamento relativo, de viscosidade ou, ao contrário, de precipitação e de ruptura. Tudo isto, as linhas e as

velocidades mensuráveis, constitui um *agenciamento*. Um livro é um tal agenciamento e, como tal, inatribuível. É uma multiplicidade – mas não se sabe ainda o que o múltiplo implica, quando ele deixa de ser atribuído, quer dizer, quando é elevado ao estado de substantivo". *Mil Platôs*, v. 1, p. 10; *Mille Plateaux*, p. 9-10. Por sua parte, Phillip Goodchild descreve o agenciamento de Deleuze e Guattari como "[u]m conjunto de partes conectadas que tem uma consistência". *Deleuze And Guattari*, p. 217. Ver também a explição de Luiz Fuganti, que o define como "um ACONTECIMENTO multidimensional". Disponível em: <https://escolanomade.org/2016/02/24/agenciamento/>. Estou sugerindo que o texto de Lispector se configura como um acontecimento da escritura, enquanto multiplicidade e processo.

139. C. Lispector, *Outros Escritos*, p. 106.

140. Ibidem, *A Hora da Estrela*, p. 22.

141. Ibidem, p. 12, 10.

142. A. Moreiras, Newness, World Language, Alterity, em W. Egginton; D.E. Johnson (eds.), *Thinking With Borges*, p. 131.

143. *Latinamericanism After 9/11*, p. 21

144. Devo essa formulação ao artigo de Alberto Moreiras, "From Melodrama to Thriller", apresentado na LASA, 2012. A palestra de Moreiras foi parte de um painel mais amplo de discussões, organizado por Erin Graff Zivin, sobre o projeto de Moreiras e José Luis Villacañas da *Enciclopédia Ibérica de Pós-Colonialidades*.

145. Sobre a consciência melodramática, Louis Althusser escreve: "a consciência melodramática só pode ser dialética se ignorar suas condições reais e se barricar dentro de seu mito. Ao abrigo do mundo, ela desencadeia todas as formas fantásticas de conflito sem tréguas que somente pode encontrar paz na catástrofe da queda de um outro [...]. Nela, a dialética se gira num vazio, já que é apenas a dialética do vazio, afastada do mundo real para sempre. Essa consciência estrangeira, sem contradizer suas condições, não pode emergir de si mesma e por si mesma, por sua própria 'dialética'. Ela precisa realizar uma ruptura – e reconhecer este nada, descobrir a não dialeticidade da dialética" (L. Althusser, The "Piccolo Teatro", *For Marx*, p. 140). Meus agradecimentos a Gareth Williams por essa referência.

146. C. Lispector, *A Hora da Estrela*, p. 79.

147. Ibidem, p. 81.

148. Ibidem, p. 83.

149. Ibidem, p. 86.

150. Ibidem, p. 86, 83.

151. Ibidem, p. 82.

152. Voltando à página ideogramática de título, bem no meio, sob a assinatura de Clarice Lispector, lemos: ".QUANTO AO FUTURO." Enquadrada por dois pontos, como um parêntese sutil que, não obstante, é definido e incisivo, a futuricidade do fragmento como título em relação ao sentido é suspensa, assim como o gesto de toda representação imposta, em Lispector, é desfeito na superfície textual.

153. Ibidem, p. 10.

154. Ibidem, p. 9.

155. Ver a abordagem de Deleuze e Guattari do percepto, do afeto e do conceito em *What Is Philosophy?*, p. 163-199.

156. Sobre o presente em Lispector, Silviano Santiago escreve o seguinte: "[o] esforço da narrativa ficcional de Clarice Lispector é o de surpreender com a minúcia de detalhes o acontecimento desconstruído. Ele é um quase nada que escapa e ganha corpo, é esculpido matreiramente pelos dedos da linguagem" (A Aula Inaugural de Clarice Lispector, *O Cosmopolitismo do Pobre*, p. 237).

157. Ver G. Spivak, *Death of a Discipline*, p. 72. "Sugeri que os estudos literários devem tomar a figura como seu guia. O significado da figura é indecidível", escreve Spivak, "e ainda assim devemos tentar des-figurá-lo [...]. E aprender a ler é aprender a des-figurar uma figura indecidível numa literalidade responsável, de novo e de novo." (p. 71-72) A "figura indecidível" é, para Spivak, sustentada por uma noção de planetariedade cultural em contraposição à globalização, a um processo de "alteridade" (*othering*) em contraposição a um ponto de vista identitário e dialético. Essa alteridade radical, que tem lugar no ato textual da des-figuração responsável e não-dominante, permite relacionar, responder e ler de maneira não-dialética, mas planetária, as "vastas culturas pré-capitalistas do planeta" (p. 101). A figura indecidível teria, sem dúvida, uma relação com a "imensa heterogeneidade das culturas subalternas do mundo" (p. 16).

158. J. Beverley, *Latinamericanism After 9/11*, p. 21.

159. A. Moreiras, Newness, World Language, Alterity, em W. Egginton; D.E. Johnson (eds.), *Thinking With Borges*, p. 131.

160. A. Moreiras; J.L. Villacañas, Introduction: Latin American Postcolonialities, *Iberian Postcolonialities: Proposal Document 2*. Disponível em: <http://hisp.tamu.edu/research/proposaldoc2.html>.

161. A. Moreiras, Newness, World Language, Alterity, em W. Egginton; D.E. Johnson (eds.), *Thinking With Borges*, p. 131.

162. "Para mim", observa Irigaray, "questionar o mundo patriarcal tem sido possível a partir da descoberta do caráter fabricado de minha identidade feminina." (*Conversations*, p. 3).

163. C. Lispector, *A Hora da Estrela*, p. 87.

2. O LIMITE DA LETRA

1. *De Sarmiento a Cortázar*, p. 133.

2. Apud E. Valverde, *David Viñas: En Busca de una Síntesis de la Historia Argentina*, p. 115. Ver a reação às observações antiliterárias de Viñas em Noé Jitrik, *El Escritor Argentino*, p. 11-22. Jitrik escreve: "[p]ocas semanas después de publicar *Dar la Cara*, su autor, David Viñas, hizo declaraciones que en su momento me molestaron. Proclamaba la necesidad de abandonar la literatura si se quería llevar a términos de acción los proyectos que habían dado lugar, justamente, a una obra literaria encarada en cierta dirección. Definía la literatura casi como una distracción impotente e, implícitamente, condenaba a quienes ponían en ella algún tipo de esperanza" (p. 11). Sem dúvida, a resistência de Jitrik às declarações antiliterárias de Viñas irá se deslocar para uma política em comum de que ambos compartilham: a problemática da dependência. Jitrik observa: "me doy cuenta de que tanto [Viñas] entonces como yo en este momento estamos hablando de otra cosa, simplemente la angustia latente y manifiesta pero permanente que cargamos sobre nosotros, escritores argentinos, y que proviene del hecho de haber apostado a la carta de la literatura en un país dependiente" (p. 11-12).

3. O. Terán, Culture, Politics, and Intellectuals in the 1960s, em I. Katzenstein, *Listen, Here, Now! Argentine Art of the 1960s, p. 271*. Ver B. Sarlo, ¿Qué Hacer con las Masas?, *La Batalla de Las Ideas (1943–1973)*, p. 15-55; bem como o estudo compreensivo de C. Gilman, *Entre la Pluma y el Fusil*.

4. David Viñas en Su Contorno, *Narradores de Esta América*, p. 325.

5. Ibidem, p. 326.

6. Explicación de un Dios Cotidiano, *Conciencia y Estructura*, p. 143.

7. Ibidem, p. 124. Esse parece ser um tema central na interpretação de William Katra do projeto da revista *Contorno*. Para Katra, Sartre servia como guia e mentor que os escritores de *Contorno* não sempre compreendiam: "[s]eus escritos revelam que eles abraçavam apaixonadamente suas principais ideias [de Sartre] sobre o engajamento, embora às vezes não captassem inteiramente o espírito de sua mensagem". *Contorno: Literary Engagement in Post-Peronist Argentina*, p. 34.

8. Ver B. Sarlo, Los Dos Ojos de "Contorno", *Punto de Vista*, v. 4 n. 13, p. 3-8. Ver também W. Katra, op. cit., em especial as p. 63-67. Embora eu discorde da avaliação histórica de Katra sobre a geração *Contorno*, que, segundo ele, começa com sua "confusão" e "prioridades equivocadas" em relação à sua "orientação política", ele oferece um mapeamento informativo do campo cultural na década de 1950 e uma extensa interpretação do impacto de Sartre sobre Viñas e os escritores de *Contorno* (p. 63-67).

9. A interpretação de Emir Rodríguez Monegal é sintomática: "las novelas de David Viñas carecen de una estructura nacida desde adentro; él se propone una tesis como cosa previa y, de acuerdo con ella, va manejando situaciones, personajes, hechos. Todo está movido en función de la tesis que sustenta y que va a demostrar en las páginas de sus novelas" (*El Juicio de los Parricidas*, p. 73). O livro de Pilar Roca sobre os romances de Viñas oferece uma interpretação mais nuançada, mas ainda ancorada num discurso vinculado às teses e às posições pessoais de Viñas: "es cierto que la novela de Viñas es una novela de tesis y ello implica una serie de limitaciones previas, pero no lo es menos que suele demostrar una enorme capacidad de autocrítica para señalar sus carencias" (*Política y Sociedad en la Novelística de David Viñas*, p. 14). De acordo com a leitura de Marcela Croce do projeto crítico de Viñas, como postulado nas páginas do *De Sarmiento a Cortázar*, "en Viñas la literatura – representación desde la perspectiva lukácsiana – es confirmatoria de una dominante orden política: la literatura argentina da cuenta del proceso de la construcción de una ideología dominante" (*David Viñas Crítica de la Razón Polémica*, p. 58). Embora em sua avaliação da tradição literária argentina Viñas sem dúvida defendesse uma política marxista autorreflexiva e crítica, ele também reivindicava uma literatura de "violência" contra os esquemas e toda sorte de livro "santificado". Em consequência,

NOTAS
235

sua produção literária não pode nem deve ser reduzida a uma "ciência" lukácsiana ou tese ideológica. Para uma leitura nuançada da produção crítica de Viñas, ver Maximiliano Crespi, *El Revés y la Trama*, que tem a virtude de destacar a continuidade e, na verdade, o constante entrecruzamento entre crítica e criação na diversidade de escritos de Viñas: "la separación entre 'crítica' y 'creación' aparece radicalmente cuestionada en el seno mismo de esa obra que incluye ensayos signados por una importante carga ficcional, pero también relatos, novelas, aguafuertes, piezas de teatro, guiones de televisión o de cine en que la dimensión crítica es asumida sin tapujos" (p. 9). Ver também, em particular, os ensaios retrospectivos de Horacio Legrás, David Viñas (Buenos Aires, 1929-2011), *Revista de Crítica Literaria Latinoamericana*, ano 37, n. 73 e Josefina Ludmer, David Viñas: Una Semblanza, em E. Rinesi et al. (orgs.), *David Viñas: Tonos de la Crítica*, bem como a esplêndida coletânea de ensaios em E. Rinesi et al. (orgs.), *David Viñas: Tonos de la Crítica*.

10. A "*Contorno* foi a revista fundamental", escreve Francine Masiello, "que mudou o rumo da crítica argentina contemporânea, revertendo as explicações impressionistas que dominavam as teorias da escritura até então. Seguindo as iniciativas de *Contorno*, os editores de revistas literárias subsequentes continuariam a levantar questões sobre a responsabilidade social do escritor." (Argentine Literary Journalism, *Latin American Research Review*, v. 20, n. 1, p. 41) Sobre *Contorno*, ver em especial Rodríguez Monegal, *El Juicio de los Parricidas*; P.G. Orgambide; O. Seiguerman, Encrucijada y Rebeldía, *Gaceta Literaria*, n. 15, ano 3; B. Sarlo, Los Dos Ojos de Contorno, *Punto de Vista*, v. 4, n. 13 e ¿Qué Hacer Con las Masas?, *La Batalla de las Ideas (1943-1973)*; W.H. Katra, op. cit.; M. Croce, *Contorno: Izquierda y Proyecto Cultural*; A. Romero-Astvaldsson, *La Obra Narrativa de David Viñas*, p. 31-74; E. Valverde, op. cit., p. 68-91; F. Masiello, op. cit.; O. Terán, *En Busca de la Ideología Argentina*, p. 195-253; e M. Crespi, op. cit., p. 13-21. Em seu ensaio-manifesto para a primeira edição de *Contorno*, em novembro de 1953, intitulado "Los Martinfierristas: Su Tiempo y el Nuestro", Juan José Sebreli convoca a uma nova luta de gerações e fornece uma crítica sociológica e existencialista da vanguarda martinfierrista da década de 1920, alegando que os anos do pós-guerra na Argentina marcam "a época do compromisso"

e da "responsabilidade" e não a de "metáforas y exclamaciones [creacionistas]" e de política liberal, centrada no autor (p. 1). Para Sebreli e os colaboradores de *Contorno*, a responsabilidade do intelectual gira em torno de mediar não apenas a literatura e a cultura, mas também o advento das massas peronistas à esfera pública argentina e de reassumir o problema nacional como um problema político, e não apenas como questão estética ou identitária para autores e poetas de talento. Estou sugerindo que o contexto de vanguarda nos anos 1950 e 1960 progressivamente presencia a mudança do dinamismo do subjetivo e a construção de um eu poético poderoso capaz de manipular "o novo" (O. Girondo, Manifiesto de "Martín Fierro", *Revista Martín Fierro 1924-1927: Edición facsimilar*, p. 25-26), a estrutura de sentimento do talento "autoral" e da iconoclastia (M. de Andrade, O Movimento Modernista, *Aspectos da Literatura Brasileira*, p. 252–253), e a concomitante consolidação de uma tradição e linguagem literária nacional capaz de canibalizar as técnicas modernistas europeias "em voga" nos anos 1920 (D. Viñas, El Escritor Vanguardista, *De Sarmiento a Cortázar*, p. 61), para apelos à invenção e intervenção que negociam a alienação dos escritores de uma esfera pública marcada pela indústria cultural e pelo discurso do neocolonialismo. Seguindo Oscar Terán, se "o novo foi outra vez promovido" nos anos 1960, foi porque os artistas e escritores buscavam "novas instâncias legitimadoras" que em geral giravam em torno do voltar-se para a política, para a crise das massas e para a Revolução Cubana (Culture, Politics, and Intellectuals in the 1960s, *Listen, Here, Now! Argentine Art of the 1960s*, p. 271). "Os primeiros artistas de vanguarda não sofriam o conflito entre a arte e a política, na medida em que acreditavam que a própria arte transformava a ordem social." (Ibidem, p. 272) Segundo Andrea Giunta, "[a] arte se tornava cada vez mais representação e ação nos anos pós-peronistas do final das décadas de 1950 e 1960 na Argentina (*Avant-Garde, Internationalism, and Politics*, p. 16).

11. E. Valverde, op. cit., p. 114.

12. No entanto, desde o início, está claro que as declarações de Viñas sobre a literatura são nada menos que antiliterárias. Por exemplo, após o grande sucesso de bilheteria de *El Jefe*, Viñas foi convidado por um principal suplemento cultural, a *Gaceta Literaria*, a escrever sobre sua

posição acerca da relação entre o cinema e a literatura. Viñas escreve: "[n]o me interesa hablar de literatura y cine en general. Prefiero hacerlo circunscribiendo el problema a mi situación, a mi comunidad. Y por extensión a América Latina: 1. Los escritores argentinos corremos el riesgo de ser tan inoperantes que podamos vivir en paz. Es decir, convertirnos en algo decorativo para que se ocupen los zurcidores de historias literarias y nos decoren con algún epitafio y con un par de fechas, que bien puede ser la de nuestro nacimiento y de nuestra muerte. Porque no se trata de escribir para que nos llamen 'caballeros de castellano' o 'señores del idioma', ni para que algún esforzado profesor de literatura escoja una página de cualquiera de nuestros libros y les proponga a sus alumnos: 'Tema: subrayar los adjetivos cenestésicos en la pág. 37 de la obra equis del malogrado escritor nacional' [...] Y mucho menos para llevar a cabo esa sórdida y melancólica que se conoce con el nombre de la 'carrera literaria' que generalmente termina con el ingreso en la mesa directiva de alguna revista literaria [...] No. Nuestra literatura tendrá algún sentido cuando sea una literatura de agitación. Y por dos razones fundamentales: porque la única literatura válida que hemos hecho ha sido de agitación (desde el viejo Sarmiento a Roberto Arlt pasando por Cambaceres), y porque esa actitud literaria presupone el enfrentamiento de una comunidad con los problemas que le inquietan [...] Lo demás [...] son libros, muchas páginas escritas con mayor o menor destreza [...] pero nada más; 2. Y el cine puede ser el gran aliado de esa literatura de agitación, en tanto enfrentamiento, denuncia. Y difusión. O lo que es lo mismo, negación de la dulce y respetada inoperancia del escritor" (D. Viñas, Escribe David Viñas, *Gaceta Literaria*, n. 17, ano 1, p. 15).

13. Ver, em especial, D. Viñas, *De Sarmiento a Cortázar*, p. 15-21.

14. Ibidem, p. 133.

15. Mesmo assim, já em 1959, numa resenha de *Los Dueños de la Tierra*, Pedro Orgambide registra o estilo do filme presente na prosa de Viñas, em especial na abertura do romance (Resenha de *Los Dueños de la Tierra*, *Gaceta Literaria*, n. 18, ano 1, p. 19). Daniel Link observa, em 1994, que *Los Dueños de la Tierra* "[es] una de las primeras manifestaciones de la canibalización de las tecnologías audiovisuales en la literatura argentina" (Recorridos por Viñas, *La*

Chancha con Cadenas, p. 38). Mesmo se a relação intrínseca entre o cinema e a literatura permanece subestimada, os críticos persistem em afirmar que os escritos de Viñas se enquadram no "tipismo": "[en] Viñas, se dirá, habrá de caerse", escreve Adriana A. Bocchino, "en lo que se llamó tipismo [...] un verdadero problema de esquematismo para la literatura" (Empecinada Lucidez, CELEHIS *Revista del Centro de Letras Hispanoamericanas*, n. 23, p. 300).

16. Embora a ideia original e a redação do texto fossem de Viñas, é importante ressaltar que o roteiro de *Dar la Cara* foi assiduamente revisado, discutido e composto "de a dos" com o agora lendário diretor José Martínez Suárez. De fato, num dar e receber digno do lendário, Viñas e Martínez Suárez passaram por doze esboços ao longo de dois meses e meio, chegando a um impasse que somente seria resolvido com a intervenção de outro diretor, Leopoldo Torre Nilsson: "Hicimos doce versiones del guión. Fue entre la séptima y octava versión cuando David me dijo que, para él, el guión ya estaba finalizado. Le dije que no, que todavía faltaba corregir cosas, que había ciertas debilidades que se podrían modificar. [...] Se creó con esto una situación conflictiva: ninguno aceptaba la posición del otro. Entonces, lo que tuvimos que hacer fue tratar de buscar una tercera persona para que lo leyera y dijera lo que le parecía. Unos cinco minutos después de salir de la casa, David me llamó desde un café y me propuso que le pasáramos el libro a Torre Nilsson. Acepté y enseguida fuimos a la casa de Torre Nilsson. Le dijimos que teníamos una duda en cuanto al guión. Se lo entregamos y en dos, tres días nos llamó por teléfono [...] y seguimos trabajando hasta alcanzar la versión final." (R. Valles, *Fotogramas de la Memoria*, p. 164-165) Sobre o processo de escritura em colaboração, acrescenta Martínez Suárez: "[e]scribíamos de a dos en la casa de él que vivía con sus suegros, mujer e hijos en San Fernando, provincia de Buenos Aires, casi hasta la madrugada, o en mi casa frente al Jardín Botánico (Malabia y Las Heras, ciudad de Buenos Aires) también hasta las altas horas de la noche. Yo calculo que un 60% en Palermo y el resto en San Fernando, en una Olivetto Lettera con copia a carbónico" (e-mail para o autor, 29 de fevereiro de 2016). Com respeito à gênese do roteiro, de acordo com Martínez Suárez, "[f]ue Viñas quien me llamó a mí junto a su amigo Ernesto Kehoe Wilson. Habían visto mi anterior

NOTAS 237

película, o mejor dicho, mi primera película *El Crack* (1960) y les gustó la forma de manejar personajes porteños, el uso de exteriores, en no entrar a estudios para rodar y una temática desarrollada con perspectivas precisas de la realidad porteña [...] Nos habíamos [ya] conocido pues éramos habitués al Cine Club Núcleo que daba sus funciones en el cine Dilecto, en Avenida Córdoba casi Paraná. [Era] [u]na amistad circunstancial hasta ese momento" (e-mail para o autor, 29 de fevereiro de 2016). Em uma entrevista realizada em 2014, Martínez Suárez elabora sobre por que Viñas e Kehoe Wilson o procuraram como diretor do projeto: "al ver *El Crack* advirtieron que tenía un lenguaje porteño y natural, y a raíz de ello determinaron quién podría realizar este guión que había escrito David. Entonces me llamaron, hablaron conmigo y me ofertaron ese trabajo. Yo les dije que antes quería que tocáramos el libro, lo estudiáramos, lo modificáramos. David aceptó y empezamos a trabajar juntos en el guión" (R. Valles, op. cit., p. 163). Em relação ao realismo em seu primeiro longa metragem, *El Crack (Una Película Argentina)* (1960), Martínez Suárez observa: "tratamos [con el dramaturgo y guionista, Carlos Alberto Parilla y Solly] que el filme fuera de obligatoria necesidad de visionamiento cuando se quisiera saber qué pasaba en la Argentina en 1960. No sólo con la problemática natural de un país en cualquier momento de su historia, sino que reflejara cómo se hablaba, cómo se vestía la gente, qué comía, qué ocurría en los niveles cotidianos cada día de la semana. Un verdadero fresco donde dije lo que quería decir y lo que me interesaba mostrar" (apud M. Gallina, *Estoy Hecho de Cine*, p. 66). Martínez Suárez afirma o mesmo em relação ao projeto realista de *Dar la Cara* em R. Valles, op. cit., p. 164, e em Copetes Filmoteca, Filmoteca, Temas de Cine – Copete "Dar la Cara". Disponível em: <https://www.youtube.com/watch?v=cHN2bBroXtc>.

17. Entrevista com Pedro Sarduy, El Cine, Pibe, me Interesa Mucho, *La Gaceta de Cuba*, 9.55, p. 14.

18. Sobre esse tópico, ver em especial O. Terán, *En Busca de la Ideología Argentina*, p. 195-253.

19. O emblemático ensaio de Edmundo Eichelbaum, Primer Festival de Cine Argentino, *Gaceta Literaria*, n. 15, ano 3, inclui uma análise de *El Jefe*: "[c]on 'El Jefe', tema de aguda crítica social, quedan definitivamente atrás el naturalismo fotográfico y el pintoresquismo sainetero, los sentimentalismos sobre la barra de la esquina,

tantas veces desvirtuada en nuestros films [...]. Cada vez con mayor certeza los cineastas comprenden que el cine, como expresión artística, exige la interinfluencia o el acompañamiento de otras artes" (p. 19). Para um artigo mais antigo sobre a mudança de ênfase, do folclórico e mítico para o urbano, ver também J.M. Couselo, Literatura y Cine Argentino, *Gaceta Literaria*, n. 20, ano 1. Sem dúvida, *Dar la Cara* parodia o cinema da velha guarda da existência nacional com o longa-metragem de Basilio Carbó, *La Isla Negra* – um filme que os protagonistas de Viñas, Pelusa e Mariano rejeitam como convencional e que, por outro lado, lança Mariano no caminho do cinema independente.

20. T. Eloy Martínez, *La Obra de Ayala y Torre Nilsson en las Estructuras del Cine Argentino*, p. 9.

21. Ibidem, p. 10.

22. Laura Podalsky explica: "[o] governo incentivava o crescimento dos independentes por meio da Ley Cinematográfica de 1957. Promulgada no âmbito da Revolução Libertadora, a lei estabeleceu o primeiro instituto estatal do cinema, o Instituto Nacional de Cinematografía (INC), para revigorar o cinema argentino. Por meio do INC, o Estado supervisionava a exibição obrigatória de todos os filmes argentinos [...] e a classificação de todos os filmes e teatros [...]. O INC também recolhia um novo imposto sobre os ingressos de cinema e empregava esses fundos no financiamento da produção de filmes argentinos através de subsídios e prêmios" (*Specular City*, p. 85). Ver também a entrevista em vídeo em Viñas e Olivera, "El Jefe Medio Siglo Depois".

23. Estudos sobre a relação de Viñas com o cinema continuam escassos. A análise mais exaustiva até hoje é a "Viñas y el Cine", na *Revista no Retornable* de Emilio Bernini. Ver também, em particular, A.A. Bocchino, Empecinada Lucidez, CELEHIS Revista del Centro de Letras Hispanoamericanas, n. 23; e A.M. Pérez Llhaí, El Cine, em E. Rinesis et al (orgs.), *David Viñas: Tonos de la Crítica*. Para uma leitura soberba de *El Jefe* contra o contexto cultural mais amplo da produção cinematográfica na cidade de Buenos Aires, ver L. Podalsky, op. cit., p. 84-99. Para uma fonte indispensável sobre a cinematografia de Héctor Olivera, ver C. Landini, *Héctor Olivera*. Sobre Fernando Ayala, além de Tomás Eloy Martínez, *La Obra de Ayala y Torre Nilsson en las Estructuras del Cine Argentino*, ver também F. Rapallo, *Fernando Ayala*.

24. T. Eloy Martínez, op. cit., p. 22. Sem dúvida, vinculando-se ao espectro alegórico da figura de Perón como líder forte, a colaboração de Viñas-Ayala-Olivera investiga o problema do homem forte autoritário. Com efeito, tanto *El Jefe* quanto *El Candidato* "exploram as condições que contribuem para o surgimento e popularidade dos líderes autoritários" (L. Podalsky, op. cit., p. 87). Numa entrevista iluminadora para o jornal *La Nación*, em 16 de abril de 1958, Viñas comenta: "velocidad, ansias urgentes y fáciles, superficialidad, irresponsabilidad, falta de afincamiento en las cosas y en los sentimientos, aturdimiento, cinismo, desorientación en suma. La gente quiere cosas [...] y no sabe qué hacer con su libertad. De ahí que todos estén dispuestos a enajenarla, a transferirla a alguien que dé, mande, y resuelva ese malestar profundo y angustioso que los provoca" (apud L. Podalsky, op. cit., p. 87). Ver também o "Prólogo", de Héctor Olivera, para o roteiro recentemente publicado do filme *El Jefe*, p. 9-17. O texto de Olivera explica a importância histórica de *El Jefe* para o cinema argentino em geral e para a lendária produtora cinematográfica de Olivera e Ayala, a Aries Cinematográfica Argentina SRL. Sobre a gênese de *El Jefe* e sua ligação com Viñas, Olivera escreve: "[c]uando [Fernando Ayala] leyó un cuento del joven escritor David Viñas titulado 'El Jefe' sintió que su postura ante el cine argentino podía concretarse en una película basada en este cuento. Por intermedio de Beatriz Guido, se puso en contacto con David que, según sus propias palabras, 'estaba haciendo un viaje iniciático por Sudamérica – generalmente la meta era París – cuando en Bolivia recibí un telegrama anunciándome que alguien quería filmar ese cuento'" (p. 10). Citando os críticos Claudio España e María Sáenz Quesada, Olivera ressalta a importância do filme: "*El Jefe* es el film más representativo de aquellos años [...]. Detrás de la figura del 'jefe', el emergente emblemático es Perón y las fuerzas en juego la prepotencia y la sumisión acrítica. Difícil analizar la Argentina de entonces sin tener en cuenta este producto cinematográfico'. Justamente María Sáenz Quesada, en su *Historia argentina*, la señala como la más significativa de su época" (p. 15). Um agradecimento especial a Héctor Olivera por essa fonte indispensável.

25. Na versão original de *Dar la Cara*, as manchetes aparecem no desenlace, anunciando a bem-sucedida tomada de Havana por Castro (p. 583).

26. Ver E. Bernini, op. cit.

27. J.-P. Sartre, *Search for a Method*, p. 24.

28. Em sua entrevista televisionada com José Martínez Suárez, Fernando Martí Peña chama essa geração de geração perdida, "la generación, luego frustrada, del 58, del Frondizismo" (Copetes Filmoteca, op. cit.). Para fontes fundamentais sobre José Martínez Suárez e acerca da geração argentina de 1960, ver os trabalhos de: S. Feldman, *La Generación del 60*, p. 65, 81, 118; G.J. Castagna, La Generación del 60, em S. Wolf (org.), *Cine Argentino*, p. 243-263; F. Martín Peña (org.), *60 Generaciones, 90 Generaciones: Cine Argentino Independiente*; M. Cerdá, Los Directores de la Generación del 60 y las Relaciones Permeables Frente al Contexto Político y Social, em A.L. Lusnich; P. Piedras (orgs.), *Una Historia del Cine Político y Social en Argentina*; D. Desalsoms, *Vidas de Película*; e D. Kozak, *La Mirada Cinéfila*. O livro de Kozak, *La Mirada Cinéfila*, que fornece um retrato do Cineclub Núcleo de Buenos Aires, está sendo publicado e republicado pela Editorial Universitária de Buenos Aires (Eudeba) na série Cosmos, organizada por Máximo Eseverri (no prelo). O volume incluirá uma cópia em DVD de *Dar la Cara* digitalmente remasterizada e uma cópia em DVD-ROM de todas as edições da influente revista do Cineclub Núcleo, *Tiempo de Cine*. Sobre as razões para incluir *Dar la Cara* no volume, Eseverri explica, "[h]ubo varias razones, la principal es que detectamos una correspondencia generacional y política entre cineastas como José Martínez Suárez, escritores como David Viñas y quienes llevaron adelante iniciativas como el Cineclub Núcleo, que era un espacio de aglutinamiento, encuentro, intercambio, aprendizaje y mutuo apoyo para una nueva generación de artistas e intelectuales preocupados por su época, su país y caracterizados por gestos de innovación y la urgencia por intervenir y hacer oír su voz en sus diferentes ámbitos de pertenencia. Al igual que en la película, las nuevas generaciones del campo del arte, la academia y la intelectualidad tuvieron en medios como la revista y actividades como el Cineclub un espacio de encuentro y diálogo. El mismo José [Martínez Suárez], como he probado en el libro *Raab/Visconti: La Tierra Tiembla* (2010), participó activamente del Cineclub. Destacamos en el libro, además, la promoción que la revista hizo de películas como esta" (e-mail para o autor, 14 de março de 2016). Agradecimentos especiais a José

NOTAS

Martinez Suárez, Máximo Eseverri, C. Adrián Muyo e ao Instituto Nacional de Cine y Artes Audiovisuais por essas referências.

29. Ver E. Bernini, op. cit.

30. G. Deleuze; F. Guattari, *A Thousand Plateaus*, p. 202-239; e idem, *What Is Philosophy?*, p. 85-113. Para uma excelente discussão a respeito do afeto, do *habitus* e da política no contexto de Deleuze, Guattari, Bourdieu e Spinoza em relação aos processos políticos chilenos no século XX, ver J. Beasley-Murray, *Posthegemony: Political Theory and Latin America*, p. 174-225.

31. Para um retrato do conceito de agenciamento, ver nota 138 no capítulo 1. Estou propondo que o texto de Viñas se constitui como um acontecimento da escritura, um processo multivalente em aberto, que mobiliza múltiplos regimes de signos como o cinema etc.

32. Estela Valverde explica o processo de composição pouco ortodoxo: "[p]ara escribir esta novela Viñas utiliza el libreto cinematográfico homónimo como punto de partida y 'procede por adición' adoptando un proceso inverso al que generalmente se sigue" (Op. cit., p. 298).

33. Ver a entrevista televisionada de Martínez Suárez com Fernando Martín Peña, na qual o diretor confirma o viés documentário do filme: "*Dar la Cara* representa un momento exacto, hasta las palabras que estaban comenzando a utilizarse, las utilizamos en la película." (Copetes Filmoteca) Além disso, assim como em *El Crack*, explica ele: "[s]i alguien necesita saber cómo se hablaba, cómo se vestía, cómo se comía, cómo se bailaba, cómo se hacía el amor en aquella época [en Buenos Aires], hay que ver *Dar la Cara*" (Copetes Filmoteca). A entrevista está amplamente disponível na Internet.

34. É importante salientar que o romance se passa em 1958 e termina com a tomada de La Habana por Fidel Castro em 10 de janeiro de 1959. Com efeito, a revolução é anunciada pelos entregadores de jornais, Beto e Cholo (*Dar la Cara*, p. 583). Por outro lado, o filme começa com uma cena análoga de entrega de jornais, dessa vez anunciando a luta de Castro em Sierra Maestra, e abrange quatro anos (1958-1962). Martínez Suárez relata: "[n]os inspiramos más en los hechos históricos, por eso la película comienza con la noticia de que 'Fidel Castro lucha en la Sierra Maestra', y termina con la noticia de que 'Argentina compró un portaaviones'. Así que, históricamente, es para que el espectador tenga noción de lo que pasó en el país, que sepa sobre el período histórico del que estábamos hablando, de 1959 a 1962" (apud R. Valles, op. cit., p. 166).

35. Sobre a mudança do título e a origem do projeto do romance, José Martínez Suárez relata que "[e]l caso fue que David me preguntó si me molestaba que él hiciera del argumento una novela pues se había abierto un importante concurso literario [Primer Premio Nacional de Literatura]. Yo le respondí que me parecía una idea excelente. Y David escribió esa novela que tiene notables variantes con respecto al guión original. Y hablando del guión original: cuando estábamos trabajando el argumento el título de la película era *Salvar la Cara*. Pensando en ese título advertí que la palabra 'salvar' era como esquivar el enfrentamiento mientras que tenía más potencia 'dar' la cara. Se lo comenté a David, lo pensó unos minutos y aceptó la sugerencia" (email para o autor, 26 de fevereiro de 2016).

36. Para uma influente explicação das ficções fundacionais latino-americanas do século XIX, ver D. Sommer, *Foundational Fictions*.

37. Ver J.-P. Sartre, *What Is Literature?*, p. 189.

38. Como Deleuze disse do escritor, Viñas fornecerá uma sintomatologia intensiva da história e do próprio ato de escrever (*Essays Critical and Clinical*, p. 3). Com efeito, a saída de Mariano do estúdio de Basilio para filmar as ruas e favelas da "Buenos Aires real" está em paralelo com um fenômeno histórico mais amplo. "[N]o final dos anos 1950", observa Laura Podalsky, "os cineastas argentinos começaram, com frequência maior, a sair do estúdio para filmar em locações. Até então, as filmagens *in loco* eram relativamente raras [...]. Encorajando esse interesse em retratar a vida urbana de novas maneiras, estavam os filmes italianos da época sobre a vida na cidade, como *Roma, Cidade Aberta*, *Ladrões de Bicicleta* e *Umberto D*, da metade ao final da década de 1940 e início da década de 1950. Seus retratos duros, embora sentimentais, das pequenas misérias da vida cotidiana na Itália do pós-guerra ressoavam nas audiências argentinas." (op. cit., p. 84-86)

39. Sobre o conceito de devir e a radicalização da linguagem, ver nota 137 no capítulo 1 e nota 44 neste capítulo.

40. D. Viñas, *Dar la Cara*, p. 7.

41. Ibidem, p. 10.

42. Citado no verbete "infra", *Online Etymology*.

43. D. Viñas, *Dar la Cara*, p. 7.

44. O "real" e o "devir" em jogo na narrativa de Viñas não têm nada a ver com a representação.

Ao invés da leitura prevalecente – que depende da tese marxista mecanicista –, o texto de Viñas nunca termina na imitação nem na ideologia, mas sim abarca uma poderosa concepção da realidade como consistindo em multiplicidades. Cabe salientar que o devir e a realidade, em Deleuze e Guattari, também não pertencem à ordem da representação: "devir não é uma evolução, ao menos uma evolução por dependência e filiação. O devir nada produz por filiação; toda filiação seria imaginária. O devir é sempre de uma ordem outra que a da filiação. Ele é da ordem da aliança. Se a evolução comporta verdadeiros devires, é no vasto domínio das *simbioses* que coloca em jogo seres de escalas e reinos inteiramente diferentes, sem qualquer filiação possível. Há um bloco de devir que toma a vespa e a orquídea, mas do qual nenhuma vespa-orquídea pode descender. [...] Preferimos então chamar de 'involução' essa forma de evolução que se faz entre heterogêneos, sobretudo com a condição de que não se confunda a involução com uma regressão. O devir é involutivo, a involução é criadora. Regredir é ir em direção ao menos diferenciado. Mas involuir é formar um bloco que corre seguindo sua própria linha, 'entre' os termos postos em jogo, e sob as relações assinaláveis", *Mil Platôs*, v. 4, p. 15.

45. A. Frondizi, *Mensajes Presidenciales, 1958-1962*, p. 11.

46. Em abril de 1959, *Contorno* dedicou sua edição final a Frondizi. Ver os artigos do Conselho Editorial de *Contorno*, por Ismael Viñas e León Rozitchner. Ver também o estudo de Ismael Viñas, *Análisis del Frondizismo*. Em outra ocasião, numa mesa-redonda sobre a literatura e a política argentinas do século XX, realizada em 1968, da qual participaram Rodolfo Walsh e Francisco Urondo, Juan Carlos Portantiero observava: "Arturo Frondizi parecía ser la síntesis ideal que podía combinar el brillo de la inteligencia, es decir, cierta herencia intelectual argentina, con una posición no extremista frente al peronismo, al contrario: el rescate del peronismo, del rescate de lo que el peronismo tenía como movimiento popular." (Literatura Argentina del Siglo XX, *Panorama Actual de la Literatura Latinoamericana*, p. 274).

47. Ver a importante declaração autoral de Viñas na aba interna de seu livro *Las Malas Costumbres* (1963).

48. Como homem da esquerda, Viñas oferece um reconhecimento de Birri que é tácito e não simplesmente corrosivo. Ver a entrevista de 1959 em Viñas, 11 Preguntas Concretas a David Viñas, *El Grillo de Papel*, n. 2. Em 31 de outubro, o documentário *Tire Dié* foi exibido pela primeira vez em Buenos Aires, na Faculdade de Direito da Universidade Nacional da Argentina. Juntamente com Fernando Ayala, Ernesto Sábato e outros intelectuais notáveis, Viñas participou de uma mesa-redonda sobre o significado do revolucionário filme de Birri. Por outro lado, as numerosas dimensões paródicas tanto no filme quanto no romance são tácitas. De fato, a referência a Birri se desdobra num sentido explícito e implícito: por meio da filmagem das *villas miserias* (*Tire Dié*) e da inserção de Birri no filme como extra. Sobre os numerosos diretores incluídos no filme, Martínez Suárez comenta: "Fernando Birri está sentado junto a Adelqui Camusso en el bar herradura de los laboratorios Alex; Solanas es el dirigente estudiantil de gruesos anteojos; Adolfo Aristarain en tres o cuatro planos en el mitín estudiantil [...] Leonardo Flavio protagonizando; Lautaro Murua, político-dirigente deportivo (el que tiene la secuencia final en el velódromo con Nuria Torray) [...] Todos ellos dirigieron" (email para o autor, 29 de fevereiro de 2016). Por fim, é importante observar que o próprio Martínez Suárez lecionou por vários anos na então recém-descoberta Escuela Documental de Santa Fé de Birri, começando com sua inauguração em 1956: "estuve dos o tres años. Eran clases nocturnas, daba Realización III, es decir la final. Concurríamos semana por medio desde Buenos Aires. Fernando llevó a todos sus amigos capacitados: Carlos Alberto Padilla, Antonio Ripolli, Adelqui Camusso, Juan José Saer, Humberto Ríos etc. Yo le diría que ese acto de Fernando conmocionó a toda la juventud cinéfila de la República, ampliando su espectro" (email para o autor, 3 de março de 2016).

49. Sobre o projeto de Birri de capturar o "real" da miséria latino-americana, ver seu "Manifiesto de Santa Fe", bem como seu ensaio explicativo "Tire Dié". Sobre o populismo de Birri, ver seus ensaios "Cinema and Underdevelopment" e "For a Nationalist, Realist, Critical and Popular Cinema". Na verdade, Birri criticava *El Jefe* por seu "caráter evasivo" e por apresentar imagens do país que não eram reais o suficiente: "o caráter evasivo dos poucos filmes intelectualizados [...] *El Jefe*, de Ayala [...] fazia as imagens cinematográficas do país que eles apresentaram

NOTAS

a públicos igualmente estrangeiros e alheios [...]. Nosso objetivo era um realismo que pudesse transcender esse dualismo tendencioso" (Cinema and Underdevelopment, em M.T. Martin(ed.), *New Latin American Cinema*, v. 1, p. 89). Para uma inicial e notável leitura marxiana de Arlt, ver Raúl Larra, *Roberto Arlt: El Torturado*. Para a réplica negativa de Viñas contra a leitura de Arlt sob a lente de um marxismo mecanicista, ver Arlt y los Comunistas, *Contorno*, n. 2.

50. Os estudiosos são unânimes em elogiar o filme de Birri, *Tire Dié*, como um pilar do Terceiro Cinema latino-americano da década de 1960. Para uma apresentação do Terceiro Cinema, ver F. Solanas; O. Getino, Towards a Third Cinema, em M.T. Martin (ed.), *New Latin American Cinema*, v. 1; e O. Getino, Some Notes on the Concept of a Third Cinema, em M.T. Martin (ed.), op. cit. Ver também F. Birri, Manifiesto de Santa Fe, *La Escuela Documental de Santa Fe*; e M. Aimaretti; L. Bordigoni; J. Campo, La Escuela Documental de Santa Fe, em A.L. Lusnich; P. Piedras (orgs.), *Una Historia del Cine Político y Social en Argentina*. Para a palestra de Birri na Universidade de Stanford sobre o legado de *Tire Dié*, ver F. Birri, Tire Dié (1956-1960), *Soñar con los Ojos Abiertos*, p. 17-36. O "Manifiesto de *Tire Dié*", de Birri, pode ser consultado em seu "Los Cinco Manifiestos", *Fernando Birri: El Alquimista Poético Político*. Para uma visão geral do *Tire Dié*, ver J. Rufinelli, Las Películas, em J. Rufinelli; F. Birri (orgs.), *Soñar con los Ojos Abiertos*, p. 387. Para um panorama geral da obra de Birri, ver P. Sendrós, *Fernando Birri*.

51. Saber del *Otro*: Escritura y Oralidad en el *Facundo* de D.F. Sarmiento, *Desencuentros de la Modernidad en América Latina*, p. 42.

52. Ibidem, p. 41.

53. Ibidem, p. 16-17.

54. Ver o documentário-entrevista de Pablo Díaz, *David Viñas: Un Intelectual Irreverente*, amplamente disponível na Internet.

55. D. Viñas, Roberto Arlt: Periodista, *Contorno*, n. 2, p. 10. A conexão Arlt-Viñas está bem documentada. Como já mencionado, *Contorno*, conhecida por sua guerra parricida com os "pais" literários argentinos, dedicou sua segunda edição a Arlt e defendeu seu projeto, por uma série de razões: "mentalidad fronteriza", o uso de Arlt do *voseo* e do *lunfardo*, sua denúncia do sistema, suas personagens existencialmente problemáticas que mapeavam e percorriam os setores marginais de Buenos Aires e seu recurso ao *folletín* popular, seu jornalismo literário e suas confissões autobiográficas em uma conjuntura histórica que os escritores de *Contorno* consideravam moldadas pelo *criollismo* literário, tudo isso apontava para Arlt como um escritor fundamentalmente "sincero" que capturava a realidade argentina moderna da forma como vivida na cidade (ibidem). David Viñas e seu irmão Ismael escreveram a maioria dos ensaios nessa segunda e fundamental edição de *Contorno* em 1954, muitos deles sob um pseudônimo, sendo que sua abordagem crítica exemplifica um domínio bibliográfico da totalidade da produção de Arlt. Num nível mais profundo, Viñas examina a escritura de Arlt do ponto de vista histórico, existencial e composicional. "Desde el punto de vista de la creación", escreve Viñas, "Arlt pertenece a una estirpe particular de creadores: infunde en sus personajes su propio sentimiento, su opinión frente al mundo, declara en ellos su ánimo, sus sueños y sus problemas, y cargados de tal modo, experimenta con sus vidas, lanzándolos a vivir las consecuencias absolutas de ese punto de partida." (ibidem, p. 9) Por seu lado, José Martínez Suárez explica uma dimensão central da referência a Arlt no filme *Dar la Cara*: "[los] libros [de Arlt] se mencionaban a menudo como posibles próximas producciones, era advertir que estaba en la carpeta de varios futuros directores y así fue como se convirtieron con el tiempo en películas todas las nombradas, la nómina comienza con *Martin Fierro* y sigue con Payró" (e-mail para o autor, 3 de março de 2016).

56. *Dar la Cara*, p. 529. Devemos sublinhar o caráter aberto do roteiro do filme de León Vera. Na verdade, Mariano irá constantemente incomodar León, não apenas com relação à legibilidade do filme para o público, mas também com relação à ausência de um projeto técnico determinado, o que corresponde, sem dúvida, ao projeto de Birri. Nas palavras do cineasta, "[q]ueriendo aprehender la móvil realidad de un 'lumpenproletariat', [*Tire Dié*] no tuvo un 'guión de hierro' y su guión técnico fue extractado del mismo una vez concluido". F. Birri, "Tire Dié". Disponível em: <http://comunicacionymedios.files.wordpress.com/2007/09/birri-pionero-y--peregrino.pdf>.

57. G. Deleuze, *Difference and Repetition*, p. xix.

58. J.-L. Nancy, *The Inoperative Community*, p. 80; idem, *La Communauté désoeuvrée*, p. 197. Como se verá, para Nancy, a obra de morte (*oeuvre de mort*) da literatura tem a ver com os modos pelos quais a escritura literária interrompe o discurso

linear, trascendental e logocêntrico do mito, que sempre "revela uma realidade concluída" ou "uma realidade de conclusão", *La Communauté*, p. 197, 161. A literatura é a voz da interrupção. "O mito é interrompido", Nancy observa, "na medida exata em que a literatura não conclui", *La Communauté*, p. 161. Sobre a relação sem relação (*rapport sans rapport*) em Nancy, veja Heesok Chang, "Phillip Lacoue Labarthe and Jean-Luc Nancy", *Modern European Criticism and Theory*, p. 376-379. A respeito da relação sem relação como condição do pensamento político hoje, ver *Línea de Sombra: El No Sujeto de lo Político*, de Alberto Moreiras.

59. *Dar la Cara*, p. 314-315.

60. Ibidem, p. 357.

61. Ibidem, p. 404. Sobre as *villas miserias* de Buenos Aires na década de 1960, José Martínez Suárez relata: "[l]as villas miserias habían pasado a formar parte de la ciudad. Tengo entendido que la primera se constituyó en Retiro cuando a comienzos de los años 30 se construyó la Dársena Norte en el barrio de Retiro, posteriormente a la asunción de Perón a la presidencia se realizaban festivales festejando el 17 de octubre y todo tipo de vehículo, tren, colectivo etc. traía gente desde lo más lejano del interior a la ciudad. Cuando se deslumbran con ellas, sus luces, sus avenidas, sus vidrieras preferían construir un tinglado junto a la casa de un amigo o pariente y convertirse en porteño. Los vehículos regresaban a sus puntos de partida semivacíos, casi todos los viajeros habían quedado en [Buenos Aires]. No era difícil conseguir trabajo y formar familia si ya no estaba formada. A eso se le comenzó a llamar villas miserias que se extendían por distintos y distantes sectores de la ciudad y sus alrededores. Quería filmarlas porque formaban parte del panorama típico de la ciudad. Algunas estaban a 10 minutos de la Plaza de Mayo" (e-mail para autor, 3 de março de 2016).

62. Em seu excelente estudo da Buenos Aires das décadas de 1950 a 1970, Laura Podalsky escreve: "No início dos anos 1960, as *villas miserias* eram, em muitos sentidos, aspectos ainda marginais da paisagem urbana de Buenos Aires. Em 1963, as aproximadamente 230.962 pessoas que viviam nas *villas* representavam cerca de 3,3 por cento da população total de toda a área metropolitana. Os projetos de modernização da Revolución Libertadora e a subsequente administração Frondizi ignoraram em grande parte esses bairros em crescimento, de casas improvisadas construídas com os materiais encontrados (madeira, tijolo, pedra, fibra corrugada). Como sugerido no curta-metragem de David Kohon, *Buenos Aires*, a construção em remendos das habitações contrastava drasticamente com a estética ascendente dos novos arranha-céus inspirados nos arranha-céus de aço dos Estados Unidos e da Europa. Em resumo, as *villas* não estavam incluídas nos planos de desenvolvimento da Argentina pela renovação tecnológica e o influxo de capital estrangeiro, nem nas tentativas de remodelar Buenos Aires como um marco cosmopolita da nova sociedade moderna [...]. As *villas* se espalharam por espaços não utilizados ao longo dos trilhos ferroviários, rodovias e do Riachuelo – sem ruas claramente definidas, acesso à água potável ou conexões de esgoto." (op. cit., p. 100-101.)

63. *Dar la Cara*, p. 394-395.

64. Ibidem, p. 407.

65. Ibidem, p. 406.

66. Ibidem, p. 408.

67. Ibidem, p. 410.

68. G. Deleuze, *Différence et répétition*, p. 78.

69. *A Thousand Plateaus*, p. 369. *Mille Plateaux*, p. 457.

70. D. Viñas, *De Sarmiento a Cortázar*, p. 124.

71. Idem, *Dar la Cara*, p. 586. (Itálicos acrescentados.)

72. Quanto ao domínio fascista, Juan Carlos Tealdi lê *Dar la Cara* de forma alegórica e temática através da lente de um antifascismo implícito: "El Poder político en *Dar la Cara* ha de buscarse por ello en la aparición de grupos fascistas como manifestación del repliegue liberal después de la etapa peronista. Fascismo que encarna en grupos civiles en un primer momento y en militares a partir del '66. *Dar la Cara* es entonces, aún con el predominio de lo interior-subjetivo, una denuncia del carácter fascista del poder político." J.C. Tealdi, *Borges y Viñas: Literatura e Ideología*, p. 125.

73. D. Viñas, *Dar la Cara*, p. 586.

74. G. Deleuze, *Spinoza: Philosophie pratique*, p. 29.

75. Ibidem, p. 169.

76. D. Viñas, *Dar la Cara*, p. 99-100.

77. *The Inoperative*, p. 73.

78. Ibidem, p. 75-76.

79. Ibidem, p. 79.

80. Ibidem, p. 80.

81. Em *Las Malas Costumbres*. Ver A. Moreiras, Common Political Democracy, em H. Sussman (ed.), *Impasses of the Post-Global*, v. 2. Trabalhando contra

NOTAS

a ideologia identitária e a ordem da representação, Moreiras convoca a uma renovação do pensamento da democracia política por meio de um registro marrano. Assim como o meio radicalizado de Viñas, o registro marrano é definido como "sempre aberto à exposição (*exposure*), ou antes: requer exposição (*exposure*) para sua autoconstituição" (ibidem). Ver também E. Graff Zivin, Aporias of Marranismo, CR: *The New Centennial Review*, v. 12, n. 3. Por meio de uma leitura da discussão sobre a figura generalizada do marrano em Derrida, Graff Zivin oferece uma análise iluminadora do marrano e

suas representações na produção literária latino-americana contemporânea. Ele escreve: "[e]m jogo na análise do marrano e suas representações, eu argumento, está nada menos que a exposição (*exposure*) dos limites da subjetividade, da soberania e da hegemonia modernas" (p. 191). Para maior elaboração sobre a volatilidade e força do significante "marrano" como figura aporética, ver E. Graff Zivin, *Figurative Inquisitions*, e o volume por ela organizado, *The Marrano Specter*.

82. Ver a declaração de Viñas na aba da sobrecapa de seu livro *Las Malas Costumbres* (1963).

3. SUBVERSÕES DO SENSÍVEL

1. O. de Andrade, *A Utopia Antropofágica*, p. 60.
2. Ibidem, p. 59.
3. Por *ready-made*, sigo a definição de Décio Pignatari: "A poesia de Oswald de Andrade é uma poesia *ready-made*. Faz estatística, copia nomes de casas comerciais – eis o poema 'Nova Iguaçu'"; "A poesia de Oswald de Andrade é a poesia de posse contra a propriedade. Poesia por contato direto. Sem explicações, sem andaimes, sem preâmbulos ou prenúncios, sem poetizações. Com versos que não eram versos. Poesia em versus, pondo em crise o verso: um prosaissmo deliberado que é uma sátira contínua ao próprio verso, livre ou preso. Aliás, nunca se colocou tal problema, do verso livro ou metrificado. Sua poesia é um realismo autoexpositivo. Alguns poemas são simples transcriações de anúncios da época. Destacados do contexto, os textos adquirem novo conteúdo: de lugares-comuns se transformam em lugares incomuns. Exatamente como acontece com a atual pop art nortre-americana (também batizada de 'neodadaísta'...) – o primeiro movimento autêntico de vanguarda dos Estados Unidos para o mundo: também uma rebelião contra a cultura europeia. Uma arte antropófaga." *Contracomunicação*, p. 163. Fica claro que Pignatari se inspira na concepção dos *ready-mades* de Marcel Duchamp. Por isso, dirá da poesia antirrepresentacional de Andrade: "A coisa, e não a ideia da coisa." Ibidem, p. 163. Desafiando a ideia do belo e da própria arte, Duchamp argumentou que: "[u]m objeto comum [poderia ser] elevado à dignidade de uma obra de arte pela mera escolha de um artista" (MoMA). Segundo o site do Museu da Arte Moderna (MoMA), Duchamp "selecionava objetos produzidos em massa,

comercialmente disponíveis, muitas vezes utilitários, designando-os como arte e dando a eles títulos. 'Readymades', como ele os chamava, interrompeu séculos de pensamento sobre o papel do artista como um criador habilidoso de objetos originais feitos à mão." MoMA Learning, "Marcel Duchamp and the Readymade". *Museu de Arte Moderna*. Disponível em: <https://www.moma.org/learn/moma_learning/themes/dada/marcel-duchamp-and-the-readymade/>.

4. Ver C. Lévi-Strauss, *La Pensée sauvage*, p. 16-23; H. de Campos, Serafim: Um Grande Não-Livro, Prefácio, em O. de Andrade, *Serafim Ponte Grande*, p. 5-28. Em seu ensaio introdutório a *Serafim Ponte Grande* (1933), Haroldo de Campos compara a técnica narrativa de Andrade ao repertório híbrido do "bricoleur" de Lévi-Strauss. (H. de Campos, Serafim: Um Grande Não-Livro, Prefácio, em O. de Andrade, op. cit., p. 9). A analogia se refere ao uso do *ready-made* por Andrade. O "bricoleur" não tem equivalente preciso em nossa língua, conotando desonestidade, além da noção de "faz-tudo", ou de "mestre dos sete ofícios". Para Lévi-Strauss, a noção do *bricoleur* improvisador, com seu repertório heterogêneo, pode ajudar a entender o pensamento mítico "primitivo", assim como o artista: "o universo de instrumentos [do *bricoleur*] é fechado e as regras de seu jogo são sempre improvisar com 'o que está à mão'. É uma concepção do senso comum que o artista é tanto um cientista quanto um 'bricoleur'" (p. 17, 22).

5. O. de Andrade, Diário Confessional (Fragmentos – 1948/1949), *Invenção: Revista de Arte de Vanguarda*, n. 4, p. 50.

6. Com a publicação de *Canibalia*, de Carlos A. Jáuregui (Prêmio Casa das Américas, 2005), *Cannibal*

Modernities, de Luís Madureira, e da volumosa antologia crítica *Antropofagia Hoje?*, organizada por Jorge Rufinelli e João Cezar de Castro Rocha, Andrade sem dúvida passa a desfrutar de uma posição privilegiada nos estudos latino-americanos. E, no entanto, os esforços pioneiros dos poetas concretos brasileiros de reviver a obra de Andrade têm sido, com poucas exceções, relegados à indexação bibliográfica. Ver G. Aguilar, *Poesía Concreta Brasileña*, p. 115-130, 275-302; e C.A. Jáuregui, *Canibalia*, p. 543. O mesmo pode ser dito com relação à ausência de uma reflexão acadêmica sobre os modos de expressão que Andrade introduz na poesia brasileira: o aforismo e o poema *ready-made*. Antonio Candido ressalta a dificuldade em definir a antropofagia: "[é] difícil dizer no que consiste exatamente a Antropofagia que Oswald nunca formulou, embora tenha deixado elementos suficientes para vermos embaixo dos aforismos alguns princípios virtuais, que a integram numa linha constante da literatura brasileira desde a Colônia: a descrição do choque das culturas, sistematizada pela primeira vez nos poemas de Basílio da Gama e Santa Rita Durão" (Digressão Sentimental Sobre Oswald de Andrade, *Vários Escritos*, p. 84-85). Recentemente, Jáuregui descreveu o aforismo como "frases surrealistas que operam contra a argumentação racional" (Anthropophagy, em R. McKee Irwin; M. Szurmuk (eds.), *Dictionary of Latin American Cultural Studies*, p. 25). As reflexões teóricas dos poetas concretos brasileiros sobre os modos de expressão antiliterários de Andrade permanecem inestimáveis. Ver D. Pignatari, Tempo: Invenção e Inversão: Prefácio, em O. de Andrade, *Um Homem Sem Profissão*; idem, Marco Zero de Andrade, ALFA: *Revista de Linguística*, v. 5-6); A. de Campos, *Poesia, Antipoesia, Antropofagia*, p. 1-7; idem, *À Margem da Margem*, p. 143-157; idem, Oswald, Livro Livre, *Poesia Antipoesia Antropofagia & Cia*; H. Campos, Miramar na Mira, Prefácio, em O. de Andrade, *Memórias Sentimentais de João Miramar*; idem, Lirismo e Participação, Prefácio, em O. de Andrade, *O Santeiro do Mangue e Outros Poemas*; e idem, Da Razão Antropofágica, *Metalinguagem e Outras Metas*. Para leituras recentes da poesia concreta através da lente da antropofagia, ver A.J. Shellhorse, The Verbivocovisual Revolution, CR:*The New Centennial Review*, v. 20, n.1; Augusto de Campos, *Dictionary of of Literary Biography*, p. 69-80;

Theses on Affect and Anti-Literature in Augusto de Campos, *Santa Barbara Portuguese Studies*, v. 8; The Specter of Sartre in Brazilian Concrete Poetry: Paideuma, Affect, Politics, and the Question of World Literature, *Revista Hispánica Moderna*, v. 76. n. 2; e Potência Intensiva, em E.J. de Oliveira; David K.Jackson (eds.), *Poesia Crítica Tradução: Haroldo de Campos e a Educação dos Sentidos*. Ver também Raquel Bernardes Campos, *Entre Vivas e Vaias: A Visualidade Concreta de Augusto de Campos*. São abundantes as explicações sobre o estilo fragmentário de Andrade. Falta, no entanto, uma teorização que o conecte à política e à crise da representação. Para uma visão geral, ver: M.E. Boaventura, *A Vanguarda Antropofágica*; C.A. Jáuregui, Anthropophagy, em R. McKee Irwin; M. Szurmuk (eds.), *Dictionary of Latin American Cultural Studies*, p. 22-28; K.D. Jackson, Literature of the São Paulo Week of Modern Art, *Texas Papers on Latin America*, p. 1-16; idem, *Cannibal Angels*; C.A. Perrone, *Seven Faces*, p. 9-12; L.C. Lima, "Oswald de Andrade", em L.A. de Azevedo Filho (org.), *Poetas do Modernismo*, p. 21-97; J. Schwartz, *Vanguardia y Cosmopolitismo en la Década del Veinte*, p. 175-231; M. de Silva Brito, Fases da Poesia Modernista Brasileira, *Ângulo e Horizonte*, p. 55-76; N. Larsen, Modernism as Cultura Brasileira, *Modernism and Hegemony*, p. 72-97; A.S. Mendonça, *Poesia de Vanguarda no Brasil*, p. 72-92; A.S. Mendonça; A. de Sá, *Poesia de Vanguarda no Brasil: De Oswald de Andrade ao Poema Visual*, p. 33-51; e A.J. Shellhorse, The Avant-Garde, em S.M. Hart (ed.), *The Cambridge Companion to Latin American Poetry*.

7. D. Pignatari, Marco Zero de Andrade, ALFA: *Revista de Linguística*, v. 5-6, p. 46, 52. Numa versão revisada do artigo "Marco Zero de Andrade", Pignatari assinala a ruptura de Andrade com a literatura (*desidentificação*), ao alterar sua frase original de "Poesia em versos pondo em crise o verso" (p. 46, 52) para "*Poesia em versus*, pondo em crise o verso". *Contracomunicação*, p. 163. (Itálico acrescentado.)

8. Ver B. Nunes, *Oswald Canibal*, p. 75-77. "Não devemos, porém, incriminar Oswald de Andrade, que não foi um filósofo puro, nem sociólogo ou historiador, por esses pecados de inconsistência lógica e de improvisação intelectual." (Ibidem, p. 76.) Ver também o influente estudo de Lucia Helena (*Totens e Tabus da Modernidade Brasileira*, p. 179-199). Em diversas ocasiões, Pignatari

NOTAS 245

e os irmãos Campos defendem o oposto. Ver D. Pignatari, *Tempo: Invenção e Inversão*, Prefácio, em O. de Andrade, *Um Homem Sem Profissão*, p. 7-10; e A. de Campos, "Pós-Walds", disponível em: <http://www.estadao.com.br/noticias/impresso, pos-walds, 739633, o.htm>.

9. Por exemplo, as discussões interdisciplinares sobre a relação da antropofagia com o Cinema Novo e a Tropicália em: C.A. Jáuregui, *Canibalia*, p. 538-604; L. Madureira, *Cannibal Modernities*, p. 111-130; e G. Aguilar, *Poesía Concreta Brasileña*, p. 117-157. Na verdade, seguindo o apelo de João Cezar de Castro Rocha pela criação de novos horizontes teóricos, em vista de recuperar a "potência" da antropofagia para uma estrutura não-identitária, este capítulo examina o revivescimento da poética de Andrade pelos poetas concretos, ao mapear as maneiras nas quais tanto Andrade quanto os concretos subvertem o sensível. (J.C. de Castro Rocha, Uma Teoria de Exportação?, em J. Rufinelli; J.C. de Castro Rocha (orgs.), *Antropofagia Hoje?*, p. 663, 659.

10. Para um esboço do conceito de "agenciamento", ver nota 138 no capítulo 1. Estou sugerindo que a antipoesia de Andrade e dos concretos se configura como processos polifônicos e multisensoriais, que "devoram" e põem em movimento múltiplos regimes de signos.

11. Ver E. Pound, *Make It New*, p. 5-8; e idem, *Guide to Kulchur*, em especial as páginas 23-34, 44-50. Ver também A.J. Shellhorse, The Specter of Sartre in Brazilian Concrete Poetry: Paideuma, Affect, Politics, and the Question of World Literature, *Revista Hispánica Moderna*, v. 76. n. 2, p. 159-184.

12. O trabalho radical sobre a linguagem, de Mallarmé, Cummings, Joyce e Pound, figura predominantemente nos escritos teóricos dos poetas concretos nos anos 1950 e 1960. Já na década de 1960, os concretos colocam entre os brasileiros merecedores de destaque nesse mesmo sentido Oswald de Andrade, João Guimarães Rosa, Joaquim Sousândrade e Pedro Kilkerry. O manifesto de Haroldo de Campos, intitulado "olho por olho a olho nu" (1956), publicado em A. de Campos; D. Pignatari; H. Campos, *Teoria da Poesia Concreta*, fornece um primeiro retrato do *paideuma*: "PAIDEUMA / elenco de autores culturmorfologicamente atuantes no momento / histórico: evolução qualitativa da expressão poética e suas táticas." (p. 74) No ensaio How to Read, em T.S. Eliot (org.), *Literary Essays of Ezra Pound*, Pound comenta o que constituiria a "melhor história da literatura": "a melhor

história da literatura, mais particularmente da poesia, seria uma antologia de doze volumes em que cada poema fosse escolhido não simplesmente porque seria um poema agradável [...] mas porque conteria uma invenção, uma contribuição definitiva para a arte da expressão verbal" (p. 17).

13. A ideia de participar da sintaxe de seu tempo é um dos pilares da poesia concreta brasileira desde suas origens nos anos 1950. Por essa razão, Haroldo de Campos escreverá que a poesia concreta "é a linguagem adequada à mente criativa contemporânea / permite a comunicação em seu grau + rápido / prefigura para o poema uma reintegração na vida cotidiana" ("olho por olho a olho nu", p. 75-76). Numa carta a João Cabral de Melo Neto, descrevendo a poesia concreta, Augusto de Campos escreverá "a defesa de uma arte que reduza ao mínimo o subjetivo, e que participe da sintaxe de seu tempo" (p. 2). Além disso, no manifesto "plano-piloto para poesia concreta", em A. de Campos; D. Pignatari; H. Campos, *Teoria da Poesia Concreta* ([1958], 2006), Décio Pignatari e os irmãos Campos proclamam o "realismo total" da poesia concreta (p. 218).

14. G. Aguilar, op. cit., p. 67.

15. D. Pignatari, "nova poesia: concreta (manifesto)", em A. de Campos; D. Pignatari; H. Campos, *Teoria da Poesia Concreta*, p. 67.

16. H. de Campos, Uma Poética de Radicalidade, Prefácio, em O. de Andrade, *Poesias Reunidas*, p. 51. Ver também A.J. Shellhorse, The Specter of Sartre in Brazilian Concrete Poetry: Paideuma, Affect, Politics, and the Question of World Literature, *Revista Hispánica Moderna*, v. 76. n. 2.

17. Ibidem.

18. D. Pignatari, Marco Zero de Andrade, ALFA, n. 5-6, p. 42-43. Ver também idem, *Errâncias*, p. 44-47. Em outra ocasião, em 1969, Pignatari reivindicará uma poética não-linear, interdisciplinar, ou uma "nova barbárie", como meio de intervir na ordem sensível estabelecida pela sociedade do espetáculo: "Só a NOVA BARBÁRIE abre a sensibilidade aos contatos vivos [...]. A tecnologia chega a um tal ponto de requinte que passa a requerer o marco zero de uma NOVA BARBÁRIE para desobstruir os poros." Idem, *Contracomunicação*, p. 31.

19. Idem, *Errâncias*, p. 46.

20. H. de Campos, Uma Poética de Radicalidade, Prefácio, em O. de Andrade, *Poesias Reunidas*, p. 65.

21. O. de Andrade, *Estética e Política*, p. 54.

22. J. Schwartz, *Vanguardia y Cosmopolitismo en la Década del Veinte*, p. 55.
23. O. de Andrade, *Os Dentes do Dragão*, p. 355. Jorge Schwartz traça um paralelo entre a "redescoberta do Brasil" de Oswald ao retornar da Europa e sua poética "valorização da língua nacional": "Em Oswald de Andrade, a valoração da língua nacional aparece através do uso sincrético de africanismos, do tupi e do macarrônico ítalo--paulista do fluxo migratório dos anos 1920. O retorno ao primitivismo, no caso da língua, deu-se não pela relevância do tupi como língua materna, mas pelo exorcismo das formas cultas e a apropriação da linguagem cotidiana como norma." (Um Brasil em Tom Menor: Pau-Brasil e Antropofagia, *Revista de Crítica Literaria Latinoamericana*, ano 34, n. 47, p. 56.) Benedito Nunes escreve: "A imagem antropofágica, que estava no ar, pertencia ao mesmo sistema de ideias, ao mesmo repertório comum, que resultou da primitividade descoberta e valorizada, e a que se integravam, igualmente, na ordem dos conceitos, a mentalidade mágica, de Levy-Bruhl e o inconsciente freudiano." (*Oswald Canibal*, p. 18.) Ver também J.C. de Castro Rocha, Uma Teoria de Exportação?, em J. Rufinelli; J.C. de Castro Rocha (orgs.), op. cit., p. 647-668. Quanto ao primitivismo e sua relação com as vanguardas históricas, é preciso lembrar que os futuristas italianos se referiam a si mesmos como "os primitivos de uma sensibilidade nova, completamente transformada" (J.C. Taylor, *Futurism*, p. 11). No "Prefácio Interessantíssimo", de seu monumental livro de poesia *Pauliceia Desvairada* (1922), Mário de Andrade se referia aos modernistas brasileiros como "os primitivos duma era nova" (p. 34-35). Ver o capítulo de Justin Read sobre a *Pauliceia Desvairada*, de Mário de Andrade (The Reversible World, *Modern Poetics and Hemispheric American Cultural Studies*, p. 59-102); bem como C.A. Perrone, Presentation and Representation of Self and City in *Paulicéia Desvairada*, *Chasqui*, v. 31, n. 1. Para uma apresentação da antropofagia em relação ao romance modernista de Mário de Andrade, *Macunaíma*, ver F.J. Rosenberg, *The Avant-Garde and Geopolitics in Latin America*, p. 77-105. Ver também, em particular, V. Unruh, *Latin American Vanguards*, p. 42-50, 114-124, que inclui excelentes análises dos escritos experimentais de Oswald e Mário de Andrade; e V. Mahieux, *Urban Chroniclers in Modern Latin America*, p. 64-92.
24. Sobre a assimilação de Oswald de Andrade das ideias europeias e suas várias viagens à Europa, ver J. Schwartz, *Vanguardia y Cosmopolitismo en la Década del Veinte*, p. 179-187. Como Haroldo de Campos e Pignatari, Schwartz situa a paródia no centro da poesia de Oswald de Andrade (p. 224).
25. H. de Campos, Uma Poética de Radicalidade, Prefácio, em O. de Andrade, *Poesias Reunidas*, p. 9.
26. A. de Campos, *Poesia, Antipoesia, Antropofagia*, p. 7-8.
27. O. de Andrade, *Estética e Política*, p. 117.
28. A. de Campos, *O Anticrítico*, p. 9.
29. Ibidem, p. 161.
30. Ibidem, p. 162.
31. Ibidem.
32. Para um contexto mais amplo em relação à América Latina, ver C. Gilman, *Entre la Pluma y el Fusil*, p. 35-96. Ver também T. Halperín Donghi, *The Contemporary History of Latin America*, p. 310-311.
33. R. Schwarz, Cultura e Política, 1964-1969, *O Pai de Família e Outros Estudos*, p. 65.
34. Ibidem, p. 131.
35. Ibidem, p. 69.
36. Situação Atual da Poesia no Brasil, *Invenção: Revista de Arte de Vanguarda*, n. 1, p. 65.
37. Ibidem, p. 66.
38. Idem, Marco Zero de Andrade, ALFA, n. 5-6, p. 54.
39. "El primer número de *Invención* [...] marcaba el inicio de una nueva etapa del movimiento que denominaron 'salto participante'. *Pero los criterios modernistas fueron tan persistentes* que resulta mucho más adecuada la figura del *viraje* – antes que la del 'salto' – para describir este cambio, ya que los integrantes del grupo no cuestionaron sus supuestos sino que más bien se preocuparon por integrar – desde su poética – los cambios del entorno [...]. El salto participante fue, más que un aporte a una revolución que finalmente no tuvo lugar, la experiencia de *una colisión entre los paradigmas del modernismo y de la experiencia política* [...]. La falta de una resolución para esta tensión entre situación específica del campo y recepción extraartística hizo que la etapa 'participante' no haya tenido la continuidad y la persistencia necesarias en la obra de los concretistas. Ya en el tercer número de la revista, *la poesía comprometida parece cosa del pasado*, y en el cuarto, la presencia de Oswald de Andrade eclipsa las posiciones anteriores a la vez que las redefine." *Poesía Concreta Brasileña*, p. 99-103. (Itálicos acrescentados, exceto por "viraje".)
40. Ibidem, p. 150.

NOTAS

41. Marco Zero de Andrade, ALFA, n. 5-6, p. 53.

42. William Rowe escreve eloquentemente sobre a "vida interior" da poesia. Em contraposição aos sistemas de interpretação rígidos impostos aos textos, Rowe propõe que a poesia seja examinada como "um meio de descoberta ativa, e não simplesmente como uma realização, por mais bem expressa que ela seja, do que já foi teorizado". *Poets of Contemporary Latin America*, p. 5.

43. Num artigo de 2008, Gonzalo Aguilar escreve: "Não há política se não se intervém na contingência, se não se produz o milagre da ação [...]. Trata-se de sair da subtração, de abandonar a negatividade para retomar a positividade exigida pela ação política. Parece, porém, que tanto Augusto como Décio preferem manter-se na força da contradição: o poético afirma uma exterioridade negativa, no caso de Augusto, ou um gasto orgânico e erótico, no caso de Décio. Haroldo, por sua vez, ultrapassou o limite, excedeu-se e trabalhou tanto com músicas de agitação partidária como com a linguagem banal dos 'poderes públicos'." (Some Propositions for Reflection on the Relation Between Poetry and Politics, em J. Bandeira; L. de Barros (orgs.), *Poesia Concreta: O Projeto Verbivocovisual*, p. 189.) Para uma leitura da poesia política de Augusto de Campos, ver A.J. Shellhorse, The Verbivocovisual Revolution, *CR: The New Centennial Review*, v. 20, n. 1; e idem Theses on Affect and Anti-Literature in Augusto de Campos, *Santa Barbara Portuguese Studies*, v. 8.

44. Ver G. Deleuze, *Essays Critical and Clinical*, p. v-vi, 1-6.

45. *Apresentação da Poesia Brasileira*, p. 139.

46. A Crise da Filosofia Messiânica, *A Utopia Antropofágica*, p. 143.

47. O. de Andrade, crônica, *Primeiro Caderno do Aluno de Poesia Oswald de Andrade*, p. 70.

48. Sobre o Brasil como "Éden tropical", ver D.J. Sadlier, *Brazil Imagined*, p. 9-62. José Luiz Passos, em *Ruínas das Linhas Puras*, p. 101-122, mostrou claramente a importância da "Carta" de Caminha para o romance de Mário de Andrade, *Macunaíma*.

49. Para uma visão geral, ver J. Schwartz, Um Brasil em Tom Menor, *Revista de Crítica Literaria Latinoamericana*, ano 24, n. 47, p. 53-65, e seu respeitado livro, *Vanguardia y Cosmopolitismo en la Década del Veinte*. "Pau-Brasil lança as bases de uma brasilidade que procura a expressão estética em suas próprias raízes, apostando numa modernidade futurista inerente às vanguardas históricas. Uma nova linguagem, uma nova imagem poética." ("Um Brasil", p. 61) Para um contexto mais amplo relativo à Semana de Arte Moderna de São Paulo, ver K.D. Jackson, Literature of the São Paulo Week of Modern Art, *Texas Papers on Latin America*, p. 1-16; e seu excelente *Cannibal Angels*.

50. É evidente que os poetas concretos brasileiros seguem a convocação de Oswald à exportação da poesia brasileira, anunciada pela primeira vez no "Manifesto da Poesia Pau Brasil" (1924). A partir do segundo volume da revista *Invenção* (1963), os poetas consagrarão à publicação uma seção de fechamento, intitulada "Móbile" e dedicada a toda coisa relacionada à exportação e difusão da poesia concreta nas frentes internacional e nacional do país nos anos 1960. Numa canibalização de Oswald de Andrade digna do nome, uma das subseções da "Móbile" será chamada de "Poesia de Exportação" ("Móbile", p. 92).

51. Ver A. Badiou, Avant-Gardes, *The Century*, p. 140.

52. Prefácio, *Invenção: Revista de Arte de Vanguarda*, n. 4, p. 3.

53. Pignatari explica: "A poesia concreta é a primeira grande *totalização* da poesia contemporânea, enquanto poesia 'projetada' [...]. Considerando-se projeto a mediação entre dois momentos de objetividade." (Situação Atual da Poesia no Brasil, *Invenção: Revista de Arte de Vanguarda*, n. 1, p. 65.) Haroldo de Campos faz uma afirmação análoga em 1960: "A poesia concreta fala a linguagem do homem de hoje [...]. Pela primeira vez – e diz-se isto como verificação objetiva, sem implicação de qualquer juízo de valor – a poesia brasileira é totalmente contemporânea, ao participar na própria formulação de um movimento poético de vanguarda em termos nacionais e internacionais." (contexto de uma vanguarda, em A. de Campos; D. Pignatari; H. de Campos, *Teoria da Poesia Concreta*, p. 210-211.) Deve-se notar, entretanto, que, em 1957, Augusto de Campos já falava do "realismo absoluto" da poesia concreta, na medida em que "a poesia concreta começa por assumir uma responsabilidade total perante a linguagem [...] recusa-se a absorver as palavras como meros veículos indiferentes" (poesia concreta [manifesto], em A. de Campos; D. Pignatari; H. de Campos, *Teoria da Poesia Concreta*, p. 71).

54. O. de Andrade, *A Utopia Antropofágica*, p. 66.

55. A. de Campos; H. de Campos, Poesia Concreta, *Diário Popular*, 22.12.1956. Meus agradecimentos a Augusto de Campos por fornecer essa referência.

56. H. de Campos, Uma Poética de Radicalidade, Prefácio, em O. de Andrade, *Poesias Reunidas*, p. 21-22.

57. Ver "olho por olho a olho nu", em A. de Campos; D. Pignatari; H. de Campos, *Teoria da Poesia Concreta*, p. 73. Ultrapassando em muito os propósitos deste capítulo, deve-se traçar mais distinções relativas à ideia original da poesia concreta e aos diversos significados históricos do termo a partir do contexto internacional. A partir dos anos 1950, a poesia concreta é lançada pelo grupo Noigandres e pelo poeta suíço Eugen Gomringer. "A partir desse gesto intencionalmente internacional", escreve Charles A. Perrone, "surgiu uma prática poética deliberada. Desde por volta de 1960, entretanto, 'concreto' muitas vezes também tem se referido a um grande número de experimentos em página impressa – desenhos tipográficos (geralmente não semânticos), poemas-padrão [...] que não são comparáveis aos textos fundacionais de Gomringer, nem ao que os brasileiros chamaram de 'ideograma verbivocovisual'. A poesia concreta não foi concebida como palavras-desenho figuradas (*figured word-designs*), mas como uma justaposição espaço-temporal do material verbal" (*Seven Faces*, p. 27). Para uma visão geral, ver J. Bandeira e L. de Barros, *Poesia Concreta: O Projeto Verbivocovisual*, p. 13-68; J. Bandeira, Words in Space-Poetry at the National Exhibition of Concrete Art, em L. Mammì; J. Bandeira; A. Stolarski (orgs.), *Concreta '56*, p. 120-189; C.A. Perrone, *Seven Faces*, p. 25-66; H. de Campos, Da Poesia Concreta a Galáxias e Finismundo, *Depoimentos de Oficina*, p. 15-58; R. Camara, *Grafo-Sintaxe Concreta*; C. Clüver, The Noigandres Poets and Concrete Art, *Ciberletras*, v. 17; J. Mendonça, A Poesia Concreta de Augusto de Campos, *Carta Educação*; F. Barbosa, Concretismo: São Paulo na Literatura, *A Poesia de Frederico Barbosa*; e P. Franchetti, *Alguns Aspectos da Teoria da Poesia Concreta*. Para a projeção internacional do projeto concreto, ver os trabalhos de M.E. Solt, A World Look at Concrete Poetry, *Concrete Poetry*; C. Clüver, The "Ruptura" Proclaimed by Brazil's Self-Styled "Vanguardas" of the Fifties, em D. Hopkins

(org.), *Neo-Avant-Garde*; P. Erber, The Word as Object: Concrete Poetry, Ideogram, and the Materialization of Language, *Luso-Brazilian Review*, v. 49, n. 2; idem, *Breaching the Frame*; R. Price, *The Object of the Atlantic*; e a coletânea de artigos em *Poetics Today* (junho de 1982). Para uma edição especial dedicada à poesia concreta brasileira, com artigos de K. David Jackson, Irene Small, Marjorie Perloff, Claus Clüver, Antônio Sérgio Bessa, Willard Bohn e Chris Funkhouser, ver *Sección Especial: Poesía Concreta*, em *Ciberletras*, n. 17. Sobre a poesia "concreta" material, do Renascimento à pós-modernidade, como fenômeno trans-histórico, ver R. Greene, The Concrete Historical, *Harvard Library Bulletin*, v. 3, n. 2. O ensaio de Greene serve como introdução à edição especial do *Harvard Library Bulletin* por ele organizada, intitulada "Material Poetry of the Renaissance / The Renaissance of Material Poetry", e contém uma entrevista com Augusto de Campos, além de ensaios adicionais de Charles A. Perrone, Marjorie Perloff e Kevin Young, bem como uma exposição informativa da poesia material, do Renascimento até o presente. Meus agradecimentos especiais a Roland Greene, por fornecer uma cópia dessa fonte.

58. H. de Campos, nascemorre, em M.E. Solt (ed.), *Concrete Poetry*, p. 103.

59. Para um esboço do conceito de devir e sua relação com a radicalização da linguagem, ver nota 137 no capítulo 1.

60. *Contracomunicação*, p. 125.

61. *Que É a Literatura?*, p. 21-47. Em seu ensaio "Situação Atual da Poesia no Brasil", Pignatari chama de "maldição" (*maldição sartreana*) a proscrição de Sartre do engajamento poético. Em *Invenção: Revista de Arte de Vanguarda*, n. 1, p. 66. Sobre o legado de Sartre na poesia do grupo Noigandres, ver A.J. Shellhorse, Potência Intensiva, em E.J. de Oliveira; David K. Jackson (eds.), *Poesia Crítica Tradução: Haroldo de Campos e a Educação dos Sentidos*, e The Specter of Sartre in Brazilian Concrete Poetry: Paideuma, Affect, Politics, and the Question of World Literature, *Revista Hispánica Moderna*, v. 76. n. 2.

4. A MATÉRIA INTEMPESTIVA DA ANTILITERATURA

1. Todas as citações de *Galáxias* (1963-1976) de Haroldo de Campos foram extraídas da segunda edição, organizada por Trajano Vieira e publicada em São Paulo pela Editora 34 em 2004.

2. H. de Campos, Dois Dedos de Prosa Sobre uma Nova Prosa, *Invenção: Revista de Arte de Vanguarda*, n. 4, p. 112.

3. Para uma descrição do estilo descentrado e global das *Galáxias* ver, em especial, a pioneira

NOTAS

contribuição de Gonzalo Aguilar, *Poesia Concreta Brasileña*, p. 355-370, e A.S. Bessa, Ruptura de Estilo em *Galáxias* de Haroldo de Campos, *Transluminura*, n. 1. Como destaca Aguilar em outros trabalhos ("Haroldo de Campos: La Poesía Como Sabiduría" e "Algumas Proposições para se Pensar a Relação entre Poesia e Política na Poesia Concreta Brasileira"), o problema da política na poesia concreta brasileira tem sido em grande parte ignorado. Interessado no problema dos estilos plurais das *Galáxias*, Bessa, por seu lado, interpreta a apropriação das formas subalternas, nordestinas, de Haroldo de Campos não em termos de subversão, resistência e política, mas em termos de uma "redescoberta do Brasil" intelectual e afetiva: "[a] consideração de Campos desse tipo de literatura, aliás, é ao mesmo tempo afetuosa e intelectualizada. Em certo sentido, ele está 'redescobrindo o Brasil' via Pound" (op. cit., p. 20).

4. G.M. Aguilar, *Poesia Concreta Brasileña*, p. 359, 358.

5. Ibidem, p. 359.

6. G.M. Aguilar, *Poesia Concreta Brasileña*, p. 359; e idem, Some Propositions For Reflection on the Relation Between Poetry and Politics, em J. Bandeira; L. de Barros (orgs.), *Poesia Concreta*, p. 185.

7. G.M. Aguilar, *Poesia Concreta Brasileña*, p. 358.

8. H. de Campos, Dois Dedos de Prosa Sobre uma Nova Prosa, *Invenção: Revista de Arte de Vanguarda*, n. 4, p. 112.

9. Os cinquenta fragmentos de texto que constituem as *Galáxias* não têm paginação. Em razão disso, todas as referências subsequentes, inclusive o fragmento final "fecho encerro" aqui citado, serão indicadas pelo índice dos títulos que aparecem na primeira e segunda edições de *Galáxias*, em 1984 e 2004.

10. M. Perloff, Concrete Prose in the Nineties: Galáxias and After, em K.D. Jackson (ed.), *Haroldo de Campos: A Dialogue With the Brazilian Concrete Poet*, p. 148-152.

11. H. de Campos, Do Epos ao Epifânico, *Metalinguagem e Outras Metas*, p. 273.

12. B. Sarlo, ¿Qué Hacer con las Masas?, *La Batalla de las Ideas (1943-1973)*, p. 15-55.

13. R. Schwarz, Cultura e Política, 1964-1969, *O Pai de Família e Outros Estudos*, p. 69.

14. Ibidem, p. 71.

15. H. de Campos, Dois Dedos de Prosa Sobre uma Nova Prosa, *Invenção: Revista de Arte de Vanguarda*, n. 4, p. 112.

16. Ver D. Pignatari, Situação Atual da Poesia no Brasil, *Invenção: Revista de Arte de Vanguarda*, n. 1.

17. A. Badiou, Avant-Gardes, *The Century*, p. 132, 134.

18. H. de Campos, Dois Dedos de Prosa Sobre uma Nova Prosa, *Invenção: Revista de Arte de Vanguarda*, n. 4, p. 112.

19. A palavra "evêntica" vem de uma das *Galáxias* intitulada, "nudez o papel carcaça". O termo se aproxima, em nossa leitura, do conceito de Alain Badiou, "événementiel", que aparece através da obra do filosofo, e de forma destacada, em *Segundo Manifiesto por la Filosofía*. O termo tem sido traduzido ao espanhol como "acontecimiental" e ao galego como "acontecemental".

20. G. Aguilar, *Poesía Concreta Brasileña*, p. 112.

21. "El poemario en su conjunto", escreve Aguilar, "puede ser leído como la lucha – en el escenario de la página – entre la acción directa y la restringida, entre la búsqueda de un fuera-de-texto y el repliegue hacia sus potencialidades inmanentes." (*Poesía Concreta Brasileña*, p. 359). Aguilar fornece um argumento análogo em um trabalho mais recente (Algumas Proposições para Se Pensar a Relação entre Poesia e Política na Poesia Concreta Brasileira, em J. Bandeira; L. de Barros (orgs.), *Poesia Concreta*, p. 175-192).

22. "Existe, desde el inicio del proyecto, un vaivén entre la historia (épica) y la acción restringida (pero epifánica) que se resuelve a favor de la segunda […]. El gesto evolutivo se combina aquí con una práctica que pone la autonomía de la escritura poética en los límites, aunque finalmente predomine un movimiento de búsqueda de lo epifánico en la escritura poética. Este repliegue hacia lo epifánico (a la luz autónoma que irradia un texto) es la otra cara de la frustración de la salida política. Entre 1963 y 1976, años en que se escriben estos poemas en prosa, la derrota de los movimientos progresistas y el endurecimiento de la dictadura militar en el Brasil frustran esas 'insinuaciones épicas' o 'utópicas'" (*Poesía Concreta Brasileña*, p. 359).

23. "En esta constelación lingüística del pensamiento, la poesía aporta todos los recursos de su materialidad y adquiere hasta cierto valor paradójico al desacralizar los textos canónicos a la vez que *sacraliza el trabajo poético*. Es por eso que el *paraíso* haroldiano se nutre de la poesía de Dante como presencia configuradora de sentido paradísico o epifánico. Sin embargo, *este paraíso* no es una realidad transcendente sino una iluminación inmanente que surge en el momento en que lengua y pensamiento devienen galaxia, constelación […]. El trabajo poético agrupa sus materiales (discursos, libros, mente) y los relaciona

abriendo en su inmanencia *el paradiso del poema*." (*Poesía Concreta Brasileña*, p. 366-367, itálicos acrescentados, exceto em "paraíso".)

24. A. Badiou, *Second manifeste de la philosophie*, p. 80, 82. Badiou delineia as características de um acontecimento: "reflexividade (o local se pertence a si mesmo, ao menos fugazmente, de tal forma que seu ser-múltiplo vem 'em pessoa' à superfície de seu aparecer); intensidade (existe maximamente); potência (seu efeito se estende a uma completa elevação do inexistente, do valor mínimo ou nulo ao valor máximo: 'Não somos nada hoje, sejamos todos', como se canta em *L'Internacionale*)".

25. Ibidem, p. 80.

26. Ibidem, p. 79.

27. Em 1992, Haroldo produzirá um CD com dezesseis leituras "galácticas", nas quais sua voz é acompanhada por Alberto Marsicano tocando a cítara. Na nota explicativa do disco, ele fala da qualidade musical de seus textos galácticos (*meu texto-partitura*) e cita como sua inspiração a "mobilidade" dos ragas indianos, onde o acaso é controlado por meio de "estruturas de repetição" (*Galáxias* 119). As *Galáxias* foram projetadas como espaço tanto para execução oral quanto para leitura permutável.

28. Sobre a ideia da concreção poética, Haroldo afirma: "[m]udei do problema limitado da poesia concreta para o problema maior da concreção na linguagem. O poeta, em minha opinião, tem que lidar com a face concreta da linguagem, a materialidade do significante [...]. Cada poeta é por natureza um poeta concreto [...] desde seu início, a poesia vem lidando com a concreção [...] o ponto é a materialidade da linguagem, as paronomásias, todos os elementos da função poética". (M. Perloff, Brazilian Concrete Poetry, em K.D. Jackson (ed.), op. cit., p. 168.)

29. *Posthegemony: Political Theory and Latin America*, p. xiii.

30. Ibidem, p. x.

31. Ibidem, p. xi.

32. Ibidem.

33. T.W. Adorno, *Aesthetic Theory*, p. 134.

34. Ibidem, p. 135.

35. T.W. Adorno; M. Horkheimer, *Dialectic of Enlightenment*, p. xiii-xiv.

36. Ibidem, p. 25.

37. Ibidem, p. 7.

38. Ibidem, p. 24, 27.

39. Referente ao conceito de devir e ao meio radicalizado, ver nota 137 no capítulo 1.

40. J.A. Read, Obverse Colonization, *Journal of Latin American Cultural Studies*, v. 15, n. 3, p. 293.

41. Ibidem, p. 295.

42. *The Other Side of the Popular*, p. 11.

43. No apêndice explicativo da antologia *Concrete Poetry: A World View* (1967), Augusto de Campos descreve seu poema "sem um número" nos seguintes termos: "[p]oema de protesto social sobre o trabalhador rural brasileiro" (p. 254).

44. O projeto, *Violão da Rua*, foi desenvolvido em colaboração com Moacyr Félix e Geir Campos.

45. M. Félix, Nota Introdutória, em Á.V. Pinto; Ê. Silveira (orgs.), *Violão da Rua II*, p. 10.

46. Que Fazer, em ibidem, p. 41.

47. A Bomba, em ibidem, p. 43-45.

48. João Boa Morte, em Á.V. Pinto; Ê. Silveira (orgs.), *Violão da Rua I*, p. 34-35.

49. "Eu mesmo", afirma Haroldo de Campos, "desde o tempo em que eu era muito jovem, sempre fui pelo socialismo, mas por um socialismo democrático. Sempre fui contra o stalinismo. Nós, como grupo, acreditávamos no socialismo e, por isso, éramos atacados pelos poetas brasileiros ligados ao realismo social, que nos chamavam de 'formalistas'. Mesmo quando nossa posição pública era claramente definida como uma posição de esquerda." (Apud M. Perloff, Brazilian Concrete Poetry, em K.D. Jackson (ed.), op. cit., p. 177).

50. A. de Campos, Da Antiode à Antilira, *Poesia Antipoesia Antropofagia & Cia*, p. 63.

51. Inter-American Obversals, *Xul: Revista de Poesia, 5 +5*. Disponível em: <www.bc.edu/research/xul/5+5/greene.htm>.

52. Haroldo de Campos gostava de falar de sua "redescoberta do Brasil" ao retornar da Europa em 1959. (*A Educação dos Cinco Sentidos*, p. 113-114.) Seu retorno ao Brasil começa com uma visita ao Nordeste (Recife, Salvador), onde ele conhece João Cabral de Melo Neto, que pouco tempo antes havia composto *Morte e Vida Severina: Auto de Natal Pernambucano* (1954-1955), sua própria homenagem politicamente carregada ao cantador nordestino. Sobre a crise da poesia e da representação em *Morte e Vida Severina*, ver A.J. Shellhorse, The Explosion of the Letter, *Luso-Brazilian Review*, v. 50, n. 1.

53. Sobre a homenagem de Haroldo de Campos ao cantador nordestino, Antonio Sérgio Bessa relata: "Acredita-se que a tradição dos trovadores, ou menestréis, no Nordeste brasileiro tem suas raízes na tradição provençal por meio de Portugal e do poeta-rei dom Diniz, com suas cantigas de

NOTAS 251

amigo e de amor. Tal como os seus homólogos europeus na Idade Média, os trovadores brasileiros são artistas itinerantes, muito admirados e respeitados pelas comunidades, as quais garantem a sua sobrevivência. […] O trecho citado originalmente por Haroldo parece ter sido escrito no estilo popular da *sextilha*, um verso composto de seis linhas de sete sílabas cada. O próprio poeta emula o cantador naquelas partes do texto que apresentam um fluxo livre de rimas internas. Mas, embora ele mencione um estilo específico – o *martelo agalopado*, em homenagem a seu inventor, Jaime de Martelo, na segunda metade século XVII –, seu estilo livre se aproxima do *mourão*, o estilo de escolha durante um *desafio*, ou um duelo entre dois cantadores, pela sua possibilidade de jogo de palavras. (A.S. Bessa, Ruptura de Estilo em *Galáxias* de Haroldo de Campos, *Transluminura*, n. 1, p. 27). Para uma introdução e tradução para o inglês de "circuladô de fulô", ver A.S. Bessa, "Circuladô". Para um volume com quase cem poemas e vários ensaios fundamentais soberbamente traduzidos para o inglês, ver H. de Campos, *Novas: Selected Writings*.

54. G. Williams, *The Other Side of the Popular*, p. 15.

55. Ver a entrevista de Deleuze a Claire Parnet em *Gilles Deleuze from A to Z*.

56. Haroldo de Campos afirma: "Hoje estou fazendo poesia, como bem diz Octavio Paz, não do futuro, mas do presente, e essa poesia tem a possibilidade de todos os instrumentos da modernidade e tem que selecionar o que fazer num momento preciso. Não há programa para a poesia. Nós tínhamos no passado o plano-piloto da poesia concreta. Estávamos programando o futuro. Agora, não é possível programar o futuro,

então estou escrevendo uma poesia que lida com as possibilidades da modernidade, não de forma programática, mas crítica. Estou tentando preservar o que permanece do pensamento utópico, mas agora do ponto de vista crítico." (M. Perloff, Brazilian Concrete Poetry, em K.D. Jackson (ed.), op. cit., p. 169.)

57. J. Derrida, *Specters of Marx*, p. 168.

58. Idem, *Positions*, p. 87

59. Ibidem, p. 88

60. H. de Campos, Tradição, Transcriação, Transculturação: O Ponto de Vista do Ex-Cêntrico, em M. Tápia; Th. Médici Nóbrega (orgs.), *Haroldo de Campos: Transcriação*, p. 197-198.

61. P. Cheah, Nondialectical Materialism, *Diacritics*, v. 38, n. 1-2, p. 146.

62. Idem, Obscure Gifts, *Differences: A Journal of Feminist Cultural Studies*, v. 16, n. 3, p. 42.

63. J. Derrida, *Donner le temps*, p. 17.

64. P. Cheah, Nondialectical Materialism, *Diacritics*, v. 38, n. 1-2, p. 146.

65. Devo a muito apropriada expressão "força da materialidade" a Pheng Cheah. (P. Cheah, Nondialectical Materialism, *Diacritics*, v. 38, n. 1-2, p. 156.) Para uma discussão mais aprofundada, ver a análise incisiva de Cheah sobre a dom em Derrida. (Idem, Obscure Gifts, *Differences: A Journal of Feminist Cultural Studies*, v. 16, n. 3.)

66. J. Derrida, *Voyous: Deux essais sur la raison*, p. 123.

67. H. de Campos, nudez, *Galáxias*.

68. Idem, vista dall'interno, *Galáxias*.

69. Idem, principiava a encadear-se um epos, *Galáxias*.

70. Para uma descrição do conceito de agenciamento, que entende o texto como acontecimento polifônico e expansivo da escritura, ver nota 138 no capítulo 1. Ver também nota 10 no capítulo 3.

5. AS ANTINOMIAS DA ANTILITERATURA

1. S. Sarduy, Rumo à Concretude, em H. de Campos, *Signantia: Quasi Coelum*, p. 120.

2. G. Deleuze, *Le Pli*, p. 50.

3. Ibidem, p. 169.

4. Ibidem, p. 121.

5. A. Spatola, *Toward Total Poetry*, p. 94-95.

6. H. de Campos, multitudinous seas, *Galáxias*.

7. Idem, a obra de arte aberta, em A. de Campos; D. Pignatari; H. de Campos, *Teoria da Poesia Concreta*, p. 53.

8. Idem, *O Sequestro do Barroco na Formação da Literatura*, p. 40, 41, 34, 76.

9. Num icônico texto-manifesto, Haroldo escreve: "a POESIA CONCRETA é a linguagem adequada

à mente criativa contemporânea […] TENSÃO para um novo mundo de forma / VETOR / para / o / FUTURO". (olho por olho a olho nu, em A. de Campos; D. Pignatari; H. de Campos, *Teoria da Poesia Concreta*, p. 76.)

10. Desde o início, Lins detectava a tendência dos críticos a interpretar sua obra como espiritualista. Ele veementemente advertia contra isso. Pondo em destaque a mediação da subalternidade em seus escritos, Lins escreve: "Eu não pretendi colocar Joana Carolina lutando contra 'as adversidades da vida', mas contra as adversidades de uma estrutura cruel, que ignora os pobres, inteiramente desprotegidos. O ritmo

que rege o mistério final, a presença dos 'ninguéns' que a conduzem são uma prova disso" (O. Lins, Cartas a Sandra Nitrini, 25 março de 1975). Sobre a pobreza estrutural profundamente enraizada no Nordeste brasileiro, bem como a prevalência do catolicismo popular e do messianismo na época da composição do "Retábulo", ver S.A. Gross, Religious Sectarianism in the Sertão of Northeast Brazil 1815-1966, *Journal of Inter-American Studies*, v. 10, n. 3. Menciono isso porque os pobres e os trabalhadores rurais brasileiros, inclusive Joana Carolina, "os ninguéns", muito longe da formulação espiritualista de Lins, constituem algo próximo ao tema do "Retábulo". Analisando a situação em 1968, Gross escreve: "[a]lém da religião não havia lá quase nada de natureza cultural que os pobres da zona rural pudessem compartilhar entre si. A educação era praticamente inexistente. Ainda em 1950, 74% da população com mais de cinco anos de idade, inclusive os que pertenciam à região costeira mais próspera, eram analfabetos. Até recentemente, o sertão era uma das regiões mais isoladas do Brasil. As estradas, que podiam ser transitadas em todos os climas, ligando o sertão com a região costeira, somente seriam construídas após a Segunda Guerra Mundial [...]. O sistema de dependência dos clãs familiares era a única instituição secular de alguma importância para o habitante rural, sendo que o rico proprietário de terras era o protetor dos pobres da região rural na medida em que isso servia a seus interesses. O abismo social e econômico separava a oligarquia rural das massas rurais. Sob essas condições, não é de surpreender que os 'movimentos de revitalização' no sertão assumissem a forma religiosa" (p. 381-382). Em relação às condições de subalternidade, basta lembrar a importância dos clãs familiares de proprietários de terras no "Retábulo" como agentes da violência e do emprego. E podemos lembrar ainda, no "Sexto Mistério", o fazendeiro intrigado com a decisão de seu pai de levar uma professora para a fazenda, isto é, Joana Carolina, que se tornará professora-santa dos pobres: "[b]obagem de meu pai, coisas de velho, aceitar professora em nossas terras. Para ensinar a esses desgraçados?" (O. Lins, Retábulo de Santa Joana Carolina, *Nove, Novena*, p. 85.) A mãe de Joana Carolina vai descrever seu povo sob condições estritamente subalternas – como despojado de propriedade e de letras: "[é]ramos gente sem posse, de poucas letras" (Retábulo de

Santa Joana Carolina, p. 80). Casos de violência e exploração, bem como de abuso verbal, físico e psicológico, inclusive racismo beligerante, estão disseminados na obra.

11. Sobre a relação entre a pintura e a poética em Lins, ver S. Nitrini, *Transfigurações*, p. 161-177.

12. Osman Lins, assim como Clarice Lispector e os poetas concretos, há muito tem sido visto pelas lentes do formalismo, em detrimento quase completo de suas preocupações políticas explícitas. Ver P. Armstrong, *The Brazilian Novel*, em E. Kristal (ed.), *The Latin American Novel*.

13. Carta a Haroldo de Campos, 4 de outubro de 1974.

14. H. de Campos, "Haroldo de Campos", *Textura*, n. 3, p. 16.

15. O. Lins, *Avalovara*, p. 13.

16. *A Thousand Plateaus*, p. 15-25; *Mil Platôs*, p. 24-36.

17. Sobre esse ponto, Charles A. Perrone observa: "[a]s salvas iniciais [do 'plano-piloto para poesia concreta'] são provavelmente os dois pontos mais sensíveis, pois não consideram a poesia per se, mas são colocadas em termos históricos mais amplos. Esses pontos são a afirmação da poesia concreta como 'produto de uma evolução orgânica de formas literárias' e da suposição da morte do verso [...]. [Contudo,] a poesia concreta não foi o produto da evolução natural, mas sim uma *aventura planificada* de invenção projetada. As elaborações deliberadas do grupo Noigandres foram uma intervenção sincrônica que por si só não justifica suas afirmações diacrônicas" (*Seven Faces*, p. 47).

18. Poesia e Modernidade, *O Arco-Íris Branco*, p. 266-267.

19. Ibidem, p. 266.

20. R. Barthes, *S/Z*, p. 4.

21. G. Deleuze; C. Parnet, *Dialogues*, p. 97.

22. R. Barthes, *S/Z*, p. 4-15.

23. J. Beverley, *Against Literature*, p. 5.

24. Ver também a intervenção de Augusto de Campos sobre esse tema em "Do Concreto ao Digital" e a entrevista de Décio Pignatari em *A Cultura Pós-Nacionalista*. Pignatari observa: "[o] que se conhece melhor da poesia concreta é, particularmente, esse momento da ortodoxia. Depois disso, muitas outras coisas se foram desenvolvendo. A poesia concreta não se fixou em uma simples questão da ortodoxia, de simplesmente defender palavras no espaço, não" (p. 115). Agradecimentos especiais a Augusto de Campos por fornecer uma cópia desse primeiro texto.

25. Rejeitando a ideia de que teria se inspirado sobretudo no *nouveau roman* francês e destacando

NOTAS

uma preocupação política fundamental no centro de sua "formação intelectual", em uma carta a Sandra Nitrini datada de 25 de março de 1975, Lins escreve: "[a]cresce que, com as minhas leituras, não deixei de ser um primitivo. Sou um primitivo, um homem ligado ao mundo e aos mitos. Grillet, Sarraute etc. são intelectuais. São 'homens de letras'. Eu tenho letras. Mas sou apenas um homem, encravado, além disso, no mundo subdesenvolvido, com todos os seus dramas. A diferença é fundamental e deve ser levada em conta, sob pena de a sua visão do problema ficar prejudicada". O. Lins, Cartas a Sandra Nitrini, 25 março de 1975.

26. Traçando uma conexão inesperada com a poesia concreta brasileira, numa importante entrevista, Lins vai comparar sua preocupação com a perspectiva não-linear e não-fixa dos escritos de Mallarmé e Apollinaire: "[e]u veria o início desta visão da literatura nos poetas, no Apollinaire, no Mallarmé. Principalmente no Apollinaire, a gente vê os caligramas que dão uma visão aperspectíva do mundo e mesmo da palavra" (O. Lins, Evangelho na Taba, p. 214). É evidente que os poetas concretos pensavam menos em Apollinaire que em Mallarmé. No entanto, eles sempre reconheceram a importância da máxima de Apollinaire: "[i]l faut que notre intelligence s'habitue à comprendre synthético-ideographiquement" (é necessário que nossa inteligência se habitue a compreender de forma sintético-ideográfica) (Apollinaire, apud A. de Campos; D. Pignatari; H. de Campos, "plano-piloto para poesia concreta", Teoria da Poesia Concreta, p. 215). A citação vem de Le Guetteur mélancolique (1952), de G. Apollinaire: "[r]évolution: parce qu'il faut que notre intelligence s'habitue à comprendre synthético-idéographiquement au lieu de analytico-discursivement". (Devant l'idéogramme d'Apollinaire, Le Guetteur mélancolique, p. 144.)

27. Posthegemony: Political Theory and Latin America, p. 6.

28. O. Lins, Evangelho na Taba, p. 242.

29. Sobre a centralidade do barroco nos estudos latino-americanos e no hispanismo, ver J. Beverley, On the Spanish Literary Baroque, Against Literature e Baroque Historicism, Then and Now, Revista de Estudios Hispánicos, v. 33, n. 1; M. Moraña, Barroco y Transculturación, Crítica Impura e Baroque/Neobaroque/Ultrabaroque, em M. Moraña (ed.), Ideologies of Hispanism; e A. Moreiras, Mules and Snakes, em M. Moraña (ed.), Ideologies of Hispanism. Com respeito ao barroco e aos escritores do Boom, ver S. Sarduy, El Barroco y el Neobarroco, em C.F. Moreno (intr. e coord.), América Latina em Sua Literatura. Ver também o ensaio filosófico de Severo Sarduy, Barroco.

30. Carlos Fuentes escreveu em 1969 que "[r]adical ante seu próprio passado, o novo escritor latino-americano empreende uma revisão a partir de uma evidência: a falta de uma linguagem" (La Nueva Narrativa Hispanoamericana, p. 30). Assim, Fuentes inscreve uma problemática de dimensões continentais e um discurso da identidade que privilegia o novo romance do Boom como precursor de uma linguagem e consciência revolucionária e "autêntica". (Ibidem.)

31. Durante os anos 1960, a "novela de la tierra" foi lida sobretudo através de uma óptica dos estágios e foi considerada obsoleta em termos de estilo. Nessa visão, a forma do romance teve que "desenvolver" uma nova linguagem, de estilo "mais universal", enquanto o Estado-nação avançava teleologicamente rumo a uma forma mais "universal", a partir de um estado de dependência e atraso econômico. Segundo Fuentes, "la novela tradicional aparece como una forma estática dentro de una sociedad estática". (Ibidem, p. 14.) Para um reexame do legado da novela de la tierra, ver C. Alonso, Spanish American Regional Novel.

32. Ver N. Lindstrom, Autonomy and Dependency, The Social Consciousness of Latin American Writing, para um exame perspicaz desse tópico. Sobre a Guerra Fria cultural na América Latina, ver o excelente J. Franco, The Decline and Fall of the Lettered City. Ver também D. Sorensen, A Turbulent Decade Remembered.

33. A. Rama, Transculturación Narrativa en América Latina, p. 19. Com relação ao problema do mercado internacional, uma leitura abrangente das atividades e funções do romancista do Boom pode ser encontrada na antologia crítica de Ángel Rama, Más Allá del Boom. As chamadas "autenticidade" e "autonomia" alcançadas pela literatura foram com frequência justapostas e contrastadas com a "falsidade" da linguagem da cultura de consumo.

34. C. Fuentes, op. cit., p. 97-98.

35. "Que a literatura de nossos dias esteja fascinada pelo ser da linguagem", escreve Michel Foucault em 1966, "– não é nem um signo do fim, nem uma prova de radicalização: é um fenômeno que enraíza sua necessidade em uma configuração muito vasta, na qual se desenha toda nervura de nosso pensamento e nosso saber." (The Order of Things, p. 383; Les Mots et les choses, p. 394).

36. Ver B. Sarlo, ¿Qué Hacer Con las Masas?, *La Batalla de las Ideas (1943-1973)*. Embora o estudo de Beatriz Sarlo aborde a Argentina, o mapeamento discursivo que ela faz da função do discurso intelectual e político pode ser justaposto ao caso do Brasil, bem como à estrutura geral de sentimento nos anos 1960 na América Latina. O exame da função do escritor na sociedade, de acordo com Sarlo, se torna progressivamente um discurso da transformação: "la cuestión pasaba por dos nudos: construir un intelectual que se convirtiera en sujeto material, corporal, de lo político, por una parte; evitar la oscilación de clase de los intelectuales para que, como bloque, se ubicaran definitivamente junto al proletariado". (*La Batalla de las Ideas [1943-1973]*, p. 142-143.) Ver também C. Gilman, *Entre la Pluma y el Fusil*.

37. Ver B. Levinson, The Ends of Literature as a Neoliberal Act, *The Ends of Literature*.

38. De acordo com Adria Frizzi, "[s]urpreendentemente, pouco ou nada tem sido escrito sobre Lins em relação a outros autores ou movimentos fora das letras brasileiras. Estão ausentes, em sua maior parte, as referências ao número vasto e diversificado de escritores latino-americanos com frequência agrupados sob o título de *literatura do boom* [...]. Esse problema da exclusão é comum à maioria dos autores brasileiros, cujo trabalho raramente é incluído no contexto da literatura latino-americana" (Osman Lins: An Introduction, *Review of Contemporary Fiction*, v. 15, n. 3, p. 156). Para um contraponto recente, ver G. Cariello, *Jorge Luis Borges y Osman Lins: Poética de la Lectura*.

39. Osman Lins, carta a Maryvonne Lapouge, de 11 de agosto de 1969. Agradecimentos especiais a Ângela Lins, Litânia Lins, Letícia Lins, Ermelinda Ferreira, Sandra Nitrini, Adria Frizzi, Cláudio Vitena e Leonardo Cunha por sua inestimável ajuda em minha pesquisa.

40. O. Lins, *Guerra Sem Testemunhas*, p. 213.

41. S. Nitrini, *Poéticas em Confronto*, p. 268-269. De acordo com Adria Frizzi, "a poética de Lins como veiculada em *Nove, Novena* constitui a base de toda sua obra subsequente e explica o modo como inovações formais servem a seu projeto complexo: retornar-nos ao mítico por meio dos discursos da cultura e das artes humanas"

42. A noção de heterotopia, que interpreto, no ornato de Lins, como um procedimento radical de desontologização textual que "det[ém]

as palavras em suas trilhas" e "contest[a] a própria possibilidade da gramática em sua origem", é extraída da leitura de Michel Foucault de "La Enciclopedia China", de Borges (M. Foucault, op. cit., p. xv-xxiv). Dessa forma, divirjo da interpretação dialética de Frizzi da fragmentação narrativa em Lins. Se, para Frizzi, "a fragmentação do discurso reflete o caos do mundo e a organização geométrica, a ordem cósmica que pode ser alcançada através da arte", minha interpretação da fragmentação e da heterotopia gira em torno das formas pelas quais o texto de Lins delineia e põe em suspenso suas dimensões referenciais e miméticas em relação à cisão epistemológica do subalterno. (A. Frizzi, Introduction, em O. Lins, *Nine, Novena*, p. 17.)

43. Embora os críticos tenham mapeado amplamente a dimensão metaliterária das narrativas ornamentais de Osman Lins, há pouca ou nenhuma discussão das formas pelas quais suas narrativas lidam com a cisão epistemológica. Para uma leitura do metaliterário, entendido como uma tensão perene entre a narração da história e o tornar-se literário do discurso em Lins, ver S. Nitrini, *Poéticas em Confronto*, p. 71-200.

44. A crítica corretamente aponta as características universais, míticas e "cosmológicas" do estilo de escritura de Lins. Lins promovia ativamente essa visão em entrevistas e ensaios: "[s]e há alguma coisa de que é necessário o leitor estar consciente diante de um texto meu é de que eu não estou aspirando a dar uma visão apenas do homem brasileiro. Estou ligado ao meu país, ligado aos meus irmãos de infortúnio, mas o que procuro dar nos meus textos não é uma visão exclusiva do homem brasileiro, ou do Brasil, mas do cosmos". (*Evangelho na Taba*, p. 218.) Poucos, no entanto, têm discutido sua política popular nacional ou o empenho que ele dedicou à promoção da literatura, tanto nacionalmente quanto no exterior, em suas entrevistas, correspondência, ensaios, roteiros de televisão e artigos de jornal. De forma análoga, Lins foi ativamente promovido pela indústria cultural brasileira como uma figura nacional que alcançara sucesso internacional, em suplementos de revistas e jornais, como *Veja*, *Opinião* e *O Estado de S. Paulo*, bem como TV Globo. Por exemplo, em 1976, a revista brasileira *Gente* relatava: "Aos cinquenta e dois anos, depois de trinta vivendo para a literatura, o pernambucano Osman Lins entra de sócio no clube mais fechado do Brasil: o dos escritores que vivem

NOTAS 255

da literatura. Entrevistas com ele passam a ser constantes, e sempre transcorrem naturalmente, quase em tom de bate-papo." (Apud *Evangelho na Taba*, p. 201.) Para uma discussão sobre as publicações de Lins no exterior, ver J. Godoy Ladeira, Osman Lins: Crossing Frontiers, *Review of Contemporary Fiction*, v. 15, n. 3, p. 186-195.

45. O. Lins, *Guerra Sem Testemunhas*, p. 111, 216.

46. Modernization and Mourning in the Spanish American Boom, *The Untimely Present*, p. 31.

47. Ibidem, p. 30-31.

48. Ibidem, p. 32.

49. Ibidem, p. 30.

50. Ibidem, p. 34.

51. J. Beverley, *Subalternity and Representation*, p. 19.

52. Latin American Subaltern Studies Group, "Founding Statement", em J. Beverley; J. Oviedo; M. Aronna (eds.), *The Postmodernism Debate in Latin America*, p. 142.

53. Ibidem, p. 143. De acordo com José Rabasa, pode-se dizer que a força da reflexão subalternista reside em fornecer "elementos de autocrítica" para as modalidades ocidentais do discurso, inclusive a historiografia e a literatura (Elsewheres: Radical Relativism and the Frontiers of Empire, *Qui Parle*, v. 16, n. 1, p. 75). Em consequência, se o subalterno pode ser pensado como "um alhures vazio de características positivas", ele fornece uma mediação vigorosa e refrativa do discurso literário tradicional na América Latina e suas armadilhas. (Ibidem, p. 74.)

54. Latin American Subaltern Studies Group, "Founding Statement", em J. Beverley; J. Oviedo; M. Aronna (eds.), op. cit., p. 144.

55. A respeito da importância da autorreflexividade na abordagem da problemática do subalterno, Ileana Rodríguez escreve: "[o]utro objetivo [dos estudos subalternos latino-americanos] é reconhecer que na história e na cultura dos 'Outros das sociedades' podemos encontrar, paradoxalmente, novas maneiras de abordar alguns dos enigmas criados pela incapacidade da cultura burguesa de *pensar sobre suas próprias condições de produção discursiva*" (Reading Subalterns Across Texts, Disciplines, and Theories, em I. Rodríguez (ed.), *The Latin American Subaltern Studies Reader*, p. 9, itálico nosso). Estou postulando que o metaliterário e o mapeamento da subalternidade nos textos ornamentais de Lins não apenas chamam a atenção para o artefato literário, mas, em contrapartida, envolvem o leitor numa posição autorreflexiva de mediar

o subalterno como problema e não como objeto. Para uma reflexão mais ampla sobre o escopo do Grupo Latino-Americano de Estudos Subalternos, ver John Beverley, Writing in Reverse, em A. del Sarto; A. Ríos; A. Trigo (eds.), *The Latin American Cultural Studies Reader*. No ensaio, Beverley escreve longamente sobre a divergência produtiva das abordagens teóricas no Grupo Latino-Americano de Estudos Subalternos e sobre o próprio funcionamento do grupo "como um fórum de discussões em torno de uma preocupação em comum" (p. 624).

56. *The Exhaustion of Difference*, p. 182, 13.

57. Para um magnífico estudo sobre a talvez mais famosa obra "literária" brasileira voltada para o Nordeste e o problema de escrever, ver A.M.C. Johnson, *Sentencing Canudos*.

58. O. Lins, Retábulo de Santa Joana Carolina, *Nove, Novena*, p. 72.

59. Sobre o isolamento e a falta de toda cultura compartilhada, exceto pela religião, ver S.A. Gross, Religious Sectarianism in the Sertão of Northeast Brazil 1815-1966, *Journal of Inter-American Studies*, v. 10, n. 3, p. 381, como citado anteriormente na nota 439. Como indica Gross, "poucas noções de reforma social, ou mesmo progresso, poderiam ter atravessado as barreiras do isolamento [...] para influenciar o pensamento dos sertanejos". (Ibidem.)

60. Sobre a *Revista Civilização Brasileira*, como veículo de resistência, ver, em particular, o artigo de Rodrigo Czajka, A Revista Civilização Brasileira: Projeto Editorial e Resistência Cultural 1965-1968, *Revista de Sociologia e Política V, v.* 18, n. 35.

61. Agradecimentos especiais a Erica O'Brien Gerbino por sua brilhante descoberta do intertexto *cantiga* em Lins.

62. Em carta a Maryvonne Lapouge, datada de 4 de maio de 1969, Lins descreve a iluminação do Nono Mistério como evocativa de Picasso e Chagall. Além disso, ele acrescenta que os demais "são concebidos à maneira de alguns mestres medievais e mesmo da Renascença, quando víamos, ao mesmo tempo e num só quadro, o mesmo personagem em várias situações".

63. O. Lins, Retábulo de Santa Joana Carolina, *Nove, Novena*, p. 72. (Itálico nosso.)

64. Ibidem, p. 88.

65. Ibidem, p. 114.

66. De acordo com Candace Slater, a divisão ornamental do texto de Lins "lembra tais sequências como os signos do zodíaco e os meses do ano" e "a narrativa, embora não rigorosamente

cronológica, registra a passagem da protagonista Joana Carolina da infância, passando pelo casamento e a maternidade, até a velhice e a morte", de modo que "a história é com isso unificada por meio dela". (A Play of Voices, *Hispanic Review*, v. 49, n. 3 p. 290.)

67. O conceito de "violência" não está sendo retomado aqui num sentido meramente descritivo. Sobre a violência, escreveu Lins: "[s]e vocês leram com determinada atenção, vamos dizer, 'Retábulo de Santa Joana Carolina', vão ver que se trata de um texto repassado de violência [...] vão ver que a luta da figura central, Joana Carolina, já não é contra um determinado indivíduo, é contra o mundo. É contra a terra onde ela vive, é contra o seu país". (*Evangelho na Taba*, p. 220.) Assim, seguindo Nancy Scheper-Hughes, o termo será empregado para designar a "violência cotidiana" mais explícita da economia política no Nordeste brasileiro, com suas "muitas estruturas tradicionais e semifeudais, inclusive seu legado de caciques políticos locais (os coronéis), gerado por uma classe agrária latifundiária de poderosos proprietários de fazendas e seus muitos dependentes". (Ibidem.) Por outro lado, o termo também vai se referir, seguindo José Rabasa, à "economia escritural" associada à *violência simbólica*: "a escritura envolve estruturas de poder: a escritura como memória da subordinação, como registro do roubo, como apagamento da cultura, como o processo de territorialização". (*Writing Violence on the Northern Frontier*, p. 14.)

68. Ana Luiza Andrade mostra que os quadros no "Retábulo" servem como índices temporais simbólicos de mediação entre o passado e a modernidade: "os *tableaux* colocam-se no limiar entre a recordação do passado agrícola e arcaico da vida nordestina do engenho colonial, e a percepção de um olhar presente, urbano e moderno. Desdobrado este limiar, os espaços sociais divididos entre o erudito e o popular se interrompem para dar lugar ao espaço democrático de 'massa'". (Reciclando o Engenho, em H. Almeida (org.), *Osman Lins: O Sopro na Argila*, p. 96.) Em consequência, os quadros tradicionais "auráticos" da Igreja recebem nova função: a multidão de pobres e os sertões áridos do Nordeste brasileiro são seu tema.

69. *Novo Dicionário Aurélio*, p. 1419.

70. Ver o importante *Thresholds of Illiteracy*, de Acosta, em particular, p. 1-25 e 73-76. Como forma de análise e conceito, Acosta vai afirmar que "a

iletralidade designa uma semiose irredutivelmente ambígua" (p. 9). Nesse sentido, ele afirma: "uso o termo para expressar a condição de excesso semiológico e ingovernabilidade que emerge do abalo crítico do campo de inteligibilidade dentro do qual modos de leitura tradicionais e resistentes são definidos e posicionados" (p. 9).

71. De acordo com a leitura do ornato em Lins feita por Ana Luiza Andrade, "há um deliberado e constante retorno às artes plásticas [porque] [...] Osman Lins busca uma refuncionalização dos meios de produção entre as artes plásticas e as indústrias a fim de problematizar as relações entre arte e mercadoria" (op. cit., p. 81).

72. Por essa razão, Lins vai enfatizar o caráter antirrepresentacional e montagem (*assemblage*) de sua obra. Por exemplo, ao explicar a prevalência quase exclusiva da narrativa na primeira pessoa em *Nove, Novena*, ele escreve: "[o] EU que busco é de outra natureza. É um instrumento para a conjugação dos verbos, as articulações de frase, o agenciamento do texto. Existe como pronome, mas um pronome falso, ilegítimo, pois não está em lugar do nome" (carta a S. Nitrini, 28 de abril de 1975).

73. O. Lins, Retable of Saint Joana Carolina, *Nine, Novena*, p. 161.

74. O. Lins, Retábulo de Santa Joana Carolina, *Nove, Novena*, p. 112.

75. Ibidem.

76. Ibidem, p. 109.

77. Ibidem, p. 113.

78. Ibidem, p. 109.

79. Ibidem, p. 112.

80. Ibidem, p. 110.

81. Ibidem.

82. Ibidem, p. 112.

83. Ibidem, p. 110.

84. Ibidem, p. 111-112.

85. Ibidem, p. 111, 113.

86. Ibidem, p. 113.

87. Ibidem.

88. Ibidem, p. 111.

89. Ver J. Rancière, Is There a Deleuzian Aesthetics?, *Qui Parle*, v. 14, n. 2. A hipótese central de Rancière relativa ao conceito de arte em Deleuze, sobretudo em seu livro sobre Francis Bacon e sua tese em *O Que É Filosofia?*, é que a arte é um modo de ser que promove uma experiência sensorial que excede os esquemas discursivos da representação política e jurídica, de teor normativo, que estruturam a experiência: "[a] estética nasce como um modo de pensamento

NOTAS 257

quando a obra de arte é colocada sob a categoria de uma forma do sensível maior e heterogênea a ela [...]. A estética é o modo de pensar que submete a consideração das obras de arte à ideia dessa potência heterogênea, a potência do espírito como uma chama que tanto ilumina quanto incendeia tudo". (J. Rancière, op. cit., p. 10.) O conceito e a experiência da estética como "modo de pensar", em Rancière, se opõem aos discursos da ciência e à administração legalista e política da sociedade.

90. *The Exhaustion of Difference*, p. 170.

91. Ibidem.

92. Ver C. Slater, A Play of Voices, *Hispanic Review*, v. 49, n. 3. Ver também M.B. Soares, O Retábulo de Santa Joana Carolina, H. Almeida (org.), *Osman Lins: O Sopro na Argila*.

93. Uma outra forma de interpretar a estrutura do "mistério" no "Retábulo", evidentemente, é através da lente dos milagres de Joana Carolina. Segundo Ana Luiza Andrade, "os atos transcendentes de Joana Carolina são poeticamente enquadrados por alusões aos signos do zodíaco, já que sua vida espiritual é um elemento ativo de um cosmo transformador à medida que ela realiza milagres terra-a-terra para superar a adversidade". (Nine, Novena's Novelty, *Review of Contemporary Fiction*, v. 15, n. 3, p. 206.)

94. Com relação aos indicadores narrativos ornamentais, Álvaro Manuel Machado afirma que eles sugerem a "nostalgia por uma linguagem primordial". (Osman Lins e a Nova Cosmogonia Latino-Americana, *Colóquio/Letras*, n. 33, p. 32.)

95. Assim como Joana Carolina nunca é a narradora da história, ela também é uma das únicas personagens em "Retábulo" que não possui um símbolo indicador. Ela é, dessa forma, um significante desterritorializado: um objeto de contemplação, reverência e interpretação, cujo sentido é cumulativo e nunca finalizado. Por outro lado, para maior clarificação do conceito de agenciamento, que concebe o texto como acontecimento multisensorial da escritura, ver nota 138 no capítulo 1. Ver também, nota 10 no capítulo 3.

96. O. Lins, Retábulo de Santa Joana Carolina, *Nove, Novena*, p. 114-115.

97. Ibidem, p. 115.

98. Ibidem, p. 113. Frizzi traduz a passagem da seguinte forma: "[h]ats in our hands, hard faces, rough hands, denim clothes, leather sandals, we greengrocers, market vendors, butchers, carpenters, middlemen in the cattle business, saddlers, sellers of fruits and birds, men of uncertain means and without a future, are taking Joana to the cemetery, we the nobodies of this town, because the others, the people with money and power, always ignored her". (Retable of Saint Joana Carolina, trad. de Adria Frizzi, em O. Lins, *Nine, Novena*, p. 161-162.) Embora a tradução de Frizzi seja primorosa, ao meu ver, a sentença final da citação não deve incluir a conjunção "because", pois os "ninguéns" narradores falam mais a partir de um registro proliferativo, rítmico e descritivo do que de um registro explicativo de causa e função, numa estrutura constelacional e não-linear.

99. O. Lins, *Evangelho na Taba*, p. 220.

100. Idem, Retábulo de Santa Joana Carolina, *Nove, Novena*, p. 116-117.

101. Ver P.G. Christensen, Eric Fromm's Escape from Freedom, *Chasqui: Revista de Literatura Latinoamericana*, v. 23, n. 2.

102. Retábulo de Santa Joana Carolina, *Nove, Novena*, p. 116.

103. Ibidem, p. 117. (Grifo nosso.)

104. A carta de Lins à sua tradutora para o francês sobre a cena final é reveladora. Lins escreve: "Há, ali, nomes e prenomes brasileiros que são também nomes de animais, de flores, de frutas ou de árvores frutíferas, e também nomes como Veiga (planície cultivada e fértil), como prado, todos ligados à natureza, como o que procuro evocar nessa morte, nesse enterro, os nomes das criaturas que povoam o mundo de Joana Carolina e também o mundo natural. Seria uma pena que isso se perdesse na tradução. Assim, sugiro mais uma vez que faça uma peregrinação através da lista telefônica de Paris. Os nomes que escolher, não terão que corresponder exatamente aos que estão no texto. PODEM SER OUTROS, desde que sejam ao mesmo tempo nome de gente e de coisas naturais [...]. Gostaria apenas que o número de nomes fosse MAIS OU MENOS o mesmo, de modo que a enumeração tivesse qualquer desses momentos finais de sinfonias, quando todos os instrumentos são convocados. [...] Tudo isto concorre para dar, a essa parte final, um tom orquestral, que cessa na palavra Campos, depois do que vêm as últimas linhas, que já não falam de multidões, mas do silêncio, da solidão de Joana." Osman Lins, carta a Maryvonne Lapouge, 4 de maio de 1969.

105. M.B. Soares, O Retábulo de Santa Joana Carolina: O Palco na Palavra, H. Almeida (org.), *Osman Lins: O Sopro na Argila*, p. 174–175.

106. Ibidem, p. 174.

107. Ver J. Rancière, Aesthetics as Politics, *Aesthetics and Its Discontents*. Assim como a estética do ornato em Lins, as formas de arte em Rancière fazem fundamentalmente a mediação e "suspendem" "as formas corriqueiras da experiência sensorial", inclusive as formas como, de uma posição de privilégio, são percebidos os pobres e os sem voz, formas em geral estruturadas por aparelhos ideológicos de Estado e formas de poder hegemônicas (p. 23).

108. B. Nunes, Narration in Many Voices, *Review of Contemporary Fiction*, v. 15, n. 3, p. 203.

109. O. Lins, *Guerra Sem Testemunhas*, p. 219.

110. Idem, *Evangelho na Taba*, p. 214. Em relação às formas de arte europeias: "[a]cima de tudo", escreve Ana Luiza Andrade, "*Nove, Novena* transpõe as tradições artísticas dos períodos medieval tardio e barroco para o estilo moderno de Lins de combinar o ornamento com a geometria, o que não só coincide com suas concepções políticas e de tempo/espaço, mas também é contemporâneo a uma sociedade de cultura de massa, na medida em que o público leitor é levado em consideração no processo de escritura". (Nine, Novena's Novelty, *Review of Contemporary Fiction*, v. 15, n. 3, p. 205.)

111. J. Ramos, *Divergent Modernities*, p. 180; *Desencuentros de la Modernidad*, p. 219.

112. O. Lins, *Evangelho na Taba*, p. 225.

113. Ibidem, p. 217.

114. Para uma análise detalhada da relação da obra de Lins com uma estética da vanguarda e a arquitetura de Oscar Niemeyer, ver A. Calhman, Literatura e Arquitetura, em H. Almeida (org.), *Osman Lins: O Sopro na Argila*.

115. M. de Andrade, *Obra Imatura*, p. 292-294.

116. "Pode-se fazer o caso forte, efetivamente", escreve Lins, "que a revolução [de vanguarda] dos modernistas brasileiros ocorreu no nível do texto e não do livro. Não entre a literatura e o público." (*Evangelho na Taba*, p. 58.) Ver a introdução de Adria Frizzi a *Nine, Novena*. Frizzi lembra que a estética do ornato de Lins foi uma reação ao caráter fragmentário da arte moderna: "[a] ausência de ornamentação é um sintoma do fracionamento do homem moderno, que tem perdido o contato com o universo moderno e não é mais capaz de conceber o mundo de uma forma global" (p. 12).

117. J. Rabasa, *Writing Violence on the Northern Frontier*, p. 22.

118. G. Deleuze; F. Guattari, *Anti-Oedipus*, p. 27; idem, *L'Anti-Oedipe*, p. 37.

119. J. Rabasa, Elsewheres: Radical Relativism and the Frontiers of Empire, *Qui Parle*, v. 16, n. 1, p. 86; G. Deleuze; F. Guattari, *A Thousand Plateaus*, p. 360.

120. G. Deleuze; F. Guattari, *Anti-Oedipus*, p. 32; idem, *L'Anti-Oedipe*, p. 41.

121. G. Deleuze; F. Guattari, *L'Anti-Oedipe*, p. 41. Em *O Anti-Édipo*, na tradução da Editora 34, p. 49.

122. M.C. Ramírez, Vital Structures, em M.C. Ramírez; H. Olea, *Inverted Utopias*, p. 193; C. Clüver, The Noigandres Poets and Concrete Art, *Ciberletras*, n. 17. Disponível em: <http://www.lehman.cuny.edu/ciberletras/v17/cluver.htm>. Ver também A.J. Shellhorse, Formas de Fome, CR: *The New Centennial Review*, v. 14, n. 3.

123. O. Lins, *Evangelho na Taba*, p. 149.

124. Ibidem, p. 221.

125. Essa parece ser uma metáfora fundamental na leitura que Ana Luiza Andrade faz de Lins como um inovador da forma que opera com formas arcaicas e como escritor envolvido com mídias como a televisão e artigos polêmicos de periódicos. Ver A.L. Andrade, Reciclando o Engenho, em H. Almeida (org.), *Osman Lins: O Sopro na Argila*.

126. Para um excelente exame da viagem de Lins, ver S. Nitrini, *Transfigurações*, p. 65-89.

127. O conceito da "viagem estética" latino-americana é de Viñas, *De Sarmiento a Cortázar*, p. 184-189. Enquanto, para Viñas, o *viaje estético* latino-americano era um tropo problemático subjacente à produção literária argentina no contexto do neocolonialismo, Lins considerava essa viagem como fundamental para alterar seu estilo de escritura.

128. O. Lins, *Evangelho na Taba*, p. 212-214.

129. O esquema evolutivo de "procura", "transição" e "plenitude" se refere às declarações pessoais de Lins sobre o desenvolvimento de seu estilo de escritura: "*Nove, Novena* inaugura uma fase de maturidade, talvez de plenitude, em minha vida de escritor" (*Evangelho na Taba*, p. 141). Ver também A.L. Andrade, *Osman Lins: Crítica e Criação*; e R. Igel, *Osman Lins: Uma Biografia Literária*.

130. Estou me referindo aos narradores subalternos "sem nome" (*nós, os ninguéns da cidade*) do "Mistério Final", sugestivamente designados pelo signo ornamental do infinito, ∞. (O. Lins, Retábulo de Santa Joana Carolina, *Nove, Novena*, p. 113.). Gostaria de lembrar que os narradores subalternos se misturam no final do texto no que é descrito como um "pomar generoso" (p. 116). Esse "pomar generoso", um significante excessivo, é uma vala comum e um "pomar", como o Éden, de nomes em

NOTAS

proliferação, inscrevendo aqueles dos oprimidos e explorados. O "pomar generoso" constitui uma abertura ambígua do coro subalterno, um coro que sugere as letras do alfabeto e conota a flora e a fauna. Seguindo o arcabouço geral do quadro (*tableau*) do "retábulo" que estrutura a narrativa, esses nomes também configuram o pano de fundo barroco das criaturas e dos pobres que se colocam ao redor e emolduram, como anjos, a cena do "painel" de apoteose da morte de Joana Carolina. Como ornatos, eles são inscritos como uma rede de *elementos* de escritura polissêmica, conotando a redenção do pobre e o renascimento cíclico, cósmico e, acima de tudo, *poético*.

6. ESCREVENDO A REDENÇÃO E A INSURGÊNCIA SUBALTERNAS

1. Como enfatizado ao longo deste livro, em particular no capítulo 1, onde discuto a formação e consolidação do regime literário latino-americano da representação, a importância da contextualização cultural profunda para a reflexão literária é inquestionável. Nesse aspecto, a observação de Julio Ramos contra as concepções abstratas e "pós-estruturalistas" da literatura permanece relevante. Ver J. Ramos, *Divergent Modernities*, p. 108; idem, *Desencuentros de la Modernidad*, p. 114. Ver também G. Williams, Hear Say Yes in Piglia, *The Other Side of the Popular*, que desmonta as interpretações niilistas da desconstrução no campo. Sobre a importância da contextualização cultural profunda, ver o lúcido ensaio introdutório de Sara Castro-Klarén em seu volume, *A Companion to Latin American Literature and Culture*.

2. A. de Campos, "TUDO ESTÁ DITO", *Viva Vaia: Poesia 1949-1979*, p. 249.

3. D. Pignatari, Marco Zero de Andrade, *Alfa: Revista de Lingüística*, v. 5-6, p. 149. Sobre o conceito de meio radicalizado, ver nota 12 na Introdução.

4. G. Deleuze; F. Guattari, *A Thousand Plateaus*, p. 268-271; e idem, *What Is Philosophy?*, p. 163-199.

5. "The Left-Winged Angel of History" é a tradução para o inglês do título pelo próprio Haroldo de Campos.

6. Para uma soberba análise das duas traduções do poema para o inglês, uma de Haroldo de Campos e a outra de Bernard McGuirk, ver E.R.P. Vieira, Translating History and Creating and International Platform, *Congresso Internacional Abralic*; e B. McGuirk, Laughin' Again He's Awake: Haroldo de Campos À L'Oreille de L'Outre Celte, em B. McGuirk; E.R.P. Vieira (eds.), *Haroldo de Campos in Conversation*.

7. P.A. Sampaio, The Mística of the MST, em E.R.P. Vieira (org.), *The Landless Voices Web Archive*. Disponível em: <http://www.landless-voices.org/vieira/archive-05.php?ng=p&sc=3&th=42&rd=MSTICAOF657&cd=&se=0>.

8. Disponível em: <https://blogdocarlosmaia.blogspot.com/2013/12/jose-saramago-deus-e-os-sem-terras.html>.

9. J. Beasley-Murray, *Posthegemony*, p. 227.

10. O livro *Terra: Struggle for the Landless* (1997) foi concebido pela esposa de Salgado, Léila Wanick Salgado. Sobre os pontos de comparação entre os projetos de Salgado e de Haroldo, ver M.E. Maciel, Utopian Remains. Disponível em: <http://www.letras.ufmg.br/esthermaciel/landless.html>.

11. J. Rabasa, Elsewheres, *Qui Parle*, v. 16, n. 1, p. 86; idem, *Without History*, p. 274.

12. S. Salgado, *Terra: Struggle of the Landless*, p. 142. Disponível em: <http://www.landless-voices.org/vieira/archive-05.php?rd=PARADEOF937&ng=p&sc=3&th=55>.

13. Juntamente com seu irmão, Augusto, Haroldo de Campos traduziu a obra de Maiakóvski em 1961; com a assistência de Boris Schnaiderman, os poetas publicaram um volume de coletânea dos poemas de Maiakóvski, intitulado *Poemas*, e uma antologia de poesia russa em 1967. Na verdade, no apêndice de 1961 ao "plano-piloto para poesia concreta" (1958), os poetas concretos incluíram o lema de Maiakóvski: "sem forma revolucionária não há arte revolucionária". (A. de Campos; D. Pignatari; H. de Campos, *Teoria da Poesia Concreta*, p. 218.)

14. A. Wright; W. Wolford, *To Inherit the Earth*, p. xv.

15. Entrevista: Haroldo de Campos, com Armando Sergio Prazeres et al., *galáxia*, v. 1, n. 1, p. 38.

16. Para uma elaboração detalhada da história do MST e seus modos de resistência, ver A. Wright; W. Wolford, op. cit., e o artigo online de B.M. Fernandes, The MST, Its Genealogy and the Struggle for Agrarian Reform in Brazil, em E.R.P. Vieira (ed.), *The Landless Voices Web Archive*. Disponível em: <http://www.landless-voices.org/vieira/archive-05.phtml?rd=MSTITSSG356&ng=e&sc=3&th=42&se=0>. Ver também o impressionante banco de dados em multimídia de Vieira, *The Landless Voices Web Archive*, hospedado pela Universidade de Nottingham e amplamente disponível na Internet. Sobre a música, a arte e a poesia do MST, ver E.R.P. Vieira; B.M. McGuirk (eds.), *Landless*.

17. W. Wolford, *This Land Is Ours Now*, p. 1, 16.

18. H. de Campos, Uma Segunda Abolição, em E.R.P. Vieira; B.M. McGuirk (eds.), *Landless*, p. 190.

19. H. de Campos, Poesia e Modernidade, *O Arco-Íris Branco*, p. 266.

20. Haroldo de Campos in Conference with Nicholas Zurbrugg et al., em B. McGuirk; E.R.P. Vieira (eds.), *Haroldo de Campos in Conversation*, p. 256.

21. H. de Campos, Poesia e Modernidade, *O Arco-Íris Branco*, p. 268-269.

22. Translating History and Creating and International Platform: Haroldo de Campos's "O Anjo Esquerdo da História", *Congresso Internacional Abralic*.

23. "O Anjo Esquerdo da História" de Haroldo de Campos é um trabalho em multimídia em várias frentes: 1. há uma gravação em CD do poema em *Crisantempo: No Espaço Nasce uma Curva* (1998); 2. o poema literalmente começa com uma fotografia da marcha do MST; e 3. a publicação original do poema na revista *Notícias do PT* (1996) inclui uma representação visual de uma árvore rodeada de anjos voando. Para uma interpretação dessa imagem, ver E.R.P. Vieira, Weaving Histories and Cultural Memories, em B. McGuirk; e E.R.P. Vieira (eds.), *Haroldo de Campos in Conversation*.

24. Translating History and Creating and International Platform: Haroldo de Campos's "O Anjo Esquerdo da História", *Congresso Internacional Abralic*.

25. Ibidem.

26. E.R.P. Vieira, Weaving Histories and Cultural Memories, em B. McGuirk; e E.R.P. Vieira (eds.), *Haroldo de Campos in Conversation*, p. 162.

27. G. Williams, *The Other Side of the Popular*, p. 174.

28. H. de Campos, O Anjo Esquerdo da História, *Crisantempo*, p. 69.

29. Como "local de histórias culturais concorrentes", evidentemente, a ruína é um problema que tem marcado os estudos da América Latina há décadas. (V. Unruh; M.J. Lazzara, Introduction: Telling Ruins, em V. Unruh; M.J. Lazzara [eds.], *Telling Ruins in Latin America*, p. 4.)

30. H. de Campos, O Anjo Esquerdo da História, *Crisantempo*, p. 69.

31. Ibidem, p. 71-72.

32. H. de Campos, Haroldo de Campos in Conversation with Jacques Donguy, em B. McGuirk e E.R.P. Vieira (eds.), *Haroldo de Campos in Conversation*, p. 281.

33. H. de Campos, O Anjo Esquerdo da História, *Crisantempo*, p. 69.

34. H. de Campos, Haroldo de Campos in Conversation With Jacques Donguy, em B. McGuirk e E.R.P. Vieira (eds.), *Haroldo de Campos in Conversation*, p. 280-281

35. H. de Campos, O Anjo Esquerdo da História, *Crisantempo*, p. 70.

36. Ibidem.

37. Ibidem, p. 71.

38. Ibidem, p. 71-72.

POR FIM: O SEGREDO INTEMPESTIVO DA ANTILITERATURA

1. R. Schwarz, Marco Histórico, *Que Horas São?*, p. 64.

2. Gonzalo Aguilar sugestivamente observa que a concepção de Haroldo de Campos em relação à poesia política gira em torno não da ideologia, mas da investigação do poeta sobre os "vínculos entre a linguagem e a comunidade", de modo tal que "lo central es darle forma al lenguaje de la comunidad". (Haroldo de Campos: La Poesía Como Sabiduría, em G. Aguilar (org.), *El Ángel Izquierdo de la Poesía*, p. 9.)

3. H. de Campos, The Brazilian Jaguar, *boundary* 2, v. 26, n. 1, p. 85. (Grifo nosso.)

4. *Against Literature*, p. xiii.

5. Ibidem, p. 2.

6. Ibidem, p. 5. Referente ao impacto das perguntas de Beverley relativas a um futuro nos estudos latino-americanos, Alberto Moreiras escreve: "considero *Against Literature*, de John Beverley, em toda a riqueza de sua ambiguidade autoconsciente, o texto inaugural que prepara e anuncia a possibilidade de um novo paradigma para a reflexão latino-americana no âmbito das humanidades". (*The Exhaustion of Difference*, p. 310.)

7. W. Benjamin, Theses on the Philosophy of History, em H. Arendt (org.), *Illuminations: Essays and Reflections*, p. 257.

8. H. de Campos, O Anjo Esquerdo da História, *Crisantempo*, p. 71.

9. W. Benjamin, op. cit., p. 254; idem, Über den Begriff der Geschichte. Disponível em: <https://www.textlog.de/benjamin-begriff-geschichte.html>. Teses Sobre o Conceito da História, tradução de Sérgio Paulo Rouanet, disponível em: <https://edisciplinas.usp.br/pluginfile.php/3957253/mod_resource/content/1/Teses%20sobre%200%20conceito%20de%20hist%C3%B3ria%20%281%29.pdf>.

10. G. Agamben, *The Time That Remains*, p. 139. No original, *Il tempo che resta*, p. 129.

11. Ibidem, p. 141. *Il tempo che resta*, p. 129.

12. Ibidem, p. 142; *Il tempo che resta*, p. 131.

Referências Bibliográficas

ACOSTA, Abraham. *Thresholds of Illiteracy: Theory, Latin America, and the Crisis of Resistance*. New York: Fordham University Press, 2014.

ADORNO, Theodor W. *Aesthetic Theory*. Trad. Robert Hullot-Kentor. Minneapolis: University of Minnesota Press, 1997.

_____. *Teoria Estética*. Trad. Artur Morão. Lisboa: Edições 70, 2008.

ADORNO, Theodor W.; HORKHEIMER, Max. *Dialética do Esclarecimento: Fragmentos Filosóficos*. Trad. Guido Antonio de Almeida. Disponível em: <https://files.cercomp.ufg.br/weby/up/208/o/fil_dialetica_esclarec.pdf>. Acesso em: 22.08.2020.

_____. *Dialectic of Enlightenment*. [1944]. Trad. John Cumming. New York: Continuum, 1998.

AGAMBEN, Giorgio. *Il tempo che resta: Un commento alla Lettera ai Romani*. Torino: Bollati Boringhieri editore, 2000.

_____. *The Time That Remains: A Commentary on the Letter to the Romans*. Trad. Patricia Dailey. Stanford: Stanford University Press, 2005.

AGUILAR, Gonzalo Moisés. Formas de las Vanguardias. *Poesía Concreta Brasileña: Las Vanguardias en la Encrucijada Modernista*. Rosario: Beatriz Viterbo, 2003.

_____. Haroldo de Campos: La Poesía Como Sabiduría. In: AGUILAR, Gonzalo Moisés (org.). *El Ángel Izquierdo de la Poesía: Poética y Política Antología*. Buenos Aires: Eloisa Cartonera, 2003.

_____. *Poesía Concreta Brasileña: Las Vanguardias en la Encrucijada Modernista*. Rosario: Beatriz Viterbo, 2003.

_____. Some Propositions For Reflection on the Relation Between Poetry and Politics. In: BANDEIRA, João; BARROS, Leonora de (orgs.). *Poesia Concreta: O Projeto Verbivocovisual*. São Paulo: Artemeios, 2008.

AIMARETTI, María; BORDIGONI, Lorena; CAMPO, Javier. La Escuela Documental de Santa Fe: Um Cuiempiés Que Camina. In: LUSNICH, Ana Laura; PIEDRAS, Pablo (orgs.).

Una Historia del Cine Político y Social en Argentina: Formas, Estilos y Registros (1896-1969). Buenos Aires: Nueva Librería, 2009.

ALONSO, Carlos. *The Spanish American Regional Novel: Modernity and Autochthony*. Cambridge: Cambridge University Press, 1990.

ALTHUSSER, Louis. The "Piccolo Teatro": Bertolazzi and Brecht; Notes on a Materialist Theater. *For Marx*. London: Verso, 2005.

ALTIERI, Charles. *The Particulars of Rapture: An Aesthetics of the Affects*. Ithaca: Cornell University Press, 2003.

AMARAL, Suzana (dir.). *A Hora da Estrela*. Fotografia e câmera por Edgar Moura. 1985. New York: Kino on Video, 2005.

AMARAL, Tarsila do (ilus.). História do Brasil. In: ANDRADE, Oswald de. *Pau Brasil*. Paris: Sans Pareil, 1925.

_____. Pau Brasil. In: ANDRADE, Oswald de. *Pau Brasil*. Paris: Sans Pareil, 1925.

ANDRADE, Ana Luiza. *Osman Lins: Crítica e Criação*. São Paulo: Hucitec, 1987.

_____. Nine, Novena's Novelty. *Review of Contemporary Fiction*, v. 15, n. 3, outono, 1995.

_____. Reciclando o Engenho: Osman Lins e as Constelações de um Gestoépico. In: ALMEIDA, Hugo (org.). *Osman Lins: O Sopro na Argila*. São Paulo: Nankin, 2004.

ANDRADE, Mário de. Prefácio Interessantíssimo. *Paulicea Desvairada*. São Paulo: Casa Mayença, 1922.

_____. *Obra Imatura*. [1925]. São Paulo: Livraria Martins, 1980.

_____. O Movimento Modernista. *Aspectos da Literatura Brasileira*. São Paulo: Livraria Martins, 1978.

ANDRADE, Oswald de. *Pau Brasil*. Paris: Sans Pareil, 1925.

_____. Diário Confessional (Fragmentos-1948/1949). *Invenção: Revista de Arte de Vanguarda*, n. 4, 1964.

_____. Hip! Hip! Hoover! In: CAMPOS, Haroldo de (org.). *Poesias Reunidas: Oswald de Andrade*. São Paulo: Círculo do Livro, 1976.

_____. A Crise da Filosofia Messiânica. *A Utopia Antropofágica*. São Paulo: Secretaria de Estado da Cultura de São Paulo/Globo, 1990.

_____. *Estética e Política: Obras Completas de Oswald de Andrade*. São Paulo: Globo, 1992.

_____. crônica. *Primeiro Caderno do Aluno de Poesia Oswald de Andrade*. São Paulo: Globo, 2008.

_____. *Os Dentes do Dragão*. São Paulo: Globo, 2009.

_____. *A Utopia Antropofágica*. São Paulo: Globo, 2011.

_____. Manifesto Antropófago. ANDRADE, Oswald de. *A Utopia Antropofágica*. São Paulo: Globo, 2011.

_____. Manifesto da Poesia Pau-Brasil. ANDRADE, Oswald de. *A Utopia Antropofágica*. São Paulo: Globo, 2011.

ANDUJAR, Claudia. *Clarice Lispector*. Foto. 1961. In: MOSER, Benjamin. *Clarice, Uma Biografia*. SãoPaulo: Cosac Naify, 2009.

APOLLINAIRE, Guillaume. Devant l'idéogramme d'Apollinaire. *Le Guetteur mélancolique: Poèmes inédits*. Paris: Gallimard, 1952.

ARLT, Roberto. *El Juguete Rabioso*. Organizado por Rita Gnutzmann. 5. ed. Madrid: Cátedra, 2001.

ARMSTRONG, Piers. The Brazilian Novel. In: KRISTAL, Efraín (ed.). *The Latin American Novel*. Cambridge: Cambridge University Press, 2005.

AVELAR, Idelber. Modernization and Mourning in the Spanish American Boom. *The Untimely Present: Postdictatorial Latin American Fiction and the Task of Mourning*. Durham: Duke University Press, 1999.

REFERÊNCIAS BIBLIOGRÁFICAS

BADIOU, Alain. Avant-Gardes. *The Century*. Trad. Alberto Toscano. Cambridge: Polity, 2007.

_____. *Second Manifeste pour la philosophie*. [2009]. Paris: Flammarion, 2010.

_____. *Second Manifesto for Philosophy*. Trad. Louise Burchill. Cambridge: Polity, 2011.

_____. *Segundo Manifiesto Por la Filosofía*. Trad. María del Carmen Rodríguez. Buenos Aires: Manantial, 2010.

BADIOU, Alain; ŽIŽEK, Slavoj. *Philosophy in the Present*. Ed. Peter Engelmann. Trans. Peter Thomas e Alberto Toscano. Cambridge: Polity, 2009.

BANDEIRA, João. Words in Space-Poetry at the National Exhibition of Concrete Art. In: MAMMÌ, Lorenzo; BANDEIRA, João; STOLARSKI, André (orgs.). *Concreta '56: A Raiz da Forma*. São Paulo: Museu de Arte Moderna de São Paulo, 2006.

BANDEIRA, João; BARROS, Leonora de. Introdução. *Poesia Concreta: O Projeto Verbivocovisual*. São Paulo: Artemeios, 2008.

BANDEIRA, Manuel. *Apresentação da Poesia Brasileira*. 3. ed. Rio de Janeiro: Livraria Editora, 1957.

BARBOSA, Frederico. Concretismo: São Paulo na Literatura. *A Poesia de Frederico Barbosa*. Disponível em: <https: //fredericobarbosa.wordpress.com/tag/poesia-concreta/>. Acesso em: 09.10.2016.

BARBOSA, María José Somerlate. *Clarice Lispector: Des/fiando as Teias da Paixão*. Porto Alegre: EDIPCRS, 2001.

BARTHES, Roland. *S/Z*. Trad. Richard Miller. New York: Hill and Wang, 1974.

BEASLEY-MURRAY, Jon. *Posthegemony: Political Theory and Latin America*. Minneapolis: University of Minnesota Press, 2010.

_____. *Posthegemony: Something Always Escapes!* Disponível em: <https: //posthegemony.wordpress.com/>. Acesso em: 28.08.2016.

BENJAMIN, Walter. Teses Sobre o Conceito Da História. Trad. Sérgio Paulo Rouanet. Disponível em: <https://edisciplinas.usp.br/pluginfile.php/3957253/mod_resource/content/1/Teses%20sobre%200%20conceito%20de%20hist%C3%B3ria%20%281%29.pdf>. Acesso em: 22.08.2020.

_____. Theses on the Philosophy of History. In: ARENDT, Hannah (org.). *Illuminations: Essays and Reflections*. Trad. Harry Zohn. New York: Schocken Books, 1998.

_____. Über den Begriff der Geschichte. Disponível em: <https://www.textlog.de/benjamin-begriff-geschichte.html>. Acesso em: 22.08.2020.

BERNINI, Emilio. Viñas y el Cine. *Revista no Retornable*, nov. 2010. Disponível em: <http: //www.no-retornable.com.ar/v7/popcorn/bernini.html>. Acesso em: 15.07.2014.

BESSA, Antonio Sergio. Introduction. *Novas: Selected Writings*. Evanston: Northwestern University Press, 2007.

_____. Ruptura de Estilo em *Galáxias* de Haroldo de Campos. Trad. Renato Rezende. *Transluminura*, n. 1, 2014.

_____. Introdução de Haroldo de Campos a "circuladô de fulô". *Ubuweb Ethnopoetics: Poems*. Disponível em: <http://www.ubu.com/ethno/poems/decampos_galaxias.html>. Acesso em: 04.03.2016.

BEVERLEY, John. *Against Literature*. Minneapolis: University of Minnesota Press, 1993.

_____. On the Spanish Literary Baroque. *Against Literature*. Minneapolis: University of Minnesota Press, 1993.

_____. *Subalternity and Representation: Arguments in Cultural Theory*. Durham: Duke University Press, 1999.

_____. *Testimonio: On the Politics of Truth*. Minneapolis: University of Minnesota Press, 2004.

____. Writing in Reverse: On the Project of the Latin American Subaltern Studies Group. In: SARTO, Ana del; RÍOS, Alicia; TRIGO, Abigail (orgs.). *The Latin American Cultural Studies Reader*. Durham: Duke University Press, 2004.

____. Baroque Historicism, Then and Now. *Revista de Estudios Hispánicos: La Constitución del Barroco Hispánico; Problemas y Acercamientos*, v. 33, n. 1, outono 2008.

____. *Latinamericanism After 9/11*. Durham: Duke University Press, 2011.

BÍBLIA King James Atualizada. Disponível em: <https://bibliaportugues.com/kja/isaiah/42.htm>. Acesso em: 01.03.2003.

BIRRI, Fernando. Manifiesto de Santa Fe. *La Escuela Documental de Santa Fe*. Santa Fe: Editorial Documentos del Instituto de Cinematografía de la Universidad del Litoral, 1964.

____. Los Cinco Manifiestos. *Fernando Birri – El Alquimista Poético Político: Por un Nuevo Nuevo Nuevo Cine Latinoamericano 1956-1991*. Madrid: Filmoteca Española/ Cátedra, 1996.

____. Cinema and Underdevelopment. Trad. Malcolm Coad. In: MARTIN, Michael T. (ed.). *New Latin American Cinema*. V. 1. Detroit: Wayne State University Press, 1997.

____. For a Nationalist, Realist, Critical and Popular Cinema. Trad. Michael Chanan. In: MARTIN, Michael T. (ed.). *New Latin American Cinema*. V. 1. Detroit: Wayne State University Press, 1997.

____. Tire Dié (1956-1960). *Soñar con los Ojos Abiertos: Las Treinta Lecciones de Stanford*. Buenos Aires: Aguilar, Altea, Taurus, Alfaguara, 2007.

____. *La Escuela Documental de Santa Fe*. Rosario: Prohistoria / Instituto Superior de Cine y Artes Audiovisuales de Santa Fe, 2008.

____. Tire Dié. Disponível em: <http: //comunicacionymedios.files.wordpress.com/2007/09/birri-pionero-y-peregrino.pdf>. Acesso em: 11.12.2014.

BOAVENTURA, Maria Eugenia. *A Vanguarda Antropofágica*. São Paulo: Ática, 1985.

BOCCHINO, Adriana A. Empecinada Lucidez: David Viñas en Blanco y Negro. CELEHIS *Revista del Centro de Letras Hispanoamericanas*, n. 23, 2012.

BOONE, Elizabeth Hill. Introduction: Writing and Recording Knowledge. In: BOONE, Elizabeth Hill; MIGNOLO, Walter D. (orgs.). *Writing Without Words: Alternative Literacies in Mesoamerica and the Andes*. Durham: Duke University Press, 1994.

BORELLI, Olga. *Clarice Lispector: Esboço Para um Retrato Possível*. Rio de Janeiro: Nova Fronteira, 1981.

BORGES, Jorge Luis. The Argentine Writer and the Tradition. In: YATES, Donald A.; IRBY, James E. (orgs.). *Labyrinths: Selected Stories & Other Writings*. Trad. James E. Irby. New York: New Directions, 1964.

BOSTEELS, Bruno. Theses on Antagonism, Hybridity, and the Subaltern in Latin America. *Dispositio*, v. 52, n. 25, 2005.

BOURDIEU, Pierre. Field of Power, Literary Field and Habitus. In: JOHSON, Randal (org.). *The Field of Cultural Production: Essays on Art and Literature*. New York: Columbia University Press, 1993.

CALHMAN, Adelaide. Literatura e Arquitetura: "O Retábulo de Santa Joana Carolina" e a Catedral de Brasília. In: ALMEIDA, Hugo (org.). *Osman Lins: O Sopro na Argila*. São Paulo: Nankin, 2004.

CAMARA, Rogério. *Grafo-Sintaxe Concreta: O Projeto Noigandres*. Rio de Janeiro: Rios Ambiciosos, 2000.

CAMINHA, Pêro Vaz de. Carta do Achamento do Brasil, de Pêro Vaz de Caminha, Dirigida a D. Manuel (Porto Seguro, da Ilha de Vera Cruz, 1 de Maio de 1500). In: COSTA, Abel Fontoura da; BAIÃO, Antônio Baião (orgs.). *Os Sete Únicos Documentos de*

REFERÊNCIAS BIBLIOGRÁFICAS

1500 Conservados em Lisboa Referentes à Viagem de Pedro Álvares Cabral. Lisboa: Agência-Geral Do Ultramar, 1968.

CAMPOS, Augusto de. Carta a João Cabral de Melo Neto, 24 de outubro de 1957. Acervo de João Cabral de Melo Neto. Rio de Janeiro: Fundação Casa de Rui Barbosa, [s.d.].

_____. cubagramma. *Invenção: Revista de Arte de Vanguarda*, n. 2, 1962.

_____. sem um numero. *Antologia Noigandres 5: Do Verso à Poesia Concreta*. São Paulo: Massao Ohno, 1962.

_____. cidade. *Invenção: Revista de Arte de Vanguarda*, n. 4, 1964.

_____. olho por olho. *Invenção: Revista de Arte de Vanguarda*, n. 4, 1964.

_____. Augusto de Campos: Brazil/Brasil. In: SOLT, Mary Ellen (ed.). *Concrete Poetry: A World View*. Bloomington: Indiana University Press, 1967.

_____. *Revistas Re-vistas: Os Antropófagos*. Edição fac-símile. São Paulo: AbrilCultural/Metal, 1975.

_____. *Poesia, Antipoesia, Antropofagia*. São Paulo: Cortez e Moraes, 1978.

_____. América Latina: Contra-Boom da Poesia. *O Anticrítico*. São Paulo: Companhia das Letras, 1986.

_____. *O Anticrítico*. São Paulo: Companhia das Letras, 1986.

_____. *Linguaviagem*. São Paulo: Companhia das Letras, 1987.

_____. *À Margem da Margem*. São Paulo: Companhia das Letras, 1989.

_____. TUDO ESTÁ DITO. *Viva Vaia: Poesia 1949-1979*. Cotia: Ateliê, 2001.

_____. Pontos-periferia-poesia concreta. In: CAMPOS, Augusto de; PIGNATARI, Décio; CAMPOS, Haroldo de. *Teoria da Poesia Concreta: Textos Críticos e Manifestos 1950-1960*. Cotia: Ateliê, 2006.

_____. poesia concreta (manifesto). In: CAMPOS, Augusto de; PIGNATARI, Décio; CAMPOS, Haroldo de. *Teoria da Poesia Concreta: Textos Críticos e Manifestos (1950-1960)*. Cotia: Ateliê, 2006.

_____. mercado. [2002]. *Não: Poemas*. São Paulo: Perspectiva, 2008.

_____. Pós-Walds. *O Estado de S. Paulo*, 02 jul. 2011. Disponível em: <http://www.estadao.com.br/noticias/impresso, pos-walds, 739633, o.htm>. Acesso em: 28.05.2014.

_____. Arte e Tecnologia. *Poesia Antipoesia Antropofagia & Cia*. São Paulo: Companhia das Letras, 2015.

_____. Da Antiode à Antilira. *Poesia Antipoesia Antropofagia & Cia*. São Paulo: Companhia das Letras, 2015.

_____. Do Concreto ao Digital. *Poesia Antipoesia Antropofagia & Cia*. São Paulo: Companhia das Letras, 2015.

_____. Oswald, Livro Livre. *Poesia Antipoesia Antropofagia & Cia*. São Paulo: Companhia das Letras, 2015.

_____. Poesia Antipoesia Antropofagia. *Poesia Antipoesia Antropofagia & Cia*. São Paulo: Companhia das Letras, 2015.

_____. *Poesia Antipoesia Antropofagia & Cia*. São Paulo: Companhia das Letras, 2015.

CAMPOS, Augusto de; CAMPOS, Cid. *Poesia É Risco*. Phillips, 1995. CD.

CAMPOS, Augusto de; CAMPOS, Haroldo de. Poesia Concreta. *Diário Popular*, 22 dez. 1956.

CAMPOS, Augusto de; CAMPOS, Haroldo de; SCHNAIDERMAN, Boris. *Maiakóvski: Poemas*. São Paulo: Perspectiva, 2011.

CAMPOS, Augusto de; PIGNATARI, Décio; CAMPOS, Haroldo de. *Teoria da Poesia Concreta: Textos Críticos e Manifestos 1950-1960*. Cotia: Ateliê, 2006.

_____. Plano-Piloto Para Poesia Concreta. [1958]. In: CAMPOS, Augusto de; PIGNATARI, Décio; CAMPOS, Haroldo de. *Teoria da Poesia Concreta: Textos Críticos e Manifestos 1950-1960*. Cotia: Ateliê, 2006.

CAMPOS, Haroldo de. Servidão de Passagem 4 Fragmentos. *Invenção: Revista de Arte de Vanguarda*, n. 2, 1962.

_____. Dois Dedos de Prosa Sobre uma Nova Prosa. *Invenção: Revista de Arte de Vanguarda*, n. 4, 1964.

_____. nascemorre. In: SOLT, Mary Ellen (ed.). *Concrete Poetry: A Worldview*. Bloomington: Indiana University Press, 1971.

_____. "Haroldo de Campos". *Textura*, n. 3, maio 1974.

_____. Uma Poética de Radicalidade. Prefácio a Oswald de Andrade. *Poesias Reunidas: Oswald de Andrade*. São Paulo: Círculo do Livro, 1976.

_____. Prefácio. In: SÁ, Olga de (org.). *A Escritura de Clarice Lispector*. Petrópolis: Vozes, 1979.

_____. *A Educação dos Cinco Sentidos*. São Paulo: Brasiliense, 1985.

_____. Miramar na Mira. Prefácio a Oswald de Andrade. *Memórias Sentimentais de João Miramar*. São Paulo: Globo, 1990.

_____. Serafim: Um Grande Não-Livro. Prefácio a Oswald de Andrade. *Serafim Ponte Grande*. São Paulo: Globo, 1990.

_____. Lirismo e Participação. Prefácio a Oswald de Andrade. *O Santeiro do Mangue e Outros Poemas*. São Paulo: Globo, 1991.

_____. Arte Pobre, Tempo de Pobreza, Poesia Menos. *Metalinguagem e Outras Metas*. São Paulo: Perspectiva, 1992.

_____. Da Razão Antropofágica: Diálogo e Diferença na Cultura Brasileira. *Metalinguagem e Outras Metas*. São Paulo: Perspectiva, 1992.

_____. Do Epos ao Epifânico (Gênese e Elaboração das *Galáxias*). *Metalinguagem e Outras Metas*. São Paulo: Perspectiva, 1992.

_____. Poesia e Música. *Metalinguagem e Outras Metas*. São Paulo: Perspectiva, 1992.

_____. Poesia e Modernidade: Da Morte da Arte à Constelação – O Poema Pós-Utópico. *O Arco-Íris Branco: Ensaios de Literatura e Cultura*. Rio de Janeiro: Imago, 1997.

_____. O anjo esquerdo da história. *Crisantempo: No Espaço Nasce uma Curva*. São Paulo: Perspectiva, 1998

_____. The Brazilian Jaguar. *Boundary 2*, v. 26, n. 1, 1999.

_____. The Left-Winged Angel of History. Trad. Haroldo de Campos. *Interventions*, v. 2, n. 3, 2000.

_____. Poesia y Modernidad: De la Muerte del Arte a la Constelación – El Poema Postutópico. *De la Razón Antropofágica y Otros Ensayos*. Trad. Rodolfo Mata. Cidade do México: Siglo Veinituno, 2000.

_____. Entrevista: Haroldo de Campos. Com Armando Sergio Prazeres et al. *galáxia*, v. 1, n. 1, 2001.

_____. Da Poesia Concreta a *Galáxias* e *Finismundo. Depoimentos de Oficina*. São Paulo: Unimarco, 2002.

_____. *Galáxias*. 2. ed. Org. por Trajano Vieira. São Paulo: 34, 2004.

_____. Tradicão, Transcriação, Transculturação: O Ponto de Vista do Ex-Cêntrico. *Haroldo de Campos: Transcriação*. Org. Marcelo Tápia e Thelma Médici Nóbrega. São Paulo: Perspectiva, 2013.

_____. The Ex-Centric's Viewpoint: Tradition, Transcreation, Transculturation. In: JACKSON, K. David (ed.). *Haroldo de Campos: A Dialogue With the Brazilian Concrete Poet*. Oxford: Centre for Brazilian Studies, 2005.

_____. a obra de arte moderna. In: CAMPOS, Augusto de; PIGNATARI, Décio; CAMPOS, Haroldo de. *Teoria da Poesia Concreta: Textos Críticos e Manifestos 1950–1960*. Cotia: Ateliê, 2006.

REFERÊNCIAS BIBLIOGRÁFICAS 267

____. contexto de uma vanguarda. In: CAMPOS, Augusto de; PIGNATARI, Décio; CAMPOS, Haroldo de. *Teoria da Poesia Concreta: Textos críticos e Manifestos (1950-1960)*. Cotia: Ateliê, 2006.

CAMPOS, Haroldo de. "olho por olho a olho nu". In: CAMPOS, Augusto de; PIGNATARI, Décio; CAMPOS, Haroldo de. *Teoria da Poesia Concreta: Textos críticos e Manifestos (1950-1960)*. Cotia: Ateliê, 2006.

____. *Novas: Selected Writings*. Org. por Antônio Sérgio Bessa e Odile Cisneros. Evanston: Northwestern University Press, 2007.

____. Haroldo de Campos in Conference with Nicholas Zurbrugg et al. In: McGUIRK, Bernard; VIEIRA, Else R.P. (eds.). *Haroldo de Campos in Conversation*. London: Zolius, 2009.

____. Haroldo de Campos in Conversation with Jacques Donguy. In: McGUIRK, Bernard; VIEIRA, Else R.P. (eds.). *Haroldo de Campos in Conversation*. London: Zolius, 2009.

____. *O Sequestro do Barroco na Formação da Literatura*. São Paulo: Iluminuras, 2011.

____. Uma Segunda Abolição. In: VIEIRA, Else R.P.; McGUIRK, Bernard (eds.). *Landless Voices in Song and Poetry: The Movimento dos Sem Terra of Brazil*. Nottingham: CCCP, 2007.

____. A Word in Response to the Debate on Cultural Dependency in Brazil. In: McGUIRK Bernard; VIEIRA, Else R.P. (eds.). *Haroldo de Campos in Conversation*. London: Zolius, 2009.

CAMPOS, Raquel Bernardes. *Entre Vivas e Vaias: A Visualidade Concreta de Augusto de Campos*. Tese. (Doutorado em Literatura), Universidade de Brasília, 2019. Disponível em: <https://repositorio.unb.br/bitstream/10482/35067/1/2019_RaquelBernardesCampos.pdf >. Acesso em: 25.08.2020.

CANDIDO, Antonio. Digressão Sentimental Sobre Oswald de Andrade. *Vários Escritos*. São Paulo: Duas Cidades, 1970.

____. *Vários Escritos*. São Paulo: Duas Cidades, 1970.

____. Literatura e Subdesenvolvimento. *Argumento*, v. 1, n. 1, 1973.

____. *Formação da Literatura Brasileira (Momentos Decisivos)*. V. 1. Belo Horizonte: Itatiaia, 1993.

CARIELLO, Graciela. *Jorge Luis Borges y Osman Lins: Poética de la Lectura*. Rosario: Laborde Libros, 2007.

CARRERA, Elena. The Reception of Clarice Lispector via Hélène Cixous: Reading from the Whale's Belly. In: OLIVEIRA, Solange Ribeiro de; STILL, Judith (eds.). *Brazilian Feminisms*. Nottingham: University of Nottingham, 1999.

CASTAGNA, Gustavo J. La Generación del 60: Paradojas de un Mito. In: WOLF, Sergio (org.). *Cine Argentino: La Otra Historia*. Buenos Aires: Buena Letra, 1992.

CASTRO-KLARÉN, Sara. Introduction. In: CASTRO-KLARÉN, Sara (ed.). *A Companion to Latin American Literature and Culture*. West Sussex: Wiley-Blackwell, 2008.

____. "Writing With His Thumb in the Air": Coloniality, Past and Present. *The Narrow Pass of Our Nerves: Writing, Coloniality and Postcolonial Theory*. Madrid: Iberoamericana, 2011.

CASTRO ROCHA, João Cezar de. Oswald em Cena: O Pau-Brasil, o Brasileiro e o Antropófago. In: RUFINELLI, Jorge; CASTRO ROCHA, João Cezar de (orgs.). *Antropofagia Hoje?* São Paulo: É Realizações, 2011.

____. Uma Teoria de Exportação? Ou: "Antropofagia Como Visão do Mundo". In: RUFINELLI, Jorge; CASTRO ROCHA, João Cezar de (orgs.). *Antropofagia Hoje?* São Paulo: É Realizações, 2011.

CENTRO de Documentación e Investigación de la Cultura de Izquierdas en la Argentina. Flyer for *Contorno*, n. 2, Dedicated to Roberto Arlt, maio, 1954. Buenos Aires: CEDINCI, 2001.

CERDÁ, Marcelo. Los Directores de la Generación del 60 y las Relaciones Permeables Frente al Contexto Político y Social. In: LUSNICH, Ana Laura; PIEDRAS, Pablo (orgs.). *Una Historia del Cine Político y Social en Argentina: Formas, Estilos y Registros (1896–1969)*. Buenos Aires: Nueva Librería, 2009.

CHEAH, Pheng. Obscure Gifts: On Jacques Derrida. *Differences: A Journal of Feminist Cultural Studies*, v. 16, n. 3, 2005.

_____. Nondialectical Materialism. *Diacritics*, v. 38, n. 1-2, primavera-verão, 2008.

CHRISTENSEN, Peter G. Eric Fromm's Escape from Freedom: A Reference Point for Osman Lins' *Nove, Novena*. *Chasqui: Revista de Literatura Latinoamericana*, v. 23, n. 2, nov. 1994.

CIXOUS, Hélène. *Reading With Clarice Lispector*. Trad. Verena Andermatt Conley. Minneapolis: University of Minnesota Press, 1990.

CLÜVER, Claus. The "Ruptura" Proclaimed by Brazil's Self-Styled "Vanguardas" of the Fifties. In: HOPKINS, David (ed.). *Neo-Avant-Garde*. Amsterdam: Rodopi, 2006.

_____. The Noigandres Poets and Concrete Art. *Ciberletras*, n. 17, jul. 2007. Disponível em: <http://www.lehman.cuny.edu/ciberletras/v17/cluver.htm>. Acesso em: 11.03.2016.

CONTORNO, Editorial. Análisis del Frondizismo. *Contorno*, n. 9-10, ab. 1959.

COPETES Filmoteca. Filmoteca, Temas de cine-Copete "Dar la Cara". Elenco: José Martínez Suárez e Fernando Martín Peña. Videoclipe online. Youtube (18 de agosto de 2015). Disponível em: <https://www.youtube.com/watch?v=cHN2bBro Xtc>. Acesso em: 17.03.2016.

COUSELO, Jorge Miguel. Literatura y Cine Argentino. *Gaceta Literaria*, v. 20, n. 1, 1960.

CRESPI, Maximiliano. *El Revés y la Trama: Variaciones Críticas Sobre Viñas*. Bahía Blanca: 17grises, 2009.

CROCE, Marcela. *Contorno: Izquierda y Proyecto Cultural*. Buenos Aires: Colihue, 1996.

_____. *David Viñas Crítica de la Razón Polémica: Un Intelectual Argentino Heterodoxo Entre "Contorno" y Dios*. Buenos Aires: Suricata, 2005.

CZAJKA, Rodrigo. A Revista Civilização Brasileira: Projeto Editorial e Resistência Cultural 1965-1968. *Revista de Sociologia e Política*, v. 18, n. 35, fev. 2010.

DAR *la Cara*. Dir. José A. Martínez Suárez. Prod. Ernesto Kehoe Wilson, Saulo Benavente, David Swilich e Fernando Birri, 1962. Roteiro de David Viñas e José A. Martínez Suárez. Mus. Leandro "Gato" Barbieri. Elenco: Leonardo Favio, Raúl Parini, Luis Medina Castro, Pablo Moret, Nuria Torray, Ubaldo Martínez, Daniel de Alvarado, Lautaro Murúa, Guillermo Bredeston, Susana Mayo, Mariela Reyes, Dora Baret, Walter Santa Ana, José María Fra, Corrado Corradi, Héctor Pellegrini, Manuel Rosón, Nelly Tesolín, Alberto Gorzio, Augusto Fernandes, Cacho Espíndola, Eduardo Vener, António Pérez Tersol, Orlando Marconi, Mario Benigno, María Vener, Claude Vernet, Rosángela Balbo, Fernando Solanas, Adolfo Aristarain, Fernando Birri, Adelqui Camuso. Instituto Nacional de Cine ou Artes Audiovisuales/Cópia do Diretor, 2016. (DVD.)

DEBORD, Guy. *The Society of the Spectacle*. Trad. Donald Nicholson-Smith. New York: Zone Books, 1995.

DE LA CAMPA, Román. *Latin Americanism*. Minneapolis: University of Minnesota Press, 1999.

DELEUZE, Gilles. *Spinoza: Philosophie pratique*. [1981]. Paris: Minuit, 2003.

_____. *Spinoza: Practical Philosophy*. Trad. Robert Hurley. San Francisco: City Lights Books, 1988.

_____. *Différance et répétition*. [1968]. Paris: Presses Universitaires de France, 2015.

_____. *Difference and Repetition*. Trad. Paul Patton. New York: Columbia University Press, 1994.

REFERÊNCIAS BIBLIOGRÁFICAS 269

____. *Essays Critical and Clinical*. Trad. Daniel W. Smith e Michael A. Greco. Minneapolis: University of Minnesota Press, 1997.

____. A Literatura e a Vida. *Crítica e Clínica*. Trad. Peter Pál Pelbart. São Paulo: Editora 34, 1997.

____. *Le Pli: Leibniz et le baroque*. [1988]. Paris: Minuit, 1988.

____. *Proust and Signs*. Trad. Richard Howard. Minneapolis: University of Minnesota Press, 2000.

____. *The Fold: Leibniz and the Baroque*. 7. ed. Trad. Tom Conley. Minneapolis: University of Minnesota Press, 2007.

____. *Gilles Deleuze From A to Z With Claire Parnet*. Dir. Pierre-André Boutang. Trad. Charles Stivale. Cambridge: Mit Press, 2012. (DVD.)

DELEUZE, Gilles ; GUATTARI, Félix. *Kafka: Toward a Minor Literature*. Trad. Dana Polan. Minneapolis: University of Minnesota Press, 1986.

____. *Kafka: Pour une littérature mineure*. Paris: Minuit, 1975.

____. *L'Anti-Oedipe: Capitalisme et Schizophrénie 1*. Paris: Minuit, 1972.

____. *Mille Plateaux: Capitalisme et Schizophrénie 2*. Paris: Minuit, 1980.

____. *Mil Platôs: Capitalismo e Esquizofrenia*. V. 1. Trad. Aurélio Guerra Neto e Celia Pinto Costa. São Paulo, Editora 34, 2000.

____. *Mil Platôs: Capitalismo e Esquizofrenia*. V. 4. Trad. Suely Rolnik. São Paulo, Editora 34, 1997.

____. *O Anti-Edipo*. Trad. Luiz B.L. Orlandi. São Paulo: Editora 34, 2010.

____. Prefácio Para a Edição Italiana. *Mil Platôs: Capitalismo e Esquizofrenia*. V. 1. Trad. Aurélio Guerra Neto e Celia Pinto Costa. São Paulo, Editora 34, 2000.

____. *What Is Philosophy?* Trad. Hugh Tomlinson e Graham Burchell. New York: Columbia University Press, 1994.

____. *A Thousand Plateaus: Capitalism and Schizophrenia*. 8. ed. Trad. Brian Massumi. Minneapolis: University of Minnesota Press, 2000.

____. *Anti-Oedipus: Capitalism and Schizophrenia*. [1972]. Trad. Robert Hurley, Mark Seem e Helen R. Lane. Minneapolis: University of Minnesota Press, 2005.

DELEUZE, Gilles; PARNET, Claire. *Dialogues II*. Trad. Hugh Tomlinson e Barbara Habberjam. New York: Continuum, 2006.

____. *Dialogues*. [1996]. Paris: Flammarion, 2008.

DERRIDA, Jacques. *Positions*. Entretiens avec Henri Ronse, Julia Kristeva, Jean-Louis Houdebine, Guy Scarpetta. Paris: Minuit, 1972.

____. *Donner le temps*. Paris: Galilée, 1991.

____. *Given Time: I. Counterfeit Money*. Trad. Peggy Kamuf. Chicago: University of Chicago Press, 1992.

____. "This Strange Institution Called Literature": An Interview With Jacques Derrida. Trad. Geoffrey Bennington e Rachel Bowlby. In: ATTRIDGE, Derek (ed.). *Acts of Literature*. London: Routledge, 1992.

____. *Specters of Marx: The State of the Debt, the Work of Mourning, and the New International*. Trad. Peggy Kamuf. New York: Routledge, 1994.

____. *Voyous: Deux essais sur la raison*. Paris: Galilée, 2003.

____. *Rogues: Two Essays on Reason*. Trad. Pascale-Anne Brault e Michael Naas. Stanford: Stanford University Press, 2005.

DESALOMS, Daniel. *Vidas de Película: La Generación del 60*. Buenos Aires: La Crujía/DAC, 2013.

DÍAZ, Pablo. *David Viñas: Un Intelectual Irreverente*. Elenco: David Viñas, Beatriz Sarlo, Susana Santos, Léon Rozitchner et al. Prod. Luis I. Marsiletti e Pablo Díaz. 2008. Videoclipe online. Youtube, 2 jun. 2014. Acesso em: 21.03.2016.

DOVE, Patrick. *The Catastrophe of Modernity: Tragedy and the Nation in Latin American Literature*. Lewisburg: Bucknell University Press, 2004.

_____. *Literature and "Interregnum": Globalization, War, and the Crisis of Sovereignty in Latin America*. Albany: State University of New York Press, 2016.

DUNN, Christopher. Tropicália, Counterculture, and the Diasporic Imagination in Brazil. In: PERRONE, Charles; DUNN, Christopher (eds.). *Brazilian Popular Music and Globalization*. New York: Routledge, 2001.

_____. Experimentar o Experimental: Avant-Garde, Cultura Marginal, and Counterculture in Brazil, 1968–72. *Luso-Brazilian Review*, v. 50, n. 1, 2013.

_____. Desbunde and Its Discontents: Counterculture and Authoritarian Modernization in Brazil, 1968–1974. *The Americas*, v. 70, n. 3, jan. 2014.

_____. *Contracultura: Alternative Arts and Social Transformation in Authoritarian Brazil*. Chapel Hill: University of North Carolina Press, 2016.

EICHELBAUM, Edmundo. Primer Festival de Cine Argentino. *Gaceta Literaria*, v. 15, n. 3, 1958.

EL CANDIDATO. Dir. Fernando Ayala. Prod. Héctor Olivera, 1959. Elenco: Alfredo Alcon, Olga Zubarry, Duilio Marzio, Alberto Candeau, Iris Marga, Guillermo Battaglia, Héctor Calcaño. Roteiro de David Viñas e Fernando Ayala. Emerald Video/Aries Cinematográfica Argentina, 2008. (DVD.)

EL JEFE. Dir. Fernando Ayala. Prod. Héctor Olivera e Fernando Ayala. 1958. Elenco: Alberto de Mendoza, Duilio Marzio, Orestes Caviglia, Leonardo Favio, Luis Tasca, Graciela Borges, Ignacio Quirós, Ana Casares, Violeta Antier, Pablo Moret, Emilio Alfaro. Roteiro de David Viñas e Fernando Ayala. Emerald Video/Aries Cinematográfica Argentina, 2010. (DVD.)

ELOY MARTÍNEZ, Tomás. *La Obra de Ayala y Torre Nilsson en las Estructuras del Cine Argentino*. Buenos Aires: Ediciones Culturales Argentinas, Ministerio de Educación y Justica, Dirección General de Cultura, 1961.

EL SABIO, Alfonso X. Alfonso Reading His Canticles. In: BORDONA, Jesús Domínguez (ed.). *Spanish Illumination*. V. 1. New York: Hacker Art Books, 1969.

_____. Praises of the Virgin and the Archangel Gabriel. In: BORDONA, Jesús Domínguez (ed.). *Spanish Illumination*. V. 1. New York: Hacker Art Books, 1969.

ERBER, Pedro. The Word as Object: Concrete Poetry, Ideogram, and the Materialization of Language. *Luso-Brazilian Review*, v. 49, n. 2, 2012.

_____. *Breaching the Frame: The Rise of Contemporary Art in Brazil and Japan*. Berkeley: University of California Press, 2015.

ESEVERRI, Máximo. E-mail para o autor, 14 de março de 2016.

EWALD, François. Abas do Livro. *Mil Platôs: Capitalismo e Esquizofrenia*. V. 1. Trad. Aurélio Guerra Neto e Celia Pinto Costa. São Paulo, Editora 34, 2000.

FELDMAN, Simón. *La Generación del 60*. Buenos Aires: Instituto Nacional de Cinematografía, 1990.

FÉLIX, Moacyr. Nota Introdutória. PINTO, Álvaro Vieira; SILVEIRA, Ênio (orgs.). *Violão da Rua (II)*. Rio de Janeiro: Civilização Brasileira, 1962.

FERACHO, Lesley. Authorial Intervention in *A Hora da Estrela*: Metatextual and Structural Multiplicity. *Linking the Americas: Race, Hybrid Discourses, and the Reformulation of Feminine Identity*. Albany: State University of New York Press, 2005.

_____. Textual Cross-Gendering of the Self and the Other in Lispector's *A Hora da Estrela*. *Linking the Americas: Race, Hybrid Discourses, and the Reformulation of Feminine Identity*. Albany: State University of New York Press, 2005.

FERNANDES, Bernardo Mançano. The MST, Its Genealogy and the Struggle for Agrarian Reform in Brazil. In: VIEIRA, Else R.P. (ed.). *The Landless Voices Web Archive*. Trad. Malcolm K. McNee. 30 nov. 2014. Disponível em: <http://www.landless-voices.org/vieira/archive-05.phtml?rd=MSTITSSG356&ng=e&sc=3&th=42&se=0>.

REFERÊNCIAS BIBLIOGRÁFICAS   271

FERREIRA, Teresa Cristina Montero. *Eu Sou uma Pergunta: Uma Biografia de Clarice Lispector*. Rio de Janeiro: Rocco, 1999.

FERREIRA-PINTO BAILEY, Cristina. Clarice Lispector e a Crítica. In: FERREIRA-PINTO BAILEY, Cristina; ZILBERMAN, Regina (orgs.). *Clarice Lispector: Novos Aportes Críticos*. Pittsburgh: Instituto Internacional de Literatura Iberoamericana, 2007.

FITZ, Earl E. Point of View in Clarice Lispector's *A Hora da Estrela*. *Luso-Brazilian Review*, v. 19, n. 2, 1982.

_____. *Clarice Lispector*. Boston: Twayne, 1985.

_____. *Sexuality and Being in the Poststructuralist Universe of Clarice Lispector: The Différance of Desire*. Austin: University of Texas Press, 2001.

FITZ, Earl E.; PAYNE, Judith A. *Ambiguity and Gender in the New Novel of Brazil and Spanish America*. Iowa City: University of Iowa Press, 1993.

FOUCAULT, Michel. *Les Mots et les choses*. [1966]. Paris: Gallimard, 2011.

_____. *The Order of Things: An Archaeology of the Human Sciences*. [1966]. New York: Vintage, 1994.

FRANCHETTI, Paulo. *Alguns Aspectos da Teoria da Poesia Concreta*. 4. ed. Campinas: Editora da Unicamp, 1993.

FRANCO, Jean. From Modernization to Resistance: Latin American Literature 1959-1976. *Critical Passions: Selected Essays*. Durham: Duke University Press, 1999.

_____. *The Decline and Fall of the Lettered City: Latin America in the Cold War*. Durham: Duke University Press, 2002.

FRIZZI, Adria. Introduction. In: LINS, Osman. *Nine, Novena*. Trad. Adria Frizzi. Los Angeles: Sun & Moon, 1995.

_____. Osman Lins: An Introduction. *Review of Contemporary Fiction*, v. 15, n. 3, Fall 1995.

FRIZZI, Adria (trad.). Retable of Saint Joana Carolina. In: LINS, Osman. *Nine, Novena*. Los Angeles: Sun & Moon Press, 1995.

FRONDIZI, Arturo. *Mensajes Presidenciales, 1958-1962*. Buenos Aires: Centro de Estudios Nacionales, 1978.

FUENTES, Carlos. *La Nueva Narrativa Hispanoamericana*. Cidade do México: Cuadernos de Joaquín Mortiz, 1969.

FUGANTI, Luiz. Agenciamento. Disponível em: <https://escolanomade.org/2016/02/24/agenciamento/>. Acesso em: 22.08.2020.

FUKELMAN, Clarisse. Escreves Estrelas (Ora, Direis). In: LISPECTOR, Clarice. *A Hora de Estrela*. Rio de Janeiro: Record, 1984.

GALLINA, Mario. *Estoy Hecho de Cine: Conversaciones de José Martínez Suárez con Mario Gallina*. Buenos Aires: Prosa y Poesía Amerian Editores, 2013.

GARRELS, Elizabeth. Resumen de la Discusión. In: RAMA, Ángel (org.). *Más Allá del Boom: Literatura y Mercado*. Buenos Aires: Folios, 1984.

GETINO, Octavio. Some Notes on the Concept of a Third Cinema. MARTIN, Michael T. (ed.). *New Latin American Cinema*. V. 1. Detroit: Wayne State University Press, 2006.

GILLES *Deleuze From A to Z*. Pierre-André Boutang. Participantes: Gilles Deleuze e Claire Parnet. Trad. Charles J. Stivale. Cambridge: Mit Press, 2011. (DVD.)

GILMAN, Claudia. *Entre la Pluma y el Fusil: Debates y Dilemas del Escritor Revolucionario en América Latina*. Buenos Aires: Siglo Veintiuno, 2003.

GIRONDO, Oliverio. Manifiesto de "Martín Fierro". *Revista Martín Fierro 1924-1927: Edición Facsimilar*. Buenos Aires: Fondo Nacional de las Artes, 1995.

GIUNTA, Andrea. *Avant-Garde, Internationalism, and Politics: Argentine Art in the Sixties*. Trad. Peter Kahn. Durham: Duke University Press, 2007.

GOODCHILD, Phillip. *Deleuze and Guattari: An Introduction to the Politics of Desire*. London & Thousand Oaks, CA: SAGE Publications, 1996.

GODOY LADEIRA, Julieta de. Osman Lins: Crossing Frontiers. Trad. Adria Frizzi. *Review of Contemporary Fiction*, v. 15, n. 3, outono, 1995.

GOTLIB, Nádia Batella. *Clarice: Uma Vida Que Se Conta*. São Paulo: Ática, 1995.

_____. *Clarice Fotobiografiada*. São Paulo: Edusp/Imprensa Oficial, 2007.

GRAFF ZIVIN, Erin. Aporias of Marranismo: Sabina Berman's *En el Nombre de Dios* and Jom Tob Azulay's *O Judeu*. CR: *The New Centennial Review*, v. 12, n. 3, 2012.

_____. Beyond Inquisitional Logic, or, Toward an An-archaeological Latin Americanism. CR: *The New Centennial Review*, v. 14, n. 1, 2014.

_____. *Figurative Inquisitions: Conversion, Torture, and Truth in the Luso-Hispanic Atlantic*. Evanston: Northwestern University Press, 2014.

GRAFF ZIVIN, Erin (ed.). *The Marrano Specter: Derrida and Hispanism*. New York: Fordham University Press, 2018.

GREENE, Roland. The Concrete Historical. *Harvard Library Bulletin*, v. 3, n. 2, verão, 1992.

_____. Inter-American Obversals: Allen Ginsberg and Haroldo de Campos circa 1960. *Xul: Revista de Poesia, 5 +5, 2005*. Acesso em: 27.02.2014. Disponível em: <www.bc.edu/research/xul/5+5/greene.htm>.

GROSS, Sue Anderson. Religious Sectarianism in the Sertão of Northeast Brazil 1815-1966. *Journal of Inter-American Studies*, v. 10, n. 3 jul. 1968.

GUIMARÃES ROSA, João. *Grande Sertão: Veredas*. Rio de Janeiro: José Olympio, 1971.

GULLAR, Ferreira. A Bomba Suja. In: PINTO, Álvaro Vieira; SILVEIRA, Ênio (orgs.). *Violão da Rua (II)*. Rio de Janeiro: Civilização Brasileira, 1962.

_____. João Boa Morte. In: PINTO, Álvaro Vieira; SILVEIRA, Ênio (orgs.). *Violão da Rua (I)*. Rio de Janeiro: Civilização Brasileira, 1962.

_____. Que Fazer? In: PINTO, Álvaro Vieira; SILVEIRA, Ênio (orgs.). *Violão da Rua (II)*. Rio de Janeiro: Civilização Brasileira, 1962.

HALPERÍN DONGHI, Tulio. *The Contemporary History of Latin America*. Trad. John Charles Chasteen. Durham: Duke University Press, 1993.

HARDT, Michael; NEGRI, Antonio. *Multitude: War and Democracy in the Age of Empire*. New York: Penguin, 2004.

HEDRICK, Tace. "Mãe É Para Isso": Gender, Writing and English Language Translation in Clarice Lispector. *Luso-Brazilian Review*, v. 41, n. 2, 2005.

HELENA, Lucia. *Totens e Tabus da Modernidade Brasileira: Símbolo e Alegoria na Obra de Oswald de Andrade*. Rio de Janeiro: Universidade Federal Fluminense/CEUFF, 1985.

_____. A Problematização da Narrativa em Clarice Lispector. *Hispania*, v. 75, n. 5, 1992.

_____. *Nem Musa, Nem Medusa: Itinerários da Escrita em Clarice Lispector*. Niterói: Editora da Universidade Federal Fluminense, 1997.

HOUAISS, Antônio. *Seis Poetas e um Problema*. Rio de Janeiro: Tecnoprint Gráfica, 1967.

IGEL, Regina. *Osman Lins: Uma Biografia Literária*. São Paulo: T.A. Queiroz, 1988.

"INFRA". Online Etymology. Disponível em: <http://www.etymonline.com/index.php?-term=infra->. Acesso em: 31.12.2014.

INFRAPOLÍTICA y Posthegemonía. Edição especial de *debats*, v. 128, n. 3, 2015.

IRIGARAY, Luce. *Ce sexe qui n'en est pas un*. Paris: Minuit, 1977.

_____. *This Sex Which Is Not One*. Trad. Catherine Porter. Ithaca: Cornell University Press, 1985.

_____. *Why Different? A Culture of Two Subjects*. Trad. Camille Collins. New York: Semiotext(e), 2000.

_____. *Conversations*. Com Stephen Pluhácek, Heidi Bostec, Judith Still, Michael Stone, Andrea Wheeler, Gillian Howie, Margaret R. Miles, Laine M. Harrington, Helen A. Fielding, Elizabeth Grosz, Michael Worton, e Birgitte H. Middtun. New York: Continuum, 2008.

REFERÊNCIAS BIBLIOGRÁFICAS 273

JACKSON, K. David. *A Prosa Vanguardista na Literatura Brasileira: Oswald de Andrade*. São Paulo: Perspectiva, 1978.

_____. *Cannibal Angels: Transatlantic Modernism and the Brazilian Avant-Garde*. Oxford/New York: Peter Lang, 2021.

_____. Literature of the São Paulo Week of Modern Art. *Texas Papers on Latin America*. Austin: Institute of Latin American Studies, University of Texas at Austin, 1987.

_____. Music of the Spheres in *Galáxias*. In: JACKSON, K. David (ed.). *Haroldo de Campos: A Dialogue With the Brazilian Concrete Poet*. Oxford: Centre for Brazilian Studies, 2005.

_____. Traveling in Haroldo de Campos's *Galáxias*: A Guide and Notes for the Reader. *Ciberletras*, n. 17, jul. 2007. Disponível em: <http://www.lehman.cuny.edu/ciberletras/v17/jackson.htm>. Acesso em: 04.01.2015.

JAMESON, Fredric. *The Political Unconscious: Narrative as a Socially Symbolic Act*. Ithaca: Cornell University Press, 1981.

JÁUREGUI, Carlos A. *Canibalia: Canibalismo, Calibanismo, Antropofagia Cultural y Consumo en América Latina*. Madrid: Iberoamericana, 2005.

_____. Anthropophagy. In: IRWIN, Robert McKee; SZURMUK, Mónica (eds.). *Dictionary of Latin American Cultural Studies*. Gainesville: University Press of Florida, 2012.

JITRIK, Noé. *El Escritor Argentino: Dependencia o Libertad*. Buenos Aires: Candil, 1967.

JOHNSON, Adriana Michéle Campos. *Sentencing Canudos: Subalternity in the Backlands of Brazil*. Pittsburgh: University of Pittsburgh Press, 2010.

JOHNSON, David E. The Time of Translation: The Border of American Literature. In: MICHAELSON, Scott; JOHNSON, David E. (eds.). *Border Theory: The Limits of Cultural Politics*. Minneapolis: University of Minnesota Press, 1997.

_____. How (Not) to Do Latin American Studies. *South Atlantic Quarterly*, v. 106, n. 1, 2007.

JUNKES BUENO MARTHA-TONETO, Diana. *As Razões da Máquina Antropofágica: Poesia e Sincronia em Haroldo de Campos*. São Paulo: Editora Unesp, 2013.

KATRA, William H. *Contorno: Literary Engagement in Post-Peronist Argentina*. Rutherford: Associated University Presses, 1988.

KLOBUKA, Ana. Hélène Cixous and the Hour of Clarice Lispector. *SubStance*, v. 23, n. 1, 1994.

KOZAK, Daniela. *La Mirada Cinéfila: La Modernización de la Crítica en la Revista Tiempo de Cine*. Mar del Plata: 28. Festival Internacional de Cine de Mar del Plata, 2013.

_____. *La Mirada Cinéfila: La Modernización de la Crítica en la Revista Tiempo de Cine*. Edição revisada e expandida. Buenos Aires: Eudeba, no prelo.

LANDINI, Carlos. *Héctor Olivera*. Buenos Aires: Centro Editor de América Latina, 1993.

LARRA, Raúl. *Roberto Arlt: El Torturado*. Buenos Aires: Alpe, 1956.

LARSEN, Neil. Modernism as Cultura Brasileira: Eating the Torn Halves. *Modernism and Hegemony: A Materialist Critique of Aesthetic Agencies*. Minneapolis: University of Minnesota Press, 1990.

LATIN American Subaltern Studies Group. "Founding Statement". In: BEVERLEY, John; OVIEDO, José; ARONNA, Michael (eds.). *The Postmodernism Debate in Latin America*. Durham: Duke University Presses, 1995.

LATIN American Subaltern Studies Revisited. Ed. Gustavo Verdesio. Edição Especial da *Dispositio*, v. 25, n. 52, 2005.

LEGRÁS, Horacio. *Literature and Subjection: The Economy of Writing and Marginality in Latin America*. Pittsburgh: University of Pittsburgh Press, 2008.

_____. David Viñas (Buenos Aires, 1929-2011). *Revista de Crítica Literaria Latinoamericana*, ano 37, n. 73, 2011.

LERNER, Julio. A Última Entrevista de Clarice Lispector. *Shalom*, n. 296, jun.-ago. 1992.

LEVINSON, Brett. The Bind between Deconstruction and Subalternity, or the Latin

Americanist Nation. *The Ends of Literature: The Latin American "Boom" in the Neoliberal Marketplace*. Stanford: Stanford University Press, 2001.

_____. The Ends of Literature as a Neoliberal Act. *The Ends of Literature: The Latin American "Boom" in the Neoliberal Marketplace*. Stanford: Stanford University Press, 2001.

_____. *The Ends of Literature: The Latin American "Boom" in the Neoliberal Marketplace*. Stanford: Stanford University Press, 2001.

LÉVI-STRAUSS, Claude. *La Pensée sauvage*. Paris: Plon, 1962.

LIMA, Luís Costa. "Oswald de Andrade". In: AZEVEDO FILHO, Leodegário Amarante de (org.). *Poetas do Modernismo: Antologia Crítica*. V. 1. Brasília: Instituto Nacional do Livro, 1972.

LINDSTROM, Naomi. Autonomy and Dependency. *The Social Consciousness of Latin American Writing*. Austin: University of Texas Press, 1998.

_____. The Pattern of Allusions in Clarice Lispector. *Luso-Brazilian Review*, v. 36, n. 1, 1999.

LINK, Daniel. Recorridos Por Viñas: Tecnología y Desperdicios. *La Chancha con Cadenas: Doce Ensayos de Literatura Argentina*. Buenos Aires: Eclipse, 1994.

LINS, Osman. Typescript, "Nono Mistério". Acervo de Osman Lins. Rio de Janeiro: Fundação Casa de Rui Barbosa, [s.d.].

_____. Nota Manuscrita, "Retábulo de Santa Joana Carolina". Acervo de Osman Lins. Rio de Janeiro: Fundação Casa de Rui Barbosa, [s.d.].

_____. Cartas a Maryvonne Lapouge, 4 de maio de 1969, 11 de agosto de 1969. Acervo de Osman Lins. Rio de Janeiro: Fundação Casa de Rui Barbosa, [s.d.].

_____. Cartas a Sandra Nitrini, 25 março de 1975, 28 de abril de 1975. Acervo de Osman Lins. Rio de Janeiro: Fundação Casa de Rui Barbosa, [s.d.].

_____. *Avalovara*. São Paulo: Melhoramentos, 1973.

_____. *Guerra Sem Testemunhas: O Escritor, Sua Condição e a Realidade Social*. 2. ed. São Paulo: Ática, 1974.

_____. Carta a Haroldo de Campos, 4 de outubro de 1974. Coleção pessoal, Sandra Nitrini.

_____. *O Ideal da Glória: Problemas Inculturais Brasileiros*. São Paulo: Summus, 1979.

_____. *Evangelho na Taba: Outros Problemas Inculturais Brasileiros*. São Paulo: Summus, 1979.

_____. *Nove, Novena*. [1966]. São Paulo: Companhia das Letras, 1994.

_____. Retábulo de Santa Joana Carolina. *Nove, Novena*. [1966]. São Paulo: Companhia das Letras, 1994.

_____. Retable of Saint Joana Carolina. *Nine, Novena*. Trad. Adria Frizzi. Los Angeles: Sun & Moon, 1995.

LISPECTOR, Clarice. Literatura e Justiça. *A Legião Estrangeira: Contos e Crônicas*. Rio de Janeiro: Editora do Autor, 1964.

_____. *Água Viva*. Rio de Janeiro: Artenova, 1973.

_____. *A Via Crucis do Corpo*. Rio de Janeiro: Rocco, 1974.

_____. *A Hora da Estrela*. 6. ed. Rio de Janeiro: José Olympio, 1981.

_____. *A Hora da Estrela*. [1977]. Rio de Janeiro: Rocco, 1998.

_____. *Outros Escritos*. Rio de Janeiro: Rocco, 2005.

_____. *Interview with Clarice Lispector* - São Paulo, 1977. Disponível: <https://www.youtube.com/watch?v=w1zwGLBpuls>. Acesso em: 24.11.2020.

_____. *Revista Piauí*. Macabéa Quando Vem Para o Rio: Nota Manuscrita de Clarice Lispector e Olga Borelli. 03 jan. 2012. Disponível: <http: //revistapiaui.estadao.com.br/blogs/questoes-manuscritas/geral/manuscrito-nedito-de-clarice-lispector>. Acesso em: 19.02.2014.

MOMA LEARNING. Marcel Duchamp and the Readymade. Museu de Arte Moderna. Disponível: < https://www.moma.org/learn/moma_learning/themes/dada/marcel-duchamp-and-the-readymade/>. Acesso em: 29.09.2020.

REFERÊNCIAS BIBLIOGRÁFICAS   275

_____. Morte de Maca: Notas Manuscritas Para os Parágrafos 483, 484 e 488 de *A Hora da Estrela*. Notas de Clarice Lispector e Olga Borelli. Instituto Moreira Salles. Disponível: <http: //claricelispectorims.com.br/v1/Ims/view/80>. Acesso em: 19.02.2014.

LUDMER, Josefina. David Viñas: Una Semblanza. In: RINESI, Eduardo et al. (orgs.). *David Viñas: Tonos de la Crítica*. Buenos Aires: Textos Institucionales, 2011.

LUND, Joshua. *The Impure Imagination: Toward a Critical Hybridity in Latin American Writing*. Minneapolis: University of Minnesota Press, 2006.

MACHADO, Álvaro Manuel. Osman Lins e a Nova Cosmogonia Latino-Americana. *Colóquio Letras*, n. 33, set. 1976.

MACIEL, Maria Esther. Utopian Remains: The Matter of the Landless Peasants in Brazilian Contemporary Art. Trad. Thomas Burns. Homepage de Maria Esther Maciel. Disponível em: <http: //www.letras.ufmg.br/esthermaciel/landless.html>. Acesso em: 29.11.2014.

MADDALENA, Maestro della. *Retábulo da Virgem Com o Menino*. Têmpera em madeira. *Les Arts Decoratifs*. Imagem digital. Disponível em: <http: //www.lesartsdecoratifs.fr/francais/arts-decoratifs/collections-26/parcours-27/chronologique/moyen--age-renaissance/les-salles/le-gothique-international/retable-de-la-vierge-a-l-enfant-527>. Acesso em: 06.12.2014.

MADUREIRA, Luís. *Cannibal Modernities: Postcoloniality and the Avant-Garde in Caribbean and Brazilian Literature*. Charlottesville: University of Virginia Press, 2005.

MAHIEUX, Viviane. *Urban Chroniclers in Modern Latin America: The Shared Intimacy of Everyday Life*. Austin: University of Texas Press, 2011.

MARTÍNEZ SUÁREZ, José. Dar la Cara. *Cineclub La Rosa*. Disponível em: <http: //cineclublarosa.blogspot.com/2013/09/martinez-suarez-habla-de-dar-la-cara.html>. Acesso em: 10.12.2014.

MARTÍNEZ SUÁREZ, José. E-mails para o autor, 26 de fevereiro de 2016, 29 de fevereiro de 2016, 3 de março de 2016, 14 de março de 2016.

MARTÍN PEÑA, Fernando (org.). *60 Generaciones, 90 Generaciones: Cine Argentino Independiente*. Buenos Aires: Museo Latinoamericano de Buenos Aires-Colección Constantini/Instituto Torcuato Di Tella/Revista Film, 2003.

MARTINS, Sérgio B. *Constructing an Avant-Garde: Art in Brazil, 1949–1979*. Cambridge: MIT Press, 2013.

MASIELLO, Francine. Argentine Literary Journalism: The Production of a Critical Discourse. *Latin American Research Review*, v. 20, n. 1, 1985.

_____. *Lenguaje e Ideología: Las Escuelas Argentinas de Vanguardia*. Buenos Aires: Hachette, 1986.

_____. *El Cuerpo de la Voz: Poesía, Ética y Cultura*. Rosario: UNR, 2013.

MASOTTA, Oscar. Explicación de *Un Dios Cotidiano. Conciencia y Estructura*. Buenos Aires: Jorge Álvarez, 1969.

MATERIAL Poetry of the Renaissance/The Renaissance of Material Poetry. Edição especial do *Harvard Library Bulletin*, v. 3, n. 2, verão, 1992.

MCLUHAN, Marshall; FIORE, Quentin. *The Medium is the Message: An Inventory of Effects*. Coord. Jerome Agel. New York/Toronto: Random House, 1967.

MCGUIRK, Bernard. Laughin Again He's Awake: Haroldo de Campos à L'Oreille de Celte. In: MCGUIRK Bernard ; VIEIRA, Else R.P. (eds.). *Haroldo de Campos in Conversation*. London: Zolius, 2009.

MEDEIROS, Paulo de. Clarice Lispector and the Question of the Nation. In: PAZOS, Cláudia; WILLIAMS, Claire (eds.). *Closer to the Wild Heart: Essays on Clarice Lispector*. Oxford: European Humanities Research Centre, 2002.

MENDONÇA, Antônio Sérgio. *Poesia de Vanguarda no Brasil: De Oswald de Andrade ao Concretismo e o Poema Processo*. Rio de Janeiro: Vozes, 1970.

MENDONÇA, Antônio Sérgio; SÁ, Alvaro de. *Poesia de Vanguarda no Brasil: De Oswald de Andrade ao Poema Visual*. Rio de Janeiro: Antares, 1983.

MENDONÇA, Julio. A Poesia Concreta de Augusto de Campos. *Carta Educação*, 17 jun. 2016. Disponível em: <http://www.cartaeducacao.com.br/aulas/medio/a-poesia--concreta-de-augusto-de-campos/>. Acesso em: 09.10.2016.

MIGNOLO, Walter. Signs and Their Transmission: The Question of the Book in the New World. In: BOONE, Elizabeth Hill; MIGNOLO, Walter D. (eds.). *Writing Without Words: Alternative Literacies in Mesoamerica and the Andes*. Durham: Duke University Press, 1994.

_____. Writing and Recorded Knowledge in Colonial and Postcolonial Situations. In: BOONE, Elizabeth Hill; MIGNOLO, Walter D. (eds.). *Writing Without Words: Alternative Literacies in Mesoamerica and the Andes*. Durham: Duke University Press, 1994.

MÓBILE. Invenção 3: Informações. *Invenção: Revista de Arte de Vanguarda*, n. 3, jun. 1963.

MONTERO FERREIRA, Teresa Cristina. *Eu Sou uma Pergunta: Uma Biografia de Clarice Lispector*. Rio de Janeiro: Rocco, 1999.

MORAÑA, Mabel. Barroco y Transculturación. *Crítica Impura*. Madrid: Iberoamericana, 2004.

_____. Baroque/Neobaroque/Ultrabaroque: Disruptive Readings of Modernity. Trad. Gerardo Garza. In: MORAÑA, Mabel (ed.). *Ideologies of Hispanism*. Nashville: Vanderbilt University Press, 2005.

_____. Ideología de la Transculturación. *La Escritura del Límite*. Madrid: Iberoamericana, 2010.

_____. Postscríptum: El Afecto en la Caja de las Herramientas. In: MORAÑA, Mabel; PRADO, Ignacio M. Sánchez (orgs.). *El Lenguaje de las Emociones: Afecto y Cultura en América Latina*. Madrid: Iberoamericana, 2012.

MOREIRAS, Alberto. *Tercer Espacio: Literatura y Duelo en América Latina*. Santiago: Universidad Arcis, 1999.

_____. *The Exhaustion of Difference: The Politics of Latin American Cultural Studies*. Durham: Duke University Press, 2001.

_____. Mules and Snakes: On the Neo-Baroque Principle of De-Localization. In: MORAÑA, Mabel (ed.). *Ideologies of Hispanism*. Nashville: Vanderbilt University Press, 2005.

_____. *Línea de Sombra: El no Sujeto de lo Político*. Santiago: Palinodia, 2006.

_____. Newness, World Language, Alterity: On Borges's Mark. In: EGGINTON, William; JOHNSON David E. (eds.). *Thinking With Borges*. Aurora: Davies Group, 2009.

_____. Infrapolitical Literature: Hispanism and the Border. CR: *The New Centennial Review*, v. 10, n. 2, 2010.

_____. Common Political Democracy: The Marrano Register. In: SUSSMAN, Henry (ed.). *Impasses of the Post-Global: Theory in the Era of Climate Change*. V. 2. Ann Arbor: Open Humanities, 2012. Disponível em: <http://quod.lib.umich.edu/o/ohp/10803281.0001.001/1: 10/--impasses-of-the-post-global-theory-in-the-era-of-climate?rgn=div1;view=fulltext>. Acesso em: 23.09.2016.

_____. From Melodrama to Thriller. *Iberian Postcolonialities I: A Metahistory of the Practices of Material Power*. São Francisco (Cal.): LASA International Congress, 25 maio 2012.

_____. Posthegemonía, o Más allá del Principio del Placer. *alter/nativas*, n. 1, 2013.

MOREIRAS, Alberto; VILLACAÑAS, José Luis. Introduction: Latin American Postcolonialities. *Iberian Postcolonialities: Proposal Document 2*, agosto, 2010, Copyright Department of Hispanic Studies, Texas A&M University. Disponível em: <http://hisp.tamu.edu/research/proposaldoc2.html>. Acesso em: 19.07.2014.

REFERÊNCIAS BIBLIOGRÁFICAS 277

MORETTI, Franco. *Modern Epic: The World System from Goethe to García-Márquez*. Trad. Quintin Hoare. London: Verso, 1996.

MOSER, Benjamin. *Why This World? A Biography of Clarice Lispector*. Oxford: Oxford University Press, 2009.

MUÑOZ, Gerardo. Posthegemony and the Crisis of Constitutionalism in the United States. Paper presented at "All'ombra del Leviatano: tra biopolitica e postegemonia". (Universitá Roma Tre, May 2017). Disponível em: <https://infrapolitica.com/2017/05/23/posthegemony-and-the-crisis-of-constitutionalism-in-the-united-states-paper--presented-at-allombra-del-leviatano-tra-biopolitica-e-posegemonia-universita--roma-tre-may-2017-by-gerardo/>. Acesso em: 23.08.2020.

NAMORATO, Luciana. A Tentação do Silêncio em "Ela Não Sabe Gritar" (ou a "A Hora da Estrela") de Clarice Lispector. *Hispania*, v. 94, n. 1, 2011.

NANCY, Jean-Luc. *La Communauté desoeuvrée*. [1986]. Paris: Christian Bourgois Éditeur, 1999.

_____. *The Inoperative Community*. Org. por Peter Connor. Trad. Peter Connor, Lisa Garbus, Michael Holland e Simona Sawhney. Minneapolis: University of Minnesota Press, 1991.

NEGRI, Antonio. *Insurgencies: Constituent Power and the Modern State*. Trad. Maurizia Boscagli. Minneapolis: University of Minnesota Press, 1999.

NITRINI, Sandra. Carta a Maryvonne Lapouge, 4 de maio de 1969. Acervo de Osman Lins. Rio de Janeiro: Fundação Casa de Rui Barbosa, [s.d.].

_____. *Poéticas em Confronto: "Nove, Novena" e o Novo Romance*. São Paulo: Hucitec, 1987.

_____. *Transfigurações: Ensaios Sobre a Obra de Osman Lins*. São Paulo: Hucitec, 2010.

NOVO *Aurélio Século XXI: O Dicionário da Língua Portuguesa*. 3. ed. Rio de Janeiro: Nova Fronteira, 1999.

NUNES, Benedito. *Oswald Canibal*. São Paulo: Perspectiva, 1979.

_____. O Movimento da Escritura. *O Drama da Linguagem: Uma Leitura de Clarice Lispector*. São Paulo: Ática, 1989.

_____. Narration in Many Voices. Trad. Linda Ledford-Miller. *Review of Contemporary Fiction*, v. 15, n. 3, Fall 1995.

OLEA, Héctor. Versions, Inversions, Subversions: The Artist as Theoretician. In: RAMÍREZ, Mari Carmen; OLEA, Héctor (eds.). *Inverted Utopias: Avant-Garde Art in Latin America*. New Haven: Yale University Press, 2004.

OLIVERA, Héctor. Prólogo. In: VIÑAS, David; AYALA, Fernando. *El Jefe*. Buenos Aires: Biblos Argentores, 2013.

ORELLANA, Rodrigo Castro (org.). *Poshegemonía: El Final de un Paradigma de la Filosofía Política en América Latina*. Madrid: Biblioteca Nueva, 2015.

ORGAMBIDE, Pedro G. Resenha de *Los Dueños de la Tierra*. *Gaceta Literaria*, v. 18, n. 1, 1959.

ORGAMBIDE, Pedro G.; SEIGUERMAN, Osvaldo. Encrucijada y Rebeldía. *Gaceta Literaria*, ano 3, n. 15, set.-oct. 1958.

PASSOS, José Luiz. *Ruínas das Linhas Puras: Quatro Ensaios em Torno a Macunaíma*. São Paulo: Annablume, 1998.

PEIXOTO, Marta. Rape and Textual Violence in Clarice Lispector. In: HIGGINS, Lynn A.; SILVER, Brenda R. (eds.). *Rape and Representation*. New York: Columbia University Press, 1991.

_____. *Passionate Fictions: Gender, Narrative, and Violence in Clarice Lispector*. Minneapolis: University of Minnesota Press, 1994.

_____. "Fatos São Pedras Duras": Urban Poverty in Clarice Lispector. In: PAZOS, Cláudia; WILLIAMS, Claire (eds.). *Closer to the Wild Heart: Essays on Clarice Lispector*. Oxford: European Humanities Research Centre, 2002.

PÉREZ LLHAÍ, Adrián Marcos. El Cine: Una Política de la Ciudad. In: RINESI, Eduardo et al. (orgs.). *David Viñas: Tonos de la Crítica*. Los Polvorines: Universidad Nacional de General Sarmiento, 2011.

PERLOFF, Marjorie. Brazilian Concrete Poetry: How It Looks Today; An Interview with Haroldo and Augusto de Campos. In: JACKSON, K. David (ed.). *Haroldo de Campos: A Dialogue With the Brazilian Concrete Poet*. Oxford: Centre for Brazilian Studies, 2005.

_____. Concrete Prose in the Nineties: *Galáxias* and After". In: JACKSON, K. David (ed.). *Haroldo de Campos: A Dialogue With the Brazilian Concrete Poet*. Oxford: Centre for Brazilian Studies, 2005.

PERRONE, Charles A. *Masters of Contemporary Brazilian Song: MPB 1965–1985*. Austin: University of Texas Press, 1989.

_____. *Seven Faces: Brazilian Poetry Since Modernism*. Durham: Duke University Press, 1996.

_____. Presentation and Representation of Self and City in Paulicéia Desvairada. *Chasqui*, v. 31, n. 1, may 2002.

_____. *Brazil, Lyric, and the Americas*. Gainesville: University Press of Florida, 2010.

PERRONE, Charles A.; DUNN, Christopher. *Brazilian Popular Music and Globalization*. New York: Routledge, 2001.

PIGNATARI, Décio. beba coca cola. In: PIGNATARI, Décio; CAMPOS, Haroldo de; CAMPOS, Augusto de; AZEREDO, Ronaldo; GRÜNEWALD, José Lino (eds.). *Antologia Noigandres do Verso à Poesia Concreta*. São Paulo: Massao Ohno, 1962.

_____. Entrevista. *Contracomunicação*. Cotia: Ateliê, 2004.

_____. Situação Atual da Poesia no Brasil. *Invenção: Revista de Arte de Vanguarda*, n. 1, 1962.

_____. Marco Zero de Andrade. *Alfa: Revista de Linguística*, v. 5-6, mar. 1964.

_____. stèle pour vivre n°3 estela cubana. *Invenção: Revista de Arte de Vanguarda*, n. 2, 1964.

_____. Tempo: Invenção e Inversão. Prefácio. In: ANDRADE, Oswald de. *Um Homem Sem Profissão: Sob as Ordens de Mamãe*. São Paulo: Globo, 1990.

_____. *A Cultura Pós-Nacionalista*. Rio de Janeiro: Imago, 1998.

_____. *Errâncias*. São Paulo: Senac, 1999.

_____. *Contracomunicação*. Cotia: Ateliê, 2004.

_____. nova poesia: concreta (manifesto). *Teoria da Poesia Concreta: Textos Críticos e Manifestos (1950-1960)*. Cotia: Ateliê, 2006.

_____. Vanguarda como Antiliteratura. *Contracomunicação*. Cotia: Ateliê, 2004.

PIGNATARI, Décio; NANIA, José. estela ao pensamento bruto oswald de andrade. *Invenção: Revista de Arte de Vanguarda*, n. 4, 1964.

PIGNATARI, Décio; PINTO, Luiz Angelo. Nova Linguagem, Nova Poesia. *Invenção: Revista de Arte de Vanguarda*, n. 4, 1964.

PODALSKY, Laura. *Specular City: Transforming Culture, Consumption, and Space in Buenos Aires, 1955-1973*. Philadelphia: Temple University Press, 2004.

POETICS *of the Avant-Garde*. Edição especial da *Poetics Today*, v. 3, n. 3, 1982.

PONTIERO, Giovanni. Afterword. *The Hour of the Star*. Trad. Giovanni Pontiero. New York: New Directions, 1992.

PORTANTIERO, Juan Carlos; WALSH, Rodolfo; URONDO, Francisco. Literatura Argentina del Siglo XX. *Panorama Actual de la Literatura Latinoamericana*. Madrid: Fundamentos, 1971.

POUND, Ezra. *Make It New: Essays by Ezra Pound*. New Haven: Yale University Press, 1935.

_____. *Guide to Kulchur*. [1938]. New York: New Directions, 1952.

_____. How to Read. In: ELIOT, T.S. (ed.). *Literary Essays of Ezra Pound*. New York: New Directions, 1968.

PREFÁCIO a *Invenção: Revista de Arte de Vanguarda*, n. 4, dez. 1964.

REFERÊNCIAS BIBLIOGRÁFICAS 279

PRICE, Rachel. *The Object of the Atlantic: Concrete Aesthetics in Cuba, Brazil, and Spain, 1868-1968*. Evanston: Northwestern University Press, 2014.

RABASA, José. *Writing Violence on the Northern Frontier: The Historiography of Sixteenth-Century New Mexico and Florida and the Legacy of Conquest*. Durham: Duke University Press, 2000.

_____. The Comparative Frame in Subaltern Studies. *Postcolonial Studies*, v. 8, n. 4, 2005.

_____. Elsewheres: Radical Relativism and the Frontiers of Empire. *Qui Parle*, v. 16, n. 1, verão, 2006.

_____. *Without History: Subaltern Studies, the Zapatista Insurgency, and the Specter of History*. Pittsburgh: University of Pittsburgh Press, 2010.

RAMA, Ángel. *Transculturación Narrativa en América Latina*. Cidade do México: Siglo Veintiuno, 1982.

_____. El "Boom" en Perspectiva. In: RAMA, Ángel (org.). *Más allá del Boom: Literatura y Mercado*. Buenos Aires: Folios, 1984.

_____. *La Ciudad Letrada*. Hanover: Del Norte, 1984.

RAMA, Ángel (org.). *Más allá del Boom: Literatura y Mercado*. Buenos Aires: Folios, 1984.

RAMÍREZ, Mari Carmen. A Highly Topical Utopia: Some Outstanding Features of the Avant-Garde in Latin America. In: RAMÍREZ, Mari Carmen; OLEA, Héctor. *Inverted Utopias: Avant-Garde Art in Latin America*. New Haven: Yale University Press, 2004.

_____. Prologue. In: RAMÍREZ, Mari Carmen; OLEA, Héctor. *Inverted Utopias: Avant-Garde Art in Latin America*. New Haven: Yale University Press, 2004.

_____. Vital Structures: The Constructive Nexus in South America. In: RAMÍREZ, Mari Carmen; OLEA, Héctor. *Inverted Utopias: Avant-Garde Art in Latin America*. New Haven: Yale University Press, 2004.

RAMOS, Julio. *Divergent Modernities: Culture and Politics in Nineteenth Century Latin America*. Trad. John D. Blanco. Durham: Duke University Press, 2001.

_____. The Other's Knowledge: Writing and Orality in Sarmiento's Facundo. *Divergent Modernities: Culture and Politics in Nineteenth Century Latin America*. Trad. John D. Blanco. Durham: Duke University Press, 2001.

_____. *Desencuentros de la Modernidad en América Latina: Literatura y Política en el Siglo XIX*. Santiago y San Juan: Cuarto Propio/Callejón, 2003.

_____. Saber del *Otro*: Escritura y Oralidad en el *Facundo* de D.F. Sarmiento. *Desencuentros de la Modernidad en América Latina: Literatura y Política en el Siglo XIX*. Santiago y San Juan: Cuarto Propio/Callejón, 2003.

RANCIÈRE, Jacques. *Le Partage du sensible: Esthétique et politique*. Paris: La Fabrique, 2000.

_____. Is There a Deleuzian Aesthetics? Trad. Radmila Djordjevic. *Qui Parle*, v. 14, n. 2, primavera–verão, 2004.

_____. *Malaise dans l'esthétique*. Paris: Galilée, 2004

_____. *The Politics of Aesthetics*. Trad. Gabriel Rockhill. New York: Continuum, 2004.

_____. Aesthetics as Politics. *Aesthetics and Its Discontents*. Trad. Steven Corcoran. Malden: Polity, 2009.

_____. *Dissensus: On Politics and Aesthetics*. Trad. Steven Corcoran. New York: Continuum, 2010.

_____. *Aisthesis: Scenes from the Aesthetic Regime of Art*. Trad. Zakir Paul. New York: Verso, 2013.

RAPALLO, Fernando. *Fernando Ayala*. Buenos Aires: Centro Editor de América Latina, 1993.

READ, Justin A. Obverse Colonization: São Paulo, Global Urbanization and the Poetics of the Latin American City. *Journal of Latin American Cultural Studies*, v. 15, n. 3, 2006.

_____. The Reversible World: America as Dissonance in Mário de Andrade's Paulicéia Desvairada. *Modern Poetics and Hemispheric American Cultural Studies*. New York: Palgrave Macmillan, 2009.

REVISTA *de Civilização Brasileira*, n. 11-12, 1967. Ilustração da Capa. Autoria desconhecida. Fotografia pessoal pelo autor.

RINESI, Eduardo et al. *David Viñas: Tonos de la Crítica*. Los Polvorines: Universidad Nacional de General Sarmiento, 2011.

RIQUELME, Jorge Cáceres. Poshegemonía Hoy y Ayer. *Ideas Secundarias: Relecturas, Vi(a) gencias y Proyecciones*. Org. Jorge Cáceres Riquelme. Viña del Mar: Cenaltes, 2019.

ROCA, Pilar. *Política y Sociedad en la Novelística de David Viñas*. Buenos Aires: Biblos, 2007.

RODRÍGUEZ, Ileana. Reading Subalterns across Texts, Disciplines, and Theories: From Representation to Recognition. In: RODRÍGUEZ, Ileana (ed.). *The Latin American Subaltern Studies Reader*. Durham: Duke University Press, 2001.

RODRÍGUEZ MONEGAL, Emir. Dos Novelas de David Viñas: Los Parricidas Crean. *Marcha*, n. 859, 1957.

_____. *El Juicio de los Parricidas*. Buenos Aires: Education, 1956.

_____. David Viñas en Su Contorno. *Narradores de Esta América*. Buenos Aires: Alfa, 1974.

ROMERO-ASTVALDSSON, Angela. *La Obra Narrativa de David Viñas: La Nueva Inflexión de Prontuario y Claudia Conversa*. Bern: Peter Lang, 2007.

ROSENBERG, Fernando J. *The Avant-Garde and Geopolitics in Latin America*. Pittsburgh: University of Pittsburgh Press, 2006.

_____. Cultural Theory and Avant-Gardes: Mariátegui, Mário de Andrade, Oswald de Andrade, Pagú, Tarsila do Amaral, César Vallejo. In: CASTRO-KLARÉN, Sara (ed.). *A Companion to Latin American Literature and Culture*. West Sussex: Wiley-Blackwell, 2008.

ROWE, William. *Poets of Contemporary Latin America: History and the Inner Life*. Oxford: Oxford University Press, 2000.

ROZITCHNER, León. Un Paso Adelante, Dos Atrás. *Contorno*, n. 9-10, abr. 1959.

RUFINELLI, Jorge. Las Películas. In: RUFINELLI, Jorge; BIRRI, Fernando (orgs.). *Soñar Con los Ojos Abiertos: Las Treinta Lecciones de Stanford*. Buenos Aires: Aguilar, 2007.

RUFINELLI, Jorge; CASTRO ROCHA, João Cezar de (orgs.). *Antropofagia Hoje?* São Paulo: É Realizações, 2011.

SÁ, Olga de. *A Escritura de Clarice Lispector*. Petrópolis: Vozes, 1979.

SADLIER, Darlene J. *Brazil Imagined: 1500 to the Present*. Austin: University of Texas Press, 2008.

SALGADO, Sebastião. *Terra: Struggle of the Landless*. Trad. Clifford Landers. London: Phaidon Press, 1997.

SAMPAIO, Plínio Arruda. The Mística of the MST. Trad. Plínio Arruda Sampaio. In: VIEIRA, Else R.P. (ed.). *The Landless Voices Web Archive*. Disponível em: <http://www.landless-voices.org/vieira/archive-05.phtml?ng=e&sc=3&th=42&rd=MSTICAOF657&cd=&se=>. Acesso em: 21.11.2014.

SÁNCHEZ PRADO, Ignacio M. Presentación. In: MORAÑA, Mabel; SÁNCHEZ PRADO, Ignacio M. (orgs.). *El Lenguaje de las Emociones: Afecto y Cultura en América Latina*. Madrid: Iberoamericana, 2012.

SANT'ANNA, Affonso Romano de. *Música Popular e Moderna Poesia Brasileira*. Petrópolis: Vozes, 1977.

SANTIAGO, Silviano. A Aula Inaugural de Clarice Lispector: Cotidiano, Labor e Esperança. *O Cosmopolitismo do Pobre: Crítica Literária e Crítica Cultural*. Belo Horizonte: UFMG, 2004.

SARAMAGO, José. Prefácio a Sebastião Salgado. *Terra: Struggle of the Landless*. Trad. Clifford Landers. London: Phaidon Press, 1997.

SARDUY, Pedro. El Cine, Pibe, me Interesa Mucho. *La Gaceta de Cuba*, v. 6, n. 55, fev. 1967.

SARDUY, Severo. *Barroco*. Buenos Aires: Sudamericana, 1974.

REFERÊNCIAS BIBLIOGRÁFICAS 281

_____. El Barroco y el Neobarroco. In: MORENO, César Fernández (org.). *America Latina en su literatura*. Cidade do México: Siglo XXI Editores, 1982. (Ed. bras.: O Barroco e o Neobarroco. In: MORENO, César Fernández Moreno [Intr. e coord.]. *América Latina em Sua Literatura*. São Paulo: Perspectiva, 1979.)

_____. Rumo à Concretude. In: CAMPOS, Haroldo de. *Signantia: Quasi Coelum / Signância Quase Céu*. São Paulo: Perspectiva, 1979.

SARLO, Beatriz. Los Dos Ojos de Contorno. *Punto de Vista*, v. 4, n. 13, nov. 1981.

_____. *La Batalla de las Ideas (1943-1973)*. Buenos Aires: Emecé, 2007.

_____. ¿Qué Hacer Con las Masas? *La Batalla de las Ideas (1943-1973)*. 2001. Buenos Aires: Emecé, 2007.

SARMIENTO, Domingo Faustino. *Facundo: Civilización y Barbarie*. Edição de Robeto Yahni. Madrid: Cátedra, 1990.

SARTRE, Jean-Paul. *The Reprieve*. [1945]. Trad. Eric Sutton. New York: Bantam Books, 1968.

_____. *Search for a Method*. Trad. Hazel E. Barnes. New York: Vintage, 1968.

_____. *What Is Literature? And Other Essays*. [1947]. Trad. Bernard Frechtman. Organizado por Steven Ungar. Cambridge: Harvard University Press, 1988.

SCHEPER-HUGHES, Nancy. *Death Without Weeping: The Violence of Everyday Life in Brazil*. Berkeley: University of California Press, 1992.

SCHÜLER, Donaldo. Estelas e Estrelas: Uma Incursão na Poesia de Décio Pignatari. In: SCHÜLER, Donaldo [1997]. *Schulers*, 3 out. 2013. Disponível em: <http://www.schulers.com/donaldo/estelas.htm>. Acesso em: 02.03.2023.

SCHWARTZ, Jorge. *Vanguardia y Cosmopolitismo en la Década del Veinte: Oliverio Girondo y Oswald de Andrade*. Rosario: Beatriz Viterbo, 1993.

_____. Um Brasil em Tom Menor: Pau-Brasil e Antropofagia. *Revista de Crítica Literaria Latinoamericana*, v. 34, n. 47, 1998.

_____. Brasil: Manifiestos. *Las Vanguardias Latinoamericanas: Textos Programáticos y Críticos*. Cidade do México: Fondo de Cultura Económica, 2002.

SCHWARZ, Roberto. Marco Histórico. *Que Horas São?* São Paulo: Companhia das Letras, 1987.

_____. Culture and Politics in Brazil, 1964-1969. GLEDSON, John (ed.). *Misplaced Ideas: Essays on Brazilian Culture*. London: Verso, 1992.

_____. Cultura e Política, 1964-1969. *O Pai de Família e Outros Estudos*. Rio de Janeiro: Paz e Terra, 1978.

SEBRELI, Juan José. Los "martinfierristas": Su Tiempo y el Nuestro. *Contorno*, n. 1, nov. 1953.

SECCIÓN Especial: Poesía Concreta. Edição especial de *Ciberletras*, n. 17, 2007. (Organizada por Susana Haydu.)

SENDRÓS, Paraná. *Fernando Birri*. Buenos Aires: Centro Editor de América Latina, 1994.

SHELLHORSE, Adam Joseph. The Explosion of the Letter: The Crisis of the Poetic and Representation in João Cabral de Melo Neto's *Morte e Vida Severina*. *Luso-Brazilian Review*, v. 50, n. 1, 2013.

_____. Formas de Fome: Anti-Literature and the Politics of Representation in Haroldo de Campos's *Galáxias*. CR: *The New Centennial Review*, v. 14, n. 3, inverno, 2014.

_____. Subversions of the Sensible: The Poetics of Antropofagia in Brazilian Concrete Poetry. *Revista Hispánica Moderna*, v. 68, n. 2 dez. 2015.

_____. Latin American Literary Representational Regime. RAY, Sangeeta; SCHWARZ, Henry; BERLANGA, José Luis Villacañas; MOREIRAS, Alberto; SHEMAK, April (eds.). *The Encyclopedia of Postcolonial Studies*. V. 2. Oxford: Wiley-Blackwell, 2016.

_____. Literature Before Literature: Posthegemonic Mediation, the Body of Language and the Affect. *Política Común: A Journal of Thought*, n. 6, out. 2014. Disponível em:

<http://quod.lib.umich.edu/p/pc/12322227.0006.008/--literature-before-literature-posthegemonic-mediation?rgn=main;view=fulltext>. Acesso em: 26.08.2016.

____. The Avant-Garde: From *Creacionismo* to *Ultraísmo*, Brazilian *Modernismo*, *Antropofagia*, and Surrealism. In: HART, Stephen M. (ed.). *The Cambridge Companion to Latin American Poetry*. Cambridge: Cambridge University Press, 2018.

____. Augusto de Campos. *Dictionary of Literary Biography: Twenty-First Century Brazilian Writers*. V. 384. Org. Monica Rector e Robert Anderson. Detroit: Gale, 2019.

____. The Verbivocovisual Revolution: Anti-Literature, Affect, Politics, and World Literature in Augusto de Campos. CR: *The New Centennial Review*, v. 20, n.1, primavera 2020.

____. Potência Intensiva: Multiarticulação, Afeto, Ideograma e Política em Haroldo de Campos. In: OLIVEIRA, Eduardo Jorge de; JACKSON, K. David (eds.). *Poesia Crítica Tradução: Haroldo de Campos e a Educação dos Sentidos*. Trad. Gustavo Reis Louro. Oxford/New York: Peter Lang, 2022.

____. Theses on Affect and Anti-Literature in Augusto de Campos: The Untimely Power of Brazilian Concretism. *Santa Barbara Portuguese Studies*, v. 8, out. 2021. Volume especial, "Augusto de Campos at 90". Disponível em: <https://sbps.spanport.ucsb.edu/sites/default/files/sitefiles/volume/Vol_8/3.%20Shellhorse.pdf>.

____. The Specter of Sartre in Brazilian Concrete Poetry: Paideuma, Affect, Politics, and the Question of World Literature. *Revista Hispánica Moderna*, v. 76, n. 2, December 2023.

SHTROMBERG, Elena. *Art Systems: Brazil and the 1970s*. Austin: University of Texas Press, 2016.

SILVA BRITO, Mário de. Fases da Poesia Modernista Brasileira. *Ângulo e Horizonte: de Oswald de Andrade à Ficção-Científica*. São Paulo: Livraria Martins, 1969.

SLATER, Candace. A Play of Voices: The Theater of Osman Lins. *Hispanic Review*, v. 49, n. 3, verão 1981.

SOARES, Marisa Balthasar. O Retábulo de Santa Joana Carolina: O Palco na Palavra. ALMEIDA, Hugo (org.). *Osman Lins: O Sopro na Argila*. São Paulo: Nankin, 2004.

SOLANAS, Fernando; GETINO, Octavio. Towards a Third Cinema: Notes and Experiences for the Development of a Cinema of Liberation in the Third World. In: MARTIN, Michael T. (ed.). *New Latin American Cinema*. V. 1. Detroit: Wayne State University Press, 1997.

SOLT, Mary Ellen. A World Look at Concrete Poetry. *Concrete Poetry: A World View*. Bloomington: Indiana University Press, 1968.

SOMERLATE BARBOSA, Maria José. Nivelamento em Morte e Vida Severina. *Hispania*, v. 76, n. 1, mar. 1993.

SOMMER, Doris. *Foundational Fictions: The National Romances of Latin America*. Berkeley: University of California Press, 1991.

____. *Proceed With Caution, When Engaged With Minority Writings in the Americas*. Cambridge: Harvard University Press, 1999.

SORENSEN, Diana. *A Turbulent Decade Remembered: Scenes from the Latin American Sixties*. Stanford: Stanford University Press, 2007.

SPATOLA, Adriano. *Toward Total Poetry*. [1979]. Trad. Brendan W. Hennessey e Guy Bennett. Los Angeles: Otis Books, 2008.

SPINOZA, Baruch. *Spinoza's Ethics and On the Correction of the Understanding*. Trad. Andrew Boyle. New York: Dutton, Everyman's Library, 1979.

SPIVAK, Gayatri Chakravorty. *Death of a Discipline*. New York: Columbia University Press, 2003.

TAYLOR, Joshua C. *Futurism*. New York: Museum of Modern Art, 1961.

REFERÊNCIAS BIBLIOGRÁFICAS   283

TEALDI, Juan Carlos. *Borges y Viñas: Literatura e Ideología*. Madrid: Orígenes, 1983.

TERÁN, Oscar. *En Busca de la Ideología Argentina*. Buenos Aires: Catálogos, 1986.

_____. Culture, Politics, and Intellectuals in the 1960s. In: KATZENSTEIN, Inés. *Listen, Here, Now! Argentine Art of the 1960s: Writings of the Avant-Garde*. Trad. R. Kelly Washbourne. New York: Museum of Modern Art, 2004.

THE THOMPSON Chain Reference Bible. Versão do Rei James. Organizada por Frank Charles Thompson. Indianapolis: B.B. Kirkbride Bible Co., 1964.

TIRE DIÉ. Segunda versão. Dir. Fernando Birri, Hugo Abad, Blanca C. de Brasco, Edgardo Ates, Elena de Azcuénaga, César Caprio, Manuel Horacio Giménez, Rodolfo Neder, Juan Oliva, Carolos Pais, Ninfa Pajón, Edgardo Pallero, José M. Paolantonio, Jorge Planas, Viader eEnrique Urteaga et al. Prod. Instituto de Cinematografia de la Universidad Nacional del Litoral, 1959/1960. The Collector's Item, 2007. (DVD.)

UNRUH, Vicky. *Latin American Vanguards: The Art of Contentious Encounters*. Berkeley: University of California Press, 1994.

_____. *Performing Women and Modern Literary Culture in Latin America*. Austin: University of Texas Press, 2006.

UNRUH, Vicky; LAZZARA, Michael J. Introduction: Telling Ruins. In: UNRUH, Vicky; LAZZARA, Michael J. (eds.). *Telling Ruins in Latin America*. New York: Palgrave Macmillan, 2009.

VALLES, Rafael. *Fotogramas de la Memoria: Encuentros con José Martínez Suárez*. Buenos Aires: Rafael Valles, 2014.

VALVERDE, Estela. *David Viñas: En Busca de una Síntesis de la Historia Argentina*. Buenos Aires: Plus Ultra, 1989.

VAN DELDEN, Maarten; GRENIER, Yvon. *Gunshots at the Fiesta: Literature and Politics in Latin America*. Nashville: Vanderbilt University Press, 2009.

VARIN, Claire. *Clarice Lispector: Rencontres bresiliennes*. Quebec: Trois, 1987.

VIEIRA, Else R.P. Translating History and Creating and International Platform: Haroldo de Campos's "O Anjo Esquerdo da História". *Congresso Internacional Abralic*, São Paulo, jul. 2008.

_____. Weaving Histories and Cultural Memories: The (Inter) National Materialisms of "O Anjo Esquerdo da História". In: McGUIRK Bernard ; VIEIRA, Else R.P. (ed.). *Haroldo de Campos in Conversation*. London: Zolius, 2009.

_____. *The Landless Voices Web Archive*. Disponível em: <http: //www.landless-voices. org/index.phtml?ng=e>. Acesso em: 19.11.2014.

_____. Music, Poetry and the Politization of the Landless Identity. In VIEIRA, Else R.P.; McGUIRK Bernard M. (eds.). *Landless Voices in Song and Poetry: The Movimento dos Sem Terra of Brazil*. Nottingham: CCCP, 2007.

VIEIRA, Else R.P.; McGUIRK Bernard M. (eds.). *Landless Voices in Song and Poetry: The Movimento dos Sem Terra of Brazil*. Nottingham: CCCP, 2007.

VIEIRA, Nelson H. Clarice Lispector: A Jewish Impulse and a Prophecy of Difference. *In Jewish Voices in Brazilian Literature: A Prophetic Discourse of Alterity*. Gainesville: University of Florida Press, 1995.

VILLALOBOS-RUMINOTT, Sergio. En Qué Se Reconoce el Pensamiento? Posthegemonía e Infrapolítica en la Época de la Realización de la Metafísica. Disponível em: <https:// www.academia.edu/14806876/_En_qu%C3%A9_se_reconoce_el_pensamiento_ Posthegemon%C3%ADa_e_infrapol%C3%ADtica_en_la_%C3%A9poca_de_rea- lizaci%C3%B3n_de_la_metaf%C3%ADsica>. Acesso em: 02.03.2023.

VIÑAS, David. Arlt y los Comunistas. *Contorno*, n. 2, mai. 1954.

_____. Erdosain y el Plano Oblicuo. *Contorno*, n. 2, mai. 1954.

_____. Roberto Arlt: Periodista. *Contorno*, n. 2, mai. 1954.

_____. Roberto Arlt: Una Autobiografía. *Contorno*, n. 2, mai. 1954.

_____. *Un Dios Cotidiano*. Buenos Aires: Guillermo Kraft, 1957.

_____. Escribe David Viñas. *Gaceta Literaria*, v. 17, n. 1, 1959.

_____. 11 Preguntas Concretas a David Viñas. *El Grillo de Papel*, n. 2, 1959.

_____. *Las Malas Costumbres: Cuentos*. Buenos Aires: Jamcana, 1963.

_____. *Literatura Argentina y Realidad Política*. Buenos Aires: Jorge Alvarez, 1964.

_____. *Argentina: Ejercito y Oligarquia; Cuadernos de la Revista Casa de las Américas*, n. 2, nov. 1967.

_____. *Dar la Cara*. [1962]. Buenos Aires: Centro Editor de América Latina, 1967.

_____. Entrevista Com Pedro Sarduy. El Cine, Pibe, Me Interesa Mucho. *La Gaceta de Cuba*, Havana, v. 9, n. 55, 1967.

_____. *Cosas Concretas*. Buenos Aires: Tiempo Contemporáneo, 1969.

_____. *De Sarmiento a Cortázar: Literatura Argentina y Realidad política*. Buenos Aires: Siglo Veinte, 1971.

_____. El Escritor Vanguardista. *De Sarmiento a Cortázar: Literatura Argentina y Realidad Política*. Buenos Aires: Siglo Veinte, 1971.

_____. Nosotros y Ellos: David Viñas Habla Sobre *Contorno*. Entrevista com Beatriz Sarlo e Carlos Altamirano. *Punto de Vista*, v. 4, n. 13, nov. 1981.

_____. Pareceres y Digresiones en Torno a la Nueva Narrativa Latinoamericana. In: RAMA, Ángel (org.). *Más allá del Boom: Literatura y Mercado*. Buenos Aires: Folios, 1984.

_____. *Los Dueños de la Tierra*. Barcelona: Biblioteca Letras del Exilio, 1985.

VIÑAS, David; OLIVERA, Héctor. El Jefe Medio Siglo Después. *El Jefe*. Buenos Aires: Emerald Video, 2008.

VIÑAS, David VIÑAS, Ismael et al. *Contorno: Edición Facsimilar*. Organizada por David Viñas, Ismael Viñas et al. Buenos Aires: Biblioteca Nacional, 2007.

VIÑAS, Ismael. Orden y Progreso. *Contorno*, n. 9-10, abr. 1959.

_____. *Análisis del Frondizismo: Claves de la Política Argentina*. Buenos Aires: Palestra, 1960.

_____. Una Historia de *Contorno*. *Contorno: Edición Facsimilar*. Organizada por David Viñas, Ismael Viñas et al. Buenos Aires: Biblioteca Nacional, 2007.

WILLIAMS, Gareth. Hear Say Yes in Piglia: La Ciudad Ausente, Posthegemony, and the "Fin-negans" of Historicity. *The Other Side of the Popular: Neoliberalism and Subalternity in Latin America*. Durham: Duke University Press, 2002.

_____. The Subalternist Turn in Latin American Postcolonial Studies, or, Thinking in the Wake of What Went Down Yesterday (November 8, 2016). *Política Común: A Journal of Thought*, v. 10, out. 2016. Disponível em: <https://quod.lib.umich.edu/p/pc/12322227.0010.016?view=text;rgn=main>.

_____. *The Other Side of the Popular: Neoliberalism and Subalternity in Latin America*. Durham: Duke University Press, 2002.

WOLFORD, Wendy. *This Land Is Ours Now: Social Mobilization and the Meanings of Land in Brazil*. Durham: Duke University Press, 2010.

WRIGHT, Angus; WOLDORF, Wendy. *To Inherit the Earth: The Landless Movement and the Struggle for a New Brazil*. Oakland: Food First Books, 2003.

Índice[1]

acaso
em "O Anjo Esquerdo da História" 211, 210-213
na leitura de *Galáxias* 114
acontecimento
da escritura 11, 28, 45, 62, 130, 186, 194
da leitura 164
de texto 133
do incalculável 211
do texto 60, 207
em Badiou 118
em Derrida 133, 134
em *Galáxias* 134, 136
no limite da linguagem 16, 91
Acosta, Abraham 163, 256n70
Adorno, Theodor 122
afeto 6, 26, 33, 43, 56, 75-77, 118, 121-122, 147, 188, 205-206, 209
"Anjo, O" e 198, 220
antiliteratura e 191-194
como devir 46
em *A Hora da Estrela* 38-39, 41, 46, 231n106
habitus vs. 121
na técnica de Viñas 50-51
Against Literature (Beverley) 4, 146, 218, 260n6
Agamben, Giorgio 221-222
agenciamento
Dar la Cara 58
e antiliteratura 188, 192-193, 219

em Deleuze 146
em *Hora da Estrela, A* 44
em O. de Andrade e na poesia concreta brasileira 83
Água Viva (Lispector) 20-23
Aguilar, Gonzalo 89-90, 112, 225, 247n43
sobre *Galáxias* 116-119, 248n3
alhures (*elsewheres*). *Ver* Rabasa, José
Althusser, Louis 233n145
Amaral, Suzana 21
Amaral, Tarsila do 92, 95
"américa do sul" (Andrade) 84-85
"América Latina: Contra-*Boom* da Poesia" (Campos) 86-87
Andrade, Ana Luiza 256n68 e n71, 257n93, 258n110
Andrade, Mário de 180
Andrade, Oswald de 246n23
aforismo 91, 98, 243n6
"américa do sul", de 84-85
"crônica", de 92-97, 93
fotomontagem de Decio Pignatari 99
legado de 81-82, 88, 90
poemas-colagem de 82, 95
poetas concretos e 83, 86-89, 91, 107, 145, 243n6, 244n7
poetas concretos revivendo 97-98
postura antiliterária de 83, 86, 243n6
ready-mades e 85, 94, 102, 243n4
"Anjo Esquerdo da História, O" (H. de Campos) 16, 195, 201, 211

anjo materialista da história de W. Benjamin e
220-221
canibalismo em 197
estrutura de 195, 206-209
linguagem em 208-214, 220-224
representação e 205
Terra: Struggle of the Landless e 199-200
uso de parênteses em 214-215, 220
antiarte
em Decio Pignatari 107
em *Galáxias* 120
em Osman Lins 147
Anticrítico, O (A. de Campos) 86-87
Anti-Édipo, O (Deleuze; Guattari) 26
antieurocentrismo 35
antropofagia. *Ver* canibalismo
aperspectivismo, fascinação de Lins com o 182-183
Apollinaire, Guillaume 253n26
Apresentação da Poesia Brasileira (Bandeira) 91
Araújo, Astolfo 183
Argentina
cultura da 51-53, 60, 65, 237n22
"geração perdida" da 56, 238n28
literatura da 61, 70
militares da 58, 64
política na 49, 115
Arlt, Roberto 51, 241n55
El Juguete Rabioso, de 66, 69-70
influência sobre Viñas 56-58, 241
artes 50, 107, 138, 144, 158, 226n4, 229n51, 258n116
limites entre as 156, 218
na viagem de Lins à Europa 182-184
paradigma modernista das 188
Ato Institucional n. 5 88, 115
autonomia. *Ver também* sujeito soberano
e a leitura de *Galáxias* 112, 117, 133, 140
e idealismo 147, 192, 225n1, 253n32
literária e D. Viñas 78
autorreflexividade
C. Aguilar lendo *Galáxias* 117-118
de *A Hora da Estrela* 33, 36, 43, 47
e *Galáxias* 113, 130
em D. Viñas 50, 61, 234n9
em "O Anjo" 220
em O. Lins e estudos subalternos latino-americanos 255n55
na poesia concreta brasileira 82, 88, 125
nos romances do *Boom* e O. Lins 153
Avalovara (Lins) 15, 141, 142-144, 143, 151
Avelar, Idelber 16, 152-153, 186
Ayala, Fernando 53-55

Badiou, Alain 116, 118
Bandeira, Manuel 91
barroco 132
H. de Campos e o 137-139
Lins e o 15-18, 143-144, 147-148, 150-151, 156-158, 160
Barthes, Roland 146, 230n102
Beasley-Murray, Jon 6, 120-121, 148, 226n5, 239n30
"beba coca cola" (Pignatari) 100, 102, 124
Benjamin, Walter 215-216, 220
Bernini, Emilio 56, 58-60
Bessa, Antônio Sérgio 248n3, 250n53
Beverley, John 4, 35, 44, 146, 154, 218, 226n4, 260n6
Bill, Max 98
Birri, Fernando 66, 68, 240n48
Tire Dié, de 240n48, 241n50
"Bomba Suja, A" (Gullar) 126-127
Boom. Ver romances do "Boom" latino-americano
Borges, Jorge Luis 65, 84, 145
Bosteels, Bruno 12-13, 226n4
Bourdieu, Pierre 229n51
Brasil 85, 111, 179
cultura do 9, 34-35, 81, 91-92
ditadura no 15, 19-20
economia do 145, 202, 251n10
escritores do 5, 188-191, 254n38
golpe militar no 88, 113-115
história do 91-97
literatura do 1-3, 132
poesia concreta do 14, 84-86

Cabral de Melo Neto, João 196, 204, 250n52
Campos, Augusto de 82, 217
"América Latina: Contra-*Boom* da Poesia", de 86-87, 87
"cidade", de 123-124, 124
"cubagramma", de 8-10, 11
"mercado", de 83, 108, 108-110
"OLHO POR OLHO", de 101, 102-104
"sem um número", de 125, 125-126, 250n43
sobre a poesia concreta 42, 243n6, 247n53
"TUDO ESTÁ DITO", de 190, 191
Campos, Haroldo de 141-142, 230n102, 250n49. *Ver também Galáxias*; "Anjo Esquerdo da História, O"
"Anjo Esquerdo da História, O" e 16, 195-196, 197
criticas de 113, 217
efeitos barrocos em 137-139
Galáxias e 15, 111-113, 116, 118-119, 134-135
influência de Benjamin em 220-221
leituras "galácticas" de 250n27
Movimento dos Trabalhadores Rurais Sem Terra
e 201-203
"nascemorre", de 99, 98-100
o subalterno e 124-125

ÍNDICE   289

poesia de 129, 136, 251n56
"Poesia e Modernidade", de 203-204
política e 121, 140, 219
salto participante na política 113, 127-128
"Servidão de Passagem", de 124
sobre a linguagem 136, 209, 250n28
sobre a materialidade 209, 217
sobre a poesia concreta 245n13, 251n9
sobre a técnica *cut-up* de Oswald 84-85, 243n4
sobre o Brasil 145, 201-203
sobre os cantadores nordestinos 250n52-53
uso da língua/linguagem em 113-114, 122, 210-216
Candidato, El (filme de F. Ayala) 53, 57, 238n24
Candido, Antonio 139, 243n6
canibalismo 139, 140-141, 191
  em "O Anjo" 197
  em "OLHO POR OLHO" 102-105
  na poesia de O. de Andrade 82, 85, 91, 97, 107, 243n6
  poetas concretos e 14, 83, 87-89, 97-110, 123
cantadores
  nordestinos 197, 250n52-53
  subalternos 128-129, 206
cantigas 16, 158, 250n53
Cantigas de Alfonso, o Sábio 159, 161
capitalismo 88, 115
Castro, Fidel 55, 103, 238n25, 239n34
Castro Rocha, João Cezar de 245n9
censura no Brasil 20, 88, 115
Centro de Cultura Popular da União Nacional dos
  Estudantes 126
Cheah, Pheng 230n94
"cidade" (A. de Campos) 123, 124
cinema 22, 237n22, 239n38
  Viñas e 14, 53-54
"circuladô de fulô" 127-128, 206
civililzilação *vs.* barbárie 62, 74-75, 91-92, 245n18
Cixous, Hélène 27, 36
constituinte, potência
  e antiliteratura 188, 192
  em "Anjo, O" 210-213
  em *Galáxias* 122
consumismo 102, 107-110
Contorno (revista) 51, 234n7, 235n10, 240n46, 241n55
Contra-*Boom* 87
Cordeiro, Waldemar 98
corpo 52, 75-76, 79, 192, 228n38. *Ver também* Spinoza
corpo sem órgãos 30-32. *Ver também* Deleuze e
  Guattari
Cortázar, Julio 142
Cosas Concretas (Viñas) 73
Crespi, Maximiliano 235n9
crioulos, valores, na Argentina 54, 55, 61

Crítica e Verdade (Barthes) 230n102
crítica literária, na Argentina 51, 235n10
Croce, Marcela 234n9
"crônica" (O. Andrade) 92-97, 93
Cuba 8-9, 105-106
Cuba, crise dos mísseis de 105-106
"cubagramma" (A. Campos) 8-9, 11
cultura 7, 49-50, 171
  argentina 51, 53-54, 60, 65, 237n22
  de massas 2, 55, 82
  estadunidense, invasão da 150, 180
  latino-americana 149
  subversão da 23-24, 127

Dar la Cara (Viñas) 14, 50, 61, 236n16, 239n34, 242n72
  cartazes para o filme 57
  cenas do filme 68, 69, 74
  civilização vs. barbárie em 67, 74
  como agenciamento multimídia 58
  corpo em 75-76
  filme *vs.* romance 68-73, 239n34-35
  história em 63
  problemas sociais em 58-59
  realismo social e 66
  roteiro de 53-54
  tempo em 58-59
  trama do filme-dentro-do-filme em 60, 65-66, 69
Deleuze, Gilles 9, 26, 57, 75-77, 138, 146, 181-182,
  233n155, 239n30
  influência de 30, 256n89
  sobre a percepção 191-193
dependência latino-americana 148-149, 234n2
Derrida, Jacques 131-133
desigualdades 36
deslocamento constitutivo 223
devir 42, 61, 63, 106, 191, 210, 220
Dialética do Esclarecimento (Adorno; Horkheimer) 122
dimensão, da palavra 120
ditadura no Brasil 15, 19-20
Dove, Patrick 7
Dueños de la Tierra, Los (Viñas) 73

Echevarría, Esteban 61, 68
economia do Brasil 145, 202, 251n10
Eichelbaum, Edmundo 237n19
elites 66-67, 148-149
elitismo 3-4, 35, 63
Eloy Martínez, Tomás 53
Ends of Literature, The (B. Levinson) 4
enigmas, no "Retábulo de Santa Joana Carolina" 158,
  160, 166-167
escritura construtivista de Lispector 20, 23

escritura experimental e a antiliteratura 192-193, 219.
  Ver também forma
  em Deleuze 91
espelho, estágio do 30-31
espiritualismo, atribuído a O. Lins 251n10
Estado 54, 64, 146, 171, 192-193, 200
  incentivando o cinema 54, 237n22
  literatura como veículo do 35, 60-63, 67, 218
Estados Unidos 9, 104
"Estela ao Pensamento Bruto de Oswald de Andrade" 99
"estela cubana" (D. Pignatari) 104, 105-106
estética 49, 154-155, 183-184, 256n89
estudos culturais 35
estudos latino-americanos 35, 189, 218
estudos subalternos latino-americanos 23, 226n4
Europa 66
  influência na América Latina 65, 81, 148-150
  influência sobre Lins 182-183, 258n110
evolução das formas
  crítica de H. de Campos da 144
  na leitura de C. Fuentes do *Boom* 253n31
  na poesia concreta brasileira 116-117, 252n17
Exhaustion of Difference, The (Moreiras) 226n2
existencialismo 49, 59
exploração 28, 160-162
Exposição Nacional de Arte Concreta 98

Facundo (Sarmiento) 66
Faulkner, William 24, 55
Félix, Moacyr 126
Fellini, Federico 55
feminina, economia 31
feminino, escrevendo o 12-13, 27-30
Feracho, Lesley 231n113
filmes. *Ver* cinema
filosofia 33
Fitz, Earl E. 228n10 e 38
força da materialidade 130-131
forma
  e antiliteratura 6, 10, 26-27, 140-141, 191, 219
  e concreção 98, 137, 211, 214, 222, 250n28
  e espaço intermediário 122, 130, 148
  e hierarquia 4, 25, 73, 194
  em D. Viñas 60, 75
  em H. Campos 209-210
  em "O Anjo" 221-223
  em O. Lins 155, 252n12
  e multidão 162, 172, 174-175, 198, 213, 222
  e multimídia 7, 58, 63, 65, 82-84
  e o antipoético 42
  e o minoritário 6, 34, 76, 79, 153, 222
  e o não-verbal 25, 85, 104, 109, 145, 189-191, 231

e o realismo social 154
e os regimes de signos 6-8, 50, 53, 83, 89, 188, 214, 223
e o tempo 132-133
e resistência 136, 198
e violência 180-181
na poesia concreta brasileira 83, 250n49
Formação da Literatura Brasileira (Candido) 139
forma de fome 112, 129-130
formante em *Galáxias* 114, 134
Frizzi, Adria 254n38,41-42, 257n98, 258n116
Frondizi, Arturo 55, 58, 63-64, 240n46
Fuentes, Carlos 253n30

Galáxias (H. Campos) 15, 137, 206
  a escritura de 113, 138
  Aguilar sobre 116-118
  H. Campos sobre 116, 119, 133-136, 250n27
  composição de 113, 118
  materialidade de 130-131
  subversão em 111-112, 127
  uso da linguagem em 119-120, 122, 248n3
gêneros literários, a antiliterartura resistindo aos
  14-15, 58, 118, 192, 195
geracionais, questões
  em *Dar la Cara* 58, 68-69
  "geração perdida" da Argentina 56, 238n28
  no cinema argentino 53-56
Giunta, Andrea 235n10
golpe militar, no Brasil 88, 115
Graff Zivin, Erin 226n2, 242n81
Grande Sertão: Veredas (Guimarães Rosa) 24
Greene, Roland 127
Grupo Latino-Americano de Estudos Subalternos
  16, 154
  "Manifesto Inaugural" 24, 154
Guattari, Félix 26, 57, 75, 181-182, 193
Guerra Sem Testemunhas (Lins) 147, 151
Guimarães Rosa, João 24, 142
Gullar, Ferreira 113, 126

habitus 229
  vs. afeto 121
Hardt, Michael 213
Hedrick, Tace 231n106
história
  anjo esquerdo da 219-220
  nos escritos de H. de Campos 116-117, 206-207
  nos escritos de O. de Andrade 91-97
  nos escritos de Viñas 13, 56-58, 63-64
"História do Brasil" (Andrade e Amaral) 95
Hora da Estrela, A (Lispector) 228n10, 231n106,
  232n132

ÍNDICE

Água Viva comparada a 20, 23
  autora desconstruindo e decompondo 44-49
  autorreflexividade de 36, 43-42, 47
  escrevendo o subalterno 48
  fama de Lispector baseada em 12, 21, 29
  Irigaray sobre 29-34
  linguagem de 32-33
  os múltiplos títulos de 42-44, 43
  Peixoto sobre 28-29
Horkheimer, Max 122

idealismo 133
  Lins e 140, 151, 155
  na literatura argentina 51-52
  rejeição de H. de Campos do 131, 220
identidade 12, 67, 70
identitária, ideologia 44, 98, 191, 193, 242n81
ideograma
  em Lispector 34, 42, 233n152
  em "O Anjo" 214, 220
  na poesia concreta 85, 100, 102, 126, 248n57
imagem da escritura
  e antiliteratura 25
  em Adorno 122
  em *Galáxias* 135, 139
  em Lispector 35, 48, 232116
  em Viñas 62, 77
  na leitura de *Galáxias* por Aguilar 117
  na leitura de I. Avelar da formação discursiva do
    Boom 153
  na leitura de M. Peixoto de *A Hora da Estrela* 29
  nos romances do "Boom" 148
imanência
  e antiliteratura 25
  em *A Hora da Estrela* 45, 46
  em Beasley-Murray 121
  em D. Viñas, Nancy e Spinoza 77-80
  em Irigaray e Deleuze e Guattari 31
  em "O Anjo" 222
  na leitura de Aguilar de *Galáxias* 118
  na poesia concreta brasileira 102, 106
imperialismo 115
industrialização 145
inframaterialidade 134
intelectuais 125
  crise dos 112, 128
  em *Dar la Cara* 72-73
  e relacionamento com subalternos 154, 162-163, 164
  tarefas dos 147, 151-152
Interventions, revista 196
Invenção: Revista de Arte de Vanguarda 97, 114,
  247n50 e 53

Irigaray, Luce 29, 29-33, 230n77, 81 e 93

Jackson, K. David 120
Jameson, Frederic 173
Jefe, El (filme de F. Ayala) 53, 57, 78, 237n19, 238n24
Jitrik, Noé 234n2
Joana Carolina
  beatificação de 164-166, 170-171, 257n93
  como "ninguém" 172, 175
  no "Retábulo de Santa Joana Carolina" 156, 158-162,
    174-177, 184, 251n10, 255n66, 257n95
  sacerdote e 167-171
"João Boa Morte" (Gullar) 126
Jogo da Amarelinha, O (Rayuela, J. Cortázar) 142
Johnson, David E. 226n2
Joyce, James 22, 87
Juguete Rabioso, El (R. Arlt) 66, 69
justiça 221
  em "O Anjo" 195, 209, 216

Kafka, Franz 34, 84
Katra, William 234n7-8
Kehoe Wilson, Hernst 236n15
Kozak, Daniela 238n28

Legrás, Horacio 226n2-3
Levinson, Brett 4
Lévi-Strauss, Claude 243n4
linguagem 35, 61, 149, 201, 250n28
  crise da 117, 145
  desautomatização da 122-123, 136
  desejo de uma nova 52, 85, 101, 215
  efeitos da espacialização sobre a 220-222
  em *A Hora da Estrela* 33
  em *Galáxias* 111-113, 119-120, 122-123, 133
  em "O Anjo Esquerdo da História" 208-216, 220-222
  em "Retábulo de Santa Joana Carolina" 155-156,
    156-158, 173
  Irigaray sobre 32-33
  jogo de palavras com a 85, 119-120, 142
  materialidade da 112, 209, 223
  na escritura feminina 29
  O. de Andrade e a 84-85, 246n23
  poetas concretos e a reformulação da 88, 101, 107,
    123, 146
  política e 12, 32-33
  uso de H. de Campos da 113-114, 123
  uso de Lins da 155, 158, 254n42
  uso de Lispector da 32-33, 230n102
linguagem de vida, visão de Lispector da 20, 23,
  43-44, 44
Lins, Osman 15, 175, 185, 251n10, 254n44, 256n72.

Ver também "Retábulo de Santa Joana Carolina"
Avalovara, de 142-144, 143
  estilo da escritura de 254n42 e 44, 258n129
  fascinação pelas formas de arte medievais de 182-184, 257n104
  Frizzi sobre 254n38 e 41
  influências sobre 252n25, 25326, 258n110
  pano de fundo de 147, 164
  poesia concreta e 142, 147
  poética barroca de 16, 144, 160
  preocupação com o aperspectivismo 182-184
  resistência à invasão cultural estadunidense 149-150
  sobre a escritura da violência 141, 180-181, 256n67
  sobre escritores 151-152, 179-180, 182
  uso da ornamentação 151, 162-163, 170-171, 254n43, 256n71, 258n116
  uso da ornamentação para envolver leitores 179, 182
  viagem à Europa 182-184
Lispector, Clarice 36, 60, 228n38, 231n106, 233n156
  como outsider no mundo literário 23
  desdém pela literatura 12, 19
  estilo de escritura de 48, 230102
  fama baseada em *A Hora da Estrela* 12, 21, 28-29
  linguagem de vida por 20, 23, 43, 44
  sobre a escritura 20, 42-45
  sobre a linguagem 32-33, 34-35
  sobre a vanguarda no Brasil 34-35
  sobre política 32-33
literatura 53, 107, 152, 219, 254n44
  alienada do corpo 52, 75-77
  antiliteratura vs 25, 189
  argentina 51-52, 61-62, 66, 70
  características da 12-13, 35-36, 185, 188
  como instituição 3-6, 25, 35, 86, 146, 152, 187, 219
  como intempestiva 188
  como veículo do Estado 35, 60-63, 66-67, 192-193, 218
  críticas da 19, 253n31
  cultura e 7, 187
  definições da 1-2, 187-188, 218
  desdém de Lispector pela 12, 19
  exterior da 22-24, 38, 63, 72, 127, 138, 188, 208-209
  gênero 6, 192
  limites da 16, 21, 65-66, 83-84, 112, 194, 218
  menor 34
  relevância da 35, 65, 116
  tarefas da 17, 24-25, 70, 78, 193
  transformação da discussão da 192
"Literatura e Justiça" (Lispector) 20
literatura latino-americana 6-9, 10, 23-24, 229n51, 254n38
  aprofundamento da compreensão da 7

elitismo na 4
sucesso de mercado da 148, 180

Macabéa em *A Hora da Estrela* 36, 44-45, 158, 231n110
  descrições da 231n106, 231n113
  desejos de 39
  subalternização de 28
  visões de 21-23
Maciel, Maria Esther 195
Mahieux, Viviane 225n1
Mallarmé 253n26
Mansur, Gilberto 183
Marcha dos Cem Mil (Brasil) 20
marrano 58, 75-80, 226n2, 242n61. *Ver também* Moreiras, Alberto; Graff Zivin, Erin
Martínez Estrada, Ezequiel 51
Martínez Suárez, José 53, 58, 236n16, 239n34-35, 241n55, 242n61
marxismo 13-14, 31, 49-50, 234n9. *Ver Também* realismo social
Más Allá del Boom (Rama) 253n33
Masiello, Francine 225n1, 235n10
Masotta, Oscar 51
Matadero, El (E. Echevarría) 61, 68
matéria, e texto 131-134
materialidade 117-118, 133, 217-218
  da linguagem 112, 116, 209, 223
  em *Galáxias* 15, 112, 130-134
McLuhan, Marshall 227
meio (*medium*) da antiliteratura 8-9, 25, 192, 194-195. *Ver também* forma
meio (*milieu*) afetivo 192-193
  da sensação 58, 120
  de mediação 14, 73, 77
meio radicalizado 9, 10, 28, 50, 140, 192, 194, 227n12, 242n81. *Ver também* forma
Mendes, Gilberto 197
"mercado" (A. de Campos) 83, 108, 108-109
Meyer 68
mídia 7, 22, 83-84, 124. *Ver também* multimídia
mídia de massas, subversão da 124
mística do Movimento dos Trabalhadores Rurais Sem Terra (MST) 196-197
mito do sujeito literário 75, 77-78
mito, retorno ao 175
modernidade 225
modernismo, na crítica dos poetas concretos 89-90
modernização, das elites argentinas 63
modos antiliterários de escrever 5, 7
Mondrian, Piet 98
montagem 113-114, 158. *Ver também* multimídia
  dos poetas concretos 104-106

por O. de Andrade 95, 92-97
Moreiras, Alberto 4, 23, 47, 154, 171, 242n81, 260n6
morte em *A Hora da Estrela* 44
Movimento dos Trabalhadores Rurais Sem Terra (MST) 16, 214
  escolas do 204
  H. de Campos e o 201-203
  marcha funeral do 211
  massacre do 16, 197
  mística do 196-197
  "O Anjo" como resposta ao massacre do 201, 220
  plataforma internacional para o 196, 204
  Salgado documenta o 199
movimento operário 64
MST. *Ver* Movimento dos Trabalhadores Rurais Sem Terra (MST)
  marcha de ocupação do (Salgado) 208
  ocupação da fazenda Giacometti, influência do (Salgado) 200
  velório em Eldorado dos Carajás, vigília do, (Salgado) 199
mulheres, como mercadoria 31, 230n81
multimídia 10, 140
  Dar la Cara como 50, 58-60
  em "OLHO POR OLHO" 102-105
  em "Retábulo de Santa Joana Carolina" 172-173
  em *Terra: Struggle of the Landless* 199-201
  na poesia concreta 42, 89
  "O Anjo Esquerdo da História" como 195, 210
Multitude (Hardt e Negri) 212
música, na mística do MST 197

Nader, Wladyr 183
Namorato, Luciana 231n106
Nancy, Jean-Luc 14, 78
Nania, José 99
"nascemorre" (H. Campos) 99, 98-100
Negri, Antonio 213
neocolonialismo 149-150, 156, 179-180
neoliberalismo 24
Nietzsche, Friedrich 86, 188
Nitrini, Sandra 151, 252n11
Noigandres 137
Notícias do PT (jornal) 196
nova narrativa (nueva narrativa) 2, 253n30
Nove, Novena (O. Lins) 151, 154, 254n41, 256n72
Nunes, Benedito 36, 246n23

objetividade da poesia concreta 98
Olea, Héctor 225n1
"OLHO POR OLHO" (A. de Campos) 101, 102-105
Olivera, Héctor 54-55, 238n24

Orgambide, Pedro 236n15
ornato/ornamentos
  Lins utiliza o, para envolver o leitor 179, 181-182
  no "Retábulo" 162-163, 166, 177-179, 185-186
  uso de O. Lins de 151, 170-171, 254n43, 256n71, 258n116
Other Side of the Popular, The (G. Williams) 226n2, 259n1
outro, o 76, 134-135
  absoluto 133-134
  na literatura 66-67, 114
  subalterno como 153, 179

padre, no "Retábulo de Santa Joana Carolina 168-171
paideuma, dos poetas concretos 84, 139
palavras-tema 128-129
Pau Brasil (O. de Andrade) 92
"Pau Brasil" (T. do Amaral) 95
Peixoto, Marta 28, 228n38
Peña, Fernando Martí 238n28
pensamento primitivo. *Ver* civilização *vs.* barbárie
percepção 191-194
Perloff, Marjorie 113
peronismo 49, 64
Perón, Juan 53, 55, 59, 63-64, 238n24
"Pero Vaz de Caminha" (O. de Andrade) 95
Perrone, Charles A. 228n3, 248n57, 252n17
Perrone-Moisés, Leila 160
Pignatari, Décio 26, 97, 107, 245n18
  "beba coca-cola", de 100, 102, 124
  conclamando para o "salto participante" na política 88-89
  "estela-cubana", de 104, 105-106
  fotomontagem de O. de Andrade 99
  sobre O. de Andrade 84, 92, 244n7
  "stèle pour vivre nº 3 estela cubana", 104
Podalsky, Laura 237n22, 239n38, 242n62
poemas-colagem, de O. e Andrade 82
poesia 81, 86, 107, 117-118, 138-139, 222
  e fronteira com a não-poesia 91, 112
  evolução da 109, 204
  Haroldo de Campos 129, 137, 251n56
  política e 201, 203
  ready-made de O. de Andrade e 85, 94, 102
Poesía Concreta Brasileña (G. Aguiar) 112
poesia concreta/poetas concretos 42, 83, 247n50
  canibalismo e 14, 83, 86-89, 97-110, 123
  crítica da 89-91, 113, 141-142, 145-148, 217
  efeitos da 14, 137
  evolução da 137, 248n57
  Haroldo de Campos sobre 122-123, 245n13, 250n28, 251n9
  manifesto da 144

O. de Andrade e 84, 85-87, 91, 92-98, 107, 145, 243n3-4, 244n7
o subalterno e 124
paideuma e 84, 139
plano-piloto para a 252n17
política e 104, 107, 125-126
"salto participante" na política e 82, 86, 88-91, 101, 116
"Poesia e Modernidade" (H. de Campos) 203-204
poetas 113. *Ver também* poetas concretos/poesia
política e os 125, 247n43
subalternos e os 127-130
polícia militar, massacre de trabalhadores sem terra 195, 197-198
política 13, 49, 55, 57, 162, 254n44. *Ver também* linguagem e política; política literária
ausência da 140, 217
dos poetas concretos 100, 105, 107, 116
Lispector e a 19, 33
poesia e 116, 201, 203, 247n43
relação da literatura com a 23, 52, 219
"salto participante" dos poetas na 14, 82-83, 86, 88-91, 113, 127-128
política da estética 7, 227n9
política literária 5, 50, 111, 117-118, 120, 129
contexto da 148
de Viñas 13, 78
nova concepção de 192-194
pop, cultura 82, 104-105
popular, mídia 83
populismo 88, 115, 121, 146
Portantiero, Juan Carlos 240n46
pós-hegemonia 6-7, 121, 138, 144, 193. *Ver também* pós-hegemonia literária
pós-hegemonia literária 6, 138, 226n5
potência 8, 14, 42, 44, 66, 108, 163, 192, 195, 206, 207, 219, 220. *Ver também* potência constituinte; Spinoza; Hardt; Negri
coletiva 213
constitutiva 42, 44, 121
da escritura 122, 191, 192
da literatura 1, 26, 108, 189, 209
das palavras 210
do afeto 121, 144, 188
Pound, Ezra 84, 245n11
presente 233n156, 251n56
intervenção no 139-141
resistência ao 111-112, 144
Primeiro Caderno do Aluno de Poesia Oswald de Andrade 92
problemas sociais 36, 59
prosa 112, 142

Proust, Marcel 183
psicanálise 30-31

Que É a Literatura? (J.-P. Sartre) 107
"Que Fazer?" (F. Gullar) 126

Rabasa, José 16, 23-24, 180-181, 255n53, 256n67
Rama, Ángel 3-6, 24-25, 173, 226n2, 253n33
Ramírez, Mari Carmen 225n1
Ramos, Graciliano 231n110
Ramos, Julio 66, 180
Rancière, Jacques 7-8, 16, 227n9, 256n89, 258n107
"Rape and Textual Violence in Clarice Lispector" (Peixoto) 28
Read, Justin 124
ready-made, poesia 102-103, 107-110. *Ver também* Marcel Duchamp; *ready-made*; pop art; Décio Pignatari
de O. Andrade 85, 94, 102, 243n4
realismo 54, 55-58, 131, 155
realismo social, e Dar la Cara 63, 66, 73
real, o, e poetas concretos 116
reforma agrária 125, 203-204. *Ver também* Movimento dos Trabalhadores Sem-Terra (MST)
regime literário latino-americano 7-8, 10-12, 23-27, 226n3, 229n51-52, 259n1. *Ver também* regime representacional literário latino-americano
regime representacional literário latino-americano 226n3
regimes de signos 6, 9, 11, 16
regionalismo crítico 35, 226n2
relação sem relação. *Ver também* Jean-Luc Nancy; Alberto Moreiras; Jacques Derrida
religião 251n10
no "Retábulo de Santa Joana Carolina" 155, 158, 162, 165, 172, 175-177
representação 33, 51, 72, 75-77, 100, 122, 178
antiliteratura resiste à 85, 98, 106, 116, 188, 191-193
crise da 64, 128
Hora da Estrela, A, e 27, 43
mito da fixidez da 78-79
"O Anjo" e a 198, 205
regime literário latino-americano da 25-26
repressão no Brasil 19-20
Retábulo da Virgem Com o Menino (Maddalena) 167
"Retábulo de Santa Joana Carolina" (O. Lins) 16, 256n68, 257n93 e 104. *Ver também* Lins, Osman
enigmas no 158, 160, 166-167
esboço de manuscrito 176
narradores no 155, 156, 172, 179, 257n95 e 98, 258n130
ornamentação/ornato no 162-163, 166, 177-179, 184-186
símbolos no 155-156, 172-173, 174, 182, 257n95

subalternos no 173-175, 178-179
texto datilografado do 163
violência no 141, 180, 256n67
Revista Civilização Brasileira 156, 157
Revolução Cubana 9, 59, 101, 227
  Dar la Cara e a 55-56, 64-65, 235n10
  em "OLHO POR OLHO" 102-105
Roca, Pilar 234n9
Rodrigo S.M., em *A Hora da Estrela* 22, 29
  Macabéa e 36, 45, 231n113
  narrativa de 37-38, 41, 228n38
Rodríguez, Ileana 255n55
Rodríguez Monegal, Emir 50, 234n9
romances 253n31
romances do "Boom" latino-americano 3, 171, 175, 189
  como formação discursiva 10, 16, 153
  crítica aos 35, 152-153
  efeitos dos 10, 16
  influência internacional dos 148-150, 253n33
  poesia esquecida pelos 87
Rosenberg, Fernando J. 225n1
Rowe, William 247n42
Rozitchner, Léon 240n46

Salgado, Sebastião
  Terra, Struggle of the Landless 199, 200, 208
  Velório em Eldorado dos Carajás, vigília do MST 199
Santiago, Silviano 233
Sá, Olga de 36, 230n102
Saramago, josé 198
Sarduy, Severo 137
Sarlo, Beatriz 254n36
Sarmiento, Domingo 66, 75
Sartre, Jean-Paul 13, 51, 107, 234n7
Scheper-Hughes, Nancy 256n67
Schüler, Donaldo 105
Schwartz, Jorge 85, 246n23, 247n49
Schwarz, Roberto 88, 115, 217
Sebreli, Juan José 235n10
Semana de Arte Moderna em São Paulo 85
"sem um numero" (A. de Campos) 125, 125-126, 250n43
[o] sensível 7
  distribuição do 109, 145, 218
  e antiliteratura 10-12, 138, 193, 193-194
  literatura como procedimento do 26, 36, 50, 188, 193, 219, 245n18
  poetas concretos canibalizam o 107
  política do 26, 37, 105, 122, 125, 162
  subversão do 89-91, 138, 195
"Servidão de Passagem" (H. de Campos) 124, 129
Signantia: Quasi Coelum (H. de Campos) 137
"Situação Atual da Poesia no Brasil" (D. Pignatari) 88

Slater, Candace 155
Soares, Maria Balthasar 178
socialismo 250
Spatola, Adriano 138
Spinoza, Baruch 77, 120-121
Spivak, Gayatri 233n157
"stèle pour vivre nº 3 estela cubana" (D. Pignatari) 104
subalternos 184, 206-207, 210-213
  A Hora da Estrela e 38-39, 48, 231n110
  características dos 205-206, 251n10, 255n53
  definições de 23-24
  e afetos 197, 206-207, 210, 220
  e desejo 28
  H. de Campos e 124-125
  no "Retábulo de Santa Joana Carolina" 173-177, 178-179, 258n130
  problema de "falar pelos" 129-130, 153-154, 164, 201
  relação dos intelectuais com os 154, 163
  retratos dos 153, 171-172, 205, 255n53
subdesenvolvimento 85, 145
  efeitos do 64-65, 202
  neocolonialismo e 149-150
  vanguardismo e 33-34
  Viñas e 51, 65, 79
subjetividade de gênero 230n93
sujeito-objeto, divisão 36
sujeito soberano 135-136, 144, 146-147, 193, 242n81
Sursis, Les (J.-P. Sartre) 60

Tealdi, Juan Carlos 242n72
teleologia. *Ver* evolução das formas
tematização da escritura 152, 186
tempo
  como dom 133
  em *Dar la Cara* 58
  em "O Anjo" 209, 219-220
  no "Retábulo de Santa Joana Carolina". 156
Terán, Oscar 50, 235n10
Tercer Espacio (Moreiras) 4
Terra: Struggle of the Landless (S. Salgado) 199, 199-201, 200, 204, 208
"Teses" (W. Benjamin) 221
Testimonio (Beverley) 4
textos-limite 112, 143, 172, 192-195
Thresholds of Illiteracy (A. Acosta) 256n70
Tire Dié (F. Birri) 66, 68-69, 71, 240n48-49, 241n50
Torre Nilsson, Leopoldo 236n16
Torres-García, Joaquín 92
transculturação 24, 166, 173, 193, 226n2
Transculturación Narrativa en América Latina (A. Rama) 3
Trevisan, Hamilton 183

"TUDO ESTÁ DITO" (A. Campos) 190, 191

Un Dios Cotidiano (D. Viñas) 73
Unruh, Vicky 225n1
urbanização 36

vanguardas 2, 180, 203, 225n1
  e o desejo de uma nova linguagem 85-86
  no Brasil 33-35
  relação da poesia concreta com as 144-145
vanguardismo 33-34, 94, 117, 148. *Ver também*
  vanguardas
Vera, Léon 68, 71
Verso la Poesia Totale (A. Spadola) 138
Via Crucis do Corpo, A (C. Lispector) 228n38
Vidas Secas (G. Ramos) 231n110
Vieira, Else R.P. 195, 204
villas miserias, de Buenos Aires 242n61-62
Viñas, David 10, 78-79, 236n15, 240n48. *Ver também*
  Dar la Cara
  cinema e 53-55, 236n16, 237n23
  Contorno e 51, 241n55

escritura e 62, 65, 75
influências sobre 50, 51, 241n55
judaísmo e 76-78
observações antiliterárias de 49-50, 58, 66-67,
  234n2 e 9, 235n12
política e 13, 49
respostas a 189, 234n9, 239n38
romances de 57, 73
sobre idealismo na literatura 51-52
técnica de montagem narrativa 55-57
Viñas, Ismael 51, 64, 240n46, 241n55
"violão de rua", poemas (F. Gullar) 113, 126-127
Violão de Rua, projeto 126
violência 73, 155, 179
  em "O Anjo" 195, 198
  escrevendo a 180, 191-192
  Lins e a 141, 162, 184, 256n67
  simbólica 182
vitimização 28

Williams, Gareth 23, 125, 205, 226n5, 231n106
Wolford, Wendy 202

Agradecimentos

O conceito e a escrita deste livro são o resultado do indispensável apoio proveniente de diversas partes. Quero agradecer a um sem-número de colegas, amigos e familiares que me ajudaram. Sinto-me também honrado e quero expressar minha gratidão às instituições que deram suporte inestimável: a Temple University, a University of California, Berkeley, e a University of Pittsburgh Press. A escrita deste livro teve lugar no decorrer de vários anos e em diversos contextos.

Gostaria de agradecer, em especial, ao editor-chefe de aquisições Joshua Shanholtzer, aos organizadores da série Illuminations, John Beverley e Sara Castro-Klarén, e a dois pareceristas anônimos, que acreditaram neste livro e fizeram sugestões para seu aprimoramento. Também gostaria de agradecer a Peter W. Kracht, diretor da University of Pittsburgh Press, bem como a Alexander Wolfe e à equipe editorial por seu bom encaminhamento do manuscrito.

Este livro é, em grande medida, produto de meu diálogo com o trabalho de um grande número de pessoas. Embora seja impossível mencionar todas elas, gostaria de agradecer a Gareth Williams, Erin Graff Zivin, Earl E. Fitz, Charles A. Perrone, David E. Johnson, Brett Levinson, Alberto Moreiras, Jon Beasley-Murray, José

Rabasa, Justin Read, Fernando J. Rosenberg, Kate Jenckes, Stephen M. Hart, Rachel Price, John Beverley, Sara Castro-Klarén, Horácio Legrás, Adriana Michéle Campos Johnson, Patrick Dove, Kenneth David Jackson, Francine Masiello, Gwen Kirkpatrick e Julio Ramos. Gostaria de expressar meu especial reconhecimento a Gareth, Erin, Earl, Charles, David, Brett, José, Alberto, Jon, Justin e Fernando, por deixar sua marca no desenvolvimento conceitual deste livro e por sua valiosa amizade e apoio.

Na Temple University, tive a feliz oportunidade de trabalhar num ambiente extremamente estimulante. Desejo agradecer a meus colegas do passado e do presente, no Departamento de Espanhol e Português, por seu exemplo e camaradagem: Hiram Aldarondo, José Manuel Pereiro-Otero, Luis González del Valle, Hortensia Morell, Montserrat Piera, Gerardo Augusto Lorenzino, Víctor Pueyo Zoco, Jonathan Holmquist, Paul David Toth, Sergio R. Franco, Christopher Soufas, Teresa Scott Soufas, Rebeca Hey-Colón, Christina Baker, Alira Ashvo-Muñoz, Norma Corrales-Martín, Jaime Durán, Patricia Moore-Martínez, Marcela Pardes, Joshua Pongan e Roger Santiváñez. Em especial, agradeço a Hiram, Luis e José Manuel, por sua excepcional ajuda. Gostaria também de agradecer ao excelente pessoal do departamento: Annette Vega e Michelle Xu. Além disso, considero-me privilegiado pelas muitas discussões e aulas com alunos brilhantes, que rapidamente se interessaram pela literatura brasileira e hispano-americana e que ajudaram a refletir sobre algumas das ideias do livro. Embora sejam muitos para citar, quero expressar meus agradecimentos especiais a Carolina Bonansea, Renata Pontes de Queiroz, Erica O'Brien Gerbino, Daniel Raso-Llarás, William J. Ryan, Gabrielle Profrock, Steven Costa e Christopher Black. Além disso, também me beneficiei de intercâmbios, formais e informais, com colegas de fora do meu departamento, inclusive os membros da Delegação Brasileira da Temple University, do Center for the Humanities, Global Studies, Latin American Studies, Temple University Press e do Feinstein Center for American Jewish History: Richard E. Deeg, Michele M. Masucci, Mark Pollack, Peter Logan, Priya Joshi, Heather Ann Thompson, Hai-Lung Dai, Brooke Walker, Rodrigo Andrade, Dominique Klinger, Martyn Miller, Erika Clemons, Lu Zhang, Kimberley Goyette, Robert Kaufman, Sherri Grasmuck, David Elesh, Rosário Espinal, Shanyang Zhao, David

Ingram, Pablo Vila, Judith Levine, Peter Marshall, Nicole González Van Cleve, Ann Shlay, Richard Immerman, Mohsen Fardmanesh, Rachel Blau Duplessis, Jena Osman, Elizabeth S. Bolman, Gerald Silk, Adele Nelson, Terry Rey, Jay Lockenour, Rebecca T. Alpert, Jeremy Schipper, Lila Corwin Berman, Ronald Webb, Kevin J. Delaney, Erin K. Palmer, Evy Feliciano-Lopez, Sandra Suárez, Mariola Álvarez, Mónica Ricketts, Alan McPherson, Rebecca Alpert, Nancy Morris, Hillel David Soifer, Mary Rose Muccie, Will J. Jordan, Wayne N. Welsh, Carolyn T. Adams, Marcus Bingenheimer, Douglas Duckworth, Ingrid Olson, Benjamin Talton, Patricia Melzer, Hamil Pearsall, Rita Krueger, E. Rely Vîlcică, Steven Belenko, Shiv Hiremath, Heather Woods e Nélia Viveiros. Gostaria de agradecer a Rebecca Lloyd, Brian Boling e David C. Murray, por seu habilidoso trabalho como bibliotecários na área de estudos latino-americanos e poesia brasileira. Diversas viagens para consulta a arquivos no Brasil foram generosamente financiadas pela reitoria da Temple University. Também gostaria de expressar meu profundo apreço pela Faculty Fellowship Award, concedida pelo Center for the Humanities da Temple University. Também sou grato à Temple University pela licença sabática que tornou possível concluir o manuscrito.

Na Argentina, gostaria de agradecer a Noé Jitrik, por aceitar se reunir comigo em várias ocasiões. Devo um agradecimento especial a Gabriela García Cedro, por providenciar os encontros com David Viñas e pelas conversas sobre as vanguardas argentinas. Quero também agradecer a Emilio Bernini e Guillermo Korn, por sua ajuda no Instituto de Literatura Argentina "Ricardo Rojas". Também sou imensamente grato a Rolando López, Nerina Ornella, Máximo Eseverri, C. Adrián Muoyo e aos ilustres diretores José Martínez Suárez, Héctor Olivera e Javier Olivera. No Brasil, me beneficiei especialmente da pesquisa na Casa das Rosas—Espaço Haroldo de Campos de Poesia e Literatura. Participei aí de um seminário, coordenado por Frederico Barbosa, sobre poesia concreta, bem como de discussões esclarecedoras com Barbosa, Augusto de Campos, Julio Mendonça e Ivan Persio Arruda de Campos. Da mesma forma, aprendi muito em conversas com Ferreira Gullar, Armando Freitas Filho, Affonso Romano de Sant'Anna, Antônio Carlos Secchin, Dante Pignatari, Jorge Schwartz, Maria Eugênia Boaventura, Paulo Franchetti, Daniel

Bueno, Luciana Facchini, Sandra Nitrini e Viviana Bosi. Meus agradecimentos especiais a Sandra Nitrini, pelo diálogo informativo sobre as obras de Osman Lins, na Universidade de São Paulo. Gostaria de agradecer a Litânia, Letícia e Ângela Lins, pela autorização para fotografar os originais datilografados, a correspondência e documentos raros do acervo de Osman Lins em seus arquivos na Fundação Casa de Rui Barbosa, no Rio de Janeiro, e no Instituto de Estudos Brasileiros, em São Paulo. Agradeço também à Academia Brasileira de Letras, em especial ao bibliotecário-chefe Luiz Antônio pela ajuda na obtenção de cópias de documentos raros e por providenciar a entrevista com Antonio Carlos Secchin. Além disso, gostaria de agradecer a Ermelinda Ferreira, a Adria Frizzi, a Leonardo Cunha e a Claudio Vitena, por sua ajuda em minha pesquisa sobre Osman Lins e Clarice Lispector. Sou grato pela generosidade de Augusto de Campos, Dante Pignatari, Ivan Persio de Arruda Campos, Paulo Gurgel Valente, Ângela e Litânia Lins, Manoela Purcell Daudt D'Oliveira, Lucia Riff, Tarsila do Amaral, Amanda França, *Folha de S. Paulo*, Sebastião Salgado, Ronald Pledge, Jeffrey Smith, José Martinez Suárez, Héctor Olivera e Rolando López, que facilitaram ou concederam autorização para a reprodução de imagens.

Na Universidade da Califórnia, Berkeley, participei de debates instigantes com um número demasiado grande de colegas e amigos para ser possível citar todos, mas gostaria de agradecer em especial a Dru Dougherty, Ana Maria Mão-de-Ferro Martinho, Laura Elisa Pérez, José Rabasa, Richard Rosa, Ivonne del Valle, Jesús Rodríguez Velasco, Pheng Cheah, Ignacio Navarrete, Candace Slater, José Luiz Passos, Francine Masiello, Tony Cascardi, Michael Iarocci, Estelle Tarica, Natalia Brizuela, Harley Shaiken, Dionicia Ramos, bem como Aurélie Vialette, Nelson Ramírez, León Salvatierra, Seth Kimmel, Mónica González García, Maia Márquez, Mayra Bottaro, Alfredo César Melo, Brenno Kenji Keneyasu Maranhão, Allove Wiser, Jeremias Zunguze, Matthew Losada, Eduardo Ruiz, Dena Marie, Victor Goldgel Carballo, Sarah Ann Wells , Heather McMichael, Sarah Schoellkopf, Ana E. Hiller, Sarah Moody, Amélia Barili, Clélia Donovan, Javier Huerta, Orlanda de Azevedo, Rakhel Villamil-Acera, Chrissy Arce, Ana Deeny, Craig Santos Perez, Verónica López, Mari Mordecai e Cathy Jones. Por fim, gostaria de expressar minha profunda

AGRADECIMENTOS 303

gratidão ao Departamento de Espanhol e Português e ao Centro de Estudos Latino-Americanos, pelo financiamento das viagens para a realização das pesquisas no Brasil e na Argentina.

Muitos amigos e colegas de outras instituições também foram de grande ajuda: Christina Yingxian Chen, Paulo Andrade, Nelson e Mollie Cerqueira, Severino J. Albuquerque, José Luis Gómez-Martínez, Carmen Chaves Tesser, Luis Correa Díaz, Stacey Casado, Daniel Balderston, Cristina Moreiras, Julianne Fitz, Regina Rheda, Pituca Dougherty, Héctor Hoyos, Victória Saramago, Paula Cucurella, Ashley Brock, Tiago Santos, Debra Castillo, Betty Salum, Miao Han Wang, Patricia Henderson, Abraham Acosta, Sam Steinberg, Sergio Villalobos-Ruminott, Sol Pelaez, Jaime Rodríguez Matos, Robert Wells, Julio Ariza, Claire Solomon, Santiago Colás, Tracey Devine Guzmán, Joseph Marques, Ivani Vassoler, Gerardo Muñoz, Nancy Lee Roane, María Pape, Derek Beaudry, Marília Librandi-Rocha, Roland Greene, Nicholas Jenkins, Armen Davoudian, Irana Gaia, Marcia Kina, Leonice Moreira Alves, Rahile Escaleira, Priscilla Martins, Diana Klinger, Andrew Rajca, Charles Hatfield, Odile Cisneros, Alessandra Santos, Claus Clüver, Vlad Popescu, Tomomi Koyama, Marco González, Andrea Julissa Gálvez Aguilera, Allison de Laveaga, Janet Sovin, Wendy Miller, Caroline Cohen, Ronnie Boynton, Marsha Sofia Polovets, Benjamin Zeng, Ling Lin, Yingru Zhao, Jie Chen, Shan Yang e Bethany Chrisman. Sou grato, em especial, a Christina, por seu apoio e carinho incansáveis.

Sinto-me privilegiado em contar com a força inabalável da minha família. Devo muito a meus falecidos avós, Gerry e J.R. "Shelly" Shellhorse, e Mae e E.N. Hightower. Também quero expressar minha imensa gratidão a minha mãe, Joan Karam, a meu pai, Andrew Jerald Shellhorse (1945-2008), a minha irmã Laura, a meus irmãos Drew e David e a meu padrasto, Tom Karam, e a toda minha família mais ampla. Dedico este livro a Dru Dougherty, mentor e amigo.

Uma versão anterior do capítulo 1 foi publicada em *Política Común: A Journal of Thought* 6 (outono de 2014), disponível em <http://hdl.handle.net/2027/spo.12322227.0006.012>; ela foi aqui reimpressa com permissão da Michigan Publishing, University of Michigan Library. De forma análoga, uma versão anterior do capítulo 3 foi publicada na *Revista Hispánica Moderna* 68.2 (dez. 2015);

ela foi aqui reimpressa com permissão da University of Pennsylvania Press. Também uma versão do capítulo 5 foi publicada em *Littera* 12.23 (2021). Por fim, uma versão anterior do capítulo 4 foi publicada em CR: *The New Centennial Review* 14.3 (inverno de 2014); ela foi aqui reimpressa com permissão da Michigan State University Press.

Este livro foi impresso na cidade de São Bernardo do Campo,
nas oficinas da Paym Gráfica e Editora, em março de 2025,
para a Editora Perspectiva